21 世纪普通高等院校系列规划教材

ERSHIYI SHIJI PUTONG GAODENG YUANXIAO XILIE GUIHUA JIAOCAI

西方经济学原理 [第二版]

Xifang Jingjixue Yuanli

主　编　傅江景　方杰　李军
副主编　崔炳玮　谢长青

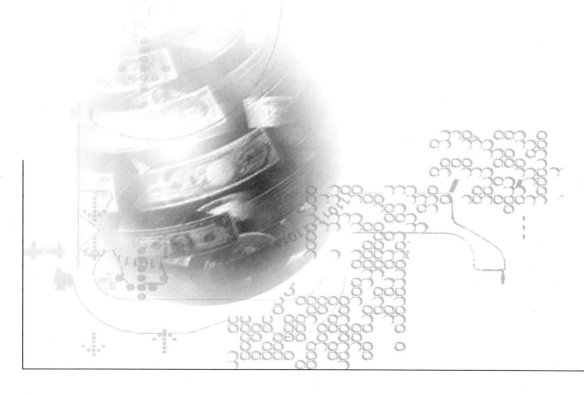

西南财经大学出版社
Southwestern University of Finance & Economics Press

21世纪普通高等院校系列规划教材
编 委 会

总 序

　　为推进中国高等教育事业可持续发展，经国务院批准，教育部、财政部启动实施了"高等学校本科教学质量与教学改革工程"（下面简称"质量工程"）。这是深入贯彻科学发展观，落实"把高等教育的工作重点放在提高质量上"的战略部署，在新时期实施的一项意义重大的本科教学改革举措。"质量工程"以提高高等学校本科教学质量为目标，以推进改革和实现优质资源共享为手段，按照"分类指导、鼓励特色、重在改革"的原则，加强课程建设，着力提升我国高等教育的质量和整体实力。为满足本科层次经济类、管理类教学改革与发展的需求，培养高素质有特色应用型创新型人才，迫切需要普通本科院校经管类教学部门开展深度合作，加强信息交流。值得庆幸的是，西南财经大学出版社给我们搭建了一个平台，协调组织召开了普通本科院校经管学院院长联席会议，就教学、科研、管理、师资队伍建设、人才培养等方面的问题进行了广泛而深入的研讨。

　　为了切实推进"质量工程"，第一次联席会议将"课程、教材建设与资源共享"作为讨论、落实的重点。与会人员对普通本科的教材内容建设问题进行了深入探讨，认为目前各高校使用的教材存在实用性和实践性不强、针对性不够等问题，需要编写一套高质量的普通本科教材，以促进课程体系和教学体系的合理构建，推动教学内容和教学方法的创新，形成具有鲜明特色的教学体系，以利于普通本科教育的可持续发展。通过充分的研讨和沟通，与会人员一致同意，共同打造切合教育改革潮流、深刻理解和把握普通本科教育内涵特征、贴近教学需求的高质量的21世纪普通高等院校系列规划教材。

　　鉴于此，本编委会与西南财经大学出版社合作，组织了乐山师范学院旅游与经济管理学院、西南科技大学经济管理学院、西华师范大学管理学院、西华师范大学历史文化学院、宜宾学院经济与管理学院、成都大学管理学院、成都大学经济政法学院、成都大学旅游文化产业学院、攀枝花学院经管学院、吉林农业科技学院经济管理学院、内江师范学院经济与管理学院、成都理工大学商学院、成都信息工程学院商学院、成都信息工程学院管理学院、西华大学管理学院、四川农业大学经济管理学院、四川理工学院经济管理学院、佛山科技大学经济管理学院、西昌学院经济与管理学院等院校的教师共同编写本系列规划教材。

　　本系列规划教材编写的指导思想：在适度的基础知识与理论体系覆盖下，针对普通本科院校学生的特点，夯实基础，强化实训。编写时，一是注重教材的科学性和前沿性，二是注重教材的基础性，三是注重教材的实践性，力争使本系列教材做到"教师易教，学生乐学，技能实用"。

本系列规划教材以立体化、系列化和精品化为特色，包括教材、辅导读物、讲课课件、案例及实训等；同时，力争做到"基础课横向广覆盖，专业课纵向成系统"；力争把每本教材都打造成精品，让多数教材能成为省级精品课教材、部分教材成为国家级精品课教材。

为了编好本系列教材，在西南财经大学出版社的支持下，编委会经过了多次磋商和讨论。首先，成立了由西南财经大学副校长、博士生导师丁任重教授任名誉主任，西华大学管理学院院长章道云教授任主任，西南科技大学经济管理学院院长王朝全教授、宜宾学院经济与管理学院院长李成文教授、成都理工大学商学院院长龚灏教授、四川理工学院经济管理学院院长彭礼坤教授、佛山科技大学经济管理学院院长傅江景教授任副主任，其他院校院长任委员的编委会。在编委会的组织、协调下，第一批规划了公共基础、工商管理、财务与会计、旅游管理、电子商务、国际商务、专业实训、金融、综合类九大系列 70 余种教材。下一步根据各院校的教学需要，还将组织规划第二批教材，以补充、完善本系列教材。其次，为保证教材的编写质量，在编委会的协调下，由各院校具有丰富教学经验并有教授或副教授职称的教师担任主编，由各书主编拟订大纲，经编委会审核后再编写。同时，每一种教材均吸收多所院校的教师参加编写，以集众家之长。

经过多方努力，本系列规划教材终于与读者见面了。在此，我们对各学院领导的大力支持、各位作者的辛勤劳动以及西南财经大学出版社的鼎力相助表示衷心的感谢！

21 世纪普通高等院校系列规划教材编委会
2008 年 12 月

目 录

第一章 导 论

第一节 西方经济学的产生与发展

一、什么是西方经济学

西方经济学，简而言之，是西方国家的学者对经济问题研究的集合。现代西方经济学是指：20 世纪 30 年代以来特别是第二次世界大战后在西方经济理论界有重要影响的（主流的）经济学家的经济学说或基本理论，如凯恩斯的宏观经济理论、纳什的博弈论、卢卡斯的预期理论等。

二、西方经济学的由来和演变

纵贯西方经济学发展的历史，它可以大致分为古典、新古典和当代三个发展阶段：

（一）古典经济学阶段（Political Economy，经济学理论的第一次综合或革命）

1. 亚当·斯密：古典经济学集大成者

亚当·斯密（Smith Adam, 1723—1790），英国伦理学家，经济学家，集重农学派和重商主义理论之大成而为古典政治经济学理论体系的创立者，主要著作为《国民财富的性质和原因的研究》（又名《国富论》）。亚当·斯密研究经济问题的出发点是"经济人"，即人的利己本性。继承了英法古典经济学家把研究的重点从流通领域转向生产领域的传统，同时批判了重商主义认为对外贸易是致富源泉的错误观点，也摆脱了"只有农业才创造财富"的重农主义的片面看法。他系统地阐述了劳动价值论的基本原理，并据此提出了利润和地租是劳动创造的价值的一部分。他反对国家干预经济，主张自由放任。其"看不见的手"的著名论断至今仍是经济学家们热烈争论的话题之一。

2. 古典经济学的分野：马克思政治经济学和（庸俗政治）经济学

亚当·斯密对经济学的发展贡献很大，萨伊等人致力于分离亚当·斯密中的庸俗成分，将其发展成为一个庸俗的经济学体系，即现在的西方经济学体系。马克思则一方面吸收亚当·斯密学说中的科学成分，另一方面对其学说中的错误成分给予中肯的批判，创建了科学的政治经济学体系。

经典马克思主义政治经济学的特点：经典马克思主义政治经济学，是对资本主义社会进行解剖和批判的政治经济学，是无产阶级反对资产阶级，推翻资本主义制度的革命的政治经济学。因此，经典马克思主义政治经济学，主要是研究资本主义生产方式下，物质生产相关的或其后面的生产关系，或人与人之间的利益矛盾。同时，马克思主义政治经济学，着重对不同阶级的行为分析和利益矛盾分析，而疏于对具体人的行为和经济行为分析。在马克思那里，人是阶级性的人，是社会的人，抽象的人，只有阶级性，而无具体的人性。因此，马克思主义政治经济学可以很好地解释生产关系变化和发展规律，解释历史变动规律，却没能解释人在具体历史条件下的经济行为，经济发展和经济运行规律。

（庸俗政治）经济学：作为资本主义上层建筑之意识形态的古典（政治）经济学，从 18 世纪下半叶开始，其主要任务转到为资本主义秩序辩护和发展资本主义经济上，从而形成马克思所称的庸俗政治经济学或当今经济学。在学术渊源上，庸俗政治经济学继承了亚当·斯密的庸俗部分，视资本主义社会为永恒的社会，是历史的终结，因而只研究经济现象的外在联系，为资本主义制度（自由市场经济制度）辩护，并最终在 19 世纪末 20 世纪初，以经济学取代政治经济学，而将政策经济学视为政治经济学。

（二）新古典经济学派（Economy，经济学理论第二次综合）

1. 新古典学派

这是 19 世纪末由英国著名经济学家马歇尔（Alfred Marshall）创建的一个有较大影响的学派。他们以局部均衡论为分析工具，着重研究价值和分配理论，分析经济体系中的价格形成过程和资源配置的过程。马歇尔在英国传统的庸俗经济学的基础上吸收各种新的庸俗经济学的学说，写成了《经济学原理》（1890），用折中的手法把供求论、生产费用论、边际效用价值论、边际生产力论等融合在一起，建立了一个"均衡价格论"为核心的经济学体系。其特点是：用主观心理解释人类的经济行为；用达尔文进化论和"连续原理"分析社会经济现象；在方法论上吸收边际效用学派的边际分析方法和力学上的均衡概念。关于价值、价格的决定问题，古典经济学家一般是从供给即生产费用方面进行解释的，而边际效用学派则侧重从需求即效用方面来加以解释。马歇尔将两者综合，认为商品的价值、价格决定于供给和需求的均衡点。当代西方经济学界称剑桥学派为"新古典学派"，主要就是指在这一点上新于古典学派。在政策主张上，"新古典学派"是自由放任的积极鼓吹者。

2. 凯恩斯革命

凯恩斯（Keynes John Maynard，1883—1946），现代最有影响力的英国资产阶级经济学家，多次担任英国政府要职，曾任英财政部高级官员，其主要著作为《就业、利息和货币通论》。他针对资本主义社会周期性的经济危机，提出了有效需求理论，认为有效需求不足是由于三大基本心理规律（消费倾向递减规律，导致消费需求不足；资本边际效率递减规律和流动偏好规律，即容易流动的资产为人们所偏好因而喜欢以现金形式保存一部分资产，导致投资需求不足）导致的；提出了投资"乘数"理论，认为如果投资支出或政府支出有一定增加，必定导致国民收入成倍增加。据此，凯恩斯强调实行国家宏观调控，通过货币政策和财政政策刺激消费、投资和提高"资本边际效率，扩大商品与资本输出政策，加之福利政策等，以调节国内阶级利益矛盾、熨平周期性经济波动，促进资本主义持续稳定发展"。

由凯恩斯开始，西方经济学便分为微观经济学和宏观经济学。而宏观经济学更多地涉及社会经济问题，涉及国家如何管理社会经济的问题和采取何种经济政策促进实现社会经济发展、解决社会中不同利益矛盾以实现社会稳定问题。

（三）当代西方主流经济学（新古典综合学派，经济学理论第三次综合）

美国麻省理工学院教授萨谬尔森（Paul A. Samuelson，1915—2009），当代西方主流经济学的代表学者。其在 1948 年与耶鲁大学教授威廉·D. 诺德豪斯合作的《经济学》教科书，于 1998 年出版了第 16 版，迄今为世界上最畅销的经济学教科书，共有 40 多种文字的译本。

以萨谬尔森为代表所提出的"新古典综合"，在坚持新古典学派的基本原则基础上，做到了与时俱进。其著作《经济学》涵括了当代经济学的最前沿领域，因而成为当代西方的主流经济学。

第二节　西方经济学的研究对象

西方经济学是研究在市场经济制度下，稀缺资源配置和利用的科学。或者说，是研究在市场经济制度下，个人、企业、政府和其他组织如何在社会范围内进行选择，以及这些选择如何决定社会稀缺资源的科学使用。资源一般指在经济活动中所需要的人力、财力与物力。资源配置是指由某种力量（行政的力量、市场的力量、道德的力量、自我的力量）对经济活动中的各种资源在各部门、各地区和各企业的不同使用方向之间的分配。资源配置可以分为宏观与微观两个层次。宏观资源配置是指全社会的各种生产性资源在不同部门、不同地区的分配和使用；微观资源配置是指企业内部的各种生产要素的组合。整个社会资源配置效率的提高，是宏观资源配置效率与微观资源配置效率提高的总和。西方经济学将从两个层次研究资源的配置与利用问题。

一、微观经济学

（一）什么是微观经济学

微观经济学是研究社会中单个经济单位的经济行为，以及相应的经济变量的单项数值如何决定的经济学说，亦称市场经济学或价格理论。微观经济学的中心理论是价格理论。微观经济学的一个中心思想是，自由交换往往使资源得到最充分的利用，在这种情况下，资源配置被认为是帕累托（Pareto）有效的。

微观经济学的主要内容包括：均衡价格理论、消费经济学、生产理论、厂商理论、分配理论和微观经济政策。

（二）微观经济学的产生与发展

微观经济学的历史渊源可追溯到亚当·斯密的《国富论》，阿尔弗雷德·马歇尔的《经济学原理》。20 世纪 30 年代以后，英国的罗宾逊和美国的张伯伦在马歇尔的均衡价格理论的基础上，提出了厂商均衡理论，标志着微观经济学体系的最终确立，它的体系主要包括：均衡价格理论，消费经济学，生产力经济学，厂商均衡理论和福利经济学等。

微观经济学的发展，迄今为止大体上经历了四个阶段。第一阶段：17 世纪中期到 19 世纪中期，是早期微观经济学阶段，或者说是微观经济学的萌芽阶段。第二阶段：19 世纪晚期到 20 世纪初叶，是新古典经济学阶段，也是微观经济学的奠定阶段。第三阶段：20 世纪 30 年代到 60 年代，是微观经济学的完成阶段。第四阶段：20 世纪 60 年代至今，是微观经济学的进一步发展、扩充和演变阶段。

通观微观经济学的发展过程与全部理论，始终围绕着价格这一核心问题进行分析，所以微观经济学在很多场合又被称为"价格理论及其应用"。

(三) 微观经济学的研究方向

微观经济学研究市场中个体的经济行为，亦即单个家庭、单个厂商和单个市场的经济行为以及相应的经济变量数值的决定。它从资源稀缺这个基本概念出发，认为所有个体的行为准则是利用有限的资源取得最大的收益，并由此来考察个体取得最大收益的条件。在商品与劳务市场上，作为消费者的家庭根据各种商品的不同价格进行选择，设法用有限的收入从所购买的各种商品量中获得最大的效用或满足。家庭选择商品的行动必然会影响商品的价格，市场价格的变动又是厂商确定生产何种商品的信号。厂商是各种商品及劳务的供给者，厂商的目的则在于如何用最小的生产成本，生产出最大的产品量，获得取最大限度的利润。厂商的抉择又将影响到生产要素市场上的各项价格，从而影响到家庭的收入。家庭和厂商的抉择均通过市场上的供求关系表现出来，并通过价格变动进行协调。因此，微观经济学的任务就是研究市场机制及其作用，均衡价格的决定因素，考察市场机制如何通过调节个体行为取得资源最优配置的条件与途径。微观经济学也就是关于市场机制的经济学，它以价格为分析的中心，因此也称作价格理论。微观经济学还考察了市场机制失灵时，政府如何采取干预行为与措施的理论基础。微观经济学是在马歇尔的均衡价格理论基础上，吸收美国经济学家张伯伦和英国经济学家罗宾逊的垄断竞争理论以及其他理论后逐步建立起来的。凯恩斯主义的宏观经济学盛行之后，这种着重研究个体经济行为的传统理论，就被称为微观经济学。微观经济学与宏观经济学只是研究对象有所分工，两者的立场、观点和方法并无根本分歧。两者均使用均衡分析与边际分析，在理论体系上，它们相互补充和相互依存，共同构成现代西方经济学的理论体系。

二、宏观经济学

(一) 什么是宏观经济学

宏观经济学又称总体经济学、大经济学，是微观经济学的对称。宏观经济学是现代经济学的一个分支。宏观经济学以整个国民经济为考察对象，研究经济中各有关总量的决定及其变动，以解决失业、通货膨胀、经济波动、国际收支等问题，实现长期稳定的发展。

宏观经济学包括宏观经济理论、宏观经济政策和宏观经济计量模型。

（1）宏观经济理论包括：国民收入决定理论、消费函数理论、投资理论、货币理论、失业与通货膨胀理论、经济周期理论、经济增长理论、开发经济理论。

（2）宏观经济政策包括：经济政策目标、经济政策工具、经济政策机制（即经济政策工具如何达到既定的目标）、经济政策效应与运用。

（3）宏观经济计量模型包括根据各派理论所建立的不同模型。这些模型可用于理论验证、经济预测、政策制定以及政策效应检验。

以上三个部分共同构成了现代宏观经济学。现代宏观经济学是为国家干预经济的政策服务的。战后凯恩斯主义宏观经济政策在西方各国得到广泛的运用，相当大程度上促进了经济的发展，但是，国家对经济的干预也引起了各种问题。

其具体内容主要包括经济增长、经济周期波动、失业、通货膨胀、国家财政、国际贸易等方面，涉及国民收入及全社会消费、储蓄、投资及国民收入的比率，货币流通量和流通速度，物价水平，利息率，人口数量及增长率，就业人数和失业率等。

（二）宏观经济学的产生与发展

宏观经济学来源于法国魁奈的《经济表》和英国马尔萨斯的人口论。1933 年，挪威经济学家弗瑞希提出"宏观经济学"的概念。现代宏观经济学在凯恩斯的《就业、利息和货币通论》（1936）出版后迅速发展起来。凯恩斯把国民收入和就业人数的联系作为中心进行了综合分析。

宏观经济学的产生与发展，迄今为止大体上经历了四个阶段：第一阶段为 17 世纪中期到 19 世纪中期，是早期宏观经济学阶段，或称古典宏观经济学阶段。第二阶段为 19 世纪后期到 20 世纪 30 年代，是现代宏观经济学的奠基阶段。第三阶段为 20 世纪 30 年代到 60 年代，是现代宏观经济学的建立阶段。第四阶段为 20 世纪 60 年代以后，是宏观经济学进一步发展和演变的阶段。

"宏观经济学"一词，最早是挪威经济学家弗里希在 1933 年提出来的。经济学中对宏观经济现象的研究与考察，可以上溯到古典学派。法国重农学派创始人魁奈的《经济表》，就是经济学文献对资本主义生产总过程的初次分析。

然而，在古典经济学家和后来的许多庸俗经济学家的著作中，对宏观经济现象和微观经济现象的分析都并存在一起，并未分清。特别是自所谓"边际主义革命"以来，经济学家大多抹杀经济危机的可能性，无视国民经济总过程中的矛盾与冲突，只注重微观经济分析，以致宏观经济问题的分析在一般经济学著作中几乎被淹没了。

但随着传统庸俗经济学在 20 世纪 30 年代经济危机的袭击下破产，随着凯恩斯的《就业、利息和货币通论》一书出版，宏观经济分析才在凯恩斯的收入和就业理论的基础上，逐渐发展成为当代经济学中的一个独立的理论体系。

（三）宏观经济学研究的问题

宏观经济学研究的一个中心问题是国民收入的水平是如何决定的。宏观经济学认为，国民收入的水平，反映着整个社会生产与就业的水平。

宏观经济学在解释经济周期时，很强调投资的变动的关键作用，认为投资的变动往往比消费的变动来得大，指出投资在相当程度上既是收入变动的原因，也是它的结果。它在"解释"投资的变动与国民收入的变动之间的关系时，提出了"加速数"和"乘数"相互作用的学说。

"加速原理"与"乘数论"所要说明的问题各不相同。"乘数论"是要说明投资的轻微变动何以会导致收入产生巨大的变动，而"加速原理"则要说明收入的轻微变动何以也会导致投资发生巨大变动。两者所说明的经济运动又是相互影响、相互补充的。

宏观经济学正是利用所谓"加速数"和"乘数"的相互作用，来"解释"经济的周期性波动。据说，在经济危机的条件下，生产和销售量下降，加速原理的作用会使得投资急剧下降，而乘数的作用又使得生产和销售进一步急剧降减，后者再通过加速原理的作用会使得投资成为负数（或负投资）。

加速数和乘数的相互作用，加剧了生产萎缩的累积过程。一旦企业的资本设备逐渐被调整到与最低限度的收入相适应的水平，加速原理的作用会使负投资停止下来，投资状况的稍许改善也会导致收入重新增长，于是一次新的周期便重新开始。收入的重新增长，又通过加速数的作用，导致新的"引致投资"；后者又通过乘数的作用，促使收入进一步急剧增长，这便开展了经济扩张的累积过程。这个累积过程会把国民经济推到"充分就业"的最高点，并从那里弹回来而转入衰退。

宏观经济学讨论的价格问题，是一般价格水平，而不是个别产品的价格问题。按照前面讲的"国民收入决定"论，一般价格水平主要取决于总需求水平。然而，总需求水平的变动一方面影响着货币的供求，另一方面也受货币供求变动的巨大影响。所以，货币分析在宏观经济学中具有重要的地位。

宏观经济学重视对货币供求的分析，不仅在于可通过对货币供给、利息率的调节去影响总需求，而且在于货币供给的变动与总的物价水平有着密切的关系。关于货币供给量与物价水平之间的关系，宏观经济学著作大多承袭传统的"货币数量说"，只是略加修改。

许多宏观经济学著作者认为传统"货币数量说"过于粗糙，他们把货币数量说的基本观点跟"收入决定"论的基本观点联系起来，认为在经济达到"充分就业"的水平以前，货币供给的增加，其主要影响将表现在扩大"有效需求"、增加生产（或收入）上，对价格水平的影响很小；只有当经济达到"充分就业"水平之后，这时闲置设备已全部使用，若再增加货币供给，已不能再促使产量增加，而只会产生过度需求，形成通货膨胀缺口，导致物价水平不断上升，酿成真正的"通货膨胀"。

这种分析，就是所谓货币分析与收入分析相结合的一个重要表现。这种分析表明，不仅政府开支和税收的变动，而且货币供给量的变动，都会对总需求水平（投资需求和消费需求）产生影响。这就为政府主要通过财政政策和货币政策对国民经济的活动进行干预，提供了理论依据。

宏观经济学认为政府应该，而且也能够通过运用财政政策、货币政策等手段，对总需求进行调节，平抑周期性经济波动，既克服经济衰退，又避免通货膨胀，以实现"充分就业均衡"或"没有通货膨胀的充分就业"。

财政政策和货币政策的运用，是相互配合、支持的；但在经济萧条、通货膨胀等不同时期或条件下，两者将采取扩张性或紧缩性的不同对策。

在萧条时期，政府应采取扩张性的财政政策和货币政策。在财政政策方面，主要措施是减税和扩大政府的开支。减税可以使公司和个人纳税后的收入增加，从而刺激企业扩大投资和个人增加消费；而投资需求和消费需求的扩张将导致总需求增长，以克服经济萧条。

扩大政府开支，主要是扩大政府的购买或订货，增加公共工程经费和扩大"转移性支付"，目的是通过扩大公私消费，以刺激投资。这种扩张性财政政策势必导致财政赤字。根据凯恩斯的"有效需求学说"，资本主义经济的常态是一种"小于充分就业均衡"。因而扩张性的赤字预算，也就成了战后西方国家政府的常备政策工具。

在货币政策方面，主要措施是扩大货币供给量和降低利息率。这些措施包括：在公开市场上购进政府债券，把更多的准备金注入商业银行。商业银行的准备金增加后，就可扩大对企业和个人的贷款，从而扩大货币供给量，降低贴现率，刺激投资，从而增加总需求。

通货膨胀时期，采取紧缩性的财政政策和货币政策。不论是财政政策还是货币政策，依然运用上面所介绍的那些政策工具，只是朝着和上述相反的方向，即按着紧缩性方式而不是按扩张性方式来加以运用。

现在西方经济学界开始企图用供给分析来补充需求分析的不足，在宏观经济分析中探讨微观经济基础，出现了一种供给分析与需求分析相结合、微观分析与宏观分析相结合的新动向。

宏观经济学建议采用适当的财政政策、货币政策、汇率政策以及建立独立的中央银行等手段，以控制和解决通货膨胀问题。

宏观经济学首先关注一国的经济增长，经济增长指的是一国生产潜力的增长。一国生产潜力的增长是决定其实际工资和生活水平增长率的关键因素。

三、微观经济学与宏观经济学联系与区别

微观经济学的假设前提就是宏观经济学的研究对象，宏观经济学的假设前提就是微观经济学的研究对象。两者的区别是明显的，主要表现在：

1. 研究对象不同

微观经济学的研究对象是单个经济单位，如家庭、厂商等。正如美国经济学家 J. 亨德逊（J. Henderson）所说，"居民户和厂商这种单个单位的最优化行为奠定了微观经济学的基础"。而宏观经济学的研究对象则是整个经济，研究整个经济的运行方式与规律，从总量上分析经济问题。正如萨缪尔森所说，宏观经济学是"根据产量、收入、价格水平和失业来分析整个经济行为。"美国经济学家 E. 夏皮罗（E. Shapiro）则强调了"宏观经济学考察国民经济作为一个整体的功能。"

2. 解决的问题不同

微观经济学要解决的是资源配置问题，即生产什么、如何生产和为谁生产的问题，以实现个体效益的最大化。宏观经济学则把资源配置作为既定的前提，研究社会范围内的资源利用问题，以实现社会福利的最大化。

3. 研究方法不同

微观经济学的研究方法是个量分析，即研究经济变量的单项数值如何决定。而宏观经济学的研究方法则是总量分析，即对能够反映整个经济运行情况的经济变量的决定、变动及其相互关系进行分析。这些总量包括两类，一类是个量的总和，另一类是平均量。因此，宏观经济学又称为总量经济学。

4. 基本假设不同

微观经济学的基本假设是市场出清、完全理性、充分信息，认为"看不见的手"能自由调节实现资源配置的最优化。宏观经济学则假定市场机制是不完善的，政府有能力调节经济，通过"看得见的手"纠正市场机制的缺陷。

5. 中心理论和基本内容当然也不同

微观经济学的中心理论是价格理论，还包括消费者行为理论、生产理论、厂商均衡理论、分配理论、一般均衡理论、福利经济学。宏观经济学的中心理论则是国民收入决定理论，还包括失业与通货膨胀理论、经济周期与经济增长理论、开放经济理论等。

第三节　西方经济学的研究方法

经济学所要研究的资源配置和利用问题，既可以用实证的方法进行分析，也可以用规范的方法进行分析。

一、实证经济学与规范经济学

实证经济学与规范经济学的区别，首先表现在怎样对待"价值判断"。所谓价值判断是指对经济事物的社会价值的判断，即对某一经济事物是好还是坏的判断。实证经济学企图超脱和排斥一切价值判断，只研究经济本身的内在规律，并根据这些规律，分析和预测人们经济行为的效果。规范经济学则以一定的价值判断为基础，是以某些标准作为分析处理经济问题的标准，树立经济理论的前提，作为制定经济政策的依据，并研究如何才能符合这些标准。

实证经济学排斥一切价值判断，只研究经济本身的内在规律，因此它要回答"是什么"的问题。而规范经济学则以一定的价值判断为基础，是以某些标准作为分析处理经济问题的标准，因此它要回答的是"应该是什么"的问题。

实证经济的内容具有客观性，所得的结论可以根据事实来进行检验。规范经济学的结论则要受到不同价值观的影响，处于不同阶级地位，具有不同价值判断标准的人，对同一事物的好坏会作出截然相反的评价，谁是谁非没有什么绝对标准，从而也就无法进行检验。

经济学作为一门科学，应该研究"是什么"，结论的正确性应该是客观的，可检验的。但是经济学作为一门社会科学，也不应该是像自然科学一样的纯实证科学。因为经济学作为社会科学，提出什么问题进行研究，采用什么研究方法，突出强调哪些因素，实际上涉及研究者个人的价值判断的问题。

二、实证分析方法：理论形成过程

尽管经济学应该既是实证经济学，也是规范经济学，但在当代经济学中，实证经济学是主流，实证方法是经济分析中的最基本方法。

实证分析是一种根据事实加以验证的陈述，而这种实证性的陈述则可以简化为某种能根据经验数据加以证明的形式。在运用实证分析法研究经济问题时，就是要提出用于解释事实（即经济现象）的理论，并以此为根据作出预测。这也就是形成经济理论的过程。

1. 理论的组成

一个完整的理论由定义、假设、假说和预测四个部分组成。

定义是对经济学所研究的各种变量所规定的明确的含义。变量是一些可以取不同数值的量。在经济分析中常用的变量有内生变量与外生变量，存量与流量。

内生变量（endogenous variables）是"一种理论内所要解释的变量。"外生变量（exogenous variables）是"一种理论内影响其他变量，但本身由该理论外的因素所决定的变量。"内生变量又称因变量，外生变量又称自变量。

存量（stock）是指一定时点上存在的变量的数值。其数值大小与时间维度无关。流量（flow）是指一定时期内发生的变量的数值。其数值大小与时间维度相关。

假设是某一理论所适用的条件。因为任何理论都是有条件的、相对的，所以在理论的形成中假设非常重要，离开了一定的假设条件，分析与结论就是毫无意义的。例如需求定理是在假设消费者的收入、嗜好，人口数量，社会风尚等的前提下来分析需求量与价格之间的关系。消费者收入、嗜好，人口数量，社会风尚等不变就是需求定理的假设。离开这些假设，需求定理所说明的需求量与价格反方向变动的真理就没有意义。在形成理论时，所假设的某些条件往往不现实，但没有这些假设就很难得出正确的结论。

假说是两个或更多的经济变量之间关系的阐述，也就是未经证明的理论。在理论形成中提出假说是非常重要的，这种假说往往是对某些现象的经验性概括或总结。但要经过验证才能说明它是否能成为具有普遍意义的理论。因此，假说并不是凭空产生的，它仍然来源于实际。

预测是根据假说对未来进行预期。科学的预测是一种有条件性的说明，其形式一般是"如果……就会……"预测是否正确，是对假说的验证。正确的假说的作用就在于它能正确地预测未来。

2. 理论的形成

在形成一种理论时，首先要对所研究的经济变量确定定义，并提出一些假设条件。然后，根据这些定义与假设提出一种假说。根据这种假说可以提出对未来的预测。最后，用事实来验证这预测是否正确。如果预测是正确的，这一假说就是正确的理论；如果预测是不正确的，这一假说就是错误的，要被放弃，或进行修改。

3. 理论的表述方式

运用实证分析的得出的各种理论可以用不同的方法进行表述；也就是说，同样的理论内容可以用不同的方法表述。一般说来，经济理论有四种表述方法：

第一，口述法，或称叙述法。它用文字来表述经济理论。

第二，算术表示法，或称列表法。它用表格来表述经济理论。

第三，几何等价法，或称图形法。它用几何图形来表述经济理论。

第四，代数表达法，或称模型法。它用函数关系来表述经济理论。

这四种方法各有其特点，在分析经济问题时得到了广泛的运用。

三、实证分析方法：实证的分析工具

实证分析要运用一系列的分析工具，诸如个量分析与总量分析、均衡分析与非均衡分析、静态分析与动态分析、定性分析与定量分析、逻辑演绎与经验归纳、经济模型以及理性人的假定等等。我们在这里着重介绍在经济学中应用最多而在前面又未曾有过说明的均衡分析、静态分析与动态分析、经济模型。

1. 均衡分析

均衡（equilibrium）是从物理学中引进的概念。在物理学中，均衡是表示，同一物体同时受到几个方向不同的外力作用而合力为零时，该物体所处的静止或匀速运动的状态。英国经济学家马歇尔把这一概念引入经济学中，主要指经济中各种对立的、变动着的力量处于一种力量相当、相对静止、不再变动的境界。这种均衡与一条直线所系的一块石子或一个盆中彼此相依的许多小球所保持的机械均衡大体上一致。均衡一旦形成后，如果有另外的力量使它离开原来的均衡位置，则会有其他力量使它恢复到均衡。正如一条线所悬着的一块石子如果离开了它的均衡位置，地心引力立即有使它恢复均衡位置的趋势一样。

均衡又分为局部均衡（partial equilibrium）与一般均衡（general equilibrium）。局部均衡分析是假定在其他条件不变的情况下来分析某一时间、某一市场的某种商品（或生产要素）供给与需求达到均衡时的价格决定。一般均衡分析在分析某种商品的价格决定时，则在各种商品和生产要素的供给、需求、价格相互影响的条件下来分析所有商品和生产要素的供给和需求同时达到均衡时所有商品的价格如何被决定。一般均衡分析是关于整个经济体系的价格和产量结构的一种研究方法，是一种比较周到和全面的分析方法，但由于一般均衡分析涉及市场或经济活动的方方面面，而这些又是错综复杂和瞬息万变的，实际上使得这种分析非常繁琐和耗费时间。所以在西方经济学中，大多采用局部均衡分析。

2. 静态分析、比较静态分析和动态分析

宏观经济学和微观经济学所采用的分析方法，从另一角度看，又可分为静态、比较静态和动态分析。

静态分析（static analysis）就是分析经济现象的均衡状态以及有关的经济变量达到均衡状态所需要具备的条件，它完全抽掉了时间因素和具体变动的过程，是一种静止地孤立地考察某些经济现象的方法。

比较静态分析（comparative static analysis）就是分析在已知条件发生变化以后经济现象均衡状态的相应变化，以及有关的经济总量在达到新的均衡状态时的相应的变化，即对经济现象有关的经济变量一次变动（而不是连续变动）的前后进行比较。也就是比较一个经济变动过程的起点和终点，而不涉及转变期间和具体变动过程本身的情况，实际上只是对两种既定的自变量和它们各自相应的因变量的均衡值加以比较。

动态分析（dynamic analysis）则是对经济变动的实际过程进行分析，其中包括分析有关经济总量在一定时间过程中的变动，这些经济总量在变动过程中的相互影响和彼此制约的关系，以及它们在每一时点上变动的速率，等等。这种分析考察时间因素的影响，并把经济现象的变化当做一个连续的过程来看待。

在微观经济学中，无论是个别市场的供求均衡分析，还是个别厂商的价格、产量均衡分析，都采用静态和比较静态分析方法。动态分析在微观经济学中进展不大，只在蛛网定理①（cobweb theorem）这类研究中，在局部均衡的基础上采用了动态分析方法。在宏观经济学中，则主要采用的是比较静态和动态分析方法。凯恩斯在《就业、利息和货币通论》一书中采用的主要是比较静态分析方法。而其后继者们在发展凯恩斯经济理论方面的贡献，主要是长期化和动态化方面的研究，如经济增长理论和经济周期理论。

3. 经济模型

经济模型（economic model）是指用来描述所研究的经济现象之有关的经济变量之间的依存关系的理论结构。简单地说，把经济理论用变量的函数关系来表示就叫做经济模型。一个经济模型是指论述某一经济问题的一个理论，如前文已指出，它可用文字说明（叙述法），也可用数学方程式表达（代数法），还可用几何图形式表达（几何法、画图法）。

由于任何经济现象，不仅错综复杂，而且变化多端，如果在研究中把所有的变量都考虑进去，就会使得实际研究变得不可能。所以任何理论结构或模型，必须运用科学的抽象法，舍弃一些影响较小的因素或变量，把可以计量的复杂现象简化和抽象为为数不多的主要变量，然后按照一定函数关系把这些变量编成单一方程或联立方程组，构成模型。由于建立模型中，选取变量的不同，及其对变量的特点假定不同，因此，即使对于同一个问题也会建立起多个不同的模型。

第四节　学习西方经济学的意义

一、深入了解与认识西方经济社会

西方经济学是对私人产权制度下和充分竞争环境下的市场配置资源规律的总结。

---

① 蛛网定理，是一种动态均衡分析，是指某些商品的价格与产量变动相互影响，引起规律性的循环变动的理论。

现今西方绝大多数国家都是实行私人产权制度下和充分竞争环境下的市场配置资源体制。随着我国对外开放的扩大，我们须了解西方的国情，特别是经济方面的情况。而西方有关的经济论著和报道会有大量的西方经济学术语和理论观点，并且理论本身也是现实的反映。同时我们还要了解西方政府的政策，包括对外政策，也需要研究其经济理论，因为正是这些理论为政策提供了依据。因此，学习西方经济学，能更好地了解与认识西方经济问题。

二、借鉴和应用西方经济学的理论

我国目前正在向私人产权制度下和充分竞争环境下的市场配置资源方向改革。在体制改革的过程中，学习西方国家当年曾经有过的经验与教训，对于中国的改革开放具有十分重要的意义。

三、培养新的思维方式和分析手段

学习西方经济学旨在用理性的、边际的、实证的思维方式观察和分析人类行为，理解各种社会制度和组织的性质，对我们生活在其中的各种社会现象从经济学的角度做出科学的解释（使辩证思维、发散思维、求异思维、创新思维能力得到提高）。特别是在我们已经学习了政治经济学（马克思主义经济学）以后，进一步学习西方经济学，通过对这两种不同的经济学体系的比较，可以使我们从不同的角度认识复杂的现实世界。毫无疑问，当我们能够用一个经济学家的头脑去分析我们周围发生的事情时，我们会有一种耳目一新的感觉。首先，我们可以运用这些思维方式在我们面临选择时帮助我们做出理性的决策。比如，如何把一生有限的时间在学习、工作和闲暇之间合理配置以求得人生最大的满足？如何根据自己的资源、禀赋选择最有利于自身发展的职业？如何在眼前利益与长远利益之间做出平衡？如果你是一个学生，如何在各门课程学习中分配时间以求得期末考试（或入学考试）的总分最高？如果你是一个消费者，如何在衣食住行等各种消费中做出预算决策？如果你是一个企业的管理者，应该采取什么样的定产或定价策略？经济学虽然不能提供具体的答案，但却能为我们提供各种决策的思路和工具。其次，这些思维方式和分析手段还有助于我们了解公共决策的性质并对各种公共政策做出合理的评价。比如，作为一个纳税人和选民，开征利息税对你会产生什么影响？你对政府即将推行的农村税费改革持什么态度？作为一个政策制定者，你如何判断当前收入不平等的程度，如何在平等与效率之间做出平衡？总之，要洞察复杂的社会现象，要成为一个聪明的消费者、企业管理者和行政管理者，要认真履行一个公民的责任，就必须懂得一些经济学知识。

四、奠定学习专业类课程的基础

作为基本理论，微观经济学和宏观经济学是各经济专业学科及各应用学科的基础课程，要进一步学习专业与应用学科，如会计、统计、部门经济、价格等等，都要研究基础理论。

本章小结

1. 西方经济学的概念即是西方国家的学者对经济问题研究的集合。西方经济学的发展经历了古典、新古典和当代三个发展阶段。

2. 西方经济学是研究在市场经济制度下，个人、企业、政府以及其他组织如何在社会范围内进行选择，以及这些选择如何决定社会稀缺资源的使用的科学。西方经济学通常分为微观经济学和宏观经济学，它们在研究对象、解决问题、研究方法、基本假设等方面都有明显的区别。

3. 经济学所要研究的资源配置和利用问题，既可以用实证的方法进行分析，也可以用规范的方法进行分析，但实证分析方法是一种基本方法，也得到广泛的应用。在经济学中应用最多的分析工具是均衡分析、静态分析与动态分析、经济模型。

复习与思考题

1. 什么是西方经济学？
2. 西方经济学发展的历史阶段有哪些？主体的内容是什么？
3. 微观经济学与宏观经济学研究的主要内容分别是什么？
4. 微观经济学与宏观经济学的区别是什么？
5. 西方经济学的研究方法是怎样的？
6. 学习西方经济学的意义何在？

第二章 需求、供给与均衡价格理论

微观经济学的核心问题是价格理论，而价格又是由需求和供给决定，所以，不研究需求和供给，就无法探究经济学。本章从需求和供给的分析入手，讨论市场均衡价格是如何决定的，并对弹性理论进行分析。实际上，需求、供给和均衡价格的决定及弹性理论是整个微观经济学的基础分析工具。

第一节 需求原理

一、需求函数

（一）需求的含义

经济学上所说的**需求是指市场上的消费者在一定时期内，在每一可能价格水平上愿意而且能够购买某种商品的数量**。在这里，需求包括两层含义：一是消费者对于一种商品有购买的愿望；二是消费者具有购买这种商品的能力。消费者只有购买欲望而没有购买能力，或者有购买能力但没有购买欲望都不能称作为需求。需求是欲望和能力的有机统一。

消费者对商品的需求行为受到诸多因素的影响，其中主要有商品本身的价格、消费者的收入水平、消费者的偏好、其他替代商品的价格以及消费者对商品价格的预期等等。

（1）商品本身的价格。一般而言，在影响需求量的其他因素既定不变的条件下，一种商品的价格越高，消费者对该商品的需求量就会越少；价格越低，需求量就会越多。但现实生活中有些特殊商品可能存在价格越高而消费者对其需求也可能会越大的特性，如高档的奢侈品和非常低档的吉芬品等，这些留待后面分析。

（2）消费者的收入水平。一般说来，消费者的收入水平与消费者对物品的需求是正相关的，较高的收入水平代表了较强的购买能力，相应会增加对物品的需求。特别需要注意的是，这里的物品是正常物品，对劣等物品而言，人们的收入水平提高，对此类物品的需求量反而会下降。如地摊上摆卖的衣服就符合劣等品的特点，随着收入水平不断提高，消费者对地摊衣服的消费量会出现快速下降的趋势。

（3）消费者的偏好。每个消费者的偏好都不一样，当消费者对某种物品的偏好程度增强时，对该商品的需求量就会增加；相反，偏好程度减弱，需求量就会减少。

（4）相关商品的价格。商品之间若存在相互关系，则一种商品价格的涨落将会影响相关商品的需求量。如在其他条件都不变的情况下，猪肉价格上涨将导致猪肉需求量下降，而价格不变的牛肉的需求量将会上升。

这里相关物品有两类：替代品（substitutes）和互补品（complements）。若 X 和 Y 两种商品都可以满足相同或相似的需要，我们称为替代品，如牛肉和猪肉、面粉和大米等。因为替代品可以满足相同的需要，所以 X 物品的价格上升，人们将会减少对 X 的购买，而增加对 X 的替代品 Y 的需求，即用 Y 替代 X，导致 Y 的需求量增加，即一种商品的需求量与它的替代品的价格是同方向变化的。若 X 和 Y 两种商品只有同时使用才可以满足一种需要时，我们称为互补品，如我们开车时不仅需要汽车，还要同时需要汽油，所以汽车和汽油就是互补品。因为互补品的上述特点，X 物品的价格上升，使用 Y 的费用将提高，对商品 Y 的需求量将会减少；反之，对商品 Y 的需求量将会增加。也即一种商品的需求量与它的互补品的价格是反方向变化的。所以当汽油价格提高时，使用汽车的费用增加，人们对汽车的购买量将会减少；反之，对汽车的需求量将会增加。

（5）消费者对未来的预期。如果人们估计某些影响需求的因素将发生变化，如收入增加、价格上升等，就会及时调整消费，从而影响当期需求。如消费者预测粮食因为减产将会大幅度涨价，那么消费者的理性行为是去抢购粮食并囤积，从而引起对粮食的需求增加。

（二）需求函数

需求函数是表示一种商品的需求数量和影响该需求数量的各种因素之间的相互关系的函数。如果把影响需求量的所有因素作为自变量，把需求量作为因变量，则可以用下式来表达需求函数：

$$Q_d = f\ (P,\ T,\ Y,\ P_r,\ E)$$

其中，Q_d 代表某种商品的需求量；P 代表商品本身的价格；T 代表偏好；Y 代表收入水平；P_r 代表相关商品的价格；E 代表对未来的预期。

为简化分析，我们假定其他条件保持不变，仅仅分析一种商品本身的价格对该商品需求量的影响，需求函数可以表示为：

$$Q_d = f\ (P)$$

其中，Q_d 代表某种商品的需求量，P 代表商品本身的价格。

二、需求表、需求曲线和需求定理

需求函数表示了商品的需求量和价格之间存在一一对应的关系，这种对应关系也可以用需求表和需求曲线来反映。**需求表就是描述在每一个可能的价格下商品需求量的列表**。表 2.1 就是某种商品的需求表。

表 2.1   某商品的需求表

某商品	价格（P）	需求量（Q_d）
a	3	1000
b	4	800
c	5	600
d	6	400
e	7	200

由表 2.1 可以看出，当商品的价格低时，商品的需求量就高，而价格高时，需求量就较低。

商品的**需求曲线就是根据需求表中反映商品的价格与需求量的关系在平面坐标图上绘制的一条曲线**。若把表 2.1 中的每一个价格与需求量的组合分别在平面坐标系里面描绘出来，我们可以看到如图 2.1 的一条需求曲线。

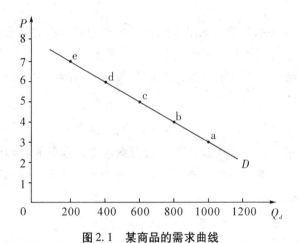

图 2.1   某商品的需求曲线

由图 2.1 可以看出，需求曲线是一条向右下方倾斜的曲线，即斜率为负，表示商品价格与需求量之间呈反方向变动的关系。

通过对现实中大量经济现象的观察发现，一般来说，在影响需求的其他因素不变的情况下，某一商品的价格下降，需求量就增加；而商品的价格上升，该商品的需求量就减少。**这种商品的需求量与该商品价格之间呈反方向变动的关系被称为需求定理。**

图 2.1 中的需求曲线是一条直线，实际上需求曲线既可以以直线形式表示，也可以以曲线形式表示。若以直线形式表示的话，则我们称为线性需求曲线，其函数形式可以表示为：

$$Q_d = a - b \cdot P$$

其中，a，b 为常数，且都大于 0。

三、需求量和需求的变动

在上面的分析中，我们发现需求和需求量经常出现。在现代经济学中，需求量和需求是两个不同的概念，在这里，有必要进行区分。

需求量是消费者在某一价格水平下希望购买的某种商品的数量。它在需求表中是指对应于某一价格的商品数量，在需求曲线上是指某一点的横坐标。因此，**需求量的变化是因为商品本身价格发生了改变，从图形上看，表现为需求曲线上的点的位置发生了改变。**如在图2.2的（a）图中，在需求曲线 D_0 上，由 b 点移动到 c 点表示需求量的增加，由 b 点移动到 a 点表示需求量的减少，增加或减少的原因在于商品本身价格发生了改变。

需求则是消费者在各个可能的价格下希望购买的某种商品的数量，它是指整个需求表和整条需求曲线。**若因为商品本身价格以外的因素发生改变而导致需求数量的变化，我们都称为需求的变化。**从图形上看，其表现为从一条需求曲线到另一条需求曲线的移动。如图2.2的（b）图中，在价格 P_0 保持不变的情况下，由于某种因素如收入增加，购买力增强，消费者对物品的消费量将增加，需求曲线将由 D_0 右移至 D_1，这表示需求的增加；相反，若收入减少，需求曲线将由 D_0 左移至 D_2。

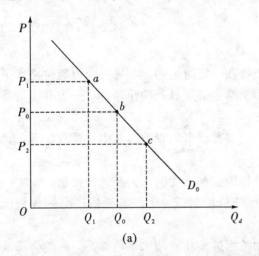
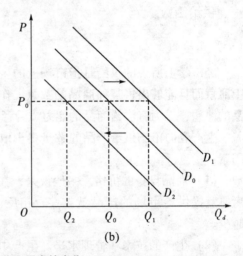

图2.2 需求量的变化和需求的变化

按照需求和需求量的定义，需求的变化都将引起需求量的变化。例如，当需求增加的时候，在各个价格下的需求量都增加了。但是，需求量的变化不一定引起需求的变化。例如，当需求量随着价格的上升而减少时，需求可以不变。

四、个别需求与市场需求

单个消费者对某种产品的需求，是个别需求，而市场上所有消费者对某种产品的需求被称为市场需求。市场需求是个别需求的加总。例如在苹果市场，若市场只存在两个消费者，价格为每千克3元时，A消费者的需求数量为2个，B消费者的需求数量为3个产品，则该产品在价格为每千克3元时的市场需求为5个产品。用图形分析看，市场需求就是通过个别需求曲线的横向加总而得到。如图2.3所示。

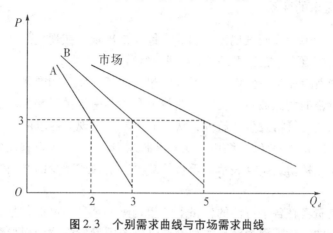

图2.3　个别需求曲线与市场需求曲线

第二节　供给原理

一、供给函数

(一)　供给的含义

经济学上所说的**供给是指市场上的生产者在一定时期内，在每一个可能价格水平上愿意而且能够出售某种商品的数量。**作为供给也必须具备两个条件：一为有出售商品的愿望，二为有供给商品的能力。两者缺一不可。

生产者向市场供给产品的数量多少取决于多种因素的影响，其中主要有如下几种因素：

（1）商品自身的价格。一般说来，在其他因素都不变时，商品的价格越高，生产者愿意提供给市场的产品就越多；相反，市场价格越低，生产者提供产品的数量就越少。

（2）生产的技术和管理水平。生产中的技术进步和管理水平的提高，一般会降低生产成本，从而厂商就会愿意在每一价格水平上提供更多的商品数量。例如，流水线作业的出现及采用，就使得商品的供给大大增加。

（3）其他商品的价格。一个理性的生产者一般都是选择最有利可图的商品进行生产。如果其他商品的价格上升了，那么，生产者很可能被吸引到价格上升商品的生产中去，而减少原来产品的数量。例如，一个既生产CRT（阴极射线管）电视机又生产液晶电视机的电器制造商，如果市场CRT电视机的价格下跌，而液晶电视机的价格将上升，他就会减少CRT电视机的生产，增加液晶电视机的生产。

（4）生产要素的价格。生产要素价格的变化会直接影响到商品的生产成本，在其他条件都不变的情况下，要素价格上升，导致厂商的生产成本提高，从而生产者就愿意在相同的价格水平上供给更少的数量，相反就会增加产量。

（5）预期。生产者对未来也有预期。如果预期商品未来价格上涨，则生产者将会扩大生产，增加产量供给；如果生产者对未来预期悲观，如预期商品价格会下降，生产者将会缩减生产，减少产品供给。

（二）供给函数

所谓供给函数是表示一种商品的供给量和影响该供给数量的各种因素之间的相互关系的函数。如果把影响供给量的所有因素作为自变量，把供给量作为因变量，则可以用下式来表达供给函数：

$$Q_S = f(P, T, P_r, P_f, E)$$

式中，P 是商品本身的价格，T 是生产的技术水平，P_r 是其他商品的价格，P_f 是生产要素的价格，E 代表对未来的预期。

为简化分析，我们假定其他条件保持不变，仅仅分析一种商品本身的价格变化对该种商品供给量的影响，供给函数可以表示为：

$$Q_S = f(P)$$

式中，Q_S 代表某种商品的供给量，P 代表商品本身的价格。

二、供给表、供给曲线和供给定理

供给函数也可以用供给表和供给曲线来表示。**商品的供给表表示在每一个可能的价格下商品的供给数量的列表。**表 2.2 就是某商品的供给表。

表 2.2　　　　　　　　　　　　　　某商品的供给表

某商品	价格（P）	供给量（Q_S）
a	1	100
b	2	200
c	3	300
d	4	400
e	5	500

表 2.2 表示了商品的价格与供给量之间的函数关系。如当价格为 1 元时，商品的供给量为 100 个单位，当价格为 3 元时，商品的供给量增加为 300 个单位。

商品的供给曲线就是根据供给表中反映的商品价格与供给量的关系在平面坐标图上所绘制的一条曲线。图 2.4 就是根据表 2.2 所绘制的一条供给曲线。其中横轴表示商品的数量，纵轴表示商品的价格。供给曲线表示在不同的价格水平下生产者愿意而且能够提供的商品数量。

从供给表和供给曲线可以看出，供给量与商品价格之间存在一些共性特征，即在影响供给的其他因素不变的情况下，某一商品的价格越低，商品的供给量越小；商品的价格越高，该商品的供给量越大。**这种商品的供给量与该商品价格之间成同方向变**

动的关系被称为供给定理。

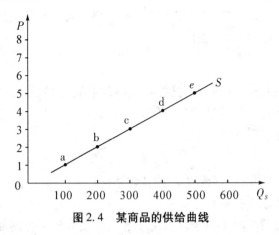

图2.4　某商品的供给曲线

是否所有商品都满足这种供给定理呢？这留待后面分析。

图2.4中的供给曲线是一条直线，实际上供给曲线既可以以直线形式表示，也可以以曲线形式表示。若以直线形式表示的话，则我们称为线性供给曲线，其一般表达式为：

$$Q_s = -c + d \cdot P$$

其中，c，d为常数，且都大于0。

三、供给量与供给的区别

跟需求的情形一样，这里也要区分供给量的变动与供给的变动。所谓供给量是指在某一特定的价格下厂商愿意出售某种商品的数量。因此，供给量的变动是在其他因素保持不变的假设下，商品本身价格的变动所引起的供给量的增加或减少。而供给是指整个的供给表或整条供给曲线。因此供给的变动是指整个供给表或整条供给曲线的变动，即指在每一个价格水平下的供给量都发生变动。供给的变动可以分为供给的增加或供给的减少。

供给量的变动在图形上表现为在一条既定的供给曲线上不同的点的位置的移动。如图2.5的（a）图所示，在其他条件都不变的情况下，若商品价格由P_0提高P_1，则供给量也相应由Q_0增加到Q_1；若商品价格减少到P_2，则供给量也相应减少到Q_2。

供给的变动在图形上表现为整条供给曲线的移动。供给增加意味着在任何一个相同的价格下，生产者现在愿意出售的商品数量都比以前增加了（如技术进步）。供给的减少则意味着任何一个相同价格下，生产者现在愿意出售的商品数量都比以前减少了（如成本增加）。如图2.5的（b）图所示，假设商品本身的价格保持为P_0，由于技术水平提高使原来的供给曲线S_0右移动到S_1，表示供给增加；若因为生产成本提高，导致供给曲线由S_0左移到S_2，表示供给的减少。

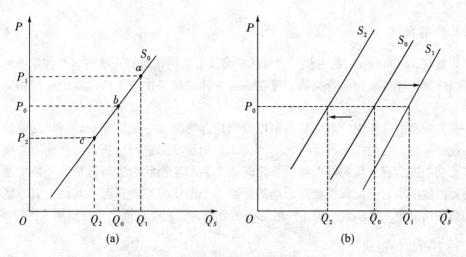

图2.5 供给量的变动和供给的变动

四、个别供给和市场供给

单个生产者对某种产品的供给是个别供给，市场上所有生产者对某种产品的供给被称为市场供给，市场供给是个别供给的加总。如当市场只存在两个生产者时，如果价格为每单位3元时，A生产者的供给数量为2个产品，B生产者的供给数量为3个产品，则该产品在价格为每单位3元时的市场供给为5个产品。用图形分析，市场供给就是通过个别供给曲线的横向加总而得到。如图2.6所示。

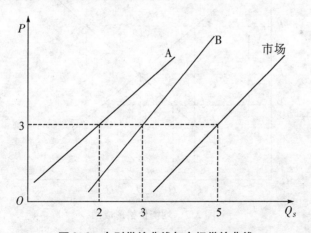

图2.6 个别供给曲线与市场供给曲线

第三节 均衡价格的决定

微观经济学的中心问题实质就是分析价格是如何决定的。而把需求和供给的分析结合起来，就可以研究在竞争性市场上，商品均衡价格是怎样形成的。

一、均衡的含义

均衡（equilibrium）是由相反力量的平衡而带来的相对静止状态。经济学中的均衡也可以理解为经济事物中有关的变量在一定条件的相互作用下所达到的一种相对静止的状态。

在微观经济分析中，市场均衡可以分为局部均衡和一般均衡。局部均衡是就单个市场或者部分市场的供求与价格之间的关系和均衡状态进行分析。一般均衡是就一个经济社会中的所有市场的供求与价格之间的关系和均衡状态进行分析。一般均衡假定各种商品的供求与价格都是相互影响的，而一个市场的均衡只有在其他所有市场都达到均衡的情况下才能实现。关于一般均衡的分析，我们将在第九章进行深入探讨。

二、均衡价格的形成

均衡价格（equilibrium price）就是当商品的供给量和需求量恰好相等时的价格，此时，价格既不上升也不下降，保持相对稳定状态。均衡价格所对应的交易量称为均衡交易量或均衡产量。市场达到均衡时，消费者愿意支付的价格与生产者愿意接受的价格相等，消费者愿意且能够购买的需求量与生产者愿意且能够提供的供给量也相等。经济学中也把这种状态称为市场出清（clearing）。

下面我们用图 2.7 来说明均衡价格的形成过程。

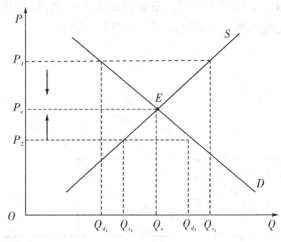

图 2.7　均衡价格形成图

如果某种商品的初始市场价格为 P_1，高于均衡价格 P_e，那么，与 P_1 相对应的供给量 Q_{s_1} 就大于此价格水平下的需求量 Q_{d_1}，即商品供过于求。在竞争性市场中，这种情况必然会导致供给方即厂商之间的激烈竞争，结果使价格逐渐下降。根据需求定律和供给定律，供给量逐渐减少，需求量逐渐增加。这个过程一直持续进行下去，直到价格降到均衡价格 P_e，需求量和供给量都等于 Q_e 时为止。

相反，如果这种商品初始的市场价格为 P_2，低于均衡价格 P_e，那么，与 P_2 相对应的需求量 Q_{d_2} 就大于此价格时的供给量 Q_{s_2}。因而有部分购买者不能买到想要的商品，存在供不应求。在竞争性市场中，这种情况必然会导致购买者之间的竞争，结果使价格逐渐上升，需求量逐渐减少，供给量逐渐增加，直到价格上升到均衡价格 P_e，供给量与需求量都等于 Q_e 时为止。

可见，**均衡价格是在市场上供求双方的竞争过程中自发形成的**。均衡价格的形成也就是价格决定的过程。如果有外力的干预，那么这种价格就不是均衡价格。如政府为保证国内物价的稳定，一般会将公用事业商品价格强制降低，如水费、电费等。在这里，市民与政府进行交易的价格是市场价格，但不是均衡价格。

三、供求变动对均衡价格的影响

均衡价格是假定影响需求和供给的因素保持不变的前提下形成的价格。当市场条件发生变化时，需求和供给将发生变化，商品的均衡价格也将发生变化。

（一）供给不变，需求发生变动

假定某种商品的供给不变，需求增加，导致需求曲线 D_0 右移至 D_1，因此均衡点随之移动，由 E_0 移动到 E_1 点，新的均衡价格和均衡数量分别为 P_1 和 Q_1。显然，均衡价格比原来提高了，均衡数量也增加了。反之，如果供给不变，而需求减少，导致需求曲线 D_0 左移至 D_2，均衡点由 E_0 移动到 E_2 点，则新的均衡价格下降到 P_2，均衡数量减少到 Q_2。如图2.8（a）所示。

（二）需求不变，供给发生变动

假定某种商品的需求不变，供给增加，导致供给曲线 S_0 右移至 S_1，因此均衡点随之移动，由 E_0 移动到 E_1 点，新的均衡价格和均衡数量分别为 P_1 和 Q_1。显然，均衡价格比原来下降了，而均衡数量比原来增加了。反之，如果需求不变，供给减少，导致供给曲线 S_0 左移至 S_2，均衡点由 E_0 移动到 E_2 点，则新的均衡价格上升到 P_2，均衡数量减少到 Q_2。如图2.8（b）所示。

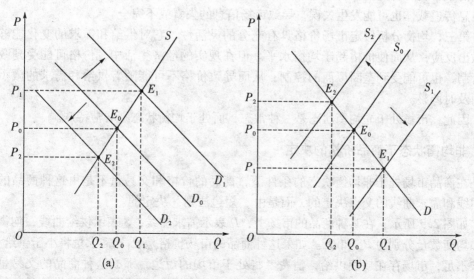

图2.8 需求和供给单方变动对均衡价格和均衡数量的影响

综上所述，可以得到**供求定理**：在其他条件不变的情况下，需求变动分别引起均衡价格和均衡数量的同方向变动；供给变动引起均衡价格的反方向变动，引起均衡数量的同方向变动。

(三) 需求和供给同时发生变化

需求和供给同时发生变化的情况相对复杂些，两者的变动方向和变动程度的不同都有可能对均衡价格和均衡数量产生不同的影响。有关图形的分析留给读者自己证明。

综上分析，在市场上，当商品的供给或需求发生变化的时候，均衡价格将随之变化，但均衡价格的变化又会引起需求量和供给量变化，从而实现社会资源在不同商品生产上的重新配置。在这个过程中，政府并没有实行什么经济政策，完全是市场本身在自行发挥调节的作用。市场价格的这种自行调节功能被称为价格机制。

第四节　商品市场的非均衡

一、商品市场的非均衡

关于商品均衡价格的形成和变化的分析是一种局部均衡的分析，它研究在与其他商品市场没有联系的某种商品的市场上，均衡的价格和交易量是怎样形成和怎样变化的。但是，在现实的经济生活中，在大多数市场上，价格和交易量是非均衡的。其原因是：

第一，均衡分析假定市场处于完全竞争的状态，买者和卖者能够迅速地对价格的变化做出反应，在买者之间和卖者之间相互竞争下，可以形成均衡的价格和交易量。但是，在现实的经济生活中，市场并不是完全竞争的。

第二，均衡分析假定买者和卖者完全掌握市场的信息，他们能够准确和有效地对价格的变化作出反应，从而使市场可以形成均衡的价格和交易量。但是，在现实的经济生活中，交易者受到各种主观和客观条件的限制，不可能掌握完全的市场信息；市场信息传递载体也可能发生失误，导致市场信息的失真或不完全。

第三，均衡分析假定市场价格具有充分的灵活性，它对供给和需求的变化能够立即做出反应，从而使价格趋于均衡水平。但在现实的经济生活中，价格可能受到政府的管制，也可能受到垄断厂商的控制，从而导致价格不可能随着供给和需求的微小变化而及时调整。

因此，市场处于非均衡状态是一种常态，而处于均衡状态则非常特殊。

二、非均衡状态下商品价格的决定

在商品市场处于非均衡状态的条件下，商品的价格和交易量不是由这种商品的供给曲线和需求曲线的交点决定的，而是由"短边法则"决定的。

如图 2.9 所示，在某种商品的市场上，D 表示需求曲线，S 表示供给曲线，均衡价格和均衡数量分别为 P_e 和 Q_e。如果这种商品的市场价格是 P_1，需求量将小于供给量，需求不足，市场存在超额供给，消费者将处于市场的短边，那么这种商品的交易量决定于处在短边的需求量 Q_{d1}。如果这种商品的价格是 P_2，需求量将大于供给量，供给不足，市场存在超额需求，生产者将处于市场的短边，那么这种商品的交易量决定于处在短边的供给量 Q_{s2}。

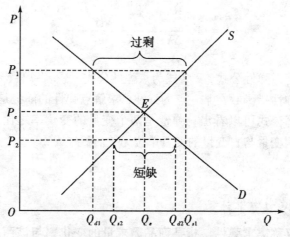

图 2.9　非均衡状态下商品价格的决定

在市场处于非均衡状态的条件下，交易是通过配给系统实现的。例如，交易者可以按先后次序达成交易。这就是说，买者或卖者按先后顺序排列，并按照这个次序购买或出售商品，直到最后一个买者或卖者买进或卖出商品为止。

第五节　弹性理论

在前面的分析中已经知道，价格的变动会导致需求量和供给量的变化，但不同商品的需求量和供给量随着价格变动的变化程度不同。当价格变动时，有的商品的需求量和供给量变动的幅度大，有的商品的需求量和供给量变动的幅度小。有些特殊的商品，价格虽然发生变动，但供给和需求则没有任何变化。那么，这种变化有什么经济意义？其大小又是怎样决定的呢？这就会涉及经济分析中的弹性（elasticity）分析法。弹性是一个十分有用的概念，本节首先介绍弹性的基本概念，在此基础上重点分析需求价格弹性，然后对相关的需求交叉弹性、需求收入弹性和供给弹性进行介绍。

一、弹性的概念

"**弹性**"是一个物理学名词，指一物体对外部力量的反应程度。在经济学中，**弹性指在经济变量之间存在函数关系时，因变量对自变量的反应程度**。弹性的大小用弹性系数来衡量，弹性系数的一般公式为：

$$弹性系数 = \frac{因变量变动的百分比}{自变量变动的百分比}$$

对于函数 $Y = f(X)$，变量 X 为自变量，Y 为因变量，E 为弹性系数，则有：

$$E = \frac{Y \text{变动的百分比}}{X \text{变动的百分比}} = \frac{\Delta Y/Y}{\Delta X/X} = \frac{\Delta Y}{\Delta X} \cdot \frac{X}{Y} \tag{2.1}$$

若函数 $Y = f(X)$ 是可微的，当经济变量的变化量趋于无穷小时，弹性就等于因变量的无穷小的变动率与自变量的无穷小的变动率之比。弹性公式则可以表示为：

$$E = \lim_{\Delta x \to 0} \frac{\frac{\Delta Y}{Y}}{\frac{\Delta X}{X}} = \frac{\frac{dY}{Y}}{\frac{dX}{X}} = \frac{dY}{dX} \cdot \frac{X}{Y} \tag{2.2}$$

我们称 2.1 式为弧弹性公式，2.2 式为点弹性公式。顾名思义，弧弹性是指函数在某一段的弹性，点弹性指函数在某一点的弹性，求解点弹性的前提是函数在该点可微。

由于弹性的计算公式可以看出，弹性是两个变量的变化率之比，所以弹性是一个具体的数值，它与因变量与自变量的度量单位无关。

二、需求价格弹性

(一) 需求价格弹性含义及其计算

需求价格弹性又称需求弹性，指某商品需求量的变化率与该商品的自身价格变化率之比。因此，需求弹性的大小是在说明需求量的变动对价格变动的反应程度。如果以 E_d 表示需求价格弹性，以 Q 表示商品的需求量，以 P 表示该商品的价格，ΔP 和 ΔQ 分别表示需求量和价格的变动量，则需求价格弹性的计算公式为：

$$E_d = \frac{需求量变动的百分比}{价格变动的百分比} = -\frac{\Delta Q/Q}{\Delta P/P} = -\frac{\Delta Q}{\Delta P} \cdot \frac{P}{Q} \tag{2.3}$$

或

$$E_d = \lim_{\Delta P \to 0} -\frac{\Delta Q}{\Delta P} \cdot \frac{P}{Q} = -\frac{dQ}{dP} \cdot \frac{P}{Q} \tag{2.4}$$

公式 2.3 是弧弹性的计算公式，公式 2.4 是点弹性的计算公式。在通常情况下，由于商品的需求量和价格是呈反方向变动的，$\frac{\Delta Q}{\Delta P}$ 为负值，所以为了便于比较，就在公式 (2.3)、(2.4) 中加了一个负号，以使 E_d 取正值。要注意的一个问题是，对于需求曲线上任意两点的起点与终点的选择不同而计算出来的弧弹性的结果是不同的。例如需求函数 $Q = 18 - 2P$，其需求曲线如图 2.10。

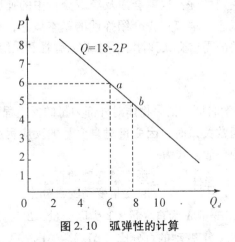

图 2.10 弧弹性的计算

在曲线上 a、b 两点的价格分别为 6 和 5，相应的需求量分别为 6 和 8，根据 2.3

式，由 a 点到 b 点和由 b 点到 a 点计算出来的弧弹性分别为：

由 a 点到 b 点的弧弹性：$E_d = -\dfrac{\Delta Q/Q}{\Delta P/P} = -\dfrac{\Delta Q}{\Delta P} \cdot \dfrac{P}{Q} = -\dfrac{8-6}{5-6} \cdot \dfrac{6}{6} = -(-2) = 2$

由 b 点到 a 点的弧弹性：$E_d = -\dfrac{\Delta Q/Q}{\Delta P/P} = -\dfrac{\Delta Q}{\Delta P} \cdot \dfrac{P}{Q} = -\dfrac{6-8}{6-5} \cdot \dfrac{5}{8} = -(-1.25) = 1.25$

显然，尽管是同一段弧，但是按照不同方向计算出来的弧弹性系数却是不相同的。为了克服这一缺陷，在计算同一段弧弹性系数的时候，一般采用变动前后价格和需求量的算术平均数来计算弹性系数，即采用中点法来计算，其计算公式为：

$$E_d = -\dfrac{\dfrac{\Delta Q}{(Q_1 + Q_2)\ /2}}{\dfrac{\Delta P}{(P_+ P_2)\ /2}} = -\dfrac{\Delta Q}{\Delta P} \cdot \dfrac{(P_1 + P_2)}{(Q_1 + Q_2)} \tag{2.5}$$

此时，不管从哪个方向所计算出来的弹性系数都为 $\dfrac{11}{7}$。

对于需求函数 $Q = 18 - 2P$，我们可以利用点弹性的计算公式来计算点弹性系数。仍以 a 和 b 点为例，

$$E_a = \lim_{\Delta P \to 0} -\dfrac{\Delta Q}{\Delta P} \cdot \dfrac{P}{Q} = -\dfrac{dQ}{dP} \cdot \dfrac{P}{Q} = -(-2) \cdot \dfrac{6}{18 - 2 \times 6} = -(-2) = 2$$

$$E_b = \lim_{\Delta P \to 0} -\dfrac{\Delta Q}{\Delta P} \cdot \dfrac{P}{Q} = -\dfrac{dQ}{dP} \cdot \dfrac{P}{Q} = -(-2) \cdot \dfrac{5}{18 - 2 \times 5} = -(-1.25) = 1.25$$

点弹性还可以用几何图形来表示和测度。我们用图 2.11 来说明。

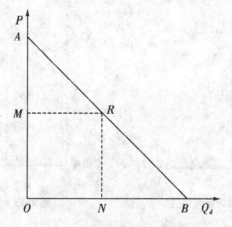

图 2.11　点弹性的几何计算

在图 2.12 中，有一条需求曲线，它与横轴和纵轴分别相交于 A、B 两点，R 点为该需求曲线上的任意一点，根据弹性的计算公式有：

$$E_d = -\dfrac{dQ}{dP} \cdot \dfrac{P}{Q} = \dfrac{NB}{RN} \cdot \dfrac{RN}{ON} = \dfrac{NB}{ON} = \dfrac{RB}{AR} = \dfrac{OM}{MA}$$

所以，如果需求曲线为直线，则需求曲线 AB 上任意一点 R 需求价格弹性均可以用 RB 和 RA 的比值来表示。若 R 点位于 AB 线的中点，则该点的弹性系数的绝对值等于

1；若 R 位于 AB 线的中点以上的位置，则该点的弹性系数大于1；若 R 点位于 AB 线的中点以下的位置，则该点弹性系数的绝对值小于1。R 点靠近 A 点，则弹性系数趋近于无穷大；若 R 点靠近 B 点，则弹性系数趋近于0。这说明，就同一种商品而言，在不同的价格水平下，其需求价格弹性的大小是不同的。

关于非线性需求曲线上的任何一点的弹性的几何意义，可以先过该点作需求曲线的切线，然后用与推导线性需求曲线的点弹性的几何意义相似的方法来得出。读者可以自己画图证明。

（二）需求价格弹性的分类

按照弹性系数的大小，可以将需求价格弹性分为如下五类：

1. 需求完全无弹性

需求完全无弹性，即 $|E_d| = 0$。它表示这类商品需求量与价格无关，无论价格如何变化，需求量总是不变的。例如，假设某个有支付能力的肾脏病人需要换肾，其对肾脏的需求就是如此，无论价格如何，病人对肾脏的需求是不变的，即需求弹性系数为0。这时需求曲线是一条与横轴（需求量轴）垂直的线，如图2.12所示。

2. 需求缺乏弹性

需求缺乏弹性，即 $0 < |E_d| < 1$。它表示价格的较大变动只会引起需求量的较小变化，这类商品的弹性又可称为"缺乏弹性"。生活必需品就属这类商品，不管粮食的价格多少，消费者每个月的粮食消费数量变化都不大。此时，需求曲线是一条比较陡峭的线，如图2.13所示。

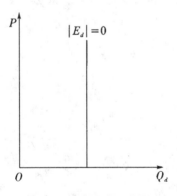

图2.12　需求完全无弹性

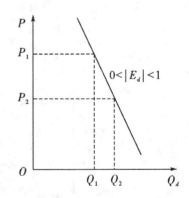

图2.13　需求缺乏弹性

3. 需求单位弹性

需求单位弹性，即 $|E_d| = 1$。它表示商品需求量变化幅度与商品价格的变化幅度相同，但变化方向相反。这时的需求曲线是一条正双曲线，如图2.14所示。

4. 需求富有弹性

需求富有弹性，即 $|E_d| > 1$。它表示价格的较小变动会引起需求量的较大的变化，这类商品的弹性称为"富有弹性"。奢侈品多数是富有价格弹性的，如旅游、保健品等。这时的需求曲线是一条比较平坦的线，如图2.15所示。

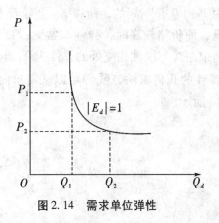

图 2.14 需求单位弹性

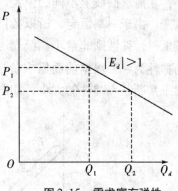

图 2.15 需求富有弹性

5. 需求完全有弹性

需求完全有弹性，即 $|E_d| = \infty$ 。在这种情况下，当价格为既定时，需求量是无限的。例如，银行以一固定价格收购黄金，无论多少黄金都可以按这一价格收购，银行对黄金的需求是无限的，此时黄金的需求弹性是无穷大。这时的需求曲线是一条与横轴平行的线，如图 2.16 所示。

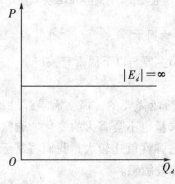

图 2.16 需求完全有弹性

一般而言，需求完全无弹性、需求完全有弹性和需求弹性为 1 都是需求弹性的特例，在现实生活中非常少见。现实生活中常见的是需求富有弹性和需求缺乏弹性的情况。而对于这两大类不同商品所进行的经济分析和经济决策是大相径庭的。因此结合图示，分析影响弹性的因素，对于分析判断、经营决策是非常重要的，这在后面的应用中我们还会深入分析。

（三）弹性和斜率

弹性和斜率是两个不同的概念，下面我们以线性需求曲线为例，来分析弹性和斜率的不同之处。如图 2.17 是一条线性需求曲线，则需求曲线的斜率为一常数，

$$斜率 = \frac{价格的变化量}{需求量的变化量} = \frac{\Delta P}{\Delta Q}$$

而由弹性的计算公式得出：

$$E_d = \frac{需求量变动的百分比}{价格变动的百分比} = \frac{\Delta Q/Q}{\Delta P/P} = \frac{\Delta Q}{\Delta P} \cdot \frac{P}{Q} = \frac{1}{斜率} \cdot \frac{P}{Q}$$

这样，在需求曲线上不同的位置，其中 P 和 Q 是不同的，所以 E_d 会随着 P、Q 的大小而改变。由于斜率恒定，所以数量较低，而价格较高时，弹性非常大；数量较高，而价格较低时，弹性则非常小。极端地，需求曲线与横轴相交处的弹性为 0，与价格轴相交处的弹性为 ∞。根据前面需求价格点弹性的几何求法，我们可以从需求曲线上不同的位置来判断其点弹性的大小，如图 2.17 所示。

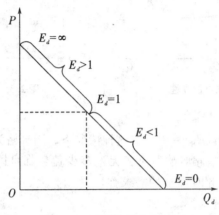

图 2.17   弹性和斜率关系图

（四）需求价格弹性大小的影响因素

需求价格弹性系数的大小主要与以下因素有关：

1. 商品的必需程度

如果某种商品是日常生活所需要的，那么需求弹性比较小，如盐、大米、燃料，即使价格上涨幅度很大，需求量也不会有大的变化。通常将需求缺乏弹性的商品称为必需品。而非生活必需品价格弹性就比较大，我们将富于弹性的商品称为奢侈品，这些商品的需求对价格的变化比较敏感。

2. 商品的可替代性

某种商品的替代品越多，替代性越强，该商品的需求弹性就越大。比如说，可口可乐的需求弹性应该是比较大的。因为如果可口可乐涨价，人们就会转而饮用百事可乐或其他软饮料。

3. 在总开支中的比重

如果一种商品在消费者总开支中只占很小的份额，那么消费者对该商品的价格变化不会很敏感，因此需求弹性较小。如果该商品支出在消费者总开支中比重较大，那么价格变化后，消费者会对其需求重新慎重考虑，因而弹性较大。

4. 商品类别的大小

需求弹性的大小与考察对象类别的大小很有关。如果考察的是某一大类商品，如牙膏、饮料，它们的替代品很少，需求弹性很小。而如果考察的是大类商品中的某一种，如高露洁牙膏，其需求弹性会很大，因为其他品牌的牙膏是很好的替代品。

5. 时间的长短

时间能改变许多东西，需求弹性也会随着时间的延长而变大。因为时间越长，消费者越容易找到替代品或调整自己的消费习惯。

二、供给弹性

(一) 供给弹性的含义及计算

供给弹性又称为供给的价格弹性，指某商品供给量的变化率与商品自身价格变化率之比，它反映的是供给量的变动对价格变动的反应程度。若以 E_s 表示供给弹性，以 Q_s 表示供给量，以 P 表示该商品自身的价格，则供给弹性的公式为：

$$E_s = \frac{供给量变动的百分比}{价格变动的百分比} = \frac{\Delta Q_s / Q_s}{\Delta P / P} = \frac{\Delta Q_s}{\Delta P} \cdot \frac{P}{Q_s} \qquad (2.6)$$

或

$$E_s = \frac{dQ_s}{dP} \cdot \frac{P}{Q_s} \qquad (2.7)$$

公式 2.6 是供给弧弹性的计算公式，而公式 2.7 是供给点弹性的计算公式，在弧弹性的计算中，同样存在不同的方向所计算出来的弧弹性的差异，所以我们也同样可应用中点公式计算供给的价格弧弹性。计算方法与需求价格弹性的中点法计算公式一样，在此不再赘述。根据供给法则，供给曲线斜率一般为正，故供给的价格弹性应为正数。

(二) 供给弹性的分类

根据供给价格弹性系数的大小，我们可以将**供给价格弹性分为五大类型**：若 $E_s > 1$，称供给富有弹性；若 $E_s = \infty$，称供给完全富有弹性，在图像上表现为一条水平的供给曲线，表示在某一特定价格下厂商愿意提供任意数量的产品；若 $E_s = 1$，称为供给为单位弹性；若 $E_s < 1$，称供给缺乏弹性；若 $E_s = 0$，称供给完全缺乏弹性，在图像上表现为一条垂直的供给曲线，表示不管价格情况如何，供给量始终固定不变。如图 2.18 所示。

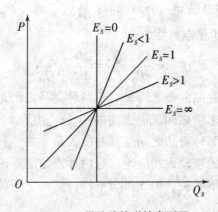

图 2.18　供给价格弹性类型图

还需要说明的是，若需估计一非线性供给曲线在某一点的弹性系数，我们可以借助上述原理，对该曲线上的这一点作一切线。如果该切线与价格轴相交，则 $E_s > 1$；如果该切线与数量轴相交，则 $E_s < 1$；如经过原点，则 $E_s = 1$。

（三）供给弹性的影响因素

供给价格弹性的大小，主要取决于以下因素：

1. 进入和退出的难易程度

如果某一行业进入和退出壁垒很少，厂商可灵活根据价格和需求情况进入或退出该行业，则该产品的供给弹性较大；反之，则相反。

2. 时间的长短

在影响供给的价格弹性的众多因素中，时间是一个很重要的因素。当商品的价格发生变化时，厂商对产量的调整需要一定的时间。在极短时期内，供给量限于已有库存，无法随价格变化而变化，弹性近乎为零；在短期内，厂商能够在固定资产（如厂房）不变的情况下增加流动投入（如原材料、劳动力）来扩大产量，因而弹性增大；在长期内，现有厂商可彻底调整生产规模，新厂商也可以进入该行业，故供给弹性变得非常大。

3. 生产周期

在一定时期内，对于生产周期较短的产品，厂商可以根据市场价格的变化及时地调整产量，价格提高，厂商可及时增加产量，价格下降，产量减少。因此，供给的价格弹性相应比较大。相反，生产周期较长的产品的供给弹性就比较小。

三、需求的交叉价格弹性

需求价格弹性反映的是商品需求量对本身价格变化的敏感程度。但现实中相关商品的价格也会影响某一商品的需求量，这时就要计算交叉价格弹性。用 E_{XY} 表示 Y 商品价格（P_Y）变化引起 X 商品需求量（Q_X）变化的弹性，则有：

$$E_{XY} = \frac{\Delta Q_X / Q_X}{\Delta P_Y / P_Y} = \frac{\Delta Q_X}{\Delta P_Y} \cdot \frac{P_Y}{Q_X} \tag{2.8}$$

如果 Q_X 是关于 X 商品价格（P_X）和 Y 商品价格（P_Y）的连续可导函数，即 $Q_X = f(P_X, P_Y)$，则交叉价格点弹性为：

$$E_{XY} = \frac{\mathrm{d} Q_X / Q_X}{\mathrm{d} P_Y / P_Y} = \frac{\mathrm{d} Q_X}{\mathrm{d} P_Y} \cdot \frac{P_Y}{Q_X} \tag{2.9}$$

回忆有关替代品和互补品的概念可知，若两种商品之间是替代关系，则一种商品的价格与它的替代品的需求量之间成同方向的变动；相应地，这两种商品的需求交叉价格弹性系数为正值。若两种商品之间是互补的关系，则一种商品的价格与它的互补品的需求量之间呈反方向的变动；相应地，这两种商品的需求交叉价格弹性系数为负值。如果两种商品几乎毫不相关，如飞机与电梯，那么它们的交叉价格弹性系数近乎为零。

四、需求的收入弹性

消费者收入（I）也是影响对各种商品需求量的重要因素。从弹性的一般定义出发，在商品价格和其他有关因素不变的情况下，需求的收入弧弹性和点弹性可分别表示为：

$$E_I = \frac{\Delta Q/Q}{\Delta I/I} = \frac{\Delta Q}{\Delta I} \cdot \frac{I}{Q} \tag{2.10}$$

或

$$E_I = \frac{dQ}{dI} \cdot \frac{I}{Q} \tag{2.11}$$

根据收入弹性值的大小，将商品分为正常品和劣等品两大类。其中，正常品是指需求量与收入成同方向变化的商品，即 E_I 大于 0；劣等品是指需求量与收入呈反方向变化的商品，即 E_I 小于 0。值得注意的是，劣等品不一定是质量低劣的商品，主要是指一些消费层次很低的商品。人们收入增加后，转向中高档次商品的消费，对这类商品的需求量反而下降了，如杂粮、粗布等。在正常物品中，又可以分为必需品和奢侈品，若 $E_I > 1$，即收入增加 1% 而需求量增加超过 1% 的商品，称为奢侈品，如名牌时装、旅游等；若 $0 < E_I < 1$，即需求量增加幅度不超过收入增加幅度的商品，称为必需品，如粮食、盐等。

经济学家根据统计资料分析得出，生活必需品如食盐的收入弹性小，而奢侈品和耐用品如汽车的收入弹性大，恩格尔定理正是这一结论的证明。恩格尔指出：随着收入的提高，食物支出在全部支出中所占比例趋减，即恩格尔系数是递减的。恩格尔系数可以反映一国或一个家庭的富裕程度与生活水平。一般而言，恩格尔系数越大则越贫穷；反之，则越富裕。

第六节　均衡价格理论应用

供求曲线和弹性理论反映了数量与价格之间的关系，我们可以运用这些理论来解释许多经济现象。

一、价格控制

1. 最高限价

最高限价也被称为限制价格，是政府所规定的某种产品的最高价格。最高限价总是低于市场均衡价格。政府实行最高限价的目的往往是为了抑制某些产品价格上涨，尤其是为了对付通货膨胀。有时，为了限制某些行业，特别是限制一些垄断性很强的公用事业的价格，政府也会采取最高限价的做法，但政府实行最高限价的做法也会带来一些不良的影响。图 2.19 表示政府对某种产品实行最高限价的情形，市场均衡价格为 P_e，均衡数量为 Q_e，若政府实行最高限价政策，规定该产品的市场最高价格为 P_1。可见，最高限价 P_1 小于均衡价格 P_e。由于政府人为将价格压低，所以市场出现供不应求的情形。由于产品供应不足，政府会采取补贴的方式以鼓励厂商生产。

市场出现供不应求的情况，会导致市场上出现消费者排队抢购和黑市交易盛行。因此政府往往不得不采取配给的方法来分配产品。此外，生产者也可能粗制滥造，降低产品质量，从而变相涨价。

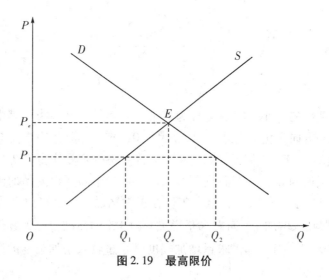

图 2.19　最高限价

2. 最低限价

最低限价也称为支持价格，它是政府所规定的某种产品的最低价格，最低价格总是高于市场的均衡价格。政府实行最低限价的目的通常是为了扶植某些行业的发展。如农产品实行支持价格是西方发达国家普遍采取的政策。

图 2.20 表示政府对某种产品实行最低限价的情形，市场均衡价格为 P_e，均衡数量为 Q_e，若政府实行最低限价政策，规定该产品的市场最低价格为 P_1。可见，最低限价 P_1 大于均衡价格 P_e。由于政府人为将价格抬高，所以市场会出现产品过剩的情形。为了消化过剩的产品，政府一般会收购市场上过剩的产品。

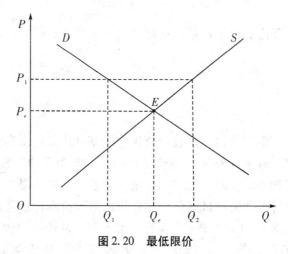

图 2.20　最低限价

二、需求价格弹性与厂商的销售收入

现实生活中，我们看到厂家对商品降价会增加其收益，而有些商品则会减少收益，原因是什么呢？需求价格弹性可以为我们提供解决问题的思路。

需求弹性对于生产者、销售商来说也是一个需要考虑的重要因素，因为它决定厂商收入变动对价格的反应。假定原收入为 P_1Q_1，现假定价格提高到 P_2，需求量减少到 Q_2，那么新的收入 P_2Q_2 与原来相比如何呢？

$$P_2Q_2 - P_1Q_1 = (P_1 + \Delta P)(Q_1 + \Delta Q) - P_1Q_1$$
$$= P_1\Delta Q + \Delta PQ_1 + \Delta P\Delta Q$$
$$= [(\Delta Q/\Delta P)(P_1/Q_1) + 1]\Delta PQ_1$$

$$= (E_d + 1)\Delta PQ_1 \begin{cases} >0, & \text{若} |E_d| < 1 \\ =0, & \text{若} |E_d| = 1 \\ <0, & \text{若} |E_d| > 1 \end{cases}$$

其中，$\Delta P\Delta Q$ 很小，可忽略不计。

可见，**如果需求是富有弹性的，涨价后厂商收入反而下降**，因为需求量下降的速度要大于价格上涨的速度；而**如果需求是缺乏弹性的，那么涨价可提高厂商收入**，因为需求量下降的速度要小于价格上涨的速度；当然，如果弹性正好为1，则厂商收入不变，因为需求量下降的损失正好抵消了价格上涨的收益。所以，在厂商制定价格、政府决定税收时，必须考虑有关商品的需求弹性情况。

下面，我们以实例和图形的方法来进行分析。

假设某商品的 $E_d = 2$，开始时，商品的价格为 8 元，需求量为 100，则厂商的销售收入 $TR_1 = P_1 \cdot Q_1 = 800$ 元。当商品的价格上升 10%，即价格为 8.8 元时，由于 $E_d = 2$，所以相应的需求量下降 20%，即需求量下降为 80，则厂商新的销售收入 $TR_2 = P_2 \cdot Q_2 = 8.8 \cdot 80 = 704$ 元。很显然，厂商提高销售价格后销售收入不增反降。

我们也可以用图形来分析弹性与厂商销售收入之间的关系。如图 2.21，图中的需求曲线是富有弹性的（斜率很小），M、N 两点之间的价格变动率引起一个较大的需求量的变动率。具体而言，当价格为 P_1，需求量为 Q_1 时，销售收入 $P \cdot Q$ 相当于矩形 OP_1MQ_1 的面积；当价格为 P_2 时，需求量为 Q_2 时，销售收入相当于 OP_2NQ_2 的面积，很显然，前者面积小于后者面积，这也就是说，若厂商从 M 点运动到 N 点，则降价的结果会使销售收入增加；若从 N 点移动到 M 点，则提高价格的结果是使销售收入减少。

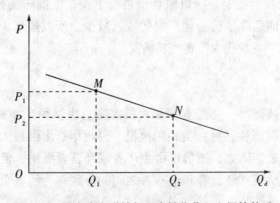

图 2.21　需求富有弹性与厂商销售收入之间的关系

实际上，对于富有弹性的商品而言，降低价格会增加厂商的销售收入；相反，提高价格会减少厂商的销售收入，即厂商的销售收入与商品的价格呈反方向变动。这就是平常所说的"薄利多销"的经济学含义。

对于缺乏弹性的商品，情况则正好相反。如图 2.22，图中的需求曲线是富有缺乏弹性的（斜率很大），M、N 两点之间的价格变动率引起一个较大的需求量的变动率。具体而言，当价格为 P_1 时，需求量为 Q_1 时，销售收入 $P \cdot Q$ 相当于矩形 OP_1MQ_1 的面积；当价格为 P_2 时，需求量为 Q_2 时，销售收入相当于 OP_2NQ_2 的面积。很显然，前者面积远大于后者面积，这也就是说，若厂商从 M 点运动到 N 点，则降价的结果会使销售收入减少；若从 N 点移动到 M 点，则提高价格的结果是使销售收入增加。

所以，对于缺乏弹性的商品而言，降低价格会使厂商的销售收入减少；相反，提高价格会使厂商的销售收入增加，即销售收入与商品的价格成同方向的变动。

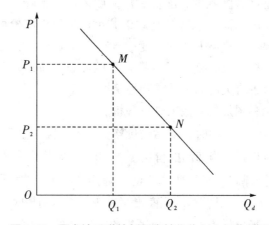

图 2.22　需求缺乏弹性与厂商销售收入之间的关系

在农业生产活动中，经常存在这样一种经济现象：在丰收的年份，农民的收入反而减少了。这种现象被民间称为"谷贱伤农"。其根本原因在于农产品的需求弹性一般都小于 1，即农产品的需求一般是缺乏弹性的。由于丰收了，市场上农产品（粮食）供给量会增加，而粮食产品人们的需求不会因为价格高而减少消费，也不会因为价格低而增加消费，需求较为稳定，所以粮食价格会下跌。根据前面弹性分析结论知道，对于需求缺乏弹性的商品降价将会使厂家的收入减少，所以虽然丰收了，但农民反而降低了收入，这就是"谷贱伤农"的经济含义。

三、弹性与税收分摊

政府税收可分为两类：一类是直接税，税收完全由纳税人承担，无法转嫁出去，例如，个人所得税、财产税；另一类是间接税，税收尽管由纳税人缴，但税收负担可以全部或部分转嫁出去，例如，销售税由生产者或经营者缴纳，但可以全部或者部分转嫁给消费者。税收负担在经营者和消费者之间的分割称为税收负担，税收负担最终由谁承担称为税收归属。

现在考虑对香烟的销售征税，地方政府通过法律要求香烟卖者每卖一包香烟必须向政府交纳 1 元的税。这 1 元是由销售者全部承担了吗?

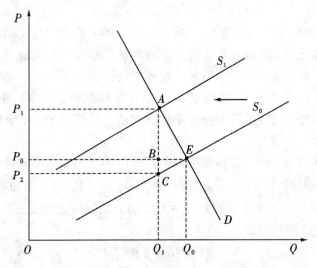

图 2.23 需求弹性、供给弹性与税收分摊

由于香烟对消费者来说是缺乏弹性的,但是生产者可以调整产量,即供给是富有弹性的。如图 2.23 中,需求曲线 D 比较陡峭,表示需求缺乏弹性,供给曲线 S 比较平坦,表示供给富有弹性。当没有税收时,香烟价格为 P_0,均衡数量为 Q_0。在政府征收税收之后,由于并不向买者征税,所以需求曲线不变,对卖者征税使销售香烟的厂家在每一价格水平下的获利性减少了,因此供给曲线向左移动。移动多少距离?由于厂家必须向政府交纳 1 元的税收,所以为了诱使卖者供给任何一种既定的数量,现在香烟的市场价格必须提高 1 元,以弥补税收的损失,即供给曲线必须向上移动 1 元的垂直距离。此时,消费者支付的价格为 P_1,生产者得到的价格为 P_2,P_1 和 P_2 的价格差(1 元,即图形中的 AC 的距离)作为税收被政府收取。无税收时,均衡数量为 Q_0,在征税后均衡数量为 Q_1,政府得到的税收总量为消费者支付价格与生产者得到价格之差乘以交易量(均衡数量),在图上表现为 P_2CAP_1 的面积。其中消费者和生产者承担多少?由于消费者购买价格由 P_0 增加到 P_1,所以消费者承担的税收为 P_0BAP_1 的面积,而生产者销售价格由 P_0 减少到 P_2,所以生产者承担的税收为 P_2CBP_0。显然,税收主要由消费者承担。且需求曲线越陡峭,供给曲线越平坦,消费者承担的越多,而生产者承担的越少。

实际上,如果某种商品需求缺乏弹性,表明消费者对这种商品的价格变动不敏感;而供给富有弹性表明生产者对这种商品的价格变动反映很敏感,能及时根据价格调整自己的供给,所以税收主要由消费者来承担。

同理,对于需求富有弹性而供给缺乏弹性的商品,消费者对商品价格变动反应敏感,能及时根据价格调整自己的需求,而生产者对价格变动反应不敏感,无法根据价格变动来调整自己的供给,所以税收主要落在生产者身上。

四、蛛网模型

在前面的分析中，我们运用静态分析的方法论述了均衡价格是如何形成的，运用比较静态分析方法分析了需求和供给的变动对均衡价格和均衡数量的影响，价格与数量之间仅仅是当期对当期的影响。但是，现实中还存在一些不同时期的需求量和供给量与价格之间存在相互的关系，如农产品本期价格将影响到下期的生产决策。所以，这就涉及时间的问题，这在经济学分析中被称为动态分析方法。本节所讨论的蛛网模型就是一个动态模型。

蛛网模型考察的是生产周期较长的商品。蛛网模型的基本假定是：商品的本期产量 Q_t^s 决定于前一期的价格 P_{t-1}，即供给函数为 $Q_t^s = f(P_{t-1})$，商品本期的需求量 Q_t^d 决定于本期的价格 P_t，即需求函数为 $Q_t^d = f(P_t)$。根据以上的假设条件，蛛网模型可以用以下三个联立方程来表示：

$$Q_t^d = \alpha - \beta \cdot P_t$$
$$Q_t^s = -\delta + \gamma \cdot P_{t-1}$$
$$Q_t^d = Q_t^s$$

式中，α、β、γ 和 δ 均为常数，且均大于 0。

蛛网模型分析了三种情况：收敛型蛛网、发散型蛛网和封闭型蛛网。

1. 收敛型蛛网

相对于数量轴，需求曲线较为平坦，而供给曲线较为陡峭。初始均衡价格和均衡数量分别为 P_e 和 Q_e，假定由于恶劣的气候条件导致粮食产量减产，实际产量水平由 Q_e 减少为 Q_1。由于产量减少，在需求不变的情况下，价格将上升到 P_1。由于第一期价格高，所以农户在第二期的产量将提高到 Q_2，由于产量提高，而消费者愿意支付的价格为 P_2，于是第二期的实际价格下降到 P_2。由于第二期价格下降，所以在第三期，农户将产量减少为 Q_3，于是第三期实际价格又上升到较高水平的 P_3。以此类推，实际产量与实际价格的波动幅度越来越小，最后恢复到均衡点所代表的水平。此蛛网说明，由于外在原因，当价格和产量偏离均衡数值后，经济体系中存在自发的因素，使价格和产量自动地恢复均衡状态，此即收敛型蛛网。收敛型蛛网成立的条件是相对于数量轴而言，需求曲线的斜率比供给曲线的斜率小，如图 2.24 所示。

2. 发散型蛛网

发散型蛛网是指相对于数量轴而言，需求曲线的斜率较供给曲线的斜率大，即需求曲线更为陡峭。这时，当市场受到外力作用而偏离原来的均衡状态后，实际价格和实际产量的上下波动幅度会越来越大，离均衡点越来越远，如图 2.25 所示。

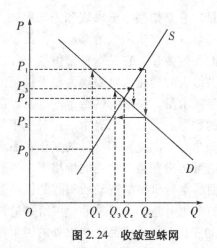

图 2.24　收敛型蛛网

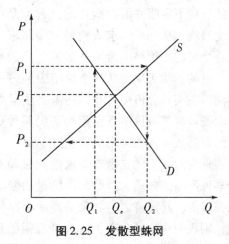

图 2.25　发散型蛛网

3. 封闭型蛛网

当供给曲线和需求曲线的斜率绝对值相等时，当市场受到外力作用而偏离原来均衡状态后，实际价格和实际产量始终按同一幅度围绕均衡点上下波动，形成一个封闭循环，如图 2.26 所示。

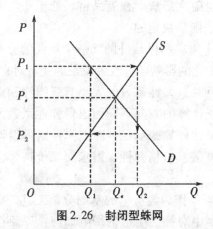

图 2.26　封闭型蛛网

作为一个动态模型，蛛网模型解释了某些生产周期较长的商品的产量和价格的波动情况。可以看出，只有在收敛型蛛网的情况下才能重新恢复到均衡，因此收敛型蛛网又被称为动态的稳定均衡，即均衡状态由于某种原因遭到破坏后，市场机制中存在某些力量促使价格和产量重新达到均衡状态。

本章小结

1. 市场体系是一部复杂而精良的机器，它通过价格和市场体系对个人和企业的各种经济活动进行协调。市场机制的理解不应当仅局限于资源配置，我们还应该看到供给与需求背后激励和约束的机制。价格作为经济的核心，它引导人们如何生产、如何消费。但是价格是如何决定的呢？毫无疑问，需求与供给决定了商品的价格。

2. 需求和供给所形成的市场模型是经济学研究的基本工具。需求是消费者在各个可能的价格下希望并能够购买的某种商品的数量。它是指整个需求表和需求曲线，它的变化表现为从一个需求表到另一个需求表的变化或者需求曲线的移动。供给是生产者在各个可能的价格下希望并能够生产的某种商品的数量。它是指整个供给表和供给曲线，它的变化表现为从一个供给表到另一个供给表的变化或者表现为整条供给曲线的移动。在实际分析中，我们还需要注意需求与需求量、供给与供给量的区别。需求量是消费者在某一价格下希望购买的某种商品的数量。它在需求表中是指对应于某一价格的商品数量，在需求曲线上是指某一点的横坐标。因此，需求量的变化在需求曲线上表现为曲线上的点沿着需求曲线移动。供给量是指在某一特定的价格下厂商愿意出售某种商品的数量。因此，供给量的变动是商品本身价格的变动所引起的供给量的增加或减少。简而言之，如果是商品本身价格的变化引起了需求数量（供给数量）的改变，则我们称这种改变为需求量（供给量）的变化；若是商品价格以外的因素导致了需求数量（供给数量）发生改变，我们称这种变化为需求（供给）的变动。

3. 局部均衡的分析方法是研究单个市场的主要方法。在均衡数量时，商品的需求量等于供给量，这时的市场称为出清（clearing）的市场。所以，均衡价格是商品的供给量等于需求量时的价格，或者是供给曲线和需求曲线相交时的价格。在均衡价格形成的同时，均衡的交易量也随之形成。在商品市场处于非均衡状态的条件下，商品的价格和交易量是由"短边法则"决定的。

4. 弹性分析方法是除了需求和供给外的又一个重要的分析工具。弹性主要反映了自变量变化幅度对因变量变化的影响度，或者说是因变量对自变量发生变化的敏感度。弹性的大小用弹性系数来反映。弹性系数的大小有弧弹性和点弹性两类计算方法，需求曲线上的同一段弧，由于计算的方向不同而出现弹性系数大小不一样的结果，我们可以采用中点法来克服弧弹性计算的不足，而点弹性则可以计算出需求曲线上每一点的弹性的大小。弹性主要有需求价格弹性、需求交叉价格弹性、需求收入弹性和供给弹性。

5. 需求、供给和弹性理论作为经济学的基础分析工具，在实际经济分析中运用非常广泛。例如政府价格管制中对社会生产的影响如何？厂商在实际定价决策中是提价还是降价？政府征税对消费者和生产者产生了社会影响，对整个社会福利的影响又如何？以及动态均衡分析中的蛛网模型，等等。

复习与思考题

一、名词解释

需求　　供给　　需求价格弹性　　均衡价格　　最高限价

二、单项选择题

1. 某商品价格下降将导致其互补品的（　　）。
   A. 需求曲线向左移动　　　　　　B. 需求曲线向右移动
   C. 供给曲线向右移动　　　　　　D. 价格上升

2. 如果甲产品的价格下降引起乙产品的需求曲线向左移动，那么（　　）。

A. 甲乙是互相替代的商品　　　　　B. 甲乙是互补商品

C. 甲为低档商品, 乙为高档商品　　D. 甲为高档商品, 乙为低档商品

3. 下列哪种情况不能引起玉米的需求曲线移动 (　　)。

A. 消费者收入增加　　　　　　　　B. 玉米价格上升

C. 大豆供给量减少　　　　　　　　D. 大豆价格上升

4. 下列哪种情况使生产者总收益下降 (　　)。

A. 价格上升, 需求缺乏弹性　　　　B. 价格上升, 需求富有弹性

C. 价格下降, 需求富有弹性　　　　D. 价格上升, 供给富有弹性

5. 某消费者的收入下降, 他对某商品的需求却增加了, 该商品为 (　　)。

A. 高档商品　　　　　　　　　　　B. 低档商品

C. 互补商品　　　　　　　　　　　D. 一般商品

6. 某商品的需求函数为 $Q = 100 - 2P$, 在需求数量为 30 时的价格弹性为 (　　)。

A. 5　　　　　　B. 7/3　　　　　　C. 3/7　　　　　　D. 3

7. 如果某商品的需求价格弹性是正值, 说明 (　　)。

A. 该种商品是必需品　　　　　　　B. 该种商品是低档品

C. 该种商品是吉芬商品　　　　　　D. 该种商品是正常商品

8. 某地居民人均收入从 2007 年的 2000 元/月上升到 2008 年的 2200 元/月, 而对 X 商品的需求上升了 20%, 则该商品是 (　　)。

A. 必需品　　　　B. 奢侈品　　　　C. 吉芬品　　　　D. 低档品

9. 水平需求曲线的需求价格弹性的绝对值是 (　　)。

A. 0　　　　　　B. 无穷大　　　　C. 1　　　　　　D. 不能确定

10. 交叉价格弹性等于 -2, 说明两种商品的关系是 (　　)。

A. 相互独立　　　B. 相互补充　　　C. 相互替代　　　D. 以上都不是

11. 下面哪种情况将导致某商品供给的减少 (　　)。

A. 消费者收入的增加　　　　　　　B. 生产技术的进步

C. 成本下降　　　　　　　　　　　D. 替代品价格的上升

12. 某商品供给曲线向右平移的原因是 (　　)。

A. 成本上升　　　　　　　　　　　B. 生产技术的进步

C. 管理水平下降　　　　　　　　　D. 替代品价格的上升

13. 政府规定最低价格, 会使 (　　)。

A. 过分旺盛的需求得到遏制　　　　B. 供给不足现象消失

C. 供过于求的现象加剧　　　　　　D. 供不应求的现象加剧

14. 政府为了扶持农业, 对农产品实行支持价格。但政府为了维持这个高于均衡价格的支持价格, 就必须 (　　)。

A. 实行农产品配给制　　　　　　　B. 规定农民不准到黑市去销售

C. 增加对农产品的税收　　　　　　D. 收购过剩的农产品

15. 政府对卖者出售的商品每单位征税 1 元, 假定这种商品的需求价格弹性为 0, 可以预料价格将上升 (　　)。

A. 小于 1 元   B. 等于 1 元

C. 大于 1 元   D. 无法判断

16. 政府为了增加财政收入，决定按销售量向卖者征税，假如政府希望税收负担全部落在买者身上，并尽可能不影响交易量，那么应该具备以下条件（　　）。

    A. 需求和供给的价格弹性均大于 0 小于无穷大

    B. 需求的价格弹性大于 0 小于无穷，供给的价格弹性等于 0

    C. 需求的价格弹性等于 0，供给的价格弹性大于 0 小于无穷

    D. 需求的价格弹性等于 0，供给的价格弹性也小于 0

17. 按照蛛网原理，收敛性蛛网要满足的条件是（　　）。

    A. 供给曲线的斜率大于需求曲线的斜率

    B. 供给曲线的斜率小于需求曲线的斜率

    C. 供给曲线的斜率等于需求曲线的斜率

    D. 上述都不正确

三、判断题

1. X 商品的价格下降导致 Y 商品的需求数量上升，说明两种商品是替代品。（　　）

2. 汽车价格下降，会使汽油的需求曲线向左下方移动。（　　）

3. 一般而言，生活必需品的需求价格弹性比奢侈品的需求价格弹性要小。（　　）

4. 长期的需求价格弹性比短期的需求价格弹性要小。（　　）

5. 一般来讲，降价将减少收入，而提价将增加收入。（　　）

6. 农产品的需求量一般来讲是缺乏弹性的，这意味着当农产品价格上升时，农场主的总收益将增加。（　　）

7. 供给曲线向左移动表明生产者在每一价格上将提供更多的商品。（　　）

8. 对厂商征税，将使产品的供给曲线向左移动，从而导致均衡价格提高，均衡产量下降。（　　）

9. 如果需求曲线比供给曲线更为陡峭，征收单位销售税的结果是使消费者负担更大比例的税收。（　　）

10. 政府规定最高限价会使社会出现短缺现象。（　　）

四、计算题

1. 已知某产品的市场需求函数为 $Q = a - bP$，a，b 均为大于 0 的常数。试求：

（1）市场价格为 P_0 时的需求价格弹性。

（2）当 $a = 3$，$b = 1.5$，需求价格弹性等于 1.5 时的市场价格和市场需求量。

2. 已知某产品的需求函数为 $Q_d = 60 - 2P$，供给函数为 $Q_S = -30 + 3P$。

（1）求均衡点的需求价格弹性和供给弹性；

（2）如果政府对每单位产品征收 5 元的销售税，政府的税收收入是多少？其中，生产者和消费者各负担多少税额？

3. 假定在某市场上 A、B 两家厂商是生产同种有差异的产品的竞争者，该市场对 A

厂商的需求曲线为 $P_A = 200 - Q_A$，对 B 厂商的需求曲线为 $P_B = 300 - 0.5Q_B$；两厂商目前的销售量分别为 $Q_A = 50$，$Q_B = 100$。求：

（1）A、B 两厂商的需求价格弹性分别是多少？

（2）如果 B 降价后，使得 B 厂商的需求量增加为 160，同时使竞争对手 A 厂商的需求量减少为 40，则 A 厂商的需求交叉价格弹性是多少？

（3）如果 B 厂商追求销售收入最大化，你认为 B 厂商降价的选择是否正确？

五、思考题

1. 请分析下列哪种情况会使牛肉的需求曲线发生变动，并判断变动的方向：

（1）卫生检疫部门发现这种牛肉含某种疯牛病的病毒成分；

（2）另一种牛肉的价格上升了；

（3）消费者收入增加了；

（4）养牛工人的工资增加了；

（5）预计人口将有较大增长。

2. 如果政府对商品的生产者征税，需求的价格弹性和供给的价格弹性的高低对生产者和消费者承担的税赋的比例有什么影响？

3. 农业的丰收通常会导致农民收入下降。请用经济学原理判断其对错。

4. 在报刊上我们经常看见石油输出国组织（OPEC）经常限制石油产量，试用供求原理和弹性理论说明其原因。

5. 某市政府鉴于市人口不断增加且商品房价格又较高从而住房日益紧张的情况，打算刺激租房需求。现考虑两种方案，一种是以租房者所支付房租的一定比例给予其补贴；另一种是直接规定一个房租的最高价。从均衡价格理论的角度分析这两种方案的短期和长期影响。

第三章 消费者行为理论

　　上一章从一般意义上概述了决定市场价格的两种力量——供给和需求的基本特征，并介绍了供给和需求曲线的含义，说明了这两条曲线实际上分别是消费者和生产者行为的表现。本章将引用经济学中的两个重要概念——效用和边际，以分析消费者的行为，并进一步地说明需求曲线的来源。

　　消费者行为，是指在一定的收入和价格下消费者为获得最大满足而对各种商品所作的选择活动。在微观经济学中，对消费者行为的分析在历史上先后出现过两种分析方法。20世纪30年代以前，是建立在基数效用论的基础上的。之后，西方经济学家运用无差异曲线分析法，建立了序数效用论为基础的消费者行为理论。

第一节　效用

　　经济学把从事消费活动的人们称做消费者。人们为什么要消费呢？消费的目的是为了满足各种欲望，如吃饭、看电影、欣赏音乐会等。欲望是研究消费者行为的出发点。而商品和劳务被需要，就是因为它们的有用性可以满足人们的欲望，如食品能充饥，衣服可避寒，饮料能消暑解渴，娱乐和旅游可以满足人们的精神要求。

一、效用的含义

　　效用（utility，简写为 U），指消费者从消费物品中得到的欲望的满足程度。效用是一种心理感觉，某种物品的效用大小没有客观标准，完全取决于消费者在消费某种物品时所感到的主观感受，会因人、因时、因地而不同。例如，一支香烟对吸烟者来说可以有很大的效用，而对不吸烟者来说，则可能毫无效用，甚至可能是负效用；一件棉衣，在冬天或寒冷地区给人带来的效用很大，但在夏天或热带地区也许只能带来负效用。

　　于是，效用包括两方面的含义：一是商品能满足人们欲望的物质属性；二是人们对物品有用性的主观感觉和评价，即对商品有无效用和效用大小的评价。如果消费者消费某种物品获得的满足程度高，就是效用大；反之，满足程度低就是效用小。如果消费者从消费某种物品中感受到的不是满足而是痛苦，则是负效用。

　　要注意的是，效用只有大小、正负之分，没有对错之分。如毒品对吸毒的人来说，有很高的效用，但毒品显然对它的消费者来说是不好的。

二、效用函数

效用被用来说明消费者的偏好，它随着消费者所消费的商品量的变化而变化。效用函数（utility function）所表示的就是这两个变量之间的关系，设消费者消费 n 种商品，第 i 种商品的消费量为 X_i，消费者从中得到的效用为 U，则效用函数为：

$$U = f(X_1, X_2, \cdots, X_n) \tag{3.1}$$

第二节 基数效用论——边际效用分析

既然效用是用来表示消费者在消费商品时所感受到的满足程度，那么它又是怎样去衡量这种满足程度呢？西方经济学家先后提出了基数效用（cardinal utility）和序数效用（ordinal utility）的概念。有关消费者行为的分析，也是先后以基数效用论和序数效用论为基础展开的。本节先介绍基数效用论，第三节再介绍序数效用论。

一、基数效用

19 世纪 70 年代，英国经济学家杰文斯（Jevons）、奥地利经济学家门格尔（Menger）和法国经济学家瓦尔拉斯（Walras）提出了基数效用论。所谓**基数效用**，是**指商品效用的大小可以用基数（1、2、3、……）来衡量并可以加总求和。**

具体讲，一方面消费者的满足程度可以用效用单位（Util[①]）来进行衡量，消费者从各种物品的消费得到的满足程度可以加总求和。例如，某消费者在某天先看了一场足球比赛，得到 20 个效用单位；然后去饭店美美吃了一顿，又得到了 10 个效用单位，那么这两种消费活动给他带来的总的满足程度是 30 个效用单位。

另一方面，也意味着不同物品的满足程度可以进行比较，并计算它们之间的差距大小。例如，可以说某消费者喝一瓶果汁所得到的满足程度是 30 个效用单位，喝一杯牛奶所得到的满足程度是 35 个效用单位，那么一杯牛奶的效用比一瓶果汁的效用多出5 个效用单位。

根据对基数效用理论的分析，我们就可以用具体的数字来研究消费者效用最大化的实现，即运用边际效用分析法来说明消费者均衡问题。

二、总效用与边际效用

根据基数效用论，效用有**总效用**（total utility，TU）和**边际效用**（marginal utility，MU）之分。下面先介绍这两个概念，并阐明它们两者的关系，为介绍边际效用递减规律做准备。

---

① Util 的翻译，有些教科书音译成"尤特尔"，有些意译为"效用单位"，本书从后者。

（一）总效用

总效用是指消费者在一定时间内消费一定量某种商品或商品组合所得到的总的满足。 消费者追求的效用最大化就是追求总效用最大。假定消费者对一种商品的消费量为 Q，则总效用函数为：

$$TU = f(Q)$$

（二）边际效用

边际效用是指消费者在一定时间内增加一单位某种商品的消费所得到的总效用的增量。 "边际"的含义是最后一单位的意思。而边际量则表示为具有函数关系的两个变量的增量之比。"边际"是经济学里最重要的概念之一。在今后的学习中，我们会使用许多与边际有关的术语。边际效用函数为：

$$MU = \frac{\Delta TU}{\Delta Q} \tag{3.2}$$

如果该商品消费数量可以无限分割，当商品的总效用函数为连续函数且可求导时，则边际效用可写为：

$$MU = \lim_{\Delta Q \to 0} \frac{\Delta TU}{\Delta Q} = \frac{\mathrm{d}TU}{\mathrm{d}Q} \tag{3.3}$$

（三）总效用与边际效用的关系

下面假设以某人消费某种商品来说明总效用与边际效用的关系，如表 3.1 所示。

表 3.1　　　　　　　　　　　某商品的效用表

某商品数量（Q）	总效用（TU）	边际效用（MU）
0	0	0
1	20	20
2	30	10
3	35	5
4	38	3
5	40	2
6	40	0
7	39	−1
8	36	−3

从表 3.1 中可以看出：随着消费某商品数量的增加，总效用以递减的幅度增加，到达最大值后开始下降；随着消费某商品数量的增加，边际效用不断减少，甚至为负值。

由表 3.1 可以画出表示总效用与边际效用曲线以及他们之间的相互关系图。如图 3.1 所示，横轴表示商品的数量，纵轴分别表示总效用量与边际效用量。从图 3.1 中可以看出，**边际效用与总效用的关系是：**

当边际效用为正值时，总效用增加，TU 曲线呈上升趋势；当边际效用为零时，总

效用达到最大，TU 曲线达到最高点；当边际效用为负数时，总效用减少，TU 曲线呈下降趋势。

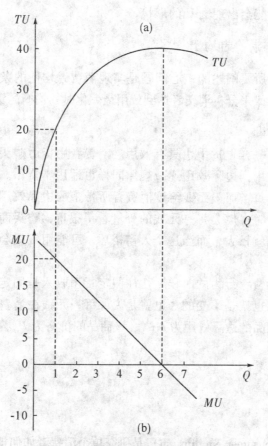

图 3.1　总效用曲线与边际效用曲线

三、边际效用递减规律

从图 3.1 可见，一般来说，对于某商品而言，消费者在一定时间内增加消费数量，得到的总效用会一直增加，但边际效用却是随着消费数量的增加而一直在减少。我们**把一定时间内，在其他条件不变的情况下，随着消费者对某种商品消费量的增加，消费者从该商品连续增加的每一消费单位中所得到的效用增量即边际效用是递减的现象，称作边际效用递减规律**(law of diminishing marginal utility)。

为什么在一定时间内，随着消费数量的增加，每增加一单位物品带给消费者的效用增量（边际效用）会不断减少？

原因之一，在其他条件不变的情况下，消费者对同一种物品的消费欲望强度是递减的。很难想象在特定条件下，消费欲望强度不断递增的情况将会是什么样子。那样的话，人们只能无休止地把钱花在某一种物品的购买上，直至把钱花光为止。

原因之二，理性的消费者总是先选择给他带来最大效用的物品，然后选择给他带来第二大效用的物品，以此类推，因此边际效用是递减的。例如，在我国西北干旱地区，人们总是把水先用于饮用，然后才是洗衣服、浇花。

由于边际效用是递减的，所以总效用达到一定值后就不会再增加了，甚至会出现下降，总效用曲线可能会出现倒 U 的形状。

四、边际效用分析与消费者均衡

消费者行为理论所要阐述的核心问题是实现消费者均衡的条件。那么下面我们就运用边际效用递减规律来分析消费者达到效用最大化时的均衡的消费数量是多少。

(一) 货币的边际效用

像其他普通商品一样，货币也具有效用。消费者用货币购买商品，就是用货币的效用去交换商品的效用，边际效用递减规律同样也适用于货币。也就是说，随着消费者收入的逐步增加，每增加一元钱给该消费者所带来的边际效用是越来越小的。当一个人的货币收入很少时，他会将一元钱的分量看得很重，购买商品就会很谨慎，从这一元钱得到的满足感就较大；而当这个人富裕后，可能用钱就会很大方，一元钱对他来说就不算什么了。

但是，在分析消费者行为的时候，往往假定货币收入是固定不变的。在这一假定下，货币的边际效用也就是不变的。也就是说，每一元钱在消费者的眼中是同等重要的。假设任意一种商品的边际效用为 MU_1，该商品的价格为 P_1，用 λ 表示货币的边际效用，则

$$\lambda = \frac{MU_1}{P_1} \tag{3.4}$$

(二) 消费者均衡

消费者均衡（consumer equilibrium）是研究单个消费者如何把有限的货币收入分配在各种商品的购买中以获得最大的效用状态，即指单个消费者在既定收入下，实现最大效用时，既不想再增加、也不想再减少任何商品购买数量的一种相对静止的状态。

消费者实现效用最大化的均衡条件是：如果消费者的货币收入固定不变，消费者从所购买的每一种商品所得到的边际效用与其价格的比例都相同；或者说，消费者应使自己花费在每一种商品上的最后一元钱所带来的边际效用相等，即货币的边际效用相等。这样的商品组合就是最佳的或均衡的商品组合。

假定消费者用既定的收入 I 购买两种商品 X 和 Y，这两种商品的价格分别是 P_X 和 P_Y，这两种商品的购买数量分别是 x 和 y，购买的最后一单位每种商品的边际效用分别是 MU_X 和 MU_Y，λ 表示不变的货币的边际效用。因此，**消费者均衡的条件可表示为：**

$$\frac{MU_X}{P_X} = \frac{MU_Y}{P_Y} = \lambda \tag{3.5}$$

并满足以下的约束条件：

$$P_X \cdot x + P_Y \cdot y = I \tag{3.6}$$

$\frac{MU_X}{P_X}$ 是消费者花费在商品 X 上最后一单位货币所提供的边际效用，$\frac{MU_Y}{P_Y}$ 是消费者

花费在商品 Y 上最后一单位货币所提供的边际效用。消费者均衡的原则就是指，在消费者花掉其全部收入的情况下，使花费在每一种商品上的最后一单位货币所提供的边际效用都相等。

如果 $\frac{MU_X}{P_X} > \frac{MU_Y}{P_Y}$，这意味着花在商品 X 上的最后一单位货币所提供的边际效用大于花在商品 Y 上的最后一单位货币所提供的边际效用。也就是说，同样的一元钱，购买商品 X 所得到的边际效用大于购买商品 Y 所得到的边际效用，在这种情况下，减少商品 Y 的购买而增加商品 X 的购买，会使消费者的总效用增加。

如果 $\frac{MU_X}{P_X} < \frac{MU_Y}{P_Y}$，这意味着花在商品 X 上的最后一单位货币所提供的边际效用小于花在商品 Y 上的最后一单位货币所提供的边际效用。也就是说，同样的一元钱，购买商品 X 所得到的边际效用小于购买商品 Y 所得到的边际效用，在这种情况下，减少商品 X 的购买而增加商品 Y 的购买，会使消费者的总效用增加。

总之，只要有 $\frac{MU_X}{P_X} \neq \frac{MU_Y}{P_Y}$，上述两种过程就会持续下去，直到 $\frac{MU_X}{P_X} = \frac{MU_Y}{P_Y}$ 时为止。这时消费者在一定的预算约束下所能得到的效用或满足最大，通过减少任一商品的购买而增加另一商品的购买，再也不会使消费者的总效用增加。因此，消费者没有必要再进一步改变购买行为，因而处于均衡状态。

五、需求曲线与消费者剩余

(一) 从边际效用分析推导需求曲线

为了详细考察商品 X 的最优消费数量和市场价格的关系，我们只看与 X 有关的消费者均衡条件，即 $\frac{MU_X}{P_X} = \lambda$。如前所述，$\lambda$ 是货币的边际效用，通常被视为常数。因此，这一均衡条件可改写为 $\frac{MU_X}{\lambda} = P_X$。$\frac{MU_X}{\lambda}$ 通常被称为边际效益（marginal benefit，MB），它的含义是商品边际效用的货币值，也是该商品的需求价格。

由于 MU_X 随着 X 的需求数量增加而递减，因此，当市场价格 P 高于 P_X，即 $\frac{MU_X}{\lambda} < P$ 时，消费者为了实现效用最大化，他必然会减少对 X 的购买量。若市场价格 P 低于 P_X，即 $\frac{MU_X}{\lambda} > P$ 时，他必然会增加对 X 的购买量。即消费者的需求量与市场价格之间是呈反方向变动的。这种关系就是第二章中所讲到的需求定律。

从另一个角度看，P_X 可以看做消费者购买每一可能的数量所愿意支付的最高价格，即需求价格。当消费者购买的物品数量增加时，他得到的边际效用不断递减，为了维持效用最大化的公式成立，他愿意支付的价格（需求价格）也应随之下降。由此可见，遵循效用最大化条件，消费者按照他消费商品时所获得的边际效用来确定他愿意支付的价格。

这样，我们把消费者在购买不同数量的 X 时所愿意支付的需求价格相应地绘制在坐标图上，就可以得到个人的需求曲线。读者可以自己画图证明。

（二）消费者剩余

由边际效用推导出来的需求曲线可以用来分析消费者从消费商品中得到的经济福利。

在消费者连续消费过程中，随着消费数量的增加，他愿意支付新增的一单位商品的需求价格因边际效用递减而不断下降，但他实际支付的价格却取决于市场价格。这**种消费者在购买一定数量的某种商品时愿意支付的最高总价格和实际支付的总价格之间的差额，称为消费者剩余**（consumer's surplus，CS）。

在图形上，这表现为阴影部分的面积（见图 3.2）。若商品的数量是连续的，需求曲线是一条平滑的曲线，则消费者剩余应该是市场价格以上和需求曲线以下的类似于三角形的面积（见图 3.3）。显然，当 $P = P_d = \dfrac{MU_x}{\lambda}$ 时，消费者剩余达到最大，这同消费者在一定条件的限制下，实现效用最大化是完全一致的。

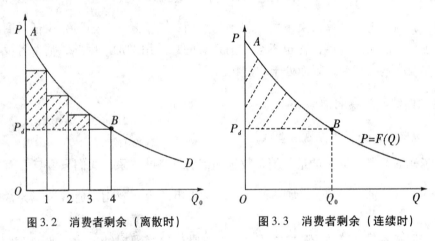

图 3.2　消费者剩余（离散时）　　　图 3.3　消费者剩余（连续时）

第三节　序数效用论——无差异曲线分析

前一节我们提到，基数效用理论是 19 世纪和 20 世纪初经济学家解释消费者行为及其福利变化的常用工具。借助边际效用递减规律，推导出消费者的向右下方倾斜的需求曲线，也分析了消费者在购买一定数量商品所得到的经济福利。但这些有用的结论都是建立在效用可精确度量的基础上的。消费者在购买商品时，必须清楚地知道每种商品消费给他带来的效用值是多少。事实上，消费者很难说清楚看一场电影、听一场音乐会、吃一顿美餐所产生的满足到底是多少。因此，基数效用论具有明显的缺陷。

一、序数效用

序数效用理论在 20 世纪 30 年代由意大利经济学家帕累托提出，英国经济学家希克斯对其作了发展，用以避免基数效用带来的效用"不可测性"的问题。序数效用理论的基本观点是：物品对消费者的效用，并没有一个客观的衡量标准，它是一种心理现象，无法计量，也不能加总求和，只能表示出满足程度的高低与顺序。因此，**所谓序数效用，是指效用只能用序数，也就是（第一、第二、第三……）来表示，反映消费者对物品的偏好次序。**

用上一节介绍基数效用时提到的例子来说明，就是消费者能够明确排列出他对一场足球赛和一顿美餐的偏好顺序。在能够支付得起的条件下，他将先选择最偏好的那种物品，即若他偏好足球甚于美餐，他先选择足球赛，而后才是美餐；反之，他将先选择美餐，后选择足球赛。可见，序数效用只考察消费者对一组商品的偏好顺序，而不能衡量各种满足程度的数量差别。也就是说，只要求消费者表示出喜欢哪种商品、不喜欢哪种商品，而不要求计量出商品的效用究竟有多大。

在这种解释消费者行为的理论框架下，甚至可以不使用效用概念，而仅只考察消费者对各种商品的偏好顺序。也就是说，序数效用理论采用的是无差异曲线分析法，是目前分析消费者行为理论的重点。

二、消费者的偏好

(一) 消费者偏好的含义

在现实生活中，有些人喜欢读莎士比亚的作品，有些人则更欣赏巴尔扎克的小说；有些人喜欢听古典音乐，有些人则偏爱流行歌曲。这就产生了消费者的偏好问题。这些不同的偏好无疑会导致消费者对商品或劳务的购买做出不同的决策。**消费者偏好（consumer's preference）是消费者根据自己的意愿，对可能消费的各种商品组合的喜爱程度。**

(二) 消费者偏好的性质

为了准确刻画消费者的偏好，序数效用论者提出了关于偏好的一些假设与性质。

1. 偏好的完备性（completeness）假设

又有译作"完全性"假设，是指对于任何两组商品组合，消费者都能够对之进行比较。

假定两组商品组合 $X(x_1, x_2)$ 和 $Y(y_1, y_2)$，消费者所选择的商品组合可能存在如下的三种关系：

第一，消费者认为 X 优于 Y，表示为 $X > Y$。也就是说，消费者喜欢 X 多于 Y，因此他会选择商品组合 X。

第二，消费者认为 Y 优于 X，表示为 $X < Y$。也就是说，消费者喜欢 Y 多于 X，因此他会选择商品组合 Y。

第三，消费者认为 X 与 Y 一样的好，表示为 $X = Y$。也就是说，消费者认为两个商品组合是等优的，没有差别。

偏好的完备性假设表明消费者总是能够清楚地表达出他对各种商品组合的评价，他能够对各种消费组合进行排序和选择。这一点同消费者是经济人的假设是一致的。

2. 偏好的反身性（reflexivity）假设

反身性是指任何消费组合至少和自身一样好，即 $X > Y$ 或 $X = X$。这对于一个理性的消费者来说是不言而喻的。

3. 偏好的传递性（transitivity）假设

传递性是指消费者对商品组合的偏好关系是可以传递的。对于三组商品组合 $X(x_1, x_2)$、$Y(y_1, y_2)$ 和 $Z(z_1, z_2)$，如果消费者认为 X 优于 Y（即 $X > Y$），又认为 Y 优于 Z（即 $Y > Z$），那么他一定会认为 X 优于 Z（即 $X > Z$）。又或者说，如果消费者认为 X 与 Y 一样好（即 $X = Y$），又认为 Y 与 Z 一样好（即 $Y = Z$），那么他一定也会认为 X 与 Z 一样好（即 $X = Z$）。这一假设保证了消费者行为是理性的，而不是反常的。

以上三个假设适用于所有偏好类型，又称为消费者行为的"公理"。对于经济学家经常研究的性状良好的偏好类型来说，还需要满足另外两个性质：

4. 偏好的单调性（monotonicity）性质

在消费者的消费饱和点到来之前，消费者总是偏好数量更多的消费组合，也就是说，消费数量是"多多益善"。这一性质反映出消费者的消费欲望具有无限性、连续性的特点。

5. 偏好的凸性（convexity）

偏好的凸性表现为无差异曲线凸向原点，这一性质在下文谈无差异曲线时再说。这一性质从数学上保证了消费者在一定条件限制下，实现偏好程度最大只能有一个最优选择，而不能出现多个最优选择。

三、无差异曲线

无差异曲线能够很好地描述消费者的偏好。序数效用论的主要分析工具就建立在消费者偏好基础上的无差异曲线。对消费者行为的序数效用分析也叫做无差异曲线分析。

（一）无差异曲线的含义

描述消费者偏好的一个直观的工具是无差异曲线（indifferent curve，IC）。所谓**无差异曲线是指能给消费者带来的效用或满足程度完全相同的两种商品的所有不同组合的点的轨迹**。为便于几何图形分析，我们假定只有商品 X 和商品 Y 两种商品。（见图3.4）

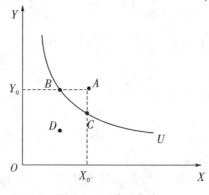

图3.4　无差异曲线

对于一个消费者来说，既定时期内对两种商品的消费量可以有不同的组合，每种组合包含有不同的商品 X 和商品 Y 的消费量。图 3.4 的两个坐标轴标示的是这两种商品的数量 X 和 Y。A、B、C 和 D 点代表四种可能的组合。对于图中的情况，根据上一节关于偏好的性质，由于 A 包含的 X 和 Y 都比较多，我们通常认为"多比少好"，因此消费者会认为组合 A 优于其他组合。

如果消费者认为 B 与 C 是一样的好，即它们对该消费者提供的效用或满足程度是一样的，那么就意味着这两点在同一条无差异曲线上。把所有与这两点一样好的其他点也描出来，把这些组合点连接起来，就是一条无差异曲线。无差异曲线上的点虽然代表着商品 X 和商品 Y 的不同组合，但在该消费者看来，这些不同的商品组合都能给他带来同样的满足。究竟是选择 B 还是选择 C，或是其他无差异曲线上的点所代表的商品组合，都是无所谓的。因为同一条无差异曲线上的每一个点所代表的商品组合所提供的总效用是相等的，所以无差异曲线也叫做等效用线，或有翻译成"等优曲线"。

实际上，我们可以在同一个坐标图上，根据消费者的偏好，画出一系列代表不同效用水平的无差异曲线。这具有一系列无差异曲线的图被称为无差异曲线群，如图 3.5 所示。

（二）无差异曲线的特点

一般而言，无差异曲线具有不相交、离原点越远越好程度越强的特点。这是所有无差异曲线的共同特点。对于反映性状良好的偏好的无差异曲线而言，还应具备曲线上任意一点斜率为负、凸向原点，以及单调性的特点。

第一，任意两条无差异曲线都不相交。对于这个特点，我们可以用反证法来证明。假设两条无差异曲线相交。如图 3.6 所示，由于消费组合 A 与消费组合 S 在同一条无差异曲线上，两点所反映的偏好程度一样，也就是说它们的序数效用相同。A 与 R 也位于同一条无差异曲线上，因此 A 与 R 的序数效用也相同。根据偏好的传递性假设，R 与 S 的序数效用也相同。这显然跟 R 与 S 处在两条不同的无差异曲线矛盾。根据这个特点，可以推论出，在商品数量是连续的前提下，消费组合平面图上任何一点，必然只有唯一一条无差异曲线通过。

第二，离原点越远，无差异曲线代表的序数效用越大。根据偏好的单调性的性质，消费者在消费饱和点以前对数量多的物品组合的偏好总是大于数量少的组合。也就是说，对于消费者来说，消费数量越大（无差异曲线离原点越远），序数效用就越大。

第三，无差异曲线的斜率为负。在同一条无差异曲线上，如果要增加一种物品的消费数量，为了使消费者的满足程度不变，就必须减少另一种物品的消费数量。因此，无差异曲线的斜率一般为负。只是在特殊情况下，即当某种商品为中性物品或令人讨厌的物品（如垃圾）时，无差异曲线才表现为水平的垂直的，甚至是向右上方倾斜的，即斜率为正。

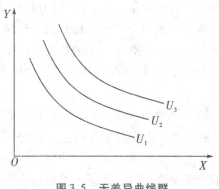
图3.5 无差异曲线群

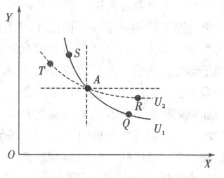
图3.6 违反消费者偏好假定的无差异曲线

无差异曲线的斜率，是消费者在序数效用相同的情况下，愿意用一种商品 X 去替代另一种商品 Y 的比率。经济学家把它称做**边际替代率**（marginal rate of substitution，MRS_{XY}）。

可见，边际替代率是指在保持相同满足程度或效用水平的前提下，消费者每增加一单位 X 商品消费时所需放弃的另一种商品 Y 的消费数量。以 MRS_{XY} 代表商品 X 对 Y 的边际替代率，则边际替代率的公式为：

$$MRS_{XY} = -\frac{\Delta Y}{\Delta X}$$

由于 ΔX 和 ΔY 的符号肯定是相反的，为了使边际替代率取正值，所以加了负号。如图3.7所示，$MRS_{XY} = -\frac{\Delta Y}{\Delta X}$，它反映了消费者对两种商品的交换率的主观评价。由图可知，边际替代率是随着商品 X 的数量增加而不断递减的。这个特点叫**边际替代率递减规律**（law of diminishing marginal rate of substitution）。

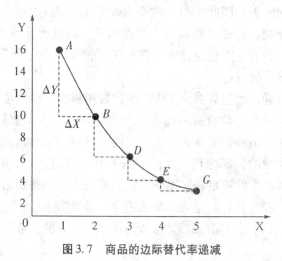
图3.7 商品的边际替代率递减

第四，无差异曲线凸向原点。这一特点由偏好的凸性决定。它保证了消费者在消费两种商品时，不会仅选择其中一种，两种商品总是一起消费。这个特点提示的内容在下面即将讲到的消费者均衡中得到反映。

（三）特殊形状的无差异曲线

无差异曲线表明的是，在维持效用水平不变的前提下，一种商品对另一种商品的替代程度。由边际替代率递减规律决定的无差异曲线的形状是凸向原点的，这是一般的情况，又称为性状良好型的无差异曲线，是经济学家研究消费者偏好和消费行为经常使用的一种类型。下面我们考虑两个极端的情况。

当两种商品完全替代时，意味着它们之间的替代比率是固定不变的，即边际替代率是一个常数。相应地，无差异曲线是一条斜率不变的直线。假如某消费者认为一杯咖啡和一杯牛奶的效用是无差异的，即总是以 $1:1$ 的比例相互替代，则消费者对这两种商品消费的无差异曲线如图 3.8 所示。

当两种商品完全互补时，意味着它们必须按固定的比例同时被使用，相应地无差异曲线为直角形状。例如，一副镜架必须与两片镜片同时使用，才能构成一副可使用的眼镜，相应地无差异曲线如图 3.9 所示。无差异曲线的水平部分表明，对于一副镜架而言，只需相应的两片镜片，任何多余的镜片都不会增加任何效用，也就是说消费者不会放弃任何一副镜架去替换多余无用的镜片，此时 $MRS = 0$。无差异曲线的垂直部分表明，对于两片镜片而言，只需相应的一副镜架，任何多余的镜架都不会增加任何效用，也就是说消费者会放弃任何多余的镜架，此时 $MRS = \infty$。

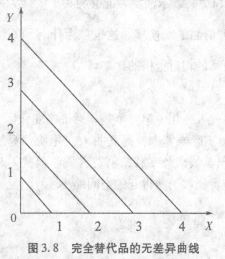

图 3.8　完全替代品的无差异曲线

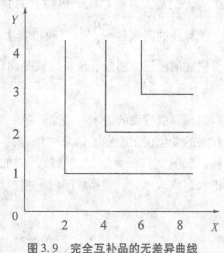

图 3.9　完全互补品的无差异曲线

四、消费者的预算线

（一）预算线的含义

上述的无差异曲线仅表现出消费者对各种商品的主观偏好。仅仅揭示出消费者的偏好，我们并不能确定消费者的消费选择行为。因为消费者在进行消费决策时还受到自身收入和商品价格的限制。我们把消费者在收入和商品价格既定的条件下，消费者所购买到的两种商品数量的最大的各种组合的点的轨迹，称为消费者的预算线（budget line，BL），也称为消费可能性曲线（consumption possibility line）或价格线（price line）。

给定商品 X 和商品 Y 的价格（P_X、P_Y）和消费者收入 I，消费者在购买 X 和 Y 的消费支出不能超出他的收入，即任何消费组合（x，y）都必须满足 $P_X \cdot x + P_Y \cdot y \leqslant I$。当消费者追求效用最大化时，他一定将所有收入花在各种商品的购买上面，即 $P_X \cdot x + P_Y \cdot y = I$，这就是预算约束方程式。

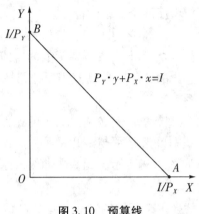

图 3.10　预算线

预算线一般采取的是线性形式。如图 3.10 所示，横轴上的截距（OA）表示消费者能够购买 X 的最大数量 I/P_X，纵轴上的截距（OB）表示消费者能够购买 Y 的最大数量 I/P_Y。预算线的斜率是 $-\dfrac{P_X}{P_Y}$，反映市场上两种商品的交换率。这也是为什么预算线又称为价格线的原因，因为它反映的就是两种商品的相对价格的比率。

（二）预算线的变动

引起预算线变动的因素有两个：第一个是收入变化，第二个是相对价格变化。

收入的变化仅仅改变了预算线的截距，而不影响斜率，因此收入变化使预算线发生平移。如图 3.11 所示，消费者收入增加，预算线向外平移，消费者能够消费得起的空间扩大；收入减少，预算线向内平移，消费者能够消费得起的空间缩小。

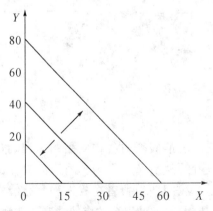

图 3.11　收入增减时预算线的移动

价格的相对变化（假设商品 X 的价格变化，但商品 Y 的价格保持不变）使预算线的斜率和横轴的截距发生变化，而纵轴的截距不变。因此，价格变化使预算线发生转动。如图 3.12（a）所示，商品 X 的价格下降，使预算线以与纵轴的交点为中心向外转动；商品 X 的价格上升，预算线以与纵轴的交点为中心向内转动。

如此类推，如果是商品 Y 的价格变化，商品 X 的价格保持不变，则预算线将是以横轴的交点为中心转动：商品 Y 的价格上升时，预算线向内转动；商品 Y 的价格下降时，预算线向外转动。如图 3.12（b）所示。

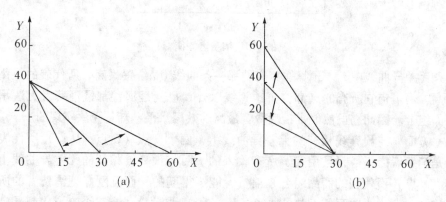

图 3.12　价格变化时预算线的转动

五、消费者均衡

无差异曲线用来说明消费者的主观偏好，预算线表示消费者的预算约束。把无差异曲线和预算线结合起来，就可以分析消费者追求效用最大化时消费者均衡的条件。

（一）消费者均衡的几何分析

遵循消费者是理性经济人的假设，消费者的最优消费组合必然落在预算线上。预算线把商品平面分成了两区域。消费者能够支付得起预算线以下的区域中的任何一个商品组合，并且收入没能花完，在此区域选择不能实现消费者满足最大化。对于预算线以上的区域的商品组合，在目前的价格和收入水平下，消费者支付不起。因此，消费者的最优选择只能落在预算线上。

那具体是预算线上的哪一点呢？这就取决于消费者的偏好。这一点必须是消费者最偏好的商品组合，能给消费者带来最大的满足。毫无疑问，消费者总是愿意在尽可能高的无差异曲线上选择一种商品组合，以使其效用最大化。

下面，我们把无差异曲线和预算线放在同一个坐标图里来说明消费者的最优选择行为（见图 3.13）。由图可见，预算线与无差异曲线的位置关系有三种可能：第一，相离；第二，相切；第三，相交。

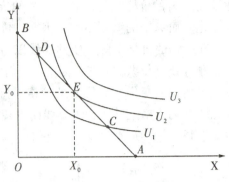

图 3.13 消费者均衡

三条无差异曲线中，与预算线相离的那一条曲线 U_3 位置最高，所代表的效用水平也就最高。但可惜它所有的点都位于预算线以外，也就是那些都是消费者无法承担得起的商品组合。因此它虽然能带给消费者最高的效用水平，却是无法实现的。

另一方面，与预算线相交的无差异曲线上，两个交点（C 点、D 点）所代表的商品组合是消费者能买得起且用完了所有收入的。而与预算线相切的无差异曲线上，只有切点（E 点）所代表的商品组合是消费者能买得起的，而且刚好把消费者的所有收入都用完了。这样，这两条无差异曲线（U_1、U_2）与预算线有三个交点，都是消费者买得起且用完了所有收入，即有可能是效用达到最大化的点。但是，显然，与预算线相切的那一点所在的无差异曲线，比与预算线相交的那两个点所在的无差异曲线的位置要更远离原点，即前者代表着更高的效用水平。

这样，从几何图形上看，与预算线相切的那条无差异曲线，就是消费者能达到或接触到的最高的无差异曲线。**该切点（E 点）所代表的商品组合也就是在预算约束下使消费者的效用最大化的商品组合，该商品组合就是实现消费者均衡的条件。**

（二）消费者均衡的代数分析

以上我们使用了几何的方法来分析消费者达到均衡状态的条件，即消费者要实现效用最大化，必须选择其预算线与无差异曲线的切点所代表的商品组合。

那么，如果使用代数的方法来分析的话，以上的均衡条件就意味着预算线的斜率要等于无差异曲线的斜率。而正如前面对无差异曲线与预算线的介绍所表明的那样，预算线的斜率等于 $-\dfrac{P_X}{P_Y}$，而无差异曲线的斜率就是商品的边际替代率的负值，即 $-\dfrac{\Delta Y}{\Delta X}$。因此，用代数方法来表示消费者均衡的条件的话，就可以表述为：

$$MRS_{XY} = \frac{\Delta Y}{\Delta X} = \frac{P_X}{P_Y} \tag{3.7}$$

上式表明，只有当消费者把他的全部收入在商品 X 和商品 Y 之间所进行的分配，使商品 X 的替代商品 Y 的边际替代率等于商品 X 与商品 Y 的价格比率时，消费者才达到均衡状态。

为什么要满足这个条件呢？我们可以用反证法来说明。前面已经指出过，商品的

边际替代率 MRS_{XY} 反映的是消费者主观上对两种商品的评判，是消费者为了增加 ΔX 单位的商品 X 而愿意放弃的商品 Y 的数量（ΔY）。减少的 ΔY 实际就是增加 ΔX 的主观交换价格。而预算线的斜率则反映市场上两种商品的客观的交换价格，即沿着预算线，增加 ΔX 单位的商品 X 必须放弃的商品 Y 的数量（ΔY）。当 $MRS_{XY} > \dfrac{P_X}{P_Y}$ 时，就意味着消费者对 ΔX 的主观评价大于市场对 ΔX 的客观评价。这时消费者为了实现主观满足的最大化，就会增加对商品 X 的购买。又由于边际替代率递减规律，MRS_{XY} 会随着商品 X 的增加而下降，直至 $MRS_{XY} = \dfrac{P_X}{P_Y}$ 为止。同理，当 $MRS_{XY} < \dfrac{P_X}{P_Y}$ 时，就意味着消费者对 ΔX 的主观评价小于市场对 ΔX 的客观评价，因此消费者就会减少对商品 X 的购买，MRS_{XY} 就因商品 X 的减少而递增，直至 $MRS_{XY} = \dfrac{P_X}{P_Y}$ 为止。总之，只有当消费者按照主观交换率等于市场交换率来选择商品组合的时候，消费者才不再调整消费组合。此时消费组合的任意一个变动都会使消费者的满足程度下降。这时，也就实现了消费者的满足程度最大化，达到消费者均衡状态。

由此可见，序数效用论利用无差异曲线工具，在放弃效用可以用基数测量的前提下，同样能得出消费者实现最大满足程度的消费选择。

（三）序数效用论与基数效用论的比较

基数效用论采用边际效用的分析方法研究消费者行为，序数效用论采用无差异曲线的方法研究消费者行为。

在无差异曲线的分析中，因为无差异曲线上各种商品组合的效用相同，那么消费者从增加商品 X 的消费中所获得的效用增加应该要等于减少商品 Y 的消费中所导致的效用减少，即有

$$\Delta U = \Delta X \cdot MU_X + \Delta Y \cdot MU_Y = 0 \tag{3.8}$$

上式经过改写，可变为：

$$-\frac{\Delta Y}{\Delta X} = \frac{MU_X}{MU_Y}$$

又因为有 $MRS_{XY} = -\dfrac{\Delta Y}{\Delta X}$，所以有 $MRS_{XY} = \dfrac{MU_X}{MU_Y}$。这意味着商品 X 代替商品 Y 的边际替代率等于商品 X 的边际效用与商品 Y 的边际效用之比。由于边际效用递减规律的作用，当商品 X 的消费增加时，其边际效用 MU_X 是减少的；相反，当商品 Y 的消费减少时，其边际效用 MU_Y 是增加的。这一结果与边际替代率递减是吻合的。

结合序数效用论所分析出来的消费者均衡条件式（3.7），有：

$$\frac{P_X}{P_Y} = MRS_{XY} = \frac{MU_X}{MU_Y}$$

把上式调整一下，就可得到基数效用论所分析出来的消费者均衡条件式（3.5）。

可见，基数效用论和序数效用论它们各自运用的分析方法不同，但两者所得出的消费者均衡条件是相同的。

六、收入变化对消费者均衡的影响

上述对消费者选择的静态均衡的分析表明，在收入和市场价格一定的条件下，消费者只要在预算线与无差异曲线的切点进行选择，就可以实现满足程度的最大化。然而尽管在短期内，我们可以假定消费者的偏好稳定不变，但消费者的购买行为仍因收入或者市场价格变化引起的预算线变动而发生调整，直至重新实现消费者均衡。下面，我们就先考察货币收入的变化对消费者均衡的影响，在此基础上推导消费者的收入—消费曲线以及恩格尔曲线。

（一）收入—消费曲线

前面在介绍预算线时已经指出过，在其他条件不变时（包括商品的价格保持不变），货币收入的增减并不影响预算线的斜率，只是使预算线的截距增大或缩小。而预算线的截距变化会影响消费者所选择的商品组合。与消费者的不同收入水平相联系的消费者效用最大化的均衡点是不同的，我们将这些点的轨迹连接起来，就得到了**收入—消费曲线**（income - consumption curve，ICC），**也称收入扩展路径**（income expansion path，IEP），见图 3.14。

图 3.14 反映了收入—消费曲线或收入扩展路径的形成过程及其各种形态。假设消费者与其原有收入水平相对应的预算线为 AB，在消费者的无差异曲线群既定的情况下，使效用最大化的商品组合是均衡点 E_1。假定该消费者的货币收入增加了，商品 X 和商品 Y 的价格均保持不时，预算线会向右上方平移，如果与新的货币收入相对应的预算线为 $A'B'$。对于新形成的那条预算线，总是仅有一条无差异曲线与之相切，形成新的消费者均衡点，即图中的点 E_2。

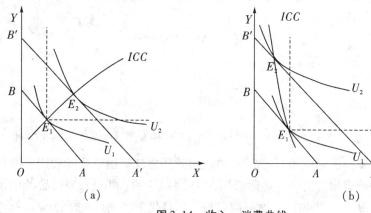

图 3.14　收入—消费曲线

反过来，如果消费者的收入水平的初始状态是预算线 $A'B'$，初始的均衡的商品组合是 E_2。则在其货币收入减少，而商品 X 和商品 Y 的价格保持不变时，预算线是向左下方平移，变为 AB，新的均衡商品组合是 E_1。

由此可见，在商品价格保持不变的情况下，对于消费者来说，每一收入水平都有一种均衡的商品组合（即图 3.14 中的 E_1、E_2 等点）。如果我们把所有这些点都连接起来，得到的曲线就是所谓的收入—消费曲线或收入扩展路径，它表明收入变化时的商品消费量和满足水平的变动。

由于商品需求与消费者收入之间的变动关系不同，收入—消费曲线有着不同的形状。图 3.14 中的图（a）中的收入—消费曲线具有正的斜率。这表明，随着收入的增加，消费者对商品 X 和商品 Y 的消费需求都在增加，因此 X 和 Y 都是所谓的正常品（normal good）。

而图 3.14 中的图（b）中的收入—消费曲线却向纵轴无限靠近。这表明，随着收入的增加，消费者对商品 X 的需求不断减少，因此 X 是所谓的贫穷物品（inferior good）[①]，而 Y 则是正常品。

如果反过来，是商品 Y 为贫穷物品而商品 X 是正常品，那么收入—消费曲线的形状将是向横轴无限地靠近［这种情况在图 3.14 中没有画出来，但读者可以根据图 3.14 的图（b）自行画出来］。

（二）恩格尔曲线

从上述消费者的收入—消费曲线可以推导出反映消费者收入和最佳消费需求量之间关系的另一条重要曲线——恩格尔曲线（Engel curve）。与恩格尔曲线的对应的函数关系可写为

$$Q = f(I) \tag{3.9}$$

图 3.15 是把收入和相应的商品 X 的需求量形成的组合描绘在以收入为横轴、以商品 X 的需求量为纵轴的坐标图里，就得到恩格尔曲线。

由于收入与需求量之间的关系不是唯一的，恩格尔曲线也有多种形态。也就是说，恩格尔曲线的形状取决于特定商品的性质、消费者的偏好以及保持不变的价格水平。由图 3.15 可见，如果商品 X 是富裕物品（又有译成高档消费品），其消费量不但是随收入增加而增加，而且其增长率还是递增的。但更一般的情况，特别是生活必需品的话，应该是消费量随收入增加而增加，但增长率是递减的。（这种情况在图 3.15 中没有画出来，请读者根据富裕物品的情况来考虑这样的物品的恩格尔曲线应该是什么样的。）而如果商品 X 是贫穷物品，则消费量反而是随收入的增加而减少。

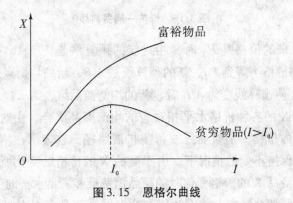

图 3.15 恩格尔曲线

[①] "inferior good" 的翻译，有译成劣质品的，有译成低档品的，但其实这些按字面直译的词都有误导性，意译为"贫穷物品"是比较能正确反映其含义的翻译法。

需要进一步指出的是，恩格尔曲线是以 19 世纪的德国统计学家恩格尔（Engel，1821—1896）的名字命名的。恩格尔长期从事家庭消费研究，得出反映收入对家庭消费结构的一般影响的恩格尔定律（Engel's law）。即对于一个家庭（或一个国家）而言，随着收入的增加，食物消费支出占总支出的比重会越来越小，而其他商品如耐用商品的支出占总支出的比重会越来越大。**食物支出占总支出的比例称为"恩格尔系数"**，它是目前世界上通常的反映一国贫富水平的重要指标之一。

七、价格变化对消费者均衡的影响

商品的价格变动也会引起消费者预算线的变动，从而影响其对该商品的购买行为。下面我们就研究，在消费者的偏好、消费者的货币收入和其他商品的价格不变时，分析某一商品价格的变动所引起的消费者均衡点的变动，并在此基础上推导出消费者价格—消费曲线和个人需求曲线。

（一）价格—消费曲线

在其他条件不变时，一种商品价格的变化会使消费者效用最大化的均衡点发生变化，与某种商品的不同价格水平相联系的消费者效用最大化的均衡点是不同的。我们将这些点的轨迹连接起来，就得到了**价格—消费曲线**（price - consumption curve，PCC），也称为**价格扩展路径**（price expansion path，PEP），见图 3.16。

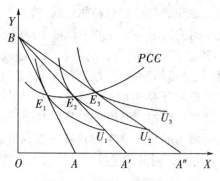

图 3.16 价格—消费曲线

假设商品 X 原来的价格是 P_1 时，相对应的预算线是图 3.16 中的 AB，均衡点为 E_1。如果商品 X 的价格下降到 P_2，新的预算线是 $A'B$，新的均衡点是 E_2。商品 X 的价格继续下降到 P_3，使预算线变为 $A''B$ 时，新的均衡商品组合为 E_3。利用这一方法，我们可以确定与商品 X 的各种价格水平相对应的均衡商品组合，由这些均衡点连接而成的曲线，就是所谓的价格—消费曲线或价格扩展路径。它表示在消费者偏好、货币收入和其他商品价格保持不变的情况下，由于商品 X 的价格的变化所引起的均衡商品组合的变化。它表明商品 X 的价格变化时的商品消费量和满足水平的变动。

通常，价格—消费曲线向右前方倾斜，这表示当商品 X 的价格下降时，消费者对 X 的消费需求会增加；当 X 的价格上升时，消费者对 X 的消费需求会减少。

一种例外是，若商品 X 为吉芬商品（价格与需求量呈正向变动的贫穷物品），价格

—消费曲线会向后弯曲，斜率为负。关于吉芬商品，我们在后面会有更进一步的介绍与分析。

（二）个人需求曲线

经济学家之所以对价格—消费曲线感兴趣，一个主要原因是它能够用来推导出所论及商品的个人需求曲线。个人需求曲线表示在消费者偏好、货币收入及其他商品价格不变的情况下，消费者在某种商品的不同价格水平下将购买该商品的数量。下面具体分析个人需求曲线是如何从价格—消费曲线推导出来的。

由图 3.17 中（a）图可知，当商品 X 的价格为 P_1 时，消费者购买 X_1 单位的商品 X（最陡峭的那条价格线）；当 X 的价格为 P_2 时，消费者购买 X_2 单位的 X（陡峭程度中等的那条价格线）；当 X 的价格为 P_3（最平坦的那条价格线）时，消费者购买 X_3 单位的 X。利用这种方法，我们可以得到与商品 X 的各种价格水平相对应的商品 X 的购买量。如图 3.17 中的（b）图所示，连接这些不同的价格与购买量的点的轨迹，就是商品 X 的完整的个人需求曲线。显然，需求曲线实际是不同价格水平下最优消费数量变动的轨迹。需求曲线上任意一点都是一定收入和特定价格下，消费者实现满足程度最大化的最佳选择点。

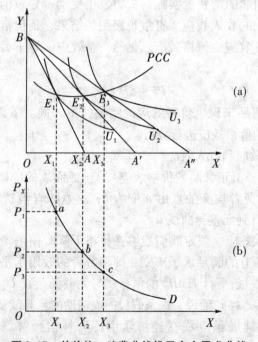

图 3.17 从价格—消费曲线推导个人需求曲线

注意，价格—消费曲线与个人需求曲线的区别在于：前者表示商品 X 的不同价格水平下消费者所购买的商品 X 和商品 Y 的消费量；而后者表示在商品 X 的不同价格水平下，消费者将购买的商品 X 的数量，其坐标图的横轴表示商品 X 的需求量，纵轴表示商品 X 的价格。

（三）替代效应和收入效应

消费者价格—消费曲线分析表明，一种商品的价格变化会引起该商品的需求量变化，这种价格变动对消费者均衡的影响被称为价格效应（price effect，PE）。**价格效应可分解为替代效应（substitution effect，SE）和收入效应（income effect，IE）。**

1. 替代效应和收入效应的含义

在消费者收入和其他商品价格不变的条件下，一种商品的价格发生变动，比如商品 X 的价格下降，会对消费者产生两方面的影响：一是消费者面临的相对价格发生变动，商品 X 变得相对便宜些，或从另一方面来看，是商品 Y 变得相对昂贵了。二是消费者的实际收入（或者说实际购买力）发生了变化，消费者能够购买到比以前更多的商品 X。也就是说，消费者在现有货币收入不变的情况下，因为购买的商品组合的变化而改变了消费者的效用。这两种变化都会使消费者改变对该商品的需求量。

这里用消费者的满足程度来反映实际购买力。当我们说购买力不变时，其含义是消费者能够保持与以前相比完全相同的满足程度。由于一种商品价格变动而引起的商品相对价格发生变动，导致消费者在保持满足程度不变的条件下对该商品的需求量的改变（以增加购买降价的商品替代价格不变的商品），称为价格变化的替代效应。而由于一种商品价格变动引起的消费者实际购买力发生变动，导致消费者对该商品需求量的改变，称为价格变化的收入效应。直接观察到的结果，是价格变化引起的需求量的变化，这个变动称为总效应或价格效应。显然，总效应恒等于替代效应和收入效应之和，即

$$PE = SE + IE \tag{3.10}$$

对于不同性质的商品来说，价格效应的结果并不相同。下面我们分别对正常品、贫穷物品及吉芬物品的价格效应进行分析。

2. 正常品的替代效应和收入效应

我们以图 3.18 来分析正常品的价格效应[①]。当商品 X 的价格下降时，预算线由原来的 AB 变为 AB_1，消费者均衡的点由 a 变为 b，这意味着消费者的满足水平提高了（由无差异曲线 U_1 上升到无差异曲线 U_2）。

我们先来分析替代效应。假定我们能够在价格下降时使消费者的货币收入适当地减少，从而使他保持原有的满足水平不变，即消费者的效用水平继续停留在无差异曲线 U_1 上，这意味着有一条平行于 AB_1 的预算线与无差异曲线 U_1 相切，这一假想的预算线即图 3.18 中的 FG。换句话说，这条假设的或辅助的预算线要同原来的无差异曲线相切。这条假想中的辅助预算线在经济学中称为补偿预算线（compensated budget line）。它的含义是按变动以后的价格和达到原来满足程度（效用水平）所需要的收入，消费者能够购买两种商品最大组合点的轨迹。如何在图中画出这条补偿预算线，使消费者在价格变化后正好能够取得价格变化前的满足程度呢？作一条平行于后来的

---

① 以下图 3.18~3.20 中分析价格效应时，使用箭头对效应的作用方向进行标注，箭头的方向即为效应的作用方向：箭头指向右方表明该效应引起商品 X 需求量的增加，箭头指向左方则表明该效应引起商品 X 需求量的减少。

预算线 AB_1 的直线，平行移动它直至与穿过原来的均衡点 a 的那一条无差异曲线相切为止。

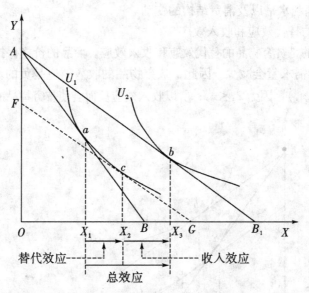

图 3.18　正常品的替代效应和收入效应

所谓替代效应，就是指从原来的均衡点 a 到与假想的预算线相对应的均衡点 c 的移动，即效用水平保持不变时，由价格变化所引起的对商品 X 的需求量变化。在图 3.18 中，商品 X 的价格下降所引起的替代效应为 $(x_2 - x_1)$。需要注意的是，价格变化引起的替代效应，实际上就是剔除掉实际收入变化后得到的价格效应。

再来分析收入效应。现在我们设想图 3.18 中的预算线 FG 向右上方移动，直到实际的新的预算线 AB_1。把消费者的实际收入限定为他的满足（或效用）水平，那么由 FG 到 AB_1 的移动就标志着消费者实际收入的增加。所谓收入效应就是由此而引起的从假想的均衡点 c 到实际的新的均衡点 b 的移动，即所有的价格都保持不变时，完全由于实际收入的变动引起的商品 X 的需求量的变动。在图 3.18 中，商品 X 价格下降所引起的收入效应为 $(x_3 - x_2)$。

显然，由于商品 X 的价格下降，对商品 X 的需求量由 x_1 增加到 x_3，所产生的总的价格效应等于替代效应与收入效应之和，$(x_3 - x_1)$ 即为价格变动的总效应。可见，对于正常品来说，如果该商品的价格下降了，替代效应和收入效应都会使其需求量增加。

同样，我们可以分析商品价格上升时其替代效应与收入效应的作用，只是情况刚好相反。不管怎么样，当商品是正常品时，替代效应和收入效应的作用方向是相同的，因此是彼此加强的。

把价格变化对需求量的影响分解开来，可以解决一些实际的经济问题。例如，若某地农村的照明用电价向上调整，为了让农民过得像电价变化前那样好（保持实际购买力不变），政府如果采用补偿的政策，即补偿农民因电价上涨带来的实际购买力损失，则问题是补偿后农民的用电变化是多少？这个变化的数值就是替代效应，而实际购买力变化对用电量的影响就是收入效应。若是电价下降，只需要考虑对农民进行负补偿（扣掉实际购买力的增加），余下的分析基本相同，不再赘述。显然，把价格变化的影响分解为替代效应和收入效应，有着很强的政策涵义，它有助于政府把握价格谈论前后消费者的福利水平以及消费结构的变动。

3. 贫穷物品的替代效应和收入效应

图 3.19 分析的是贫穷物品的替代效应和收入效应。商品的价格保持不变，当收入增加时，贫穷物品的需求量会减少。因此，贫穷物品的收入效应是负的。如图 3.19 所示，收入效应为 $(x_3 - x_2)$，因为 $x_3 < x_2$，所以收入效应反而会使贫穷物品的需求量减少。

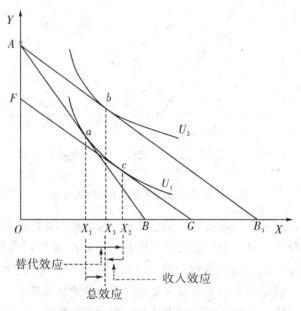

图 3.19　贫穷物品的替代效应和收入效应

因为替代效应仍使需求量增加了 $(x_2 - x_1)$，这使价格变动的总效应为 $(x_3 - x_1)$，仍然为正值，即商品 X 的价格下降的总效应仍使商品 X 的需求量增加。

4. 吉芬物品的替代效应和收入效应

前面在对贫穷物品的分析中，我们发现，如果负的收入效应足够大，超过了替代效应的正的作用，那么价格变化的总效应就有可能变成负的了。如图 3.20 所示，替代效应使消费者对商品 X 的需求量增加了 $(x_2 - x_1)$，但同时收入效应使商品 X 的需求量减少了 $(x_2 - x_3)$，最终价格变动的总效应使需求量减少了 $(x_1 - x_3)$。

某种商品价格的下降却引起消费者对该商品需求量的下降，这类需求量与价格成同方向变化、即其需求曲线向右上方倾斜的特殊商品称为吉芬物品（Giffen good）。据说，英国吉芬提出，在 19 世纪中期爱尔兰发生饥荒时，土豆的价格上升，但人们对土豆的需求量反而增加了，这一违背常规的现象被称为"吉芬悖论"（Giffen paradox），因此把这类商品以吉芬的名字命名。

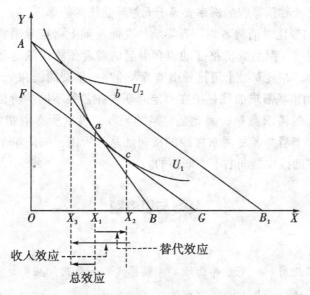

图 3.20　吉芬物品的替代效应和收入效应

本章小结

1. 效用就是消费者从消费物品中得到的欲望的满足程度。效用被用来说明消费者的偏好，它随着消费者所消费的商品量的变化而变化，效用函数所表示的就是这两个变量之间的关系。

2. 基数效用论的基本观点是：效用是基数。根据基数效用论，效用有总效用和边际效用之分。经济学家把一定时间内，其他条件不变情况下，消费者从连续消费的物品中得到的边际效用不断递减的现象，称作边际效用递减规律。消费者实现效用最大化的均衡条件是：如果消费者的货币收入固定不变，消费者从所购买的每一种商品所得到的边际效用与其价格的比例都相同；或者说，消费者应使自己花费在每一种商品上的最后一元钱所带来的边际效用相等，即货币的边际效用相等。这样的商品组合就是最佳的或均衡的商品组合。从边际效用分析可推导出需求曲线，并可以用来发展出"消费者剩余"的概念来分析消费者从消费商品中得到的经济福利。

3. 序数效用理论的基本观点是：物品对消费者的效用，并没有一个客观的衡量标准，它是一种心理现象，无法计量，也不能加总求和，只能表示出满足程度的高低与顺序。消费者偏好是消费者根据自己的意愿，对可能消费的各种商品组合的喜爱程度。无差异曲线能够很好地描述消费者的偏好。序数效用论的主要分析工具就建立在消费者偏好基础上的无差异曲线。我们把消费者在一定收入和市场价格条件下，购买的两种商品最大组合点的轨迹称做消费者的预算线。从几何图形上看，与预算线相切的那条无差异曲线，就是消费者能达到或接触到的最高的无差异曲线，该切点所代表的商品组合也就是在预算约束下使消费者的效用最大化的商品组合，或者说，是使消费者达到均衡的商品组合，或简称均衡的商品组合。如果使用代数的方法来分析的话，以上的均衡条件就意味着预算线的斜率要等于无差异曲线的斜率。

4. 货币收入的变化对消费者均衡有影响，在此基础上可推导消费者的收入—消费曲线以及恩格尔曲线。商品的价格变动也会引起消费者预算线的变动，从而影响其对该商品的购买行为，在此基础上可推导出消费者价格—消费曲线和个人需求曲线。

5. 一种商品的市场需求曲线是指在一定时期内在各种不同的价格下，市场中所有消费者对某种商品的需求数量，因此是价格的函数，表示所有消费者需求量的加总。市场需求曲线是单个消费者的需求曲线的横向加总，所以，如同单个消费者的需求曲线一样，市场需求曲线也是向右下方倾斜的。

复习与思考题

一、名词解释
效用　　边际效用　　无差异曲线　　预算线　　替代效应　　收入效应
价格—消费曲线　　收入—消费曲线

二、单项选择题

1. 商品 X 和商品 Y 的价格按相同的比率上升，而收入不变，预算线（　　）。

　　A. 向左下方平行移动　　　　　　　　B. 向右上方平行移动

　　C. 不变动　　　　　　　　　　　　　D. 绕着预算线与横轴的交点向内转动

2. 已知消费者收入是 100 元，商品 X 的价格是 10 元，商品 Y 的价格是 3 元。假定他打算购买 7 单位 X 和 10 单位 Y，这时商品 X 和商品 Y 的边际效用分别是 50 和 18。如要获得最大效用，他应该（　　）。

　　A. 停止购买　　　　　　　　　　　　B. 增购 X，减少 Y 的购买量

　　C. 减少 X 的购买量，增购 Y　　　　　D. 同时增购 X 和 Y

3. 在均衡条件下，消费者购买的商品的总效用一定（　　）他所支付的货币的总效用。

　　A. 小于　　　　　　　　　　　　　　B. 等于

　　C. 大于　　　　　　　　　　　　　　D. 不确定

4. 在以下几种情况中，实现了消费者均衡的条件是（　　）。

　　A. $\dfrac{MU_X}{P_X} < \dfrac{MU_Y}{P_Y}$　　　　　　　　B. $\dfrac{MU_X}{P_X} > \dfrac{MU_Y}{P_Y}$

　　C. $\dfrac{MU_X}{P_X} = \dfrac{MU_Y}{P_Y}$　　　　　　　　D. $\dfrac{MU_X}{P_X} \geqslant \dfrac{MU_Y}{P_Y}$

5. 如果消费者消费者的 X、Y 两种商品的价格之比是 1∶1，它们的边际效用之比是 3∶1，为达到效用最大化，消费者应（　　）。

　　A. 增购 X 和减少购买 Y　　　　　　　B. 增购 Y 和减少购买 X

　　C. 同时增购 X 和 Y　　　　　　　　　D. 同时减少购买 X 和 Y

6. 预算线绕着它与横轴的交点逆时针转动是因为（　　）。

　　A. 商品 X 的价格上升　　　　　　　　B. 商品 Y 的价格上升

C. 消费者收入下降　　　　　　D. 商品 X 的价格不变, 商品 Y 的价格上升

7. 若无差异曲线上任何一点斜率 $\dfrac{dY}{dX} = -\dfrac{1}{2}$, 这意味着消费者有更多的商品 X 时, 他愿意放弃 (　　) 单位 X 而获得一单位 Y。

A. 2　　　　　　　　　　　　B. 1/2

C. 1　　　　　　　　　　　　D. 1.5

8. 恩格尔曲线从 (　　) 导出。

A. 价格—消费曲线　　　　　　B. 收入—消费曲线

C. 需求曲线　　　　　　　　　D. 无差异曲线

9. 需求曲线从 (　　) 导出。

A. 价格—消费曲线　　　　　　B. 收入—消费曲线

C. 预算线　　　　　　　　　　D. 无差异曲线

10. 序数效用论中, 商品的效用 (　　)。

A. 取决于价格　　　　　　　　B. 取决于使用价值

C. 可以通过确切的数字表示　　D. 可以比较

11. 根据无差异曲线与消费可能线结合在一起的分析, 消费者均衡是 (　　)。

A. 无差异曲线和消费可能线的相交之点

B. 无差异曲线和消费可能线的相切之点

C. 离原点最远的无差异曲线上的任何一点

D. 离原点最近的无差异曲线上的任何一点

12. 预算线的位置和斜率取决于 (　　)。

A. 消费者的收入　　　　　　　B. 消费者的收入和商品的价格

C. 消费者的偏好、收入和商品的价格　　D. 以上都不正确

13. 某些女性在收入比较低时购买杏仁蜜作为化妆品, 而在收入提高时, 则去购买欧莱雅, 杏仁蜜对这些人来说 (　　)。

A. 吉芬商品　　　　　　　　　B. 正常品

C. 贫穷物品　　　　　　　　　D. 生活必需品

14. 关于需求曲线, 不正确的是 (　　)。

A. 价格—消费曲线对应两种商品的需求曲线

B. 需求曲线上的每个点都是效用最大化的点

C. 价格与需求量的反比例关系是由替代效应造成的

D. 无论序数效用论还是基数效用论都可推导出需求曲线

15. 当消费者的真实收入上升时, 他将 (　　)。

A. 购买更少的贫穷物品　　　　B. 增加消费

C. 移到更高的无差异曲线上　　D. 以上都是

三、判断题

1. 一个消费者在超市上购买商品, 如果他认为商品 X 比商品 Y 更急需, 主要原因商品 Y 是一种紧缺商品。(　　)

2. 某种商品的效用对消费者来说都是一样的，只是价格不一样。（　　）

3. 两种商品的价格不相同，但对消费来说，这两种商品每元的边际效用有可能相同。（　　）

4. 预算线上的各点说明每种商品的组合是相同的。（　　）

5. 吉芬商品是一种贫穷物品，但贫穷物品不一定是吉芬商品。（　　）

6. 正数斜率的无差异曲线是不存在的。（　　）

7. 消费者总是首先购买对他来说边际效用是最大的商品。（　　）

8. 商品的价格越高，无差异曲线就越往原点移动。（　　）

9. 无差异曲线的斜率是根据两种商品的价格的变化而变化的。（　　）

10. 价格变化会引起预算线的斜率的变化。（　　）

四、计算题

1. 某消费者的效用函数为 $U = \sqrt{XY}$，X 和 Y 是他所消费的两种商品，其价格分别为 $P_X = 1$ 和 $P_Y = 2$，他的收入为 100，试问他对 X 和 Y 的需求量各为多少？

2. 若某消费者对 A 组和 B 组物品的偏好相同，而已知 A 组合含 5 个 X 及 16 个 Y，B 组合 8 个 X 及 10 个 Y，若 $P_x = 5$ 和 $P_y = 8$，则此消费者会购买何者？

五、思考题

1. 说明在同一条无差异曲线上，为什么 $\Delta X \cdot MU_X = \Delta Y \cdot MU_Y$？

2. 从价格效应、替代效应和收入效应的角度为正常品、贫穷物品和吉芬物品下确切的定义。

3. 免费发给消费者一定量实物与发给消费者按市场价格计算的这些实物折算的现金。哪种方法给消费者带来更高的效用？为什么？

第四章　生产理论

上一章研究了消费者行为，阐明了构成市场需求曲线的基础。本章分析生产者，即厂商的行为，从而阐明竞争的市场供给曲线所赖以形成的基础。从这个意义上说，本章的研究是第二章有关供给，尤其是供给曲线分析的继续。

第一节　厂商及其生产

一、厂商的定义及其组织形式

在经济学中，**厂商和企业是一致的。厂商是指为销售而生产某种物品和劳务的单位，其活动以盈利为目的。厂商的法定组织形式主要有以下几种：**

（一）单人业主制

单人业主制是指个人出资，由所有者自己组织生产和经营的企业。该企业的所有者承担无限责任，即企业要以自己的全部财产对企业的所有债务承担法律上的责任。如果一个单人业主无力偿还其债务，该企业的债权人就有权占有该单人业主的个人财产。典型的单人业主制有小食品店、小饭店、个人开业的医生等等。在单人业主制企业中，单人业主作出管理决策，是经营所得利润的唯一占有者，可以获得所有利润，但也要承担全部亏损。在资本主义发展初期大量的区域都是以单人业主制的形式出现的，即使在当今世界，单人业主制的企业也很普遍，甚至许多大企业都是从单人业主制企业发展而来的。

（二）合伙制

合伙制是指两个以上的人共同出资，共同组织经营的企业。该企业的所有者有两个或两个以上，经营管理由他们共同决定，风险和收益也由他们共同承担，合伙人必须在适当的管理体制和分享利润方面达成一致意见。每个合伙者对企业的全部债务都要承担法律责任，即"联合的无限责任"。大多数律师事务所和会计事务所都是合伙制。

（三）公司制

公司制是指按照公司法组建和经营的，具有独立法人资格的企业。公司制企业又有两种具体的组织形式：有限责任公司和无限责任公司。有限责任公司意味着股东对企业债务承担的责任是有限的，而无限责任公司则意味着股东要对公司的债务承担无限责任。在有限责任公司中，又分为上市公司和非上市公司两类。上市公司就是公司发行的股票可以在证券交易所上市交易，而非上市公司就是股票不上市交易的公司。一般来说，有限责任公司比较普遍，而无限责任公司则比较少见。

有限责任公司的财产由股东所有，股东按其持有股份的多少享有投票权，并承担相应的经营风险和享受公司的分红。公司的最高权力机构是股东大会，其次是董事会。

股东选举董事会，由董事会任命以总经理为首的高层管理人员，负责实际的经营管理责任。公司从其所有者（股东）那里和通过发行债券来获得资金，如果公司获得了利润，股东有权分享利润。如果一家公司亏损已达到破产地步，根据有限责任，股东只承担相当于自己最初投资量的公司债务，其余的亏损就要由银行和作为债权人的其他公司承担。公司制是现代企业的基本组织形式，在现代经济中起着相当重要的作用。

二、厂商的目标

如同消费者行为理论中假定一个理性的消费者是以效用最大化为目标一样，在分析厂商行为时，微观经济学假定厂商是以利润最大化为目标。显然利润最大化是一个合理的、基本接近于现实的假定。尽管现代公司的发言人常常声称，利润并不是他们所追求的唯一目标，增加或至少保持其产品的市场占有份额、树立良好的有益于社会的雇主形象，甚至增加公司管理者的闲暇等同样是厂商所追求的目标，但这些目标不过是厂商追求长期利润的手段。从这个角度看，利润最大化的假定是符合现实的。

三、厂商的生产和生产要素

厂商为了获得最大利润，必须将各种生产要素组织起来进行生产。**生产是对各种生产要素进行组合以制成产品的行为。**在生产中要投入各种生产要素并生产出产品，所以，生产也就是把投入变为产出的过程。

生产要素又称投入，是指生产中所使用的各种资源。西方经济学家把生产要素分为四大类：

（一）劳动

劳动是指劳动者所提供的服务，可以分为脑力劳动与体力劳动。劳动不是指劳动者本身，而是指劳动者提供的劳务。劳动的价格是工资。

（二）土地

西方经济学所讲的土地是一个广义的概念，是指生产中所使用的各种自然资源，是在自然界所存在的，包括土地、河流、大山、森林、矿藏等。土地的价格是地租。

（三）资本

资本是指人类创造的用于生产的所有物品，它包括建筑物、机器装备、运输工具、原材料、燃料等，因而资本又称投资品。资本的价格是利息。

（四）企业家才能

企业家才能是指企业家对整个生产过程的组织、管理和承担风险的能力。经济学家特别强调企业家才能，认为把劳动、土地、资本组织起来，使之生产出产品的关键正是企业家才能。

生产是这四种生产要素合作的过程，产品则是这四种生产要素共同努力的结果。

四、生产函数

（一）生产函数及其一般形式

任何生产过程都需要投入各种不同的生产要素，在一定的时间内和一定的技术水平下，生产出来的数量取决于所使用的生产要素的数量的多少以及它们之间的相互组合状况。也就是说，生产要素的数量与组合和它所能生产出来的产量之间存在着一定的依存关系。**生产函数正是表明一定技术水平之下，生产要素的数量与某种组合和它所能生产出来的最大产量之间依存关系的函数。**

以 Q 代表一种产品的总产量，X_1，X_2，X_3，…，X_N 分别代表生产过程中使用的各种生产要素的投入量，则生产函数的一般形式为：

$$Q = f(X_1, X_2, X_3, \cdots, X_n)$$

如果以 L、K、N、E 分别代表劳动、资本、土地、企业家才能这四种生产要素，则生产函数可写表示成：

$$Q = f(L, K, N, E)$$

为了方便分析，通常假定生产中只使用劳动和资本两种生产要素。因此，生产函数可以进一步简化为：

$$Q = f(L, K)$$

生产函数有以下三个基本特征：

第一，产出量是各种生产要素的增函数。即在一定的时间内，在既定的技术水平下，如果各种生产要素的数量增加，产出量也随之增加。

第二，生产要素之间具有替代关系。即投入的各种生产要素可以互相替代，如以机器代替人力，即资本代替劳动，或者相反，以劳动代替资本。

第三，生产函数表示的产出量是最大的。即在各种生产要素的数量与组合为已知时，也就可以推算出最大的产量。

（二）柯布—道格拉斯生产函数

20 世纪 30 年代初，美国经济学家 P. 道格拉斯与 C. 柯布根据美国 1899—1922 年的工业生产统计资料，得出了这一时期美国的生产函数为：

$$Q = AL^{\alpha}K^{1-\alpha}$$

这就是经济学中著名的"柯布—道格拉斯生产函数"。在这个生产函数中，A 与 α 为参数，其中 $0 < \alpha < 1$。参数 α 和 $(1-\alpha)$ 的经济含义是：α 为劳动的贡献在总产量中所占的比重，$1-\alpha$ 为资本的贡献在总产量中所占的比重。

柯布和道格拉斯对美国 1899—1922 年的工业生产统计资料的分析和估算，计算出 A 为 1.01，α 为 0.75，$(1-\alpha)$ 为 0.25。它表明，在这一期间，如果资本的投入不变，那么，劳动的投入量每增加 1%，将引起产量增加 0.75%；如果劳动的投入量不变，那么，资本的投入量每增加 1%，将引起产量增加 0.25%。也就是说，在生产中，劳动所作出的贡献为全部产量的 3/4，资本所作出的贡献为全部产量的 1/4。

五、技术系数

（一）技术系数

在不同行业的生产中，各种生产要素的配合比例是不同的。为生产一定量某种产品所需的各种生产要素的配合比例称为技术系数。例如，在柯布—道格拉斯生产函数中，劳动与资本的配合比例为 3：1，即在生产中使用 3 单位劳动与 1 单位资本。这就是技术系数。

（二）固定配合比例生产函数

生产某种产品所需要的各种生产要素的配合比例是不能改变的，这种技术系数称为固定技术系数。这种固定技术系数的生产函数称为固定配合比例生产函数。

（三）可变配合比例生产函数

如果生产某种产品需要的各种生产要素的配合比例是可以改变的，这种技术系数称为可变技术系数。这种可变技术系数的生产函数称为可变配合比例生产函数。

一般而言，技术系数是可变的。例如，在农业中可以多用劳动少用土地进行集约式经营，也可以少用劳动、多用土地进行粗放式经营。在工业中也有劳动密集型技术与资本密集型技术之分。在生产理论中研究的主要是技术系数可变的情况。

六、短期和长期

微观经济学在研究生产过程时，将投入分为固定投入和可变投入两种类型。

固定投入是指在所考察的一定时期内其数量不随产量变化而变化的投入。例如，工业产品生产中工厂的厂房、设备等投入在一定时期内是不变的，农业中土地的投入是不变的。

可变投入是指在所考察的这段时期内数量可以变化的投入，即数量随产量的变化而变化的投入。例如，工业产品生产中所投入的原材料、燃料等投入在短期内与产量一起变化。农产品生产中，种子、化肥等投入在一定时期内与生产量一起变化。

固定投入和可变投入的划分是建立在短期和长期划分的基础之上的。

短期是指生产者来不及调整全部生产要素的数量，至少有一种生产要素的数量是固定不变的时间周期。在该时期，厂商由于来不及调整全部生产要素的数量，因此只能改变可变投入如原料、燃料和劳动，而不能改变固定投入如厂房、设备来调整生产。例如，在某些行业，短期内厂商的厂房、设备投入固定，劳动的投入是变动的。企业在短期内增加产出，只有增加变动投入量劳动。若企业减产通常也是先解雇工人，厂房、设备等固定投入不会在短期内处置，至少是闲置不用，但固定投入仍然在折旧。

长期是指生产者可以调整全部生产要素的数量的时间周期。在该时期厂商可以调整全部生产要素，可以按照需求状况和技术状况增添新的机器设备和厂房。例如，长期内厂商要想扩大产量，可以通过扩大厂房、增加设备达到目的，而不一定像短期那样通过劳动力的加班加点与机器设备的超常规使用达到目的。若厂商在长期内降低产量，可以处置一些设备。

从上述定义来看，短期和长期并不是一个具体的时间概念，而是一个经济概念。在短期和长期之间，并没有一个准确的区分标准，而是要视各个企业的具体情况而定。例如，要想改变钢铁厂的机器设备可能需要三年时间，则长期和短期的分界线为三年，而有些行业如一家饮食店进行装修的时间可能只需几个月，而对该饮食店而言，长短期的划分为几个月。

第二节　具有一种可变生产要素的生产函数

在分析投入的生产要素与产量之间的关系时，我们先从最简单的一种生产要素的投入开始。

一、一种可变生产要素的生产函数

这里我们所用的是可变配合比例生产函数。我们所要研究的问题是，在其他生产要素不变的情况下，一种生产要素的增加对产量的影响，以及这种可变的生产要素的投入量以多少为宜。具体来说，我们假定在既定技术水平下，只生产一种产品，产量为 Q，其他生产要素（包括资本在内）固定不变，只变动一种生产要素劳动 L，分析劳动量投入的增加对产量的影响，以及劳动量投入多少最合理。这时的生产函数是：

$$Q = f(\bar{K}, L) \tag{4.1}$$

在（4.1）式中，劳动 L 为可变投入，资本 K 是固定投入，这时的产量只取决于劳动量 L，因此（4.1）式可表示为：

$$Q = f(L) \tag{4.2}$$

二、总产量、平均产量、边际产量

为了用边际收益递减规律说明一种生产要素的合理投入，我们要进一步分析一种生产要素增加所引起的总产量、平均产量与边际产量变动的关系。

（一）总产量、平均产量和边际产量的含义

总产量（total product），以 TP 表示。**总产量是指一定量的某种生产要素所生产出来的全部产量。**

由于总产量随变动要素投入的变化而变化，因此，经济分析中把总产量看做变动要素的总产量。就（4.1）式的生产函数而言，由于我们假定资本投入保持不变，因此，我们把总产量 TP 看做劳动的总产量，表示为 TP_L。

劳动的总产量 $TP_L = f(\bar{K}, L) = f(L)$

平均产量（average product），以 AP 表示。**平均产量是指平均每单位某种生产要素所生产出来的产量**。平均产量总是指变动要素的平均产量，就（4.1）式而言，劳动的平均产量表示为：

$$劳动的平均产量 \ AP_L = \frac{总产量}{劳动的投入量} = \frac{TP_L}{L}$$

边际产量（marginal product），以 MP 表示。**边际产量是指某种生产要素增加一单位所增加的产量**。根据边际产量的定义，只有变动要素才会有边际产量。就（4.1）式而言，劳动的边际产量表示为：

$$劳动的边际产量 \ MP_L = \frac{总产量的增量}{劳动投入量的增量} = \frac{\Delta TP_L}{\Delta L}$$

当 $\Delta L \rightarrow 0$ 时，其微分形式为：$MP_L = \frac{dTP}{dL}$

假定生产某种产品时所用的生产要素是资本与劳动。其中资本是固定的，劳动是可变的。

（二）总产量、平均产量和边际产量的变动

根据总产量、平均产量和边际产量的计算公式及关系，总产量、平均产量和边际产量的变动可用表4.1和图4.1说明。

表4.1 一种可变投入下的生产

资本量 （K）	劳动量 （L）	劳动增量 （ΔL）	总产量 （TP）	平均产量 （AP）	边际产量 （MP）
10	0	0	0	0	0
10	1	1	10	10	10
10	2	1	30	15	20
10	3	1	60	20	30
10	4	1	80	20	20
10	5	1	95	19	15
10	6	1	108	18	13
10	7	1	112	16	4
10	8	1	112	14	0
10	9	1	108	12	−4
10	10	1	100	10	−8

从表4.1中可以看出，当资本固定，随着可变要素劳动投入量的变化，总产量、平均产量和边际产量也在变化，总产量、平均产量和边际产量都是先增加后减少。当劳动的投入量逐渐增加，一直增加到第 7 个单位时，总产量也不断增加；劳动的投入量在第 7 单位到第 8 单位时，总产量达到最高点 112，并停止增加；平均产量在劳动量投入为 4 单位时达到最高点 20，并在此时与边际产量相等。当劳动的投入量为 8 单位

时，边际产量减少为 0，此后在增加劳动的投入量，边际产量为负值，总产量开始下降。

根据 4.1 表，可以绘出总产量、平均产量和边际产量曲线。见图 4.1。图中，横轴 OL 代表劳动量，纵轴 OQ 表示产量，TP、AP、MP 分别代表总产量、平均产量与边际产量。TP 为总量曲线，AP 为平均产量曲线，MP 为边际产量曲线，分别表示随劳动量变动总产量、平均产量与边际产量变动的趋势。

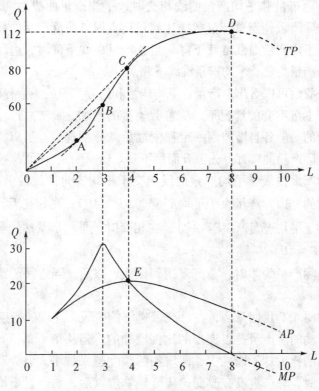

图 4.1　一种可变投入下的产量曲线

图 4.1 中总产量曲线 TP 反映从实际观测中得出的总产量 Q 与劳动投入 L 之间的关系。总产量在拐点之前，即在点 B 以前，是以递增的速度增加；过点 B 以后，则以递减的速度增加；总产量在点 D 达到最大，过点 D 后开始下降。

总产量曲线上任何一点的平均产量 AP_L 等于 TP_L 与相应的 L 投入量之比，即等于自原点 O 到该点射线的斜率。由图 4.1 可知，劳动投入量为 3 单位时的平均产量 $AP_L = 60/3 = 20$，劳动投入量为 4 单位时的平均产量 $AP_L = 80/4 = 20$，劳动投入量为 8 单位时的平均产量 $AP_L = 112/8 = 14$。其中，以劳动投入量为 4 单位时的平均产量最大，这时射线 OC 斜率最大。可见，AP_L 在劳动投入量达到 4 单位之前，随投入的增加而增加，达到 4 单位之后，随投入的增加而减少。

边际产量 MP_L 可用总产量曲线上任何一点的切线的斜率来表示。在点 B 以前，切线斜率由 0 达到最大，边际产量从 0 增加到点 B 时达到最大；过点 B 后，切线斜率开始下降，到点 C 时切线与射线 OC 正好重合，说明在点 C 边际产量正好等于平均产量；

过点 C 后，切线斜率小于射线斜率，且继续下降，到点 D 时达到 0，边际产量等于 0；过点 D 后，切线斜率为负值，即边际产量为负。

从图 4.1，我们可以看出，劳动的总产量、平均产量和边际产量曲线都是先上升，分别达到最高点后转而下降。具体来说，当总产量曲线以递增的增长率上升时，边际产量曲线和平均产量曲线都上升；当总产量曲线开始以递减的增长率上升时，边际产量曲线达到最高点并转而下降，平均产量曲线继续上升；当总产量曲线继续以递减的增长率上升而边际产量和平均产量曲线相交时，平均产量曲线达到最高点，在该点，平均产量等于边际产量；当总产量曲线达到最高点时，边际产量曲线与横轴相交，即边际产量为零，平均产量曲线继续下降。当总产量曲线下降时，边际产量曲线向横轴的下方，即边际产量为负，平均产量继续下降。

综上所述，我们可以看出总产量、平均产量和边际产量的关系有以下几个特点：

第一，在资本量不变的情况下，随着劳动量的增加，最初总产量、平均产量和边际产量都是递增的，但各自增加到一定程度之后就分别递减。所以，总产量曲线，平均产量曲线和边际产量曲线都是先上升而后下降。这反映了边际收益递减规律。

第二，边际产量曲线与平均产量曲线相交于平均产量曲线的最高点。在相交前，平均产量是递增的，边际产量大于平均产量（$MP > AP$）；在相交后，平均产量是递减的，边际产量小于平均产量（$MP < AP$）；在相交时，平均产量达到最大，边际产量等于平均产量（$MP = AP$）。

第三，当边际产量为零时，总产量达到最大，以后，当边际产量为负数时，总产量就会绝对减少。

从表 4.1 和图 4.1 我们看到，在总产量递增的阶段，递增的幅度并不是一成不变的，前 3 单位劳动的总产量是以递增的比例增加的。但从第 4 单位开始，总产量虽然在递增，但递增的比率却不断减少，即增加的幅度越来越小。但劳动的投入量从 7 单位增加到 8 单位时，总产量没有改变；从第 8 单位以后，总产量不增反降，这种边际产量递减的现象被称为边际产量递减规律。

三、边际产量递减规律

（一）边际产量递减规律的内容

边际产量递减规律又称边际收益递减规律，它的基本内容是：在一定的技术条件下，在其他投入要素保持不变时，对一种生产要素每次增加相同的数量，最初这种生产要素的增加会使产量增加，但当它的增加超过一定限度时，增加的产量将要递减，最终还会使产量绝对减少。

具体地讲，在其他生产要素不变时，一种生产要素增加所引起的产量或收益的变动可以分为三个阶段。第一阶段：产量递增，即这种可变生产要素的增加使产量或收益增加。第二阶段：边际产量递减，即这种可变生产要素的增加仍可使总产量增加，但增加的比率，即增加的每一单位生产要素的边际产量是递减的。第三阶段：产量绝对减少，即这种可变生产要素的增加使总产量减少。

（二）边际产量递减规律作用的基本前提条件

第一，技术水平保持不变。这一规律以技术不变为假定前提，如果技术水平提高了，在保持其他生产要素不变而增加某种生产要素时，边际产量不一定递减而有可能递增。

第二，生产要素投入量的比例是可变的。即技术系数是可变的。这就是说，在保持其他生产要素不变而只增加其中某种生产要素投入量的时候，边际要素产量才发生递减，如果各种生产要素的投入量都增加了，边际产量不一定递减。

第三，假定所有的投入要素是同质的。

（三）边际产量递减规律产生的原因

边际产量递减规律所以发生作用，其原因在于保持不变的生产要素和不断增加的生产要素，存在一个能够使它们都发挥最大效率的最优组合。在没有达到最优组合以前，变动的生产要素相对于固定的生产要素来说要少，不变的生产要素没有得到充分利用，因而增加变动的生产要素可以使它们的效率得到更充分的发挥，这时边际产量是递增的。但随着变动的生产要素的不断增加，固定的生产要素已接近于充分利用，生产要素的组合越来越趋近于最优状态，这时可变生产要素的增加虽然可使产量增加，但已不能像前阶段那样使产量迅速增加。从达到最优组合开始，不变生产要素已经得到充分利用，如果再继续增加变动的生产要素，变动的生产要素相对于固定的生产要素来说就太多，增加可变生产要素只会降低生产效率，减少总产量，因而边际产量递减规律发生作用。

边际产量递减规律是一个经验性的总结，是大多数生产过程所具有的共同特征。例如，在一块固定面积的土地上种植小麦，当越来越多的劳动投入到固定数量的土地上时，所生产的小麦数量在最初时随投入的劳动数量的增加，也许导向专业化，使得劳动的边际产量递增。然而，随着劳动投入的增加，劳动数量相对固定的土地数量变得越来越多，将使小麦产量的增加量越来越少。

边际收益递减规律是我们研究一种生产要素合理投入的出发点。

四、一种可变生产要素的合理投入

（一）生产的三个阶段

总产量、平均产量、边际产量之间的关系反映了边际收益递减规律。我们就从这种关系来说明一种生产要素的合理投入问题。

从边际收益递减规律可以知道，在其他条件不变的情况下，要素投入越多，产出不一定越大，并不是任何投入都能带来最大的产出。以这一规律为基础，根据可变投入的多少，可以把生产分为三个阶段，如图 4.2 所示。

第一阶段是劳动量从 0 增加到 L_1，在这一阶段，边际产量先是递增，达到最大，然后递减，但边际产量始终大于平均产量，从而总产量和平均产量都是递增的。这说明了，在这一阶段，相对于不变的资本量而言，劳动量不足，所以劳动量的增加可以

使资本得到充分利用，从而产量递增。由此来看，劳动量最少要增加到 L_1 点为止；否

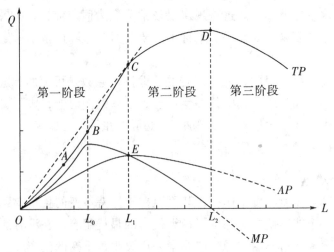

图 4.2　生产的三个阶段

则，资本无法得到充分利用。

第二阶段是劳动量从 L_1 增加到 L_2，此阶段中边际产量是递减的，但仍大于 0，而且边际产量小于平均产量，使平均产量下降，由于边际产量仍然大于 0，总产量仍在增加。在劳动量增加到 L_2 时，总产量可以达到最大。

第三阶段是劳动量增加到 L_2 点以后，在该阶段的起点上，总产量达到最大值，边际产量为 0。在该阶段中，边际产量小于 0 且继续下降，平均产量和总产量也在不断下降。由此看来，劳动量的增加超过 L_2 之后是不利的。

(二) 一种可变生产要素的合理投入区间

从以上的分析可以看出，在第一阶段，劳动的平均产量是递增的，这意味着每单位劳动的边际产量均高于平均产量。显然，一个有理性的生产者通常不会把可变投入的使用量限制在这一阶段内。因为，只要生产要素的价格和产品的价格给定不变，进一步扩大可变投入的使用量从而使产量扩大是有利可图的，至少到平均产量达到最高点为止。同样的，一个有理性的生产者也不会在第三阶段进行生产，因为这时的总产量、平均产量和边际产量都是下降的，这意味着相对于固定投入来说，可变投入的使用量过多了，即使其费用为零，增加其使用量也有害无利。在这种情况下，厂商减少其可变投入的使用量，反而会使总产量扩大。**由此可见，只有第二生产阶段，才是可变投入使用量的合理区间**，但一个有理性的生产者究竟应将其可变投入的使用量确定在这一区间的哪一点上呢？这就还要考虑到其他因素。首先要考虑厂商的目标，如果厂商的目标是使平均产量达到最大，那么，劳动量可以增加到 L_1 点。其次，如果厂商以利润最大化为目标，那就要考虑成本、产品价格等因素。因为平均产量为最大时，并不一定是利润最大；总产量为最大时，利润也不一定最大。劳动量增加到哪一点所达到的产量能实现利润最大化，还必须结合成本与产品价格来分析。

第三节 具有两种可变生产要素的生产函数

在分析了一种要素可变引起产量变化的情况之后，接下来我们分析两种要素可变条件下的产量变动问题。在长期内，企业的所有生产要素的投入都是可变的，而为了讨论问题的方便，我们假设只有两种生产要素的投入，即劳动和资本，而且还假设在一定条件下，劳动和资本是可以相互替代的。假设某厂商在既定的技术条件下只生产一种产品，产量为 Q，只有劳动和资本两种变动投入，则厂商的生产函数可以表示为：

$$Q = f(K, L)$$

这一函数式表明，在一定技术水平时，生产 Q 的产量，需要一定数量劳动与资本的组合。同样，生产函数也表明，在劳动与资本的数量与组合为已知时，也就可以推算出最大的产量。我们据此研究两种可变生产要素的生产函数的各种性质。

一、等产量线

（一）等产量线的含义

我们可以给等产量线下这样一个定义：**等产量线**（isoquant curve）是指在一定的技术水平下，生产同一产量的两种生产要素投入量的所有不同组合的点的轨迹。

我们来看表 4.2。

表 4.2　　　　　　　　　　两种可变投入下的生产

劳动投入 资本投入	1	2	3	4	5
1	25	45	60	70	80
2	45	65	80	90	95
3	60	80	95	105	110
4	70	90	105	115	120
5	80	95	110	120	125

表 4.2 表示的是劳动和资本的不同组合所生产出的总产量。从横向来看，在资本投入量一定的情况下，总产量随劳动量的增加而增加；从纵向看，在劳动投入一定的情况下，总产量随资本投入的增加而增加。我们发现，如果要生产一定的产出，可以用资本和劳动的不同组合来实现。

根据上表，可作出图 4.2。在图 4.2 中，横轴 OL 代表劳动量，纵轴 OK 代表资本量，I 为等产量线，即线上任何一点所表示的资本与劳动不同数量的组合，都能生产出相等的产量。等产量线与无差异曲线相似，所不同的是，它所代表的是产量，而不是效用。

从图 4.2 中可以看出，要生产 60 单位的产量［用等产量曲线 I_1 表示，既可以用 1 单位劳动和 3 单位的资本（A 点），也可以用 3 单位劳动和 1 单位的资本（B 点）］。前者是一种多使用资本少使用劳动的生产方法，也称为资本密集型生产技术。后一种是多使用劳动少使用资本的生产方法，也称为劳动密集型生产技术。但是，两种生产方法从技术角度来讲都是高效率的，因为1单位劳动和3单位资本的组合或3单位劳动和1单位资本的组合最多都只能生产60单位的产量。事实上，为了生产60单位的产量，劳动和资本还有不同的组合。在图中，等产量曲线I_1上的任何一点都表示一定量的劳动和一定量的资本的组合，任何一种组合都能得到60单位的产出，也就是说I_1线上任何一个劳动和资本的组合所带来的产量都是相等的。我们已经假定厂商的生产函数代表厂商在既定的技术条件下使用生产要素组合可能达到的最大产量，这样，增加要素的投入势必导致产量的增加。因此，在I_1线上任何一点同时增加要素投入，或者在劳动（资本）不变的情况下增加资本（劳动）的投入都会带来总产量的增加，从而形成新的等产量曲线。因此，根据给定的生产函数，可以在同一坐标图上画出无数条等产量曲线，每一条等产量曲线分别代表劳动和资本的所有组合所能生产的一定产量。在图4.2中，我们给出了三条不同的等产量曲线，每一条等产量曲线分别代表不同的产量。

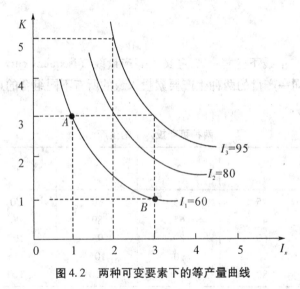

图4.2　两种可变要素下的等产量曲线

(二) 等产量曲线的特点

第一，等产量线是一条向右下方倾斜的线，其斜率为负值。这就表明，在生产者的资源与生产要素价格既定的条件下，为了达到相同的产量，在增加一种生产要素时，必须减少另一种生产要素。两种生产要素的同时增加，是资源既定时无法实现的；两种生产要素的同时减少，不能保持相等的产量水平。

第二，距原点越远的等产量曲线所代表的产量水平越高，反之则低。在同一平面图上，可以有无数条等产量线。同一条等产量线代表相同的产量，不同的等产量线代表不同的产量水平。离原点越远的等产量线所代表的产量水平越高，离原点越近的等产量线所代表的产量水平越低。在图4.2中，等产量曲线I_2的位置比等产量曲线I_1的位置高，表明前者的产量（80单位）一定大于后者的产量（60单位），同样，I_3代表的产量（95 单位）也要大于 I_2 的产量（80 单位）。这是因为，我们前面已经指出，在一般情况下，投入较多的要素，厂商一定能够得到较大的产出。

第三，在同一平面图上，**任意两条等产量线不能相交**。因为两条等产量曲线的交点代表两种投入的同一种组合，而这显然与不同的等产量曲线代表不同的产量水平相矛盾。

第四，**等产量线是一条凸向原点的线，其斜率是递减的**。这是由边际技术替代率递减所定的，我们将通过后面所讨论的边际技术递减规律加以说明。

显然，等产量曲线的几何特征与第三章所分析的无差异曲线是基本相同的，而且通过后面的分析我们将看到，等产量曲线在生产者行为分析中所起的作用，与无差异曲线在消费者行为分析中所起的作用，也是同等的重要。二者的不同点在于，无差异曲线所反映的是消费者对不同产品组合所产生的效用大小的主观评价，而等产量曲线则代表着投入与产出之间的客观的物质技术关系。

三、边际技术替代率

等产量曲线凸向原点，表明其斜率的绝对值是递减的，这一特征是由边际技术替代率（marginal rate of technical substitution，简称 MRTS）递减规律决定的。

（一）边际技术替代率

边际技术替代率是在维持相同的产量水平时，减少一种生产要素的数量，与增加的另一种生产要素的数量之比。以 ΔL 代表劳动的增加量，ΔK 代表资本的减少量，$MRTS_{LK}$ 代表以劳动代替资本的边际技术替代率，则有：

$$MRTS_{LK} = \frac{资本投入的改变量}{劳动投入的改变量} = -\frac{\Delta K}{\Delta L} \tag{4.3}$$

下面我们用数学推导进一步分析这个问题。

我们假设保持产量不变，增加劳动投入，减少资本投入，劳动的边际产量为 MP_L，资本的边际产量为 MP_K。因为劳动投入增加创造的产量抵消了资本投入减少而减少的产量，所以有：

$$\Delta L \cdot MP_L = -\Delta K \cdot MP_K$$

变形得：

$$MRTS_{LK} = -\frac{\Delta K}{\Delta L} = \frac{MP_L}{MP_K} \tag{4.4}$$

即劳动对资本的边际技术替代率等于两种生产要素的边际产量之比。

边际技术替代率应该是负值，因为一种生产要素增加，另一种生产要素就要减少。但为了方便起见，一般取正值，所以加了负号。

我们可用表4.3 的数字来说明边际技术替代率的计算及其变动，并根据表4.3 作出图4.3：

表4.3   边际技术替代率的计算与变动

组合	劳动 （L）	资本 （K）	劳动的变动 （ΔL）	资本的变动 （ΔK）	边际技术 替代率
A	1	5	1	5	5
B	2	3	1	2	2
C	3	2	1	1	1
D	4	4/3	1	2/3	2/3
E	5	1	1	1/3	1/3

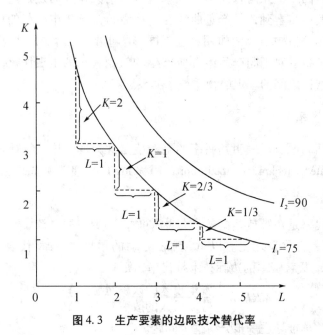

图4.3　生产要素的边际技术替代率

从表4.3和图4.3中可以看出，劳动和资本在处于负向变化关系时（即劳动增加，资本减少，或资本增加劳动减少），两者有替代关系。当劳动的使用量从1单位增加到2单位时，资本的使用量从原来的5单位减少到3单位，即减少了2单位。这时$MRTS_{LK}=2$。边际技术替代率就是等产量曲线上的斜率。如果要计算等产量曲线某一点的替代率，就是过该点做一条切线的斜率值。以横坐标代表劳动 L，以纵坐标代表资本 K，则劳动对资本的边际技术替代率等于 $-\dfrac{\mathrm{d}K}{\mathrm{d}L}$。

（二）边际技术替代率递减规律

从表4.3和图4.3中还可以看到，如果不断地用劳动替代资本，则劳动对资本的边际技术替代率越来越小。例如，劳动的使用量从1单位增加到2单位时，资本的使用量从5单位减少到3单位，边际技术替代率为2。当劳动的使用量从2单位增加到3单位时，资本的使用量从3单位减少到2单位，边际技术替代率为1。当劳动的使用量从3单位增加到4单位时，资本的使用量从2单位减少到4/3单位，边际技术替代率为2/3。当劳动的使用量从4单位增加到5单位时，资本的使用量从4/3单位减少1单位，边际技术替代为1/3。这表明边际技术替代率是递减的，如果从等产量曲线上看，则反映曲线的斜率越来越小。

造成边际技术替代率递减的原因是，根据边际产量递减规律，随着劳动越来越多地被使用，其边际产量则越来越少，而随着资本的越来越少，其边际产量越来越多。这样，每增加一定数量的劳动所能代替的资本量越来越少。如果反过来用资本代替劳动，情况也同样。因此，可以得出如下结论：**在一条等产量曲线上，当一种生产要素不断地代替另一种生产要素时，其边际技术替代率是递减的。边际技术替代率递减反映了边际收益递减规律。**

边际技术替代率也就是等产量曲线的斜率，等产量曲线的斜率递减决定了它是一条凸向原点的曲线。

四、脊线和生产的经济区域

虽然等产量线上所有各点劳动与资本的组合都可以生产出相同的产量，但生产者不会选择等产量线上的任何一种组合来进行生产。因为在有些点上劳动与资本的组合所进行的生产是不经济的。我们用图4.4来说明这一点。

在图4.4中，I_3上的B_3点和C点上劳动与资本组合都可以生产同样的产量，但显而易见，C点上所用的劳动与资本量都多于B_3点。这样，选择C点上的组合就是不经济的。这样劳动与资本的组合就有一个范围。这个范围就用脊线来表示。

具体地讲，在等产量图中，将分别代表要素投入的边际产量等于0的投入组合点连接起来的曲线，就是脊线。

图4.4中的三条等产量线I_1、I_2、I_3上，在A_1B_1、A_2B_2、A_3B_3点之内，等产量线的斜率是负值，从而增加一种生产要素可以减少另一种生产要素，替代是有效的。在A_1B_1、A_2B_2、A_3B_3点之外，等产量线的斜率是正值，即为了维持相同的产量要同时增加两种生产要素。分别把A_1、A_2、A_3和B_1、B_2、B_3与原点连接起来的两条线就是脊线。脊线之间所包括的区域（即图中的OA和OB所包括的区域），称为生产的经济区域，它表明了两种生产要素的有效替代范围，即在脊线之内，两种生产要素的替代是有效的，在脊线之外，替代是不可能的。

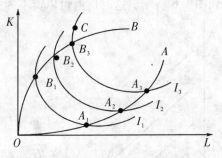

图4.4　脊线与生产的经济区域

这里所说的生产的经济区域，相当于前面所分析的生产三阶段中的第二阶段。因为在脊线OA的右侧，$MP_L<0$，为劳动的边际产量为负的阶段，即第三阶段；在脊线

OB 的左侧，$MP_K < 0$，为资本的边际产量为负的阶段，即第三阶段。显然，只有在生产的经济区域之内，$MP_L > 0$，$MP_K > 0$，两种投入均处于边际产量递减（非负）阶段，即第二阶段。

五、等产量曲线的特例

（一）直角形等产量曲线

在一定的技术条件下，如果两种要素投入只能采用一种固定比例进行生产，完全不能相互替代，等产量曲线呈直角形，如图4.5所示。这种直角形等产量线的顶角代表投入要素最优组合点（如 A、B、C 点）。比如，生产产量 I_1，可以使用劳动 L_1 和资本 K_1，如果资本固定在 K_1，无论劳动怎样增加都不会改变产量。同样，劳动若固定在 L_1，无论资本怎样增加也不会改变产量。只有劳动和资本同时按固定比例增加，如从组合 A 到组合 B，才会使产量从 I_1 增加到 I_2。通俗地说，就好比吃饭时多个人就得多双筷子，我们把人和筷子作为投入要素来进行能量的生产，人和筷子是不可能互相替代的。显然，单独增加的要素的边际产量等于0。

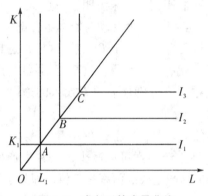

图4.5　直角形等产量曲线

（二）直线形等产量线

在一定技术条件下，两种投入要素之间可以完全替代，且替代比例为常数，等产量曲线表现为一条直线，如图4.6所示。这时厂商可以资本为主（如 A 点），或以劳动

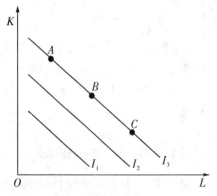

图4.6　直线形等产量曲线

为主（如 C 点），或两者按特定比例的任意组合（如 B 点）生产相同的产量。比如高速公路和大桥的收费，既可以采用自动投币，也可以人工收缴；对于少量的钞票即可以用人工来检验，也可以用验钞机来检验。

第四节　生产要素的最佳组合

在技术系数可以变动，即两生产要素的配合比例可以变动的情况下，这两种生产要素按什么比例配合最好呢？这就是生产要素最佳组合所研究的问题。

由于生产要素的最佳组合问题涉及成本，因此，要求解生产要素最佳组合仅了解生产函数是不够的，还必须结合成本方程进行讨论。

一、等成本曲线

（一）等成本曲线的含义

等成本曲线（isocost lines）又称企业预算线，它是一条表明在生产者的成本与生产要素价格既定的条件下，生产者所购买到的两种生产要素数量的最大的各种组合的点的轨迹。

假设生产要素仍为劳动和资本两种生产要素，劳动的价格为工资 P_L，资本的价格为利率 P_K。假设厂商的总成本为 C，这样厂商可以购买到的劳动和资本的各种组合用公式表示如下：

$$C = P_L \cdot L + P_K \cdot K \tag{4.5}$$

公式（4.5）中的 L 和 K 分别表示劳动和资本的数量。在 P_L、P_K 和 C 为既定时，公式（4.5）可转换为：

$$K = \frac{C}{P_K} - \left(\frac{P_L}{P_K}\right) L \tag{4.6}$$

从上式很容易看出，在要素价格给定的条件下，等成本曲线的斜率是一个常数，其绝对值为 P_L/P_K，即两种投入要素的价格之比。

这样，在 P_L、P_K 和 C 为既定时，厂商能够买到的资本和劳动的各种组合可以用图 4.7 表示。

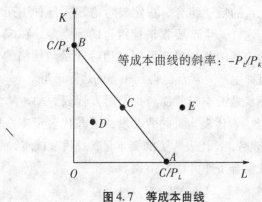

图 4.7　等成本曲线

图 4.7 的纵轴表示资本量，横轴表示劳动量。直线在纵轴上的截距等于 C/P_K，表示全部成本或支出 C 所能买到的 K 的数量；直线在纵轴上的截距等于 C/P_L，表示全部成本或支出 C 所能买到的 L 的数量；把两个截距连起来的直线就是等成本曲线，表示全部成本或支出 C 所能购买的 L 和 K 的各种组合。等成本曲线向右下方倾斜，其斜率是负的，这表明要增加一种要素的投入量而保持总成本不变，就必须相应减少另一种要素的投入量。

成本线表明了厂商进行生产的限制条件，即它所购买的生产要素所花的钱不能大于或小于所拥有的货币成本。大于货币成本是无法实现的，小于货币成本又无法实现产量最大化。

在图 4.7 中，如用全部货币购买劳动，就可以购买 C/P_L 单位（A 点），如用全部货币购买资本，可以购买 C/P_K 单位（B 点）。等成本曲线 AB 上的任何一点（如 C 点），都是在货币成本与生产要素价格既定条件下，能购买到的劳动与资本的最大数量的组合。该线内的任何一点（如 D 点）所购买的劳动与资本的组合，是可以实现的，但并不是最大数量的组合，即没有用完货币成本。在该线外的任何一点（如 E 点）所购买的资本与劳动的组合大于 C 点，无法实现，因为所需要的货币超过了既定的成本。

（二）等成本线的变动

在成本固定和生产要素价格已知的条件下，便可以得到一条等成本线。所以，任何关于成本和生产要素价格的变动，都会使等成本线发生变动。关于这种变动的具体情况，与第三章第三节预算线的变动是类似的，读者可以自己参照进行分析。

二、生产要素的最佳组合

生产要素的最佳组合，也称为生产者均衡，与消费者均衡很相似。**生产者均衡是研究生产者如何把既定的生产资源分配于两种生产要素的购买与生产上，以达到利润最大化的状态；即指生产者在既定的生产资源下，实现利润最大化时，既不想再增加、也不想再减少任何生产要素购买数量的一种相对静止的状态。**具体地讲生产要素的最佳组合，是研究生产者在既定的成本下使产出最大，或者在既定的产出下使成本最小。

（一）边际分析与生产要素的最佳组合

厂商为了实现生产要素的最适组合，一定要考虑购买各种生产要素所能获得的边际产量与所付出的价格。这样，生产要素最佳组合的原则是：在成本与生产要素价格既定的条件下，应该使所购买的各种生产要素的边际产量与价格的比例相等，即要使每一单位货币无论购买何种生产要素都能得到相等的边际产量。

假定所购买的生产要素是资本与劳动。我们用 L 代表劳动，MP_L 代表劳动的边际产量，P_L 代表劳动的价格，L 代表购买的劳动量；用 K 代表资本，MP_K 代表资本的边际产量，P_K 代表资本的价格，K 代表购买的资本量；C 代表成本，MP_M 代表货币的边际产量，则生产要素最佳组合条件可写为：

$$P_L \cdot L + P_K \cdot K = C \tag{4.7}$$

$$\frac{MP_L}{P_L} = \frac{MP_K}{P_K} = MP_M \tag{4.8}$$

上述（4.7）式是限制条件，说明厂商所拥有的货币量是既定的，购买资本与劳动的支出不能超过这一货币量，也不能小于这一货币量。超过这一货币量是无法实现的，而小于这一货币量的购买也达不到既定资源时的产量最大化。（4.8）式是生产要素最佳组合，即实现生产者均衡的条件。这时所购买的生产要素的边际产量与其价格之比相等，也就是说每一单位货币不论用于购买资本，还是购买劳动，所得到的边际产量都相等。

（二）等产量曲线、等成本线分析与生产要素的最佳组合

1. 关于既定成本条件下的产量最大化

我们首先分析既定成本下的产量最大化，也就是说，我们讨论一个追求利润最大化的厂商在其成本支出既定的情况下，应该选择什么样的资本和劳动的组合，以使产量最大。让我们把上述的等成本曲线加到等产量曲线图上。显然，厂商应该选择其等成本曲线所能达到的最高的等产量曲线上的某一点，即图4.8中的 E 点。

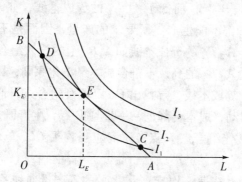

图 4.8　成本既定时的最大产量

在图4.8中，I_1、I_2 和 I_3 分别代表不同的等产量曲线，AB 代表厂商在一定支出下的等成本曲线，显然，I_3 是厂商不可能达到的产量水平。I_1 和 I_2 厂商可以达到的产量水平，例如在 C 或 D 点组合进行生产。但是这种组合并没有使产量最大化，沿着等成本曲线从 C 点朝 E 点靠近，或从 D 点朝 E 点靠近，都可以在同样成本支出情况下获得更多产量，越靠近 E 点，产量越大，到达 E 点产量最大化。E 点为等产量曲线和等成本曲线相切的一点。**这一点就是生产要素的最佳投入组合点，该组合点也就是实现生产者均衡的条件。**从图中可以看出，厂商最佳的投入组合为 OL_E 单位的劳动和 OK_E 单位的资本。

2. 关于既定产量条件下的成本最小化

用同样的方法，我们同样可以说明在产量既定时，厂商应选择什么样的投入组合，以使成本最小。如图4.9所示。

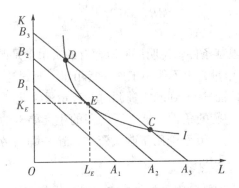

图4.9　生产既定产量的最小成本

　　图中表示，在既定的劳动和资本价格下，等产量曲线I可以根据三条等成本曲线进行选择。要达到I所代表的产量水平，选择哪一种投入组合才能使成本最小？一般地说，一条既定的等产量曲线可以和许多等成本曲线相交，但只能和一条低成本曲线相切，这条等成本曲线所代表的就是生产既定产量所需支付的最低成本水平。因此，厂商只能选择等成本线A_2B_2，任何低于A_2B_2的等成本线，如A_1B_1上的投入组合，虽然比E点便宜，但它们都不能生产出所要求的产量，因而是不可能使生产达到I所代表的水平的。任何高于A_2B_2的等成本线如A_3B_3上的投入组合虽然也能生产出所要求的产量，但其成本却比A_2B_2的高，不符合成本最小化原则，因而也是不足取的。例如厂商开始误选了A_3B_3等成本线，寻找出C、D两个组合点，他将很快发现当沿着等产量曲线I向上或向下移动，成本会降低，一直到E点，生产既定产量的成本达到最小。从图中可以看出，在最佳组合点E点，厂商应当购买OL_E单位的劳动和OK_K单位的资本。

　　可见，当我们沿着代表某一既定产量水平的等产量曲线移动时，我们总能找到与一条低等成本曲线相切的点，即图4.9中的E点，即**等产量曲线与等成本曲线的切点就是生产要素的最佳组合点**，该组合点就是实现生产者均衡的条件。

　　在4.8和4.9图中，最佳组合E点的等成本曲线的斜率和等产量曲线的斜率相等。由于等成本曲线的斜率等于P_L/P_K的负值，等产量曲线的斜率等于边际技术替代率，所以，最佳投入组合必然是在要素的价格之比P_L/P_K与边际技术替代率相等的那一点上。进一步说，因为劳动对资本的边际技术替代率为MP_L/MP_K，所以，最佳投入组合也就是在$MP_L/MP_K = P_L/P_K$的那一点上。这样，厂商要实现利润最大化，应该选择$MP_L/P_L = MP_K/P_K$时的投入组合。

　　总之，在成本与生产要素价格既定的条件下，厂商要在成本既定时使产量最大，或要使生产既定产量的成本最小，就必须使边际技术替代率等于投入的价格之比，或者说应该使所购买的各种生产要素的边际产量与价格的比例相等，即要使每一单位货币无论购买何种生产要素都能得到相等的边际产量。

三、生产扩展线

以上介绍了厂商在一定成本支出下如何进行选择的理论。现在进一步分析，假定生产者的货币成本增加，他想扩大可变要素的投入量以增加产量时，将如何选择新的组合以达到最大可能的产量。这就是生产扩展的概念。随着货币成本的增加，厂商不断寻求新的生产者均衡点，把所有这些点连接起来形成的曲线，称为生产扩展线。

如果生产者的货币成本增加，则等成本线向右上方平行移动，不同的等成本线与不同的等产量相切，形成不同的生产要素最适组合点，将这些点连接在一起，用图4.10来说明生产扩展线。

在图4.10中，A_1B_1、A_2B_2、A_3B_3是三条不同的等成本线，从A_1B_1到A_3B_3，等成本线向右上方移动，说明生产者的货币成本在增加。A_1B_1，A_2B_2，A_3B_3分别与等产量线I_1、I_2、I_3相切于E_1，E_2，E_3。E_1，E_2，E_3点分别是货币成本为A_1B_1、A_2B_2、A_3B_3时的生产要素投入的最佳组合点。把E_1、E_2、E_3与原点连接起来的OE就是扩张线。

扩张线的含义是：**当生产者沿着这条线扩大生产时，可以始终实现生产要素的最佳组合，从而使生产规模沿着最有利的方向扩大。**

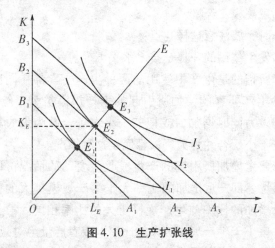

图4.10　生产扩张线

第五节　规模报酬

本章第二节分析的是只有一种可变生产要素的生产函数，这是就短期而言的。在短期内由于其他一些要素无法增加，每一种可变要素投入的增加必然带来边际产量递减现象。本章第三节分析的是两种投入可变的生产函数，它虽然涉及长期过程，但是就不同比例的投入组合而言的。此时假定产量不变，每一种要素投入的增加必然导致边际技术替代率递减现象。这一节所要分析的是在长期内当所有投入都可以变化，并按相同比例增加时的生产函数，换句话说，这里考察的是规模报酬（returns to scole）

的变动情况。

一、规模报酬及其变动的三种情况

厂商生产规模的变动指的是厂商所有的生产要素或投入按同一比例增加或减少。而所谓**规模报酬就是指由生产规模变动所引起的产量变动**。一般地说，当生产规模发生变化时，产量的变动有三种可能：①产量的增加比例大于每一种投入增加的比例，比如，所有投入增加一倍所引起的产量增加可能大于一倍，这种情况被称为规模报酬递增；②产量的增加比例可能小于各种投入增加的比例，比如，当所有投入增加一倍时，产量的增加可能小于一倍，这种情况被称为规模报酬递减；③产量增加的比例可能等于各种投入的增加比例，比如，所有投入增加一倍可能使产量也增加一倍，这种情况被称为规模报酬不变。

二、规模报酬递减规律

规模报酬递减规律是指在技术水平不变的情况下，当两种生产要素按同样的比例增加，即生产规模扩大时，最初这种生产规模扩大会使产量的增加大于生产规模的扩大，但当规模的扩大超过一定限度时，则会使产量的增加小于生产规模的扩大，甚至使产量绝对减少，出现规模不经济。

在理解这一规律时，要注意这样几点：

第一，这一规律发生作用的前提是技术水平不变。

第二，这一规律所指的是生产中使用的两种生产要素都在同比例地增加，它研究技术系数不变时两种生产要素的增加所引起的生产规模扩大，给产量所带来的影响。例如，农业中土地与人力同时增加，或把若干小农场合并为大农场；工业中设备与人力同时增加，或把若干小厂合并为大厂，都属于这种情况。

第三，两种生产要素增加所引起的产量或收益变动的情况可以分为三个阶段。第一阶段：规模收益递增，即产量增加的比率大于生产规模扩大的比率。第二阶段：规模收益不变，即产量增加的比率与生产规模扩大的比率相同。第三阶段：规模收益递减，即产量增加的比率小于生产规模扩大的比率，或者产量绝对减少。

可以用生产函数的概念来说明这一点：

设生产函数为：

$$Q = f(L, K) = AL^\alpha \cdot K^\beta$$

当 L 与 K 增加 λ 倍时，生产函数为：

$$f(L, K) = A(\lambda L)^\alpha \cdot (\lambda K)^\beta = \lambda^{\alpha+\beta} AL^\alpha K^\beta = \lambda^{\alpha+\beta} Q$$

当 $\alpha + \beta = 1$ 时，规模收益不变。

当 $\alpha + \beta > 1$ 时，规模收益递增。

当 $\alpha + \beta < 1$ 时，规模收益递减。

当 $\alpha + \beta = 1$ 时，该生产函数就是柯布—道格拉斯生产函数。所以，柯布—道格拉斯生产函数为线性齐次生产函数，就是指这一生产函数具有规模收益不变的性质。

还可以用图 4.11 来表示规模报酬的不同情况。

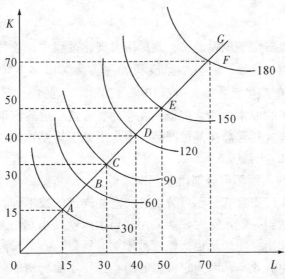

图 4.11 规模报酬与等产量曲线

在图 4.11 中，我们用等产量曲线来描述生产规模报酬。在通过原点的斜线 OG 上，劳动和资本的投入是按固定比例的（此处是 1∶1）。从 A 点至 C 点，我们可以观察到规模报酬递增，因为从 A 至 C 点，劳动和资本的投入都由 15 个单位增加到 30 个单位，增加了 1 倍，但产出由 30 单位上升到 90 单位，增加了 2 倍。同理，从 C 到 D 点，规模报酬不变，投入和产出同比例增加，如从 C 点到 D 点，劳动和资本的投入都由 30 单位增加到 40 单位，产出由 90 单位增加到 120 单位，都增长了 33%。最后，从 E 点开始，进一步扩大生产规模就带来了规模报酬递减。例如，从 E 点到 F 点，投入从 50 单位增加到 70 单位，增长了 40%，但产量从 150 单位增加到 180 单位，仅上升 20%。

从 OG 线上产量间隔相同的等产量曲线之间的距离，我们可以看到厂商产量的扩张先后经历了规模报酬递增、规模报酬不变、规模报酬递减三个阶段。

因此，一般来讲，厂商扩大生产规模的开始是规模报酬递增，然后经历规模报酬不变，最后达到规模报酬递减阶段。最优规模应该在一定规模后产生，但并不一定是最大规模。因此投入—产出的规模报酬的三种情况并不是相互独立、相互隔绝的，而是贯穿于厂商整个生产过程中的、有内在联系的三个阶段。

三、规模报酬变动的原因

（一）导致规模报酬递增的原因

在规模报酬递增的情况下，单位产品成本下降，这意味着生产规模的扩张导致要素节约，因此，规模报酬递增又称为规模经济。引起规模经济的原因主要有：

1. 专业化和分工

在大规模生产中，工人们可以进行更加有效的分工协作，每个人专业从事某项具体工作而不是自始至终完成每一道工序，这可以使工人提高专业化和分工的程度，并能够使用更加专门的、特殊的机器和工具从事某些特殊的工作。这样就会提高工人的技术水平，提高生产效率。

2. 几何因素

某些几何因素也暗含了规模经济，在厂房大型化过程中，建材增加的比例要小于使用空间增加的比例。比如，一座占地面积 100 平方米（10 米×10 米）的厂房需要周长为 40 米的墙，但面积扩大一倍，达到 10 米×20 米，墙的周长只增加到 60 米，增加50%，单位建筑面积的成本也为之降低。在仓库、管道、运输汽车大型化过程中，也会发生类似情况。若这些要素在某种产品的生产中处于重要地位，则这种产品生产规模扩大的效益就会非常明显。

3. 某些技术和投入的不可分割性

机器设备这类生产要素有其不可分割性。有些先进的技术和设备，如自动化装配线等，只有在产量达到一定水平时才能采用，当生产规模小时则无法采用。即使采用了也无法充分发挥作用，使产量更大幅度地增加。所以，一个较大的工厂可能比规模相同的两个小工厂更有效率，因为它可以利用小工厂不能利用的某些技术和投入。当生产规模扩大了，能够使用这些先进的技术和机器设备了，就获得了规模扩大的效益。

4. 财务方面因素

厂商活动的大规模化给它带来筹措资金、购买原材料和半成品、销售方面的好处。当大厂商靠本身的积累并不能保证其所需要的资金时，它可以通过其规模优势得到银行贷款或发行股票、债券等方面的便利，能够较容易地筹措到外部资金。同时，大规模生产所需各种生产要素多，产品也多，这样，企业就会在生产要素与产品销售市场上具有垄断地位，从而可以压低生产要素收购价格或提高产品销售价格，从中获得好处。

5. 管理效率

各种规模的生产都需配备必要的管理人员，在生产规模小时，这些管理人员无法得到充分利用，而生产规模扩大，可以在不增加管理人员的情况下增加生产，从而就提高了管理效率。

上述导致规模报酬递增的因素，其作用最终会受到限制。当生产规模达到一定点以后，进一步扩大生产规模，其收益会发生递减的变化。在规模报酬递减情况下，由于生产规模扩大而单位成本上升，这意味着规模扩张带来了要素的浪费，所以规模报酬递减又称为规模不经济。

（二）导致规模报酬递减的原因

1. 专业化和分工的作用受到限制

生产要素的专业化分工是有一定的限度的，不可能无限地加以细分，分工太细会带来副作用。一旦工人的工作成了一种机械式的运动，久而久之，就会产生厌烦的情绪，失去创造性思维，从而降低劳动生产率。

2. 几何因素的作用受到限制

当生产规模达到一定点以后，进一步扩大生产规模，其收益会发生递减的变化。

即使是几何因素，其作用也是有限的，如随着建筑物变得越来越大，对建筑材料就会有更高的要求，可能不得不采用更结实的材料，其单位成本必然增加。

3. 生产费用增加

生产规模过大，可能会遇到资源的最大供给量与产品的市场最大容量方面的困难，使生产要素价格与销售费用增加。一方面生产要素的供给并不是无限的，生产规模过大必然大幅度增加对生产要素的需求，而使生产要素的价格上升；另一方面，生产规模过大，产品大量增加，也增加了销售的困难，需要增设更多的销售机构与人员，增加了销售费用。

4. 管理效率的降低

当厂商的规模不是很大时，管理人员可以及时地解决各种问题和协调各种活动。但是，随着生产规模的扩大，管理层次的增加，管理和指挥系统将十分庞杂，导致信息在从工人到最高管理层以及相反的传递过程中会损失或失真，通信的渠道会变得更加复杂和更难于把握，决策的制定需要更多的时间和补充。一些重要的问题只能一级一级地经过指挥系统才能反映给决策者，由于决策者不能及时得到正确的信息，因此也就无法作出正确的决策。即使决策已定，真正付诸实施也需要更长时间，因为决策者的决定也要一级一级地经过指挥系统才能传达到作业单位，并且执行的有效性很难得到保证。这样，往往会贻误战机，造成规模报酬递减。

四、适度规模

从以上的分析来看，一个厂商生产规模不能过小，也不能过大，即要实现适度规模。对一个厂商来说，就是两种生产要素的增加应该适度。

适度规模，又称最优规模，就是使两种生产要素的增加，即生产规模的扩大正好使收益递增达到最大。 当收益递增达到最大时就不再增加生产要素，并使这一生产规模维持下去。

对于不同行业的厂商来说，适度规模的大小是不同的，并没有一个统一的标准。在确定适度规模时应该考虑到的因素主要是：

第一，厂商所在行业的技术特点。一般而言，需要的投资量大，所用的设备复杂先进的行业，厂商的适度规模也就大，例如冶金、机械、汽车制造、造船、化工等重工业行业的厂商，生产规模越大经济效益越高；相反，需要投资少，所用的设备比较简单的行业的厂商，适度规模也小，例如服装、服务这类行业的厂商，生产规模小能更灵活地适应市场需求的变动，对生产更有利，所以适度规模也就小。

第二，厂商产品的市场条件。一般来说，生产市场需求量大，而且标准化程度高的产品的厂商，适度规模应该大；相反，生产市场需求小，而且标准化程度低的产品的厂商，适度规模应该小。因此，重工业行业厂商适度规模就大，而服装行业的厂商适度规模则要小一些。

当然，在确定适度规模时要考虑的因素还很多。例如，在确定某一采矿企业的规模时，还要考虑矿藏量的大小。其他诸如交通条件、能源供给、原料供给、政府政策等等，都是在确定适度规模时必须考虑到的。

本章小结

1. 生产函数表示厂商的产品的产出量和生产要素的投入量之间的函数关系。生产函数将随着技术水平的提高而变化，因而某一个特点的生产函数都是从某一个特定时期来考察的。另外，要取得一定的产量，各种生产要素投入量的比例是可以调整的。

2. 产量可以划分为总产量、平均产量和边际产量。假定其他条件不变而使某一种生产要素连续增加，总产量、平均产量和边际产量函数的图像都呈坡形变化。总产量、平均产量和边际产量曲线存在一定的关系：当总产量曲线达到最高点时，边际产量曲线与横轴相交。另外，边际产量曲线一定通过平均产量曲线的最高点。

3. 在一定的技术条件下，在其他投入要素保持不变时，对一种生产要素每次增加相同的数量，最初这种生产要素的增加会使产量增加，但当它的增加超过一定限度时，增加的产量将要递减，最终还会使产量绝对减少。这就是边际产量递减规律。

4. 规模报酬递减规律是指在技术水平不变的情况下，当两种生产要素按同样的比例增加，即生产规模扩大时，最初这种生产规模扩大会使产量的增加大于生产规模的扩大，但当规模的扩大超过一定限度时，则会使产量的增加小于生产规模的扩大，甚至使产量绝对减少，出现规模不经济。这就是规模报酬递减规律。

5. 厂商的生产要素最佳组合的原则可以用等产量曲线和等成本曲线分析。等产量曲线上的点表示生产要素的组合生产出来的产品数量是相同的，它的斜率等于生产要素的边际技术替代率。等成本曲线上的点表示在生产要素价格一定的条件下，花费同样的成本所能购买到的生产要素组合，它的斜率等于两种生产要素价格之比。生产要素的最佳组合点就是等产量曲线和等成本曲线相切的那一点，它表示可以用既定成本生产出最大产量，或用最小成本生产既定产量。

6. 如果用 L、K 表示投入的两种生产要素，用 P 表示生产要素的价格，用 MP 表示生产要素的边际产量，那么生产要素的最佳组合原则为 $MP_L/P_L = MP_K/P_K$。

复习与思考题

一、名词解释

生产函数　　总产量　　平均产量　　边际产量　　等产量曲线　　等成本曲线
边际技术替代率　　生产要素的最优组合

二、选择题

1. 在经济学中，短期是指（　　）。

　　A. 一年或一年以内

　　B. 在这一时期所有投入量都可以变动

　　C. 在这一时期所有投入量都是固定的

　　D. 在这一时期，至少有一种投入量是固定，也至少有一种投入量是可变的

2. 可变生产要素投入量增加 1 单位所引起的总产量变动量称为（　　）。

    A. 平均产量　　　　　　　　　　B. 边际产量

    C. 平均可变产量　　　　　　　　D. 总产量

3. 可以用下列哪一种方法衡量劳动的平均产量（　　）。

    A. 从原点到总产量曲线上一条直线的斜率

    B. 总产量曲线的斜率

    C. 边际产量曲线的斜率

    D. 产量的变动除以劳动量的变动

4. 当劳动的边际产量小于劳动的平均产量时（　　）。

    A. 劳动的平均产量递增　　　　　B. 劳动的边际产量递增

    C. 总产量曲线向右下方倾斜　　　D. 企业处于收益递减状态

5. 当雇用第 7 个工人时，每周产量从 100 单位增加到 110 单位；当雇用第 8 个工人时，每周产量从 110 单位增加到 118 单位。这种情况是（　　）。

    A. 边际收益递减　　　　　　　　B. 边际成本递减

    C. 规模收益递减　　　　　　　　D. 劳动密集型生产

6. 如果所有投入的总量翻倍，产量也恰好翻倍，那么生产函数显示：（　　）。

    A. 收益不变　　　　　　　　　　B. 收益递减

    C. 收益递增　　　　　　　　　　D. 规模经济

7. 根据边际收益递减规律，（　　）。

    A. 随着一种投入的逐渐增加，这一追加投入的边际产量递减

    B. 在其他投入不变的条件下，随着一种投入的逐渐增加，这一追加投入的边际产量递减

    C. 随着产量的逐渐增加，生产成本递减

    D. 随着产量的逐渐增加，生产的边际成本递减

8. 劳动对资本的边际替代率衡量（　　）。

    A. 在保持产量不变时，劳动量增加 1 单位资本量增加多少

    B. 在保持产量不变时，劳动量增加 1 单位资本量减少多少

    C. 相对于资本价格的劳动价格

    D. 等成本线的斜率

9. 下列哪一种说法反映了边际技术替代率递减规律。当每次增加 1 单位劳动时，（　　）。

    A. 如果资本量保持不变，产量就会增加得更多

    B. 如果资本量保持不变，产量的增加就会更少

    C. 保持产量不变时，资本量减少较多

    D. 保持产量不变时，资本量减少较少

10. 等成本线的斜率（绝对值，横轴代表劳动）是（　　）。

    A. 劳动的边际产量与资本的边际产量的比率

    B. 资本的边际产量与劳动的边际产量的比率

    C. 劳动的价格与资本的价格的比率

D. 资本的价格与劳动的价格的比率

11. 等产量线上某一点的切线的斜率等于（　　）。

　　A. 预算线的斜率　　　　　　　　B. 等成本线的斜率

　　C. 边际技术替代率　　　　　　　D. 边际报酬

12. 若厂商增加使用一个单位的劳动，减少两个单位的资本，仍能生产相同产出，则 $MRTS_{LK}$ 是（　　）。

　　A. 1/2　　　　　　　　　　　　B. 2

　　C. 1　　　　　　　　　　　　　D. 4

13. 在生产有效区域里，等产量线（　　）。

　　A. 凸向原点　　　　　　　　　　B. 不能相交

　　C. 负向倾斜　　　　　　　　　　D. 上述都对

14. 等成本线向外平行移动表明（　　）。

　　A. 产量提高了　　　　　　　　　B. 成本增加

　　C. 生产要素价格按相同比例上升了　　D. 以上任何一个都是

15. 等成本曲线绕着它与纵轴（Y）的交点向外移动意味着（　　）。

　　A. 生产要素 Y 的价格下降了　　　B. 生产要素 X 的价格上升

　　C. 生产要素 X 的价格下降了　　　D. 上述说法都不正确

16. 在以横轴表示生产要素 X，纵轴表示生产要素 Y 的坐标系中，等成本曲线的斜率等于2表明（　　）。

　　A. $|P_X/P_Y| = 2$　　　　　　　B. $|Q_X/Q_Y| = 2$

　　C. $|P_Y/P_X| = 2$　　　　　　　D. 上述任意一项

17. 已知在等产量曲线的某一点上，以生产要素 X 替代 Y 的边际替代率是2，这意味着（　　）。

　　A. $|MP_Y/MP_X| = 2$　　　　　　B. $|MP_X/MP_Y| = 2$

　　C. $|AP_Y/AP_X| = 2$　　　　　　D. $|Q_Y/Q_X| = 2$

18. 在生产者均衡点上（　　）。

　　A. 等产量曲线与等成本曲线相切　　B. $MRTS_{LK} = -P_L/P_K$

　　C. $MP_L/P_L = MP_K/P_K$　　　　D. 上述情况都正确

19. 已知等成本曲线与等产量曲线既不相交也不相切，此时，要达到等产量曲线所表示的产出水平，应该（　　）。

　　A. 增加投入　　　　　　　　　　B. 保持原投入不变

　　C. 减少投入　　　　　　　　　　D. 或 A 或 B

20. 若等成本曲线与等产量曲线相交，这表明要生产等产量曲线所表示的产量水平（　　）。

　　A. 还可以减少成本支出　　　　　B. 不能再减少成本支出

　　C. 应该再增加成本支出　　　　　D. 上述都不正确

三、判断题

1. 短期是至少一种投入量固定，一种投入量可变的时期。（　　）

2. 长期是指一年以上。（　　）

3. 边际产量是由总产量曲线的斜率决定的。（　　）

4. 平均产量可以用从原点到总产量线上一点之间直线的斜率来表示。（　　）

5. 平均产量曲线与边际产量曲线在边际产量曲线的最高点相交。（　　）

6. 如果劳动投入增加 2 单位要求使用的机器减少 1 单位才能保持产量水平不变，劳动对资本的边际技术替代率为 2。（　　）

7. 在同一平面上，任意两条等产量曲线也可以相交。（　　）

8. 等产量线是用同样数量劳动与资本所生产的不同产量。（　　）

9. 等成本线表明了用既定量总成本所能购买的资本量与劳动量的所有组合。（　　）

10. 两种生产要素的最佳组合之点就是等产量线与等成本线的交点。（　　）

四、计算题

1. X 公司估计其生产函数为 $Q = 60X + 7X^2 - 2X^3$，Q 为产出数量，X 为投入数量：

（1）写出边际产量和平均产量方程式。

（2）当可变投入为 5 个单位时，边际产量为多少？

（3）当可变投入从 5 个单位上升到 6 个单位时，产出变化多少？

2. 下表是某工厂规模既定时每月劳动量变动所能达到的总产量。

（1）填此表中的边际产量与平均产量。

（2）画出总产量曲线（TP）。

（3）画出边际产量曲线（MP）与平均产量曲线（AP）。

表1

劳动量（工人数/月）	产量（单位/月）	边际产量	平均产量
0	0		
1	1		
2	3		
3	6		
4	12		
5	17		
6	20		
7	22		
8	23		

五、思考题

1. 短期与长期的差异是什么？

2. 为什么边际产量曲线与平均产量曲线一定要在平均产量曲线最高点相交？

3. 什么是收益递减规律？

4. 为什么边际技术替代率递减意味着等产量线必然凸向原点？

5. 生产要素最优组合的含义和条件是什么？

第五章 成本、收益理论

上一章讨论生产函数时涉及了等成本线或等成本方程。本章中我们将以生产函数的变动规律为基础，更为详细地考察厂商的生产成本与产量的关系，即成本函数。生产函数有短期和长期之分，同样成本函数也相应地有短期和长期之分。在介绍成本相关概念的基础上，本章将分别分析短期成本函数和长期成本函数的性质，并通过分析成本与收益的关系来求解厂商实现利润最大化的均衡条件。

第一节 成本与成本函数

厂商对投入组合的选择，一方面取决于各种投入与产出之间的物质技术关系，另一方面也依赖于成本或者说各种投入的价格水平。所以，对厂商生产行为的考察还要在生产函数基础上继续分析厂商成本变动的规律。厂商的生产成本通常被看做厂商所购买的生产要素的货币支出。

一、成本的基本概念

（一）显性成本与隐性成本

显性成本是指厂商在生产要素市场上购买或租用他人所拥有的生产要素的实际支出。例如，企业雇用工人所支出的工资、向银行贷款所支付的利息、租用土地所支付的地租、购买原材料和动力所支付的费用等。

隐性成本是指厂商本身自己所拥有的且被用于该企业生产过程的那些生产要素所应该支付的费用。例如，企业自有资金的利息、自有土地的地租、自有厂房、设备等固定资产的折旧费、企业所有者自己所提供的劳务的报酬等。由于这笔成本支出不如显性成本那么明显，故被称为隐性成本。隐性成本也必须从机会成本的角度按照企业自有生产要素在其他用途中所能得到的最高收入来支付，否则，厂商会把自有生产要素转移出本企业，以获得更高的报酬。

（二）会计成本与机会成本

会计成本是指企业在生产中按市场价格所购买的生产要素的货币支出。会计成本可以用货币来计量，并且能够在会计账目上直接反映出来。会计成本是过去的支出，所以也称为历史成本，这种成本在企业中是显而易见的，故称为显性成本。

机会成本是指作出一项决策时所放弃的其他可供选择中所可能得到的最大收入。

我们知道，经济资源是稀缺的，而且其用途可以有多种选择，当企业把某种资源用于一种用途时就要放弃其他用途，这种所放弃的用途中所可能得到的最大收入就是用于这种用途的机会成本。假设一个投资者有 100 万元的货币资本，可以在三种用途上做出选择：购买股票、投资房地产和办纺织厂。如果该投资者选择了办纺织厂，那就必须放弃前两种选择。假如用 100 万元购买股票，可收回本息 120 万元，投资房地产获得的收入是 110 万元，那么把这 100 万元办纺织厂的机会成本就是放弃购买股票这一放弃了的、收入最高的选择的收入（即 120 万元）。

以上考虑的是每一种单项资源的机会成本，而一个厂商的经营往往需要使用多种资源，由于每一项资源都有机会成本，都有会有其他不同的选择，因此，厂商经营的总成本就是实际使用的所有资源的机会成本的总和。我们也把这种总成本称为厂商经营的生产成本或经济成本（economic cost）。因此，从经济成本的角度出发，厂商显性成本与隐性成本之和应该正好等于投入要素的机会成本。

（三）短期成本与长期成本

短期成本是指厂商短期内从事生产所发生的成本。由已学的知识告诉我们，这里的短期和长期的划分不是以时间的长短为依据，而是以要素是否可变为标准。在短期内，厂商的固定资产如厂房、设备等要素的投入量是固定的，厂商只能改变其他要素投入量（如增减工人和原材料）来改变产量。故厂商的短期成本有固定成本和可变成本之分。

长期成本是指厂商长期内从事生产所发生的成本。长期内，厂商有足够的时间增购在短期内固定不变的生产要素，因此任何生产要素的投入量都是可变的。故厂商的长期成本没有固定成本和变动成本之分。

二、成本函数

成本函数表示成本与产量之间的关系。用 C 表示成本，Q 表示产量，成本函数可写为：

$$C = f(Q) \tag{5.1}$$

将厂商的生产函数加进价格（要素投入数量与价格之积等于成本），就可以推导出厂商的成本函数。

由于理论上将厂商投入和产出的转换过程分为短期和长期，因此成本函数也分为短期成本函数和长期成本函数。这里再重复一遍，短期指某些生产要素的使用量（通常指资本设备）固定不变的时期。在长期中，所有的生产要素都是可变的，不存在固定不变的成本。

（一）短期成本分析

1. 短期成本的划分

根据生产函数的性质，在短期内不变投入为常数，可变投入不断变化，从而引起产出的变化。这样我们就可以将**短期成本划分为固定成本和变动成本两部分**，固定成本顾名思义是不随产量变化而变动的，而变动成本则随产量的变化而变动，这是短期成本最显著的特点。再加上成本也可以分为总量（总成本）、平均量（平均成本）、边际量（边际成本）三大类，与以上固定成本和变动成本的分类互相结合起来，短期成本总共可以划分以下七大种：

（1）**短期总成本**。短期总成本简称总成本，记做 TC（total cost），为了与长期成本相区分，也可以记作 STC。总成本是总固定成本和总变动成本之和。方便起见，以下简称总成本、固定成本和变动成本。

（2）**短期总固定成本**。短期总固定成本简称为固定成本，记作 TFC（total fixed cost），指在某个生产时期内，对不变投入的总花费，通常包括厂商自有资本的收益、借贷资金的利息、防火保险金、建筑和设备的折旧费、地租以及财产税等项目。由于在生产中，不变投入是一个不变的量，所以固定成本是一个常数，即在短期内固定成本与产出数量的变化没有关系。固定成本曲线是一条水平线，如图5.1的（a）图所示。

（3）**短期总变动成本**。短期总变动成本简称为变动成本或可变成本，记作 TVC（total variable cost），指在某个生产时期内对可变投入的总花费。变动成本主要包括构成产品实体的直接材料、直接人工和生产过程中消耗的燃料、动力等花费。变动成本随产出量的增加而增加，所以它是产出量的函数，即 $TVC = f(Q)$。变动成本的曲线如图5.1的（a）图所示，是从原点出发的那条呈倒S形的曲线。

由于总成本是固定成本与变动成本之和，所以总成本曲线是固定成本曲线之上的、并与变动成本曲线有同样形状的曲线。如图5.1的（a）图所示，其是从固定成本曲线与纵轴的截距开始的那条也呈倒S形的曲线，实际上是变动成本曲线向上垂直移动 TFC 的高度。

（4）**短期平均成本**。与上述三种总成本函数相对应，存在着三种短期平均成本，这里介绍第一种，称为短期平均总成本，或简称为短期平均成本（short‐run average cost，SAC 或 AC），是总成本除以总产量（$AC = \dfrac{TC}{Q}$）。

（5）**短期平均固定成本**。记作 AFC（average fixed cost），是指每单位产量的固定成本，即固定成本与产量的比值（$AFC = \dfrac{TFC}{Q}$）。在短期内，全部固定成本是一个常数，所以平均固定成本随产量的增加而下降。当产量很小时，AFC 较大；而当产量随可变投入的增加而变得越来越多时，每一单位产量所分摊的固定成本就越来越小。因此，平均固定成本曲线是一条渐近于横轴的直角形的双曲线，如图5.1的（b）图中那条不断下降的曲线所示。

（6）**短期平均可变成本**。记作 AVC（average variable cost），是指每单位产量所摊付的可变成本，即可变成本与产量的比值（$AVC = \dfrac{TVC}{Q}$）。根据上一章的分析，可变投入的平均产量通常是随着可变投入的数量的增加而先升后降。因此 AVC 曲线随着产量的增加先降后升，呈U形，如图5.1的（b）图那条位于较低处的U形曲线所示。

由于总成本是固定成本和可变成本之和，因此平均成本也是平均固定成本加上平

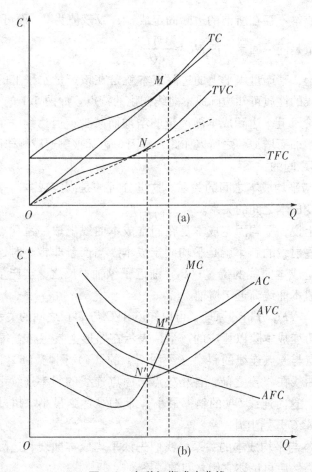

图 5.1 各种短期成本曲线

均可变成本，即 $AC = \dfrac{TC}{Q} = \dfrac{TFC + TVC}{Q} = AFC + AVC$。而平均成本曲线是平均固定成本曲线与平均可变成本曲线的叠加。由于 AVC 曲线是 U 形的，所以 ATC 曲线也是 U 形的，如图 5.1（b）图那条位于较高处的 U 形曲线所示。平均成本曲线呈这一变动规律的原因是，AFC 随着产量的增加不断减少，而 AVC 起初也随产量的增加而递减，因此平均成本曲线先是随产量的增加而减少。当 AVC 转向递增时，若 AVC 的递增额少于 AFC 的减少额时，AC 将继续递减；当 AVC 的递增额等于 AFC 的减少额时，则 AC 达到极小值；当 AVC 的递增额大于 AFC 的减少额时，则 AC 转向递增。

（7）**短期边际成本**。大多数经济分析主要是以边际成本为基础的。所谓边际成本（marginal cost，MC），就是增加最后一单位产量所引起的总成本的增加，即总成本的增量与总产量的增量的比值（$MC = \dfrac{\Delta TC}{\Delta Q}$）。按经济学中的基本假定，产量是可以无限分割的，当产量的变化无限小时，总成本的变化也无限小。因此，边际成本可以定义为总成本函数的一阶导数，即 $MC = \dfrac{\mathrm{d}TC}{\mathrm{d}Q}$。

在短期内，固定成本是不变的，因此总成本的变化是由可变成本的变化引起的。

也就是说，固定成本不存在所谓的边际固定成本，或该值为 0。而可变成本的边际量，与总成本的边际量是同一回事，即 $MC = \dfrac{\mathrm{d}TVC}{\mathrm{d}Q}$。

从几何意义上，某产量水平上的边际成本就是在该产量水平上的总成本曲线的斜率。由总成本曲线的性质可知边际成本曲线变化的特点。如图 5.1 的（b）图所示，在产量水平较低的阶段上，边际成本随产量的增加而减少；但达到一个最低点后，则随着产量的进一步增加而增加。之所以如此，是因为边际报酬递减规律所决定的。

2．短期成本之间的关系

（1）**总成本与平均成本之间的关系**。这里分析的是固定成本与平均固定成本、可变成本与平均可变成本之间的关系。

从几何意义上说，平均固定成本是在固定成本曲线上取一系列点，从原点向这些点引射线，而这些射线的斜率就是平均固定成本。当产量非常小时，其射线的斜率较大，于是平均固定成本曲线的位置较高，渐近于纵轴；反之，当产量较大时，其斜率较小，平均固定成本曲线渐近于横轴。

根据对 AFC 与 TFC 分析的原理，可以知道 AVC 与 TVC 之间的关系也是类似的。平均可变成本等于可变成本除以相应的产量，表示在图形上就意味着每一产量的 AVC 是 TVC 曲线上相应点与原点连线的斜率（见图 5.1 的（a）图与（b）图的关系）。随产量的增加，TVC 曲线在 N 点之前，各相应点与原点连线的斜率连续下降，直到连线与 TVC 相切于 N 点，这时连线 ON 的斜率最小，即 AVC 达到最小。超过 N 点，连线的斜率开始增大，即 AVC 开始上升。

（2）**边际成本与平均成本的关系**。我们先谈平均成本曲线和边际成本曲线是如何几何推导出来的，然后再论述它们之间的关系。

从前面关于可变成本与平均可变成本的关系的分析可知，从 TVC 曲线上连续上升的各点与原点连线的斜率的变化，就可推导出图 5.1（b）图中的 U 形的平均可变成本 AVC 曲线。同样的道理，我们可以用总成本曲线来推导出平均成本曲线。

边际成本曲线是用 TVC 曲线上与该产量相对应的点的切线的斜率来表示的。当我们从原点出发，沿着 TVC 曲线向上移动时，开始时 TVC 曲线变得越来越平坦，这表示 MC 在下降；而超过了该曲线的拐点之后，TVC 曲线变得越来越陡峭，表明 MC 在上升阶段。在拐点处，TVC 的斜率最小，所以边际成本最低。在平均可变成本曲线的最低点，TVC 的切线与原点出发过点 N 的射线重合，所以有 MC = AVC。

我们后面还会论述从长期总成本曲线推导出相应的长期平均成本曲线和长期边际成本曲线，其方法都是一样的。

至于边际成本与平均成本之间的关系为：第一，当边际成本位于平均成本以下时，平均成本是下降的。可见平均成本处于下降的时刻，边际成本一定位于平均成本的下方。第二，当边际成本位于平均成本之上时，平均成本上升。也就是说，当平均成本正上升的时刻，边际成本一定是位于平均成本之上。第三，当平均成本等于边际成本时，平均成本位于它的最低处，即平均成本最小。

实际上，一切边际量与平均量之间，都具有上述的关系。我们可以用一个例子来予以说明，协助大家理解。假设在一个教室里有若干的学生，把他们的体重加起来除以其人数，则可以求出一个平均量 A。假设教室之外现在走进来一个学生，他的体重实际上就是边际量 M，因为他的进来使整个教室里学生们的总体重增加了，而增加值就是他自身的体重。我们可以把这个人分别定义为"胖子"或"瘦子"——如果他的体重比他进来之前教室中的平均体重要高，即 $M > A$，那就称他为"胖子"；如果他的体重比他进来之前教室中的平均体重要低，即 $M < A$，那就称他为"瘦子"。显然，当一个胖子进入教室后，教室里新的平均体重（平均量）会被他拉高。即胖子进来（$M > A$）时，平均量是趋于上升的；当一个瘦子进入教室后，教室里新的平均体重（平均量）会被他拉低。即瘦子进来（$M < A$）时，平均量是趋于下降的。这样，如果先出现的是 $M < A$，后出现的是 $M > A$，那么平均量是先降后升，则当 $M = A$ 时，平均量达到最小值，即边际曲线从平均曲线的最低点穿过。这就是现在所谈的边际成本曲线与平均成本曲线的关系。反之，如果先出现的是 $M > A$，后出现的是 $M < A$，那么平均量是先升后降，则当 $M = A$ 时，平均量达到最大值，即边际曲线从平均曲线的最高点穿过。这就是前一章所谈的边际产量曲线与平均产量曲线的关系。

由于平均成本总是可变成本向上平移 TFC 个单位而得，故此边际成本曲线也是从 AVC 曲线的最低点穿过（见图5.1的（b）图）。

（二）长期成本分析

由于在长期中各种生产要素都是可变投入，所以**在长期中不存在不变投入与可变投入之分。相应的固定成本与可变成本的区别也随之消失。**为什么要对长期成本进行分析呢？其原因在于，当厂商发现某种产品有利可图，厂商在短期内仅仅依靠增加可变要素的投入并不能达到利润的最大化，这是因为固定投入（一般为设备、厂房等）限定了厂商的生产规模，随着产量的增加，其成本将会以更大的比率增加，从而限制了厂商进一步扩大生产。此时如果厂商扩大生产规模就可以降低成本，从而刺激厂商在生产规模扩大的基础上扩大产量。在生产规模不断扩大的条件下，随着产量的增加成本将会如何变化，这就是长期成本分析所要解决的问题。此外，对长期成本分析的原因还在于长期成本函数的特点决定了短期成本函数的特点。

厂商决定改变其生产的规模，这就意味着它处于一个长期的状态。此时该厂商面临着多种选择，诸如使用何种技术、哪种设备、投入多少人力物力以及工厂的规模多大等等。但是当厂商一旦决定或扩大了生产的规模，厂商的情况就立刻转化为短期了。这一点即是长期与短期的联系。

1. 长期成本的划分

长期成本可分为长期总成本、长期平均成本和长期边际成本三种。

（1）**长期总成本**。长期总成本（long‑run total cost，LTC）表示在生产规模变动的情况下，也就是所有生产要素的投入数量均可以变动的情况下，随着厂商产量的变化，投入的生产要素的最低花费的变化规律。它可以从扩展线中推导出来。扩展线表明各种投入总量是如何随着产量的变化而变化的，厂商在长期内沿扩展线扩大生产规模。在扩展线上，既定产量下的最小成本或既定成本下的最大产量都得到满足。因此，根据扩展线上不同规模下的产量和投入要素数量的对应关系，可以在坐标图中描绘出长期总成本曲线。

长期成本的特征是：在产量为零时，长期总成本也为零。随着产量的不断增加，长期总成本随之增加。在生产的初期，由于要投入大量的生产要素，而此时的产量较少，就使得这些生产要素不能得到充分利用。因此，此时成本增加的比率大于产量增加的比率。当产量增加到一定程度后，生产要素的利用率逐渐加大，就使得成本增加的比率小于产量的增加比率，其原因是规模经济的作用。如果此时厂商再继续增加产量，由于规模收益递减规律的存在，致使成本的增加比率再一次大于产量增加的比率。由于长期成本的变化特点，就使得长期成本曲线呈现为三次曲线。这就是长期总成本变化的规律，具体情况如图5.2所示。

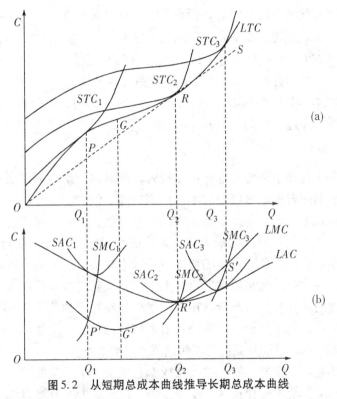

图5.2　从短期总成本曲线推导长期总成本曲线

根据对总成本函数的定义，可以由短期总成本曲线推导出长期总成本曲线。我们假设某厂商面临三种生产规模，即小规模、中规模和大规模。与此对应，相应地有三条短期总成本曲线 STC_1、STC_2 和 STC_3，见图5.2的（a）图。从图中不难看出，三种生产规模对应的三种短期成本中的固定成本，STC_1 曲线最小，STC_2 曲线居中，STC_3 曲线最大。

当该厂商的产量为 Q_1 时，他将选择小规模生产，因为此时的短期总成本在三种规模下最小。如果厂商的产量为 Q_2，那么厂商应该如何调整生产要素的投入量以降低成本呢？此时厂商可能面临 STC_1 曲线所代表的过小的生产规模或 STC_3 曲线所代表的过大的生产规模。于是在短期内厂商可能选择较高的成本来组织生产 Q_2 的产量。这是因为在短期内厂商无法及时调整不变生产要素的投入量。

但是在长期，情况就会发生变化。由于厂商可以变动全部的生产要素的投入量，选择最优的生产规模。于是厂商必然会增加短期里的不变生产要素的投入量，而扩大生产规模进行生产，即厂商必然会选择 STC_2 曲线所代表的生产规模进行生产。

类似地，当厂商的产量为 Q_3 时，他会进一步扩大生产规模而选择 STC_3 曲线所代表的生产规模进行生产。

从长期而言，厂商可以选择生产规模就不止三种，其短期成本线也就不止三条而是无限多条。这样一来，厂商可以在任何一个产量水平上都找到相应的一个最优的生产规模，都可以把总成本降到最低水平，形成了图 5.2（a）图中的长期总成本曲线 LTC。

显然，长期总成本曲线是无数条短期总成本曲线的包络线。在这条包络线上，在连续变化的每一个产量水平上，都存在着 LTC 曲线与一条 STC 曲线的切点，该 STC 曲线所代表的生产规模就是生产该产量的最优生产规模，该切点所对应的总成本就是生产该产量的最低总成本。所以，LTC 曲线表示长期内厂商在每一产量水平上由最优生产规模所带来的最小生产总成本。

（2）**长期平均成本**。在长期成本分析中，最重要的要属长期平均成本（long - run average cost，LAC）。一般在未指明的情况下所说的长期成本均是指长期平均成本。长期平均成本函数表示在所有的投入都变化的情况下，各个产出水平的单位最小成本。

在长期中，厂商可以根据短期成本来调整长期成本。这是因为一个企业的长期成本目标，是以尽可能低的成本生产所要生产的产品数量的。

现在我们假设某厂商面临着几种生产规模可以选择，如小规模生产、中规模生产和大规模生产，而这些规模生产的平均成本曲线［图 5.2 的（b）图］分别为 SAC_1、SAC_2 和 SAC_3。对于任何一个厂商来说，无论他现在面临的是哪一种生产规模，在长期生产中，厂商均可以选择其中的任何一种生产规模。显而易见，厂商对工厂规模选择的基本条件是，为满足它的产品需求而对他所需要的生产能力所作的估计。

当厂商的产量少于 Q_1 时，厂商会选择 SAC_1 曲线所代表的生产规模，因为其单位成本较其他两种生产规模在同样产量点的平均成本低。

当厂商的产量在 Q_2 时，则厂商将选择 SAC_2 曲线所代表的生产规模进行生产，这是因为此规模下的成本较其他两种生产规模生产同样数量的产品的平均成本低。

如果厂商的产量刚好在等于 SAC_1 和 SAC_2 相交之处所对应的产量水平上，则较小的生产规模和中等的生产规模的平均成本相同，厂商既可选择 SAC_1 曲线所代表的生产规模，也可以选择 SAC_2 曲线所代表的生产规模。通常情况下，此时厂商会选择 SAC_1 曲线所代表的生产规模。因为，该生产规模相对较小，厂商的投资可以小一些。

但是我们注意到，如果厂商继续扩大生产至 Q_2 时，反而会使单位成本比 Q_1 时的小。这是因为，对小规模生产而言，变动生产要素的投入量在此点以后变得过多（较固定生产要素而言），致使平均成本变大。对于中等规模而言，在 Q_1 产量点以后的一段区间变动投入量增加使变动投入与固定投入的比例趋于合理，从而使平均成本降低。

所以，如果厂商从长远发展的角度考虑，他可能选择 SAC_2 曲线所代表的生产规模组织生产。

在长期生产中，厂商总是可以在每一产量水平上找到相应的最优的生产规模进行生产。而在短期内，厂商是做不到这一点的。图5.3中的实线部分表明每个产出水平上的平均单位成本较其他生产规模低，而虚线部分对应每个产出水平的单位成本均高于实线部分的单位成本。如果厂商所面对的生产规模可以无限的多，那么图中的实线部分将连成一个扇形线，这就是长期成本曲线。

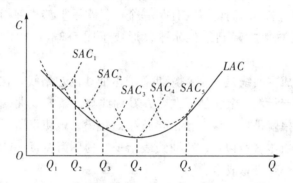

图5.3 有多种规模可选时的长期成本曲线

一般说来，对于任何一个厂商而言，他们可以选择的生产规模几乎是无穷的。如果当生产的规模选择趋于无穷时，其实线部分恰好是各种短期成本曲线上最佳的生产点切线（图5.3），即各短期成本曲线的包络线，此包络线就是长期平均成本曲线。可见长期平均成本曲线是当厂商有时间和能力改变任何一种投入要素的使用量时，由一定的产出水平得到的最低单位成本。

从图5.3不难看出，长期平均成本曲线只有在其最低处恰好与此生产点所对应的生产规模下的短期平均成本曲线的最低点相切，而在长期平均成本曲线最低点的左侧均与各短期平均成本曲线的左侧相切，而在长期平均成本曲线最低点的右侧均与各短期平均成本曲线的右侧相切。

此外，从图5.3中还可以看出，长期平均成本曲线 LAC 与短期平均成本曲线相同的形状，呈U形。这说明，长期平均成本变动的规律也是随着产量的增加先是减少而后增加。这种变化的原因是，由于随着产量的增加，规模收益递增，平均成本减少；以后随着产量的增加出现规模收益递减，平均成本递增。但是，长期成本曲线较短期成本曲线来得平坦。这说明长期成本曲线不论是上升还是下降都变动得比较缓慢。这是由于在长期中，全部生产要素可以随时调整，各规模报酬阶段变化的时间较长，而在短期中规模收益阶段较短，甚至根本不存在。

（3）**长期边际成本**。长期边际成本（long-run marginal cost，LMC）是指每单位产出变化引起的长期总成本的变化。换句话说，长期边际成本是长期中增加一单位产品所增加的成本。在理论上讲，假定产品是可以无限分割的，那么长期边际成本就是当产量的变化极小时，长期总成本的变化部分。

长期边际成本是长期总成本的一阶导，也就是

$$LMC = \lim_{\Delta Q \to 0} \frac{\Delta LTC}{\Delta Q} = \frac{\mathrm{d}LTC}{\mathrm{d}Q} \tag{5.2}$$

长期边际成本 LMC 曲线可以由长期总成本 LTC 曲线得到。因为根据式（5.2），只要把每一个产量上的 LTC 曲线的斜率值描绘在产量和成本的平面坐标图中，便可得到长期边际成本 LMC 曲线。

长期边际成本 LMC 曲线也可以由短期边际成本 SMC 曲线得到。从推导长期总成本、长期平均成本曲线中可见，长期总成本曲线、长期平均成本曲线分别是短期总成本曲线、短期平均成本曲线的包络线。在长期内的每一个产量上，LTC（或 LAC）曲线都与一条代表最优生产规模的 STC（或 SAC）曲线相切，这说明这两条曲线的斜率是相等的。由于 LTC 曲线的斜率是相应的 LMC 值（根据式5.2），由此可以推知，在长期内的每一个产量上，LMC 值都与代表最优生产规模的 SMC 值相等。根据这种关系，便可以由 SMC 曲线推导 LMC 曲线。但是，与长期总成本曲线和长期平均成本曲线的推导不同，长期边际成本曲线不是短期边际成本曲线的包络线。

图5.2（b）图中的每一个产量上的代表最优生产规模的 SAC 曲线都有一条相应的 SMC 曲线，每一条 SMC 曲线都过相应的 SAC 最低点。在 Q_1 的产量上，生产该产量的最优生产规模由 SAC_1 曲线和 SMC_1 曲线所代表，相应的短期边际成本由 P' 点给出，$P'Q_1$ 既是短期边际成本，又是长期边际成本，即有 $LMC = SMC_1 = P'Q_1$。同理，在 Q_2 的产量上，有 $LMC = SMC_2 = R'Q_2$……在生产规模可以无限细分的条件下，可以得到无数个类似于 P'、R' 的点，将这些点连结起来便得到一条圆滑的长期边际成本 LMC 曲线。

如图5.2的（b）图所示，长期边际成本曲线呈 U 形，它与长期平均成本曲线相交于长期平均成本曲线的最低点。其原因在于：根据边际量和平均量之间的关系，当 LAC 曲线处于下降段时，LMC 曲线一定处于 LAC 曲线的下方，即 $LMC < LAC$，LMC 将 LAC 下拉；相反，当 LAC 曲线处于上升段时，LMC 曲线一定位于 LAC 曲线的上方，即 $LMC > LAC$，LMC 将 LAC 上拉。因为 LAC 曲线在规模内在经济和规模内在不经济的作用下呈先降后升的 U 形，这就使得 LMC 曲线也必然呈先降后升的 U 形。并且，两条曲线相交于 LAC 曲线的最低点。

根据 LMC 曲线的形状特征，可以进一步解释 LTC 曲线的形状特征。因为 LMC 曲线呈先降后升的 U 形，而 LMC 值又是 LTC 曲线上相应的点的斜率，所以，LTC 曲线的斜率必定随着产量的增加表现出先递减后递增的特征。

当长期总成本以递减的比率上升时，长期边际成本下降；当长期总成本以递增的比率上升时，长期边际成本上升；当长期总成本由递减的比率上升转化为以递增的比率上升时，长期边际成本到达最低点。

2. 规模经济与规模不经济的影响

从图5.3可见，长期平均成本曲线与短期平均成本曲线一样，都是 U 形，这就是说，在产量增加到一定点以前，二者都是下降的；当产量增加到一定点时，二者达到

最低点；这时再进一步增加产量，二者都是上升的。但是 U 形的成因对这二者来说则是不同的。短期平均成本曲线之所以呈现为 U 形，是由于边际报酬递减规律的作用。具体地说，短期平均成本之所以由下降转而上升，这是因为 AFC 的下降最终受到 AVC 的上升所抵消。而 AVC 的上升，是由可变投入的平均产量下降所引起，至于可变投入的平均产量的下降则是边际报酬递减规律直接作用的结果。然而，边际报酬递减与长期平均成本曲线呈 U 形的成因，并无直接的关系。因为在长期内，没有任何固定投入。决定长期平均成本曲线 U 形的主要因素是规模经济与规模不经济。

规模经济（economies of scale）是指由于生产规模扩大而导致长期平均成本下降的情况。规模不经济（diseconomies of scale）则是指企业由于规模扩大使得管理无效而导致长期平均成本上升的情况。规模不经济对长期平均成本所起的作用与规模经济所起的作用完全相反。规模过大会造成管理效率下降、生产要素价格与销售费用增加等，这都会造成企业长期平均成本上升。

第二节　收益与利润

厂商生产的最终目的是追求利润最大化。利润是总收益与总成本之差，下面我们在介绍有关收益概念的基础上，通过分析总收益与总成本的关系来求解厂商实现利润最大化的均衡条件。

一、收益的相关概念

收益（revenue）是厂商出售产品的收入。基本的收益概念有三个：总收益（total revenue，TR）、平均收益（average revenue，AR）和边际收益（marginal avenue，MR）。

总收益是指厂商按一定价格出售自己的产品所获得的全部收入。平均收益是指厂商在平均每一单位产品销售上所获得的收入。

边际收益是指厂商每增加或减少一单位产品销售所获得的总收入的增量。

它们之间的关系用公式表示为：

$$TR = P \cdot Q = AR \cdot Q \tag{5.3}$$

$$AR = \frac{TR}{Q} \tag{5.4}$$

$$MR = \frac{\Delta TR}{\Delta Q} = \lim_{\Delta Q \to 0} \frac{\Delta TR}{\Delta Q} = \frac{\mathrm{d}TR}{\mathrm{d}Q} \tag{5.5}$$

式中，P 是产品的价格，Q 是产品的产量或销售量。

与边际成本一样，边际收益的概念是非常重要的。这表明厂商每多生产和销售一个单位的产品，总成本会增加多少，总收益会增加多少。如果增加的收益多于成本，生产是有利的；反之，增加的成本大于收益，生产就不合算。可见，在一定的产出水平之下，企业是否增加产量与其边际收益有着密切的关系。

在理解收益时必须注意的问题是：第一，收益并不等于利润。也就是说，收益并不是出售产品所赚的钱，它是生产者销售产品所得到的钱。在这所得的钱中，既有用于购买各种生产要素所支出的成本费用，也有扣除成本费用后所剩余的利润。第二，由于收益是价格与产量的乘积，所以如果不考虑价格（在价格不变时）的因素，收益就是产量。为此，我们不难从总产量、平均产量和边际产量的变动规律与曲线推出总收益、平均收益和边际收益的变动规律和曲线的形状。第三，在不同的市场结构中，收益的变动规律并不完全相同，边际收益曲线与平均收益曲线的形状也并不相同。此点将在本书的第六、七章中详细论述。

二、利润

(一) 会计利润与经济利润

利润（Profit）是厂商总收益与总成本的差额。 由于经济学上的成本概念与会计成本的概念不同，因此经济学上的利润概念也与会计利润的概念不同：

会计利润 = 总收益 − 会计成本(显性成本)

经济利润 = 总收益 − 经济成本[机会成本(显性成本 + 隐性成本)]

从上面的分析我们知道，由于经济学家对成本的考虑比会计师涉及的范围更广，经济成本就会比会计成本要大，因为通常的会计成本仅仅考虑显性成本；而经济成本不仅包括显性成本，而且也包括隐性成本，因此，经济利润就会比会计利润要小。在一般的情况下，我们把经济成本中超过会计成本（显性成本）的部分称为正常利润即隐性成本，也就是厂商投入经营活动的各项资源的机会成本中超过会计成本的部分。

在经济学分析中，正常利润通常是指社会通行的投资回报率，或者资金的平均收益率，这种平均收益率就是厂商使用资金的机会成本，也就是厂商如果将资金投资于其他领域所得到的正常收益。因此，正常利润是经济成本的一个组成部分，它就是机会成本中超过显性成本的那部分成本。当厂商的会计利润恰好等于正常利润的时候，其经济利润等于零，如图 5.4（a）所示。此时厂商正好补偿投入要素的全部机会成本，包括投入资金的正常回报率。因此，如果我们说厂商的利润为零，并不是说该厂商没有赢利，而是指它处在一种正常的经营状况之中。当厂商的会计利润超过正常利润，其经济利润为正时，此时厂商获得了超额利润，如图 5.4（b）所示。而当厂商的会计利润低于正常利润时，此时这一厂商在经济学意义上就是亏损的，如图 5.4（c）所示。

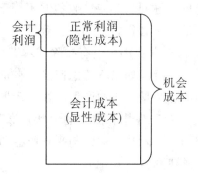

(a)厂商会计利润等于正常利润时(经济利润为零)

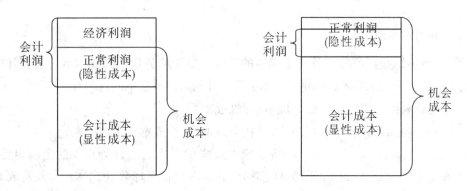

(b)厂商会计利润大于正常利润时(获得超额利润)　(c)厂商会计利润低于正常利润时(亏损)

图5.4　会计利润与经济利润

(二) 利润最大化的均衡条件

下面我们分别从总收益与总成本、边际收益与总收益的角度来分析追求利润最大化的厂商将如何确定其实际的产量水平,以此确定利润最大化的均衡条件。

1. 利润最大化的数学推导

利润等于总收益减总成本,即

$$\pi = TR - TC \tag{5.6}$$

利润最大化就是总收益超出总成本的差距最大化。由于收益与成本都是产量的函数,所以利润也是产量的函数。厂商要实现利润最大化,就是要确定一个适当的产量,使总收益超过总成本最大。这就转化为求 π 的极大值问题。当总收益函数和总成本函数都是连续可导时,π 取极大值时的条件是

$$\frac{\mathrm{d}\pi}{\mathrm{d}Q} = \frac{\mathrm{d}TR}{\mathrm{d}Q} - \frac{\mathrm{d}TC}{\mathrm{d}Q} = 0$$

$$\frac{\mathrm{d}}{\mathrm{d}Q}\left(\frac{\mathrm{d}\pi}{\mathrm{d}Q}\right) < 0$$

因为

$$\frac{\mathrm{d}TR}{\mathrm{d}Q} = MR, \quad \frac{\mathrm{d}TC}{\mathrm{d}Q} = MC$$

即得到利润最大化的必要条件为:

$$MR = MC \tag{5.7}$$

也就是说,厂商达到利润最大化时,必然处于边际收益等于边际成本的产量点。

但是要注意,边际收益等于边际成本时,厂商不一定达到利润最大化,也有可能是达到利润最小化,还要同时满足上述推导中出现的二阶条件小于0的条件,即

$$\frac{\mathrm{d}}{\mathrm{d}Q}\left(\frac{\mathrm{d}\pi}{\mathrm{d}Q}\right) = \frac{\mathrm{d}MR}{\mathrm{d}Q} - \frac{\mathrm{d}MC}{\mathrm{d}Q} < 0$$

$$\Rightarrow \quad \frac{\mathrm{d}MR}{\mathrm{d}Q} < \frac{\mathrm{d}MC}{\mathrm{d}Q}$$

此时,在边际收益等于边际成本的产量点达到利润最大化;小于这个产量时,边际收益大于边际成本,即增加一单位产量带来的收益将大于所付出的成本,故厂商仍会增加产量;大于这个产量时,边际收益小于边际成本,即增加一单位的产量带来的收益将会小于所付出的成本,故厂商就会减少产量。

2. 利润最大化的几何表示

从几何意义讲(见图5.5),厂商的利润是总收益曲线 *TR* 与总成本曲线 *TC* 之间的距离,利润达到最大时两曲线之间的距离最大。而我们知道,只有当总收益曲线与总成本曲线在某一产出水平(图中的 Q^*)时的切线相互平行时,这两条曲线之间的距离才能达到最大,即总成本曲线切线的斜率等于总收益曲线切线的斜率($MR = MC$)时,且要 $\frac{\mathrm{d}MR}{\mathrm{d}Q} < \frac{\mathrm{d}MC}{\mathrm{d}Q}$。

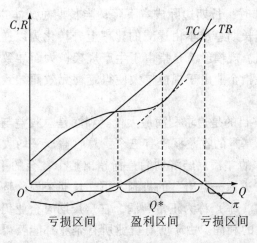

图 5.5 利润最大化

本章小节

1. 经济学中的成本概念不同于会计学中的成本概念，不同于日常生活用语中所说的相当于"实际支出"的成本概念，而是指"机会成本"，是指放弃了的、收入最高的选择的收入，也就是最高代价。具体到厂商的生产决策方面，是指由于资源有限，因此当一个厂商用一定的经济资源生产一定数量的某种产品时，这些资源就不能同时被投入到其他产品的生产中。这样，因为放弃生产其他产品而可能获得的最大价值，就是该经济资源生产这种产品的机会成本。

2. 成本函数表示成本与产量之间的关系。根据生产函数的性质，在短期内不变投入为常数，可变投入不断变化，从而引起产出的变化。这样我们就可以将短期成本划分为固定成本和变动成本两部分，固定成本顾名思义是不随产量变化而变动的，而变动成本则随产量的变化而变动，这是短期成本最显著的特点。边际成本与平均成本之间的关系为：第一，当边际成本位于平均成本以下时，平均成本是下降的。可见平均成本处于下降的时刻，边际成本一定位于平均成本的下方。第二，当边际成本位于平均成本之上时，平均成本上升。也就是说，当平均成本正上升的时刻，边际成本一定是位于平均成本之上。第三，当平均成本等于边际成本时，平均成本位于它的最低处，即平均成本最小。长期成本可分为长期总成本、长期平均成本和长期边际成本三种。

3. 长期总成本曲线与长期平均成本曲线分别是无数条短期总成本曲线与短期平均成本曲线的包络线，但长期边际成本曲线不是短期边际成本曲线的包络线。当长期总成本以递减的比率上升时，长期边际成本下降；当长期总成本以递增的比率上升时，长期边际成本上升；当长期总成本由递减的比率上升转化为以递增的比率上升时，长期边际成本到达最低点。规模经济是指由于生产规模扩大而导致长期平均成本下降的情况。规模不经济则是指企业由于规模扩大使得管理无效而导致长期平均成本上升的情况。

4. 厂商生产的最终目的是追求利润最大化。利润是总收益与总成本之差。收益是厂商出售产品的收入。基本的收益概念有三个：总收益、平均收益和边际收益。利润是厂商总收益与总成本的差额。经济利润是指超出整个社会的平均利润之上的部分，又称为超额利润。在"进入—退出"的机制之下，长期来说，整个社会所有行业的所有企业都能获得的利润（率）称为正常利润，它是长期时企业仍能留在行业之内，能够维护经营的最低限度的利润。由于所有行业所有企业都能获得这个正常利润，因此这其实是机会成本的一部分。

5. 厂商要实现利润最大化，就是要确定一个适当的产量，使总收益超过总成本最大。厂商达到利润最大化时，必然处于边际收益等于边际成本的产量点。从几何意义讲，厂商的利润是总收益曲线 TR 与总成本曲线 TC 之间的距离，利润达到最大时两曲线之间的距离最大。而我们知道，只有当总收益曲线与总成本曲线在某一产出水平的切线相互平行时，这两条曲线之间的距离才能达到最大，即总成本曲线切线的斜率等于总收益曲线切线的斜率时。

复习与思考题

一、名词解释

成本　　固定成本　　可变成本　　边际成本　　规模经济　　规模不经济

利润

二、单项选择题

1. 长期成本曲线是各种产量的（　　　）。

　　A. 最低成本点的轨迹　　　　　　　B. 最低平均成本点的轨迹

　　C. 最低边际成本点的轨迹　　　　　D. 最低平均可变成本点的轨迹

2. 短期成本与长期成本的区别，（　　　）。

　　A. 是以一年为界，一年之内为短期，一年以上为长期

　　B. 是以五年为界，五年之内为短期，五年以上为长期

　　C. 与生产函数的短期与长期划分的原则一样

　　D. 与生产函数的短期与长期划分的原则不一样

3. 长期边际成本曲线呈 U 形的原因在于（　　　）。

　　A. 边际效用递减规律　　　　　　　B. 边际收益递减

　　C. 生产由规模经济向规模不经济变动　D. 生产的一般规律

4. 实现生产要素最优组合是厂商实现利润最大化的（　　　）。

　　A. 充分条件　　　　　　　　　　　B. 必要条件

　　C. 充分必要条件　　　　　　　　　D. 非充分非必要条件

5. 某日用品制造商厂单位产量所带来的边际成本（MC）大于产量增加前的平均可变成本（AVC），那么在产量增加后平均可变成本会（　　　）。

　　A. 减少　　　　　　　　　　　　　B. 增加

　　C. 不变　　　　　　　　　　　　　D. 无法判断

6. 机会成本是指（　　　）。

　　A. 生产过程中的消耗记录

　　B. 经营过程中的消耗记录

　　C. 生产和经营过程中的消耗记录

　　D. 因从事某项业务而放弃别的业务的最高代价

7. 如某厂商的总收益为 65 000 元，其中劳动成本为 23 000 元，原材料成本为 16 500 元，所有者为其他人工作可赚取 14 300 元。则对于一个经济学家而言，利润等于（　　　）；对于会计而言，利润等于（　　　）。

　　A. 11 200 元，25 500 元　　　　　　B. 23 000 元，16 500 元

　　C. 42 000 元，25 500 元　　　　　　D. 25 500 元，14 300 元

8. 以下说法中正确的是（　　　）。

　　A. 如果李明选择上学而不是当兵，则他的机会成本将递增

　　B. 在经济分析中厂商的生产成本与机会成本这两个词是同一个意思

C. 如果连续地增加某种商品的产量，他的机会成本将递增

D. 如果连续地增加某种商品的产量，他的机会成本将递减

9. 在 *LAC* 曲线下降的区域内，（　　）。

A. *LAC* 小于等于 *SAC*

B. *SAC* 的最低点在 *LAC* 上

C. *LAC* 与各条 *SAC* 相切于 *SAC* 的最低点

D. 无法判定 *SAC* 与 *LAC* 的位置关系

10. 某厂商生产一批产品，当生产第 7 个单位产品的总成本是 3.5 元，生产第 8 个单位产品总成本是 4.6 元，那么该厂商的边际成本是（　　）。

A. 3.5 元　　　　　　　　　　B. 4.6 元

C. 8.1 元　　　　　　　　　　D. 1.1 元

11. 边际成本低于平均成本时，（　　）。

A. 平均成本上升　　　　　　　B. 平均可变成本可能上升也可能下降

C. 总成本下降　　　　　　　　D. 平均可变成本上升

12. 使用自有资金也应计算利息收入，这种利息从成本角度看是（　　）。

A. 固定成本　　　　　　　　　B. 机会成本

C. 会计成本　　　　　　　　　D. 生产成本

13. 如果一个企业经历规模报酬不变阶段，则 LAC 曲线是（　　）。

A. 上升的　　　　　　　　　　B. 下降的

C. 水平的　　　　　　　　　　D. 垂直的

14. 在从原点出发的直线与 *TC* 的切点上，*AC*（　　）。

A. 是最小的　　　　　　　　　B. 等于 *MC*

C. 等于 *AVC* + *AFC*　　　　　D. 上述都正确

15. 在短期内，以下说法不正确的一项是（　　）。

A. 总不变成本（*TFC*）是厂商为生产一定量的产品对不变生产要素所支付的总成本

B. 建筑物和机器设备的折旧费属于固定成本

C. 固定成本不随产量的变化而变化

D. 当产量为零时，固定成本也为零

三、判断题

1. 如果一块农田既可以种蔬菜，也可以种粮食，结果是种了粮食，则它的机会成本是与种粮食有关的各种费用。（　　）

2. 在短期厂商增加一单位产量时所增加的可变成本等于边际成本。（　　）

3. 边际成本可以理解为全部成本或全部可变成本的斜率。（　　）

4. 短期边际成本曲线和短期平均成本曲线一定相交于平均成本曲线的最低点。（　　）

5. 长期平均成本实际上就是平均可变成本。（　　）

6. 企业应当选择单位生产成本最低的规模进行生产。（　　）

7. 收益就是利润，因此收益最大化就是利润最大化。（　　）

8. 平均收益就是单位商品的价格。（　　）

9. 如果"鱼与熊掌不可兼得"，那么，要了鱼，它的机会成本就是熊掌。（　　）

10. 边际收益等于边际成本时，厂商的利润最大。（　　）

四、计算题

1. 如果某种商品的生产成本函数 TC（Q）与收益函数 TR（Q）分别为：

$TC = Q^3 - 2A^2 + 2Q + 2$

$TR = 29Q - 2Q^2$

求生产并出售该商品的厂商所获利润最大时的产量和利润。

2. 已知某企业短期总成本函数是 STC（Q）$= 0.04Q^3 - 0.8Q^2 + 10Q + 5$，求最小的平均可变成本。

五、思考题

1. 什么是平均成本，什么是边际成本，为什么当二者相等时，平均成本达到最小值？

2. 试说明长期平均成本的变化与规模收益的关系。

3. 如果某厂商雇佣目前正处于失业中的工人，试问正在使用中的劳动的机会成本是否为零？

第六章 完全竞争市场

微观经济学认为，厂商的目标是追求利润最大化。厂商实现利润最大化的均衡条件取决于市场结构：完全竞争市场或非完全竞争市场。本章从完全竞争市场必须满足的基本条件入手，分析完全竞争厂商利润最大化的均衡条件，推导出完全竞争厂商的短期均衡条件及短期供给曲线，在此基础上分析完全竞争市场的长期均衡，并进一步推导出完全竞争行业的长期供给曲线。

第一节 市场与市场类型

一、市场的概念

微观经济学的核心理论是价格分析，价格是由需求与供给决定的，而市场则是联系需求与供给的桥梁。那么什么是市场呢？

从一般的意义上看，**市场是商品买卖的交易场所或接洽点**，如上海宝山钢材交易市场、广州芳村茶叶市场等。但从经济学的意义上看，市场的含义更广。市场是指某种商品的一群买者与卖者的集合体，他们一起决定某商品的交易价格与交易数量。比如汽车市场，汽车的交易价格与交易数量受到大众汽车公司、通用汽车公司、福特汽车公司及其他汽车制造商之间竞争程度的影响，另外，还受到市场上消费者需求的影响。

二、市场的类型

从不同的角度，可把市场划分为许多不同的类型。按照交易对象的性质可把市场分为产品市场和要素市场，如服装市场、人才市场等；按照交割方式可把市场分为现货市场与期货市场；按照交易区域可把市场分为国内市场和国际市场，或者分为不同的区域市场，如广东市场、北京市场等。

在经济学中，一般按市场结构特点因素来划分市场类型。用来划分市场类型的市场结构特点因素主要有以下四个：

1. 市场上厂商的数目

市场上厂商的数目，可以少到一个两个，也可以多到成千上万。厂商对交易活动的影响力，即市场势力，与厂商数目多少负相关，与厂商规模大小正相关。

2. 厂商生产的产品的差别程度

厂商生产的产品可能是同质的，也可能是有差别的，市场势力与产品的差别程度正相关。

3. 单个厂商对市场价格的控制程度

单个厂商的经济活动对产品价格的控制程度，主要指单个厂商改变产量决策能否引起市场价格的波动。

4. 要素流动程度

要素自由流动的程度，即厂商进入或退出市场的难易程度。对于具有超额利润的市场，如果要素能够自由流动，新厂商将很快进入，超额利润便会消失；如果市场能够有效阻止新厂商的进入，原厂商就能够维持这种超额利润。

以上四个因素中，前两个因素是最基本的决定因素，第三个因素是前两个因素的必然结果，如果市场上提供产品的厂商数目众多，而不同厂商提供的产品几乎没有差别，那么每个厂商对产品价格的控制程度必然也就很弱，反之亦然。第四个因素是第一个因素的延伸，市场上厂商数目的多少实际上也反映了厂商进入或退出市场的难易程度。

根据市场结构的不同特征，将市场划分为**完全竞争市场**（perfectly competitive market）和**非完全竞争市场**（imperfectly competitive market）。非完全竞争市场又分为垄断竞争（monopolistic competition）、寡头垄断（oligopoly）和完全垄断（monopoly）三种类型。关于这以上类型的市场及其相应的特征可以用表 6.1 来概括。

表 6.1　　　　　　　　　　　　市场类型的划分与特征

市场类型	厂商数目	产品差别程度	对价格的控制程度	要素流动程度	接近的例子
完全竞争	很多	完全无差别	没有	很容易	农产品
垄断竞争	很多	有差别	有一些	比较容易	轻工产品
寡头垄断	几个	有差别或无差别	相当程度	比较困难	钢铁、汽车
完全垄断	唯一	唯一的产品，且无相近的替代品	很大程度，但经常受到管制	很困难，几乎不可能	公用事业，如水、电

除了表 6.1 概括的不同市场类型的划分与特征外，也可从市场中厂商数量这个特征对市场类型进行划分，如图 6.1 所示。

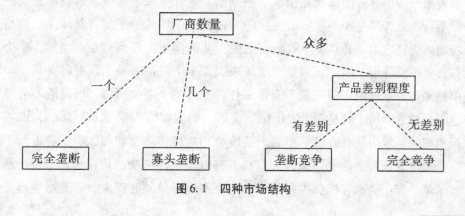

图 6.1　四种市场结构

三、行业的概念

除了市场的概念外，经济学还经常用到的另一个概念是行业。行业指为同一个商品市场生产和提供商品的所有厂商的总体。市场和行业的类型是一致的，完全竞争市场对应的是完全竞争行业，垄断竞争市场对应的是垄断竞争行业，如此等等。

第二节　完全竞争市场概述

一、完全竞争市场的含义及特征

所谓**完全竞争市场又称纯粹竞争市场，是指一种不存在丝毫垄断因素，不受任何阻碍和干扰的市场结构。**完全竞争市场具有以下四个基本特征：

第一，市场上有众多的买者和众多的卖者，买卖双方都是价格接受者（price taker）。这里的"众多"相当于数学里的无穷大量，由于买卖双方数量众多，所以相对于整个市场的总需求量和总供给量来说，单个买者的需求量和单个卖者的供给量都是微不足道的，都好比沧海之一粟。任何一个买者买与不买，买多或买少，以及任何一个卖者卖与不卖，卖多或卖少，都不会对市场的价格水平产生任何的影响。当然，如果所有的买者或所有的卖者统一行动，市场总需求量或总供给量的变化一定会影响价格。但在完全竞争条件下，每一个买者和每一个卖者都是单独决策与行动的，在这样的市场中，每一个消费者或每一个厂商的决策与行为对市场价格没有任何的控制力量，他们都只能被动地接受既定的市场价格，他们被称为价格接受者。如某农贸市场的蔬菜零售商从农场批发大量蔬菜，然后零售。因为农贸市场中蔬菜零售商众多，他会发现同顾客讨价还价的余地很小。如果他高于市场价格出售，顾客就会去其他零售商处购买。同时他还发现自己的销售数量对市场价格没有什么影响，他是价格接受者。

第二，市场上每一个厂商提供的产品都是可以完全替代的，也就是说它们是完全同质的。同质的含义不是狭义的质量相同，而是指产品在质量、外观、性能、销售地点、售后服务等所有方面都是完全没有差别的。这样一来，消费者购物时只会关注价格，而不会在意产品是哪一家厂商提供的。任何一个厂商如果想将其产品的价格提高到市场均衡价格之上，必然会导致顾客流失，从而卖不出任何产品。当然，单个厂商也没有必要单独降价，因为，对整个市场来说，单个厂商和单个消费者都只是沧海一粟，单独降价对理性的厂商来说不会带来任何额外的利益。所以，厂商既不会单独提价，也不会单独降价，而是完全的价格接受者。如很多农产品都是同质的，以谷物为例，因为同一区域内所有农场生产的产品质量相对而言非常相似，购买者也就不会过问究竟是哪个农场生产的了，同时买卖双方都以市场价格交易。相反，如果产品是异质的，则每一家厂商都有机会提高其价格，而不会导致顾客流失。厂商给生产的产品做广告、树品牌，其目的就是加大其产品与市场同类产品的差别程度，从而增加对价格的影响力。

第三，所有的生产要素可以完全自由地流动，即厂商可以毫无障碍地进入或退出市场。如果市场中厂商有利可图，就会有新的厂商（生产要素）加入进来追逐利润；如果市场中厂商亏损，就会有厂商（生产要素）退出市场以避免或减少损失。

第四，市场上的买者和卖者都具有完全信息。市场上的买者和卖者对有关的经济和技术方面的信息有完全充分的掌握，买者了解产品的价格，不会在市场价格之上购买；要素所有者了解他们的资源在各种可能的用途中的收益，以便将资源提供给出价最高者；厂商知道所有生产要素的价格和生产技术，以便在最佳投入组合和最优规模上进行生产和销售。

符合以上四个特征的市场才能称为完全竞争市场。由上述特征可看出，在完全竞争市场中，无论是单个厂商还是单个消费者都是没有任何个性的，他们都只是价格接受者，提供没有任何差别的产品，单独的任何经济决策和行为对市场都不会产生丝毫影响，因此不论是买者还是卖者都意识不到任何竞争，完全竞争市场中不存在现实经济生活中的那种真正意义上的竞争。

显然，完全满足四个特征的真正的完全竞争市场在现实中是不存在的，只有一些比较接近这四个特征的市场，如大米市场、小麦市场等农产品市场通常被看成是完全竞争市场。虽然完全竞争市场只是理想化而非现实的市场，但由于通过对完全竞争市场的分析可以得到关于市场机制及其配置资源的一些基本原理，而且可以为其他非完全竞争市场的分析提供基础和参照，所以经济学还是把完全竞争市场作为一个基本的市场类型进行研究。

二、完全竞争厂商面临的需求曲线

市场对完全竞争厂商的产品的需求状况可用厂商面临的需求曲线表示，完全竞争厂商面临的需求曲线也称为完全竞争厂商的需求曲线。在完全竞争市场中，由于厂商和消费者都是价格接受者，消费者对厂商产品的需求量变化不会对价格造成任何影响，所以**完全竞争厂商面临的需求曲线是一条由既定市场价格水平出发的水平线**，如图 6.2 所示。图（a）表示的是完全竞争市场中需求曲线 D 与供给曲线 S 相交于市场均衡点 E，从而决定了市场均衡价格 P_e。图（b）表示的是完全竞争厂商作为市场价格接受者面临的需求曲线 d，是一条由给定的价格水平 P_e 出发的水平线。

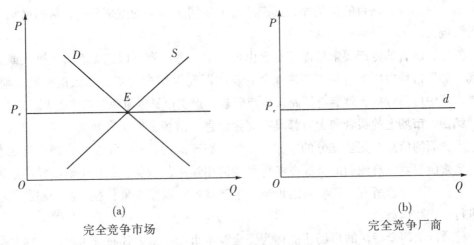

图6.2　完全竞争市场均衡价格与厂商的需求曲线

在完全竞争市场中，虽然厂商只能接受市场价格，其面临的需求曲线是水平的，但这并不意味着完全竞争市场的均衡价格是固定不变的。如果完全竞争市场中某种因素发生变化导致需求或供给发生变动，那么均衡价格也会变动，由此会形成新的均衡价格，这时厂商面临的需求曲线还是水平的，但会向上或向下平行移动。如图6.3所示，开始时市场的需求曲线为 D_1，供给曲线为 S_1，市场的均衡价格为 P_1，厂商面临的需求曲线为 d_1；由于某种因素影响，市场的需求曲线移动到 D_2，供给曲线为 S_2，这时市场的均衡价格变为 P_2，相应的厂商面临的需求曲线变为 d_2。

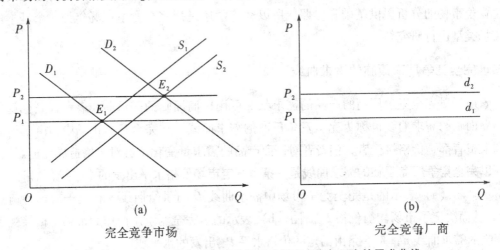

图6.3　完全竞争市场均衡价格的变动与完全竞争厂商的需求曲线

三、完全竞争厂商的利润最大化

微观经济学认为任何厂商的目标都是利润最大化，那么完全竞争厂商如何实现利润最大化呢？因为利润等于收益减成本，所以完全竞争厂商要实现利润最大化也要从收益与成本入手分析。

（一）完全竞争厂商的收益曲线

在完全竞争市场中，厂商是价格接受者，根据厂商总收益、平均收益及边际收益的概念，可知完全竞争厂商的总收益、平均收益、边际收益如下：

设产品价格为 P，厂商销量为 Q，则完全竞争厂商总收益为：

$$TR(Q) = P \cdot Q \tag{6.1}$$

平均收益为：

$$AR(Q) = \frac{TR(Q)}{Q} = \frac{P \cdot Q}{Q} = P \tag{6.2}$$

边际收益为：

$$MR(Q) = \frac{dTR(Q)}{dQ} = P \tag{6.3}$$

由上可知，**完全竞争厂商的平均收益等于边际收益，均等于既定的市场价格**，即：

$$AR = MR = P \tag{6.4}$$

具体来看，假设牛奶市场是完全竞争市场，某奶牛场生产牛奶量为 Q，并以市场价格 P 出售每一千克牛奶，则牛奶场的总收益为 $P \cdot Q$，平均收益等于边际收益均等于价格 P。如每千克牛奶卖 3 元，则该奶牛场的总收益、平均收益、边际收益如表 6.2 所示。

表6.2　　　　某完全竞争奶牛场的总收益、平均收益和边际收益

产量（千克）Q	价格（元）P	总收益（元）TR	平均收益（元）AR	边际收益（元）MR
1	3	3	3	3
2	3	6	3	3
3	3	9	3	3
4	3	12	3	3
5	3	15	3	3
6	3	18	3	3
7	3	21	3	3
8	3	24	3	3

根据完全竞争厂商的收益概念，可作出完全竞争厂商的收益曲线图，如图 6.4 所示。由图可见，完全竞争厂商的平均收益 AR 曲线、边际收益 MR 曲线和需求曲线 d 三条曲线重叠，它们都用同一条由既定价格水平出发的水平线来表示；完全竞争厂商的总收益 TR 曲线是一条由原点出发的斜率不变的上升的直线。

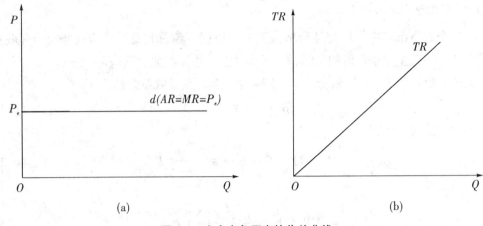

图6.4　完全竞争厂商的收益曲线

(二) 完全竞争厂商实现利润最大化的均衡条件

厂商的目标是追求利润最大化，因为利润是销售量的函数，在分析中我们假定厂商的销售量就是其面临的需求量也等于其产量，因此完全竞争厂商作为价格接受者要实现利润最大化也就是要确定均衡产量水平。要满足什么条件的产量水平才是利润最大化的均衡产量水平呢？或者说，完全竞争厂商实现利润最大化的均衡条件是什么呢？我们可以运用厂商的收益曲线与成本曲线进行分析。

理性经济人考虑边际量，厂商在做产量决策时，也会考虑边际收益与边际成本的关系。增加生产一个单位的产品将增加一定的收益，即边际收益 MR；同时，增加生产一单位的产品也会增加一定的成本，即边际成本 MC。如果边际收益大于边际成本，即 $MR > MC$，意味着增加生产一单位产品带来的收益增加量大于成本增加量，即厂商增加生产一单位产品是有利可图的，厂商当然会增加生产。如果边际收益小于边际成本，即 $MR < MC$，意味着增加生产一单位产品带来的收益增加量小于成本增加量，即厂商增加生产一单位产品是得不偿失的，厂商就不会增加生产。因此只要 $MR > MC$，厂商就会不断地增加生产，因为对完全竞争厂商来说，$MR = P$ 保持不变，MC 是逐步上升的，最后 $MR > MC$ 的状况会逐步变为 $MR = MC$ 的状况，这时所对应的产量就是完全竞争厂商获得最大利润的均衡产量，因为如果再继续增加产量，就会变为 $MR < MC$，这对厂商是不利的。这一过程可用图 6.5 直观地予以说明。图中产量 Q_1 对应的边际收益 MR 大于边际成本 MC，厂商将增加产量；产量 Q_2 对应的边际收益 MR 小于边际成本 MC，厂商将减少产量；在边际收益曲线与边际成本曲线相交点 E，$MR = MC$，厂商达到利润最大化的均衡产量 Q_e。不管是增加产量还是减少产量，厂商都是在寻找能够带来最大利润的均衡产量，而这个均衡产量就是使得 $MR = MC$ 的产量。所以，**边际收益 MR 等于边际成本 MC 是完全竞争厂商实现利润最大化的均衡条件。**

$MR = MC$ 是完全竞争厂商实现利润最大化的均衡条件，也可以用数学方法予以证明。

完全竞争厂商的利润表达式为：

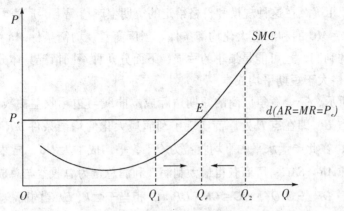

图6.5 完全竞争厂商的利润最大化

$$\pi\ (Q)\ = TR\ (Q)\ - TC\ (Q) \tag{6.5}$$

利润最大化的一阶条件为（二阶条件由同学们自己完成，此处略）：

$$\frac{\mathrm{d}\pi\ (Q)}{\mathrm{d}Q} = 0$$

即

$$\frac{\mathrm{d}TR\ (Q)}{\mathrm{d}Q} - \frac{\mathrm{d}TC\ (Q)}{\mathrm{d}Q} = 0$$

$$MR\ (Q)\ - MC\ (Q)\ = 0$$

$$MR\ (Q)\ = MC\ (Q) \tag{6.6}$$

由以上证明可见，$MR = MC$ 是完全竞争厂商利润最大化的均衡条件。所以，完全竞争厂商应根据 $MR = MC$ 的原则来确定最优的产量，以实现最大的利润。这里需要说明两点：第一，后面章节将会讲述，均衡条件 $MR = MC$ 不仅适用于完全竞争厂商，也适用于非完全竞争厂商，不仅适用于短期，也适用于长期；第二，$MR = MC$ 有时也被称为利润最大或亏损最小的均衡条件，因为厂商实现 $MR = MC$ 的均衡条件时，并不意味着厂商一定能获得利润，也可能是亏损，但有一点可以肯定，那就是，当 $MR = MC$ 时，如果厂商能获得利润，那一定是最大的利润，如果亏损，那一定是最小的亏损。

第三节　完全竞争市场的短期均衡

在讨论了完全竞争厂商利润最大化的均衡条件后，本节利用 $MR = MC$ 原则来分析完全竞争市场的短期均衡。

一、完全竞争厂商的短期均衡

在完全竞争厂商的短期生产中，至少有一种投入要素是固定不变的，也就意味着完全竞争厂商在短期内的规模是既定的。另外，完全竞争厂商是价格接受者，其接受的价格是既定的市场均衡价格 P_e，同时，此价格 P_e 也与完全竞争厂商的平均收益 AR

及边际收益 MR 相等。在这种规模和价格给定的短期生产情况下，厂商需要通过产量的调整来实现 $MR = MC$ 的利润最大化均衡条件。当厂商实现均衡条件 $MR = MC$ 时，厂商可能获得最大的利润，也可能是最小的亏损，下面分几种不同情况具体分析。

1. 产品价格大于短期平均成本

如图 6.6 所示，完全竞争厂商的短期边际成本曲线与边际收益曲线（与需求曲线重叠）相交于点 E，即在点 E 处厂商实现了利润最大化的均衡条件 $MR = MC$，相应的均衡产量为 Q_e，在此产量水平的平均收益为 OP_e，平均成本为 OG，显然，平均收益大于平均成本，即 $AR > SAC$，厂商获得最大利润，利润总量为总收益与总成本之差（$\pi = TR - TC = OQ_e \cdot OP_e - OQ_e \cdot OG = GF \cdot GP_e$），相当于 $\square P_e EFG$ 的面积。

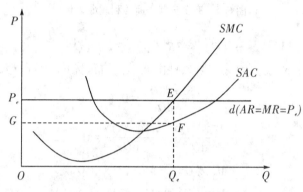

图 6.6 完全竞争厂商的短期均衡（1）

2. 产品价格等于短期平均成本

如图 6.7 所示，完全竞争厂商的需求曲线与短期平均成本曲线相切于点 E，同时，因为边际成本曲线与平均成本曲线相交于平均成本曲线的最低点，所以点 E 也是短期边际成本曲线与边际收益曲线（与需求曲线重叠）的交点，即在点 E 处厂商实现了利润最大化的均衡条件 $MR = MC$，相应的均衡产量为 Q_e。在此产量水平的平均收益和平均成本均为 OP_e，平均收益等于平均成本，即 $AR = SAC$，厂商获得的经济利润为零，但厂商获得了正常利润。由于在这个均衡点 E 上，厂商既没有利润，也没有亏损，所

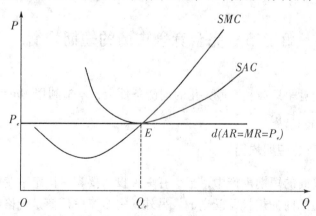

图 6.7 完全竞争厂商的短期均衡（2）

以这个均衡点被称为厂商的盈亏平衡点，或收支相抵点。

3. 产品价格介于短期平均成本与平均可变成本之间

如图 6.8 所示，完全竞争厂商的需求曲线与短期边际成本曲线相交于点 E，即在点 E 处厂商实现了利润最大化的均衡条件 $MR = MC$，相应的均衡产量为 Q_e，在此产量水平的平均收益为 OP_e，平均成本为 OG，此时 $OP_e < OG$，即 $AR < SAC$，厂商获得的经济利润为负，即厂商是亏损的，平均亏损额为 $Q_eF - Q_eE = EF = P_eG$，亏损总量为总成本与总收益之差（$TC - TR = OQ_e \cdot OG - OQ_e \cdot OP_e = P_eE \cdot P_eG$），相当于 $\square P_eEFG$ 的面积。这时亏损的厂商是关门停业还是继续生产呢（由均衡条件 $MR = MC$ 可知，如果继续生产则必在产量为 Q_e 处生产）？在 Q_e 产量水平上，厂商的平均可变成本为 Q_eH，平均不变成本为 HF，平均收益 Q_eE 小于平均成本 Q_eF 但大于平均可变成本 Q_eH，所以继续生产的话，厂商的收益除了支付可变成本外，还可以在一定程度上弥补一部分不变成本，减少亏损。所以，在这种情况下，厂商虽然是亏损，但仍然要继续在 Q_e 产量水平上生产。

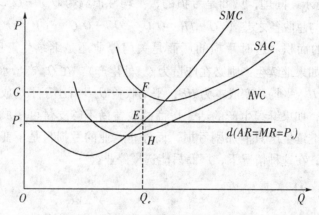

图 6.8 完全竞争厂商的短期均衡（3）

4. 产品价格等于平均可变成本

如图 6.9 所示，同理，厂商是亏损的，平均亏损额为 $Q_eF - Q_eE = EF = P_eG$，亏损总量为总成本与总收益之差（$TC - TR = OQ_e \cdot OG - OQ_e \cdot OP_e = P_eE \cdot P_eG$），相当于 $\square P_eEFG$ 的面积。这时亏损的厂商是关门停业还是继续生产呢（由均衡条件 $MR = MC$ 可知，如果继续生产则必在产量为 Q_e 处生产）？在 Q_e 产量水平上，厂商的平均收益等于平均可变成本为 Q_eE，平均不变成本为 EF，如果继续生产的话，厂商的收益刚好与可变成本相抵，亏损额等于不变成本；如果关门停业的话，亏损额也等于不变成本。因此，在这种情况下，厂商选择继续经营或者停业，结果是一样的，厂商处于停业的临界点。这个均衡点 E 被称为完全竞争厂商的停止营业点或关闭点。

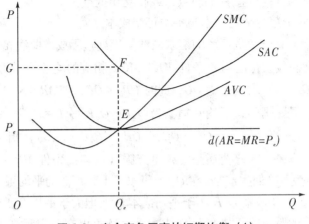

图6.9 完全竞争厂商的短期均衡（4）

5. 产品价格低于平均可变成本

如图6.10所示，同理，厂商是亏损的，平均亏损额为 $Q_eF - Q_eE = EF = P_eG$，亏损总量为总成本与总收益之差（$TC - TR = O\ Q_e \cdot OG - O\ Q_e \cdot OP_e = P_eE \cdot P_eG$），相当于矩形 P_eEFG 的面积。这时亏损的厂商是关门停业还是继续生产呢（由均衡条件 $MR = MC$ 可知，如果继续生产则必在产量为 Q_e 处生产）？在 Q_e 产量水平上，厂商的平均可变成本为 Q_eH，平均不变成本为 HF，平均收益 Q_eE 既小于平均成本 Q_eF 也小于平均可变成本 Q_eH，如果继续生产的话，厂商的收益尚不够支付可变成本支出，更无法弥补不变成本，继续生产只能加剧亏损，而停止营业的亏损只是不变成本，不会亏损可变成本。因此，在这种情况下，厂商只能选择停业。

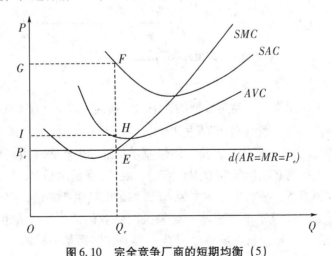

图6.10 完全竞争厂商的短期均衡（5）

综合以上五种情况可知，**完全竞争厂商实现利润最大化的均衡条件 $MR = MC$ 时，有可能获得最大利润，也有可能是最小亏损。**如果产品价格高于均衡点的平均成本，即 $P_e > SAC$，则厂商获得最大利润；如果产品价格等于均衡点的平均成本，即 $P_e = SAC$，则厂商收支平衡，利润为零；如果产品价格低于均衡点的平均成本，即 $P_e <$

SAC，则厂商获得最小亏损。当厂商亏损时，是继续生产还是停止营业，取决于产品价格与均衡点的平均可变成本的比较，产品价格等于平均可变成本（$P_e = AVC$）的均衡点为停止营业点。如果产品价格高于平均可变成本，即 $P_e > AVC$，则厂商继续生产；如果产品价格低于平均可变成本，即 $P_e < AVC$，则厂商停止营业。

综上所述，**完全竞争厂商短期均衡的条件是：**

$$MR = SMC \tag{6.7}$$

式中，$MR = AR = P$，在短期均衡时，厂商的利润可以大于零，也可以等于零或小于零。

二、完全竞争厂商的短期供给曲线

供给是厂商在各种价格水平下愿意而且能够生产的数量，厂商的供给曲线体现了在每一个可能的价格下它将生产的产量。那么，在完全竞争市场中，厂商面对各种可能的价格，它们愿意供给的产量是如何决定的呢？或者说，它们的供给曲线是如何决定的呢？

如图 6.11 所示，P_1、P_2、P_3、P_4、P_5 代表完全竞争厂商可能得到的五种价格情况，由前面的分析可知，E_4 为停止营业点，当价格低于 P_4 时，厂商将停止生产。当价格不低于 P_4 时，厂商将继续生产，如当价格分别为 P_1、P_2、P_3、P_4 时，厂商将按照 $MR = MC$ 的利润最大化均衡条件决定产量水平分别为 Q_1、Q_2、Q_3、Q_4。由此可见，对于任一不低于 P_4 的价格水平，厂商都将决定相应的产量水平，而图 6.11 中的短期边际成本曲线 SMC 高于 E_4 的部分正好体现出了这种价格与产量之间的一一对应关系，所以短期边际成本曲线 SMC 高于 E_4 的部分实际上就是完全竞争厂商的短期供给曲线。即，**完全竞争厂商的短期供给曲线是位于平均可变成本最低点以上的边际成本曲线。**

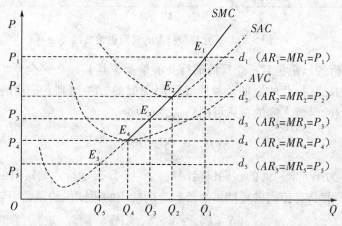

图 6.11　完全竞争厂商的短期供给曲线

完全竞争厂商的短期供给曲线是向右上方倾斜的，体现了产品的价格和厂商愿意供给的产量之间存在着同方向变化的关系。而且，面对各种可能的价格，厂商都是按照 $MR = MC$ 的利润最大化均衡条件决定产量的，因此，短期供给曲线表示厂商在每一价格水平的供给量都是能够给厂商带来最大利润或最小亏损的最优产量。

三、完全竞争行业的短期供给曲线

完全竞争行业的短期供给曲线表示在每一个可能的价格下行业在短期中生产的产量。行业的产量等于行业内所有厂商的供给量的总和。因此，完全竞争行业的短期供给曲线可以通过完全竞争厂商的短期供给曲线水平加总来获得。

如图 6.12 所示，假设某完全竞争行业包含 A、B、C 三个厂商，当价格为 P_1 时，A、B、C 三个厂商供应的产量分别为 5 个单位、6 个单位、7 个单位；当价格为 P_2 时，A、B、C 三个厂商供应的产量分别为 9 个单位、12 个单位、15 个单位。那么，当价格为 P_1 时，该行业的产量为 18 个单位；当价格为 P_2 时，该行业的产量为 36 个单位。图中，SMC_a、SMC_b、SMC_c 分别表示 A、B、C 三个厂商的短期边际成本曲线，即短期供给曲线，S 表示该行业短期供给曲线。

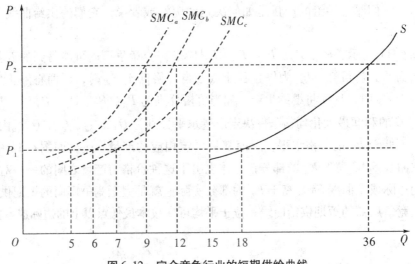

图 6.12　完全竞争行业的短期供给曲线

图 6.12 分析的只是包含三个厂商的行业的情况，其实，在完全竞争行业中，厂商的数目是众多的，其行业的短期供给曲线可用类似的方法得到。厂商的短期供给函数和行业的短期供给函数之间的关系可用公式表示为：

$$S(P) = \sum_{i=1}^{n} S_i(P) \tag{6.8}$$

式中，$S_i(P)$ 为第 i 个厂商的短期供给函数，$S(P)$ 表示行业的短期供给函数。如果行业内的 n 个厂商具有相同的短期供给函数，则行业的短期供给函数可以写成：

$$S(P) = n \cdot S_1(P) \tag{6.9}$$

显然，完全竞争行业的短期供给曲线和完全竞争厂商的短期供给曲线类似，也是向右上方倾斜的，即当产品价格不低于完全竞争行业的最低平均可变成本时，完全竞争行业的短期供给量与产品价格成同方向变化：价格越高，短期供给量越大；价格越低，短期供给量越小。而且，行业的短期供给曲线上与每一价格水平对应的供给量都是可以使行业内全体厂商在该价格水平获得最大利润或最小亏损的最优产量。

四、生产者剩余

1. 生产者剩余的概念

前面学过消费者剩余的概念，消费者剩余是指消费者愿意为某一产品支付的最高价格与他实际支付的市场价格之间的差额。类似的情况同样适用于厂商，即生产者。由厂商的利润最大化均衡条件 $MR = MC$ 可知，在厂商的最优产量的最后一个单位产品上厂商得到的价格与其边际成本相等，而对最后一单位产品之前的每一单位产品而言，产品的价格都大于其边际成本，结果是除最后一单位产量外的所有产量，厂商都能获得剩余。厂商的**生产者剩余**（producer surplus，PS）就是厂商实际得到的产品市场价格与所有生产单位的边际成本之间差额的总和，或者**厂商在提供一定数量的产品时实际接受的总支付和愿意接受的最小总支付之间的差额**。正如消费者剩余表示个人需求曲线以下产品市场价格以上的那部分面积，生产者剩余表示某一生产者（厂商）供给曲线以上市场价格以下的那部分面积。

如图 6.13 所示，当市场价格为 P_e 时，厂商的最优产量为 Q_e，在最优产量这最后一单位产量上，厂商得到的收益与边际成本相等，而在 Q_e 前的任一单位产量上，厂商从出售每单位产品中获得的剩余为市场价格与该单位产品的边际成本之差。生产者剩余就是所有的"单位剩余"之和。图中边际成本曲线 HE 部分与价格线 P_eE 部分及纵轴围成的部分的面积即为厂商的生产者剩余。另外，生产者剩余也可用数学公式定义。令反供给函数 $P_S = f(Q)$，价格为 P_e 时，厂商的最优产量为 Q_e，则生产者剩余为：

$$PS = P_e \cdot Q_e - \int_0^{Q_e} f(Q)\,\mathrm{d}Q \tag{6.10}$$

式中，PS 为生产者剩余，式子右边的第一项表示厂商的总收益，即厂商实际接受的总支付，第二项表示厂商愿意接受的最小总支付。

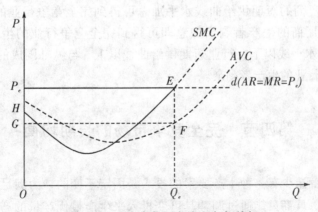

图 6.13　完全竞争厂商的生产者剩余

我们还可以从另一个角度计算生产者剩余。边际成本表示增加产量引起的成本增加额，在短期内，厂商的不变成本是不随产量的变化而变化的，所以所有边际成本的总和，即由于产量增加而带来的成本增加额的总和，必然等于可变成本的总和。因而，生产者剩余也可由厂商的总收益与其总可变成本的差额来定义。在图 6.13 中，厂商的

总收益为 □OP_eEQ_e 的面积，总可变成本为 □$OGFQ_e$ 的面积，故其生产者剩余为 □P_eEFG 的面积。

2. 生产者剩余与利润

生产者剩余与利润密切相关，但二者并不相等。生产者剩余等于总收益减去总可变成本，而利润等于总收益减去总成本，即

$$PS = TR - TVC \tag{6.11}$$

$$\pi = TR - TC = TR - TVC - TFC \tag{6.12}$$

这意味着在短期中，当总不变成本为正时，生产者剩余大于利润。同理，当厂商获得生产者剩余时，厂商不一定获得利润，而是有可能亏损，图 6.8 所示的情形即是如此。

3. 完全竞争行业的生产者剩余

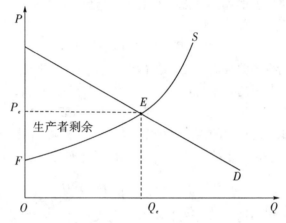

图 6.14　完全竞争行业的生产者剩余

由完全竞争厂商的短期供给曲线水平加总可得到完全竞争行业的短期供给曲线，同样的，将所有厂商的生产者剩余加总即可得到完全竞争行业的生产者剩余。如图 6.14 所示，价格水平线以下，行业短期供给曲线以上，与纵轴围成的部分 P_eEF 的面积即为完全竞争行业的生产者剩余。

第四节　完全竞争市场的长期均衡

在短期，厂商至少有一种生产要素的投入是固定不变的，为满足利润最大化的均衡条件 $MR = MC$，厂商只能通过调整其可变投入来生产最优产量的产品。由于时间太短，限制了厂商采用新技术的可能性，也使得厂商无法扩大或缩小其生产规模，以适应经济状况的变化。相反，在长期，厂商投入的所有生产要素都是可以改变的，厂商既可以改变其投入，也可以改变生产规模，以决定满足利润最大化均衡条件 $MR = MC$ 的最优产量。另外，在完全竞争市场中，所有的生产要素资源是可以完全自由地流动的，因此，厂商还将根据利润状况决定停止生产退出所在行业，或进入其他行业生产

其他产品。

一、完全竞争厂商长期均衡的最优生产规模选择

在短期，面对既定的市场价格，厂商在各种既定的生产规模，都将按照利润最大化均衡条件 $MR = MC$ 安排最优产量。在各种不同的短期规模下，厂商获得的短期最大利润是不同的，其中必有一种生产规模使厂商在既定价格下获得的长期利润最大。那么，哪一种规模是厂商在既定价格下获得最大长期利润的规模呢？在既定的市场价格下，厂商选择长期最优生产规模的过程可以用图 6.15 来说明。

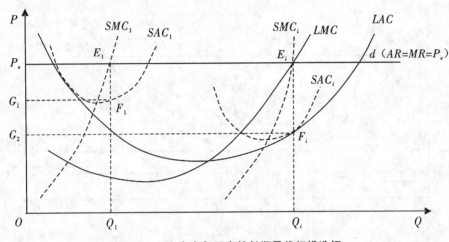

图 6.15　完全竞争厂商的长期最优规模选择

图·6.15 中，假定完全竞争厂商面对的既定的市场价格为 P_e。在短期，假定厂商以 SAC_1 和 SMC_1 表示的生产规模进行生产，那么，按照 $MR = SMC$ 的利润最大化均衡条件，厂商将选择在 Q_1 产量处进行生产，这时厂商获得的短期最大利润相当于 □$P_eE_1F_1G_1$ 的面积。

但从长期来看，由于厂商可以改变生产规模，这个短期最大利润却并不一定是长期的最大利润。在长期，厂商将根据 $MR = LMC$ 的原则，不断进行最优选择，当选择在 Q_i 产量处进行生产，这时厂商获得了长期最大利润，所获得的最大利润相当于 □$P_eE_iF_iG_i$ 的面积。产量 Q_i 对应着以 SAC_i 和 SMC_i 表示的最优生产规模，即：当完全竞争厂商面对的既定的市场价格为 P_e 时，在长期，厂商可以选择以 SAC_i 和 SMC_i 表示的最优生产规模进行生产，以获得最大的长期利润。**由此可见，在长期，完全竞争厂商根据 $MR = LMC$ 的原则选择最优生产规模，可以使本身的状况得到改善，从而获得比一般的短期生产更大的利润。**

二、完全竞争厂商进入或退出一个行业的决策

在短期，厂商按照 $MR = SMC$ 的原则选择最优的产量进行生产，可能获得最大利润，也可能是最小亏损。当价格低于平均可变成本时，由于厂商的不变要素投入不能自由流动，厂商只能选择停止营业。在长期，厂商按照 $MR = LMC$ 的原则选择最优的产

量进行生产，但由于厂商投入的所有要素资源都是可以自由流动的，所以，如果行业内的厂商可以获得正的超额利润，则其他厂商会进入该行业进行生产，这样，该行业的产品供给将增加，导致产品价格下降，超额利润减少直至消失；如果行业内的厂商出现亏损，则行业内将有厂商退出该行业生产，这样，该行业的产品供给将减少，导致产品价格上升，亏损减少直至消失。这种厂商自由进入或退出一个行业的过程影响着市场产品供给，使市场价格最终达到某一价格水平，这时，行业内的厂商不再退出，其他厂商也不再进入，从而达到厂商进入或退出一个行业的长期均衡状态。这一均衡的形成，可以用图 6.16 来说明。

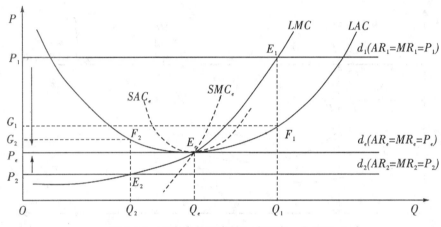

图 6.16　完全竞争厂商进入或退出一个行业

图 6.16 中，在长期，当完全竞争厂商面临的产品价格为 P_1 时，厂商按照利润最大化原则 $MR = LMC$ 选择最优的产量 Q_1 进行生产，这时厂商获得最大利润，最大利润额相当于 $\square P_1 E_1 F_1 G_1$ 的面积。由于厂商获得正的利润，其他厂商将进入该行业，市场上的产品供给就会增加，市场价格就会逐步下降，厂商利润将逐步减少。当市场价格水平下降到 P_e 时，厂商的利润减少为零，此时，新厂商将停止进入。

相反，当完全竞争厂商面临的产品价格为 P_2 时，厂商按照利润最大化原则 $MR = LMC$ 选择最优的产量 Q_2 进行生产，这时厂商产生亏损，亏损额相当于矩形 $P_2 E_2 F_2 G_2$ 的面积。由于厂商产生亏损，行业内的厂商将逐步退出该行业生产，市场上的产品供给就会减少，市场价格就会逐步上升，厂商亏损将逐步减少。当市场价格水平上升到 P_e 时，厂商的亏损减少为零，此时，行业内的厂商将停止退出。

总之，在长期，当市场价格为 P_e 时，厂商的经济利润为零，新厂商不再进入行业，行业内的厂商也不再退出，这称为实现了长期竞争性均衡（long - run competitive equilibrium）。长期竞争性均衡意味着：第一，行业内的厂商都达到利润最大化；第二，因为所有厂商的经济利润都为零，没有哪个厂商有动力进入或退出该行业；第三，产品的价格是供给量与消费者需求量相等时的价格。

图 6.16 中的 E_e 点是完全竞争厂商的长期均衡点。在该均衡点，长期平均成本曲线 LAC 达到最低点，相应的边际成本曲线 LMC 经过该点；厂商面临的需求曲线 d_e 与 LAC 曲线相切于该点；代表最优生产规模的 SAC_e 曲线与 LAC 曲线相切于该点，相应的

SMC_2曲线经过该点。总之，完全竞争厂商的长期均衡点出现在 LAC 曲线的最低点，此时，生产的平均成本降到长期平均成本的最低点，商品的价格也等于最低的长期平均成本。

综上所述，**完全竞争厂商的长期均衡条件为：**

$$MR = LMC = SMC = LAC = SAC \qquad (6.13)$$

式中，$MR = AR = P$。此时，厂商的利润为零。

从厂商实现长期均衡的动态过程来看，厂商因为有得到正的利润的机会而进入一个行业，因为产生亏损而退出一个行业，但最终实现长期均衡时，厂商得到的经济利润为零。这就产生了一个问题：既然厂商知道它们做好做坏的最后结果都与什么也不做一样，利润都是零，它们为什么还要进入或退出某行业呢？这是因为实现长期均衡需要很长的时间，而在短期内则有相当的利润或亏损。先进入某一有利润的行业的厂商比后进入的厂商可为它的投资者赚取更多的利润。类似地，先退出某无利润可图的行业的厂商可为它的投资者节省很多的成本。因此，长期均衡的概念告诉我们厂商可能要采取的行动方向。虽然最终利润为零，但厂商获得了正常利润，而且在达到长期均衡前可能获得短期利润。

三、完全竞争行业的长期供给曲线

在短期，厂商的规模既定，完全竞争行业内的厂商数目可以看成既定的。面对各种可能的市场价格，各不同的厂商会根据各自的规模按照 $MR = SMC$ 原则选择最优产量，这样就可以通过对各厂商的供给曲线水平加总而得到行业短期供给曲线。但在长期，由于厂商会随着市场价格变化，根据利润与亏损情况自由进入或退出行业，这样就无法确定在某一价格水平有多少厂商、生产多少产量，从而无法将各厂商的供给曲线加总来推导长期供给曲线。

在前面分析完全竞争厂商短期或长期均衡的过程中，始终隐含了一个假设前提，即不论是厂商根据市场价格增加或缩减产量，还是根据利润与亏损情况进入或退出行业，都假定生产要素的价格是不变的。然而，实际上，厂商增加或缩减产量，或者进入或退出某行业，都可能影响对生产要素的需求，从而影响生产要素的价格，也就是说可能影响厂商的生产成本。厂商的生产成本如果受到影响，则长期平均成本曲线 LAC 将发生移动，从而长期均衡点也将发生移动，只有在新的市场价格下才能实现新的长期均衡。而对于整个行业来说，意味着产量变化后将形成新的长期均衡价格，这样，各种产量水平与价格水平对应起来，构成完全竞争行业的长期供给曲线。分析长期供给曲线时，一般将完全竞争行业区分为三种类型，即成本不变行业、成本递增行业和成本递减行业。

（一）成本不变行业的长期供给曲线

成本不变行业的特点是，产量变化影响对生产要素的需求，但生产要素需求的变化并不影响生产要素的价格，即不管该行业产量如何变化，其投入的生产要素的价格保持不变。这样，不管该行业产量如何变化，厂商的长期平均成本曲线 LAC 不发生移动，长期均衡点保持不变。

图 6.17 表示成本不变行业长期供给曲线的推导。假设在初始时，行业处于由短期需求曲线 D_1 和短期供给曲线 S_1 的交点 E_1 决定的短期均衡，如图（b）所示。假设完全竞争行业的短期均衡价格为 P_1 时，图（a）中的厂商 i_1 恰好在 LAC 曲线的最低点 E 实现长期均衡，厂商的利润为零。此时不再有厂商进入或退出行业，故 E 点是完全竞争厂商的长期均衡点，对应的 E_1 则必是完全竞争行业的一个长期均衡点，这也表明当长期均衡价格为 P_1 时，行业的长期均衡产量为 Q_1，即 E_1 在长期供给曲线上。此时，厂商的均衡产量为 Q_{i_1}，行业的均衡产量为 Q_1，并且有 $Q_1 = \sum_{i=1}^{n} Q_{i_1}$。

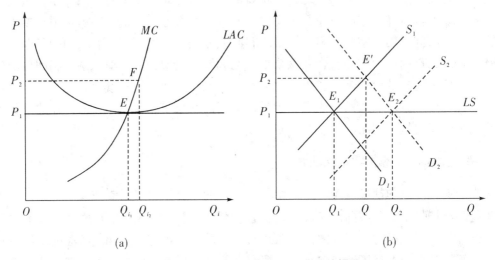

图 6.17　成本不变行业长期供给曲线的推导

为了得到长期供给曲线上的其他点，假定产品的市场需求由于某种因素的影响而意外增加，图（b）中的行业需求曲线 D_1 移动到 D_2，行业的短期均衡点相应地由 E_1 移动到 E'，对应的行业短期均衡价格由 P_1 上升到 P_2。由于市场价格发生改变，图（a）中的厂商必然按利润最大化原则 $MR = MC$ 调整生产规模，均衡产量由 Q_{i_1} 增加到 Q_{i_2}，此时厂商获得了正的利润。正的利润的存在会吸引新的厂商进入该行业，导致该行业的产品供给增加。

一方面，产品供给增加导致对生产要素的需求增加，但由于是成本不变行业，生产要素的价格不会发生变化，图（a）中的厂商的长期平均成本曲线的位置不变。另一方面，产品供给增加将使图（b）中的行业供给曲线 S_1 向右移动。随着 S_1 的右移，行业短期均衡点 E' 将沿着需求曲线 D_2 向下滑动，行业均衡价格不断下滑。在价格下滑过程中，只要价格高于 P_1，厂商就有正的利润，新厂商就会不断被吸引进入，产品供给就会不断增加，均衡价格就将继续下滑。只有当短期均衡点移动到 E_2，此时价格下滑到 P_1，行业中的厂商又达到利润为零的长期均衡状态。这时不再有厂商进入或退出，行业达到新的长期均衡。E_2 是新的长期均衡点，在行业长期供给曲线上，对应的均衡价格为 P_1，均衡产量为 Q_2。此时，行业的均衡产量由 Q_1 增加到 Q_2，由于原有厂商又回到长期均衡点，产量还是原来的均衡产量，所以行业新增的产量是新进入的厂商提供的。

E_1、E_2 都是行业长期均衡点，将这两点连起来的直线 LS 就是行业长期供给曲线。成本不变行业的长期供给曲线是一条水平线，该线对应的长期均衡价格等于厂商的最低长期平均成本。市场需求变化会引起行业长期均衡产量同方向变化，但行业长期均衡价格不变。

(二) 成本递增行业的长期供给曲线

成本递增行业的特点是，完全竞争行业产量增加对生产要素的需求会相应增加，生产要素的价格会相应上升。这样，该行业产量的变化，会引起厂商的长期平均成本曲线 LAC 发生移动，长期均衡点相应发生变动。如，如果行业使用的熟练劳动力因短期需求增加而出现供给短缺，就会出现成本增长的情况。

图 6.18 表示成本递增行业长期供给曲线的推导。假设在初始时，行业处于由短期需求曲线 D_1 和短期供给曲线 S_1 的交点 E_1 决定的短期均衡，如图 (b) 所示。假设完全竞争行业的短期均衡价格为 P_1 时，图 (a) 中的厂商 i_1 恰好在 LAC_1 曲线的最低点 E 实现长期均衡，厂商的利润为零。此时不再有厂商进入或退出行业，故 E 点是完全竞争厂商的长期均衡点，对应的 E_1 则必是完全竞争行业的一个长期均衡点，这也表明当长期均衡价格为 P_1 时，行业的长期均衡产量为 Q_1，即 E_1 在长期供给曲线上。此时，厂商的均衡产量为 Q_{i_1}，行业的均衡产量为 Q_1，并且有 $Q_1 = \sum_{i=1}^{n} Q_{i_1}$。

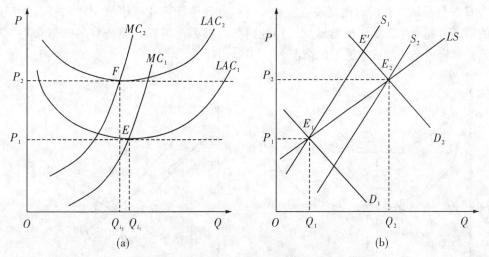

图 6.18　成本递增行业长期供给曲线的推导

为了得到长期供给曲线上的其他点，假定产品的市场需求由于某种因素的影响而意外增加，图 (b) 中的行业需求曲线 D_1 移动到 D_2，行业的短期均衡点相应地由 E_1 移动到 E'。与成本不变行业类似，由于行业短期均衡价格上升，图 (a) 中的厂商必然按利润最大化原则 $MR = MC$ 调整生产规模，从而获得了正的利润。正的利润的存在会吸引新的厂商进入该行业，导致该行业的产品供给增加。

一方面，导致对生产要素的需求增加，由于是成本递增行业，生产要素的价格上涨，图（a）中的厂商的长期平均成本曲线向上移动，边际成本曲线相应移动。另一方面，将使图（b）中的行业供给曲线 S_1 向右移动。随着 S_1 的右移，行业短期均衡点 E' 将沿着需求曲线 D_2 向下滑动，行业均衡价格不断下滑。在产量增加、价格下滑的过程中，生产要素价格在上升，相应的厂商长期均衡点向上移动。

在这动态变化过程中，只要行业短期均衡价格高于相应的厂商长期均衡点，厂商就有正的利润，新厂商就会不断被吸引进入，产品供给就会不断增加，行业短期均衡价格就将继续下滑，厂商长期均衡点就会不断上移。只有当行业短期均衡点移动到 E_2，此时价格下滑到 P_2，行业中的厂商刚好又达到利润为零的长期均衡状态，这时不再有厂商进入或退出，行业达到新的长期均衡。E_2 是新的长期均衡点，在行业长期供给曲线上，对应的均衡价格为 P_2，均衡产量为 Q_2。此时，行业的均衡产量由 Q_1 增加到 Q_2，行业新增的产量是原有厂商调整及新进入的厂商生产综合带来的。

E_1、E_2 都是行业长期均衡点，将这两点连起来就得到行业长期供给曲线 LS。成本递增行业的长期供给曲线向右上方倾斜，它表明，在长期，行业的产品价格和供给量成同方向变化。市场需求的变动不仅会引起行业长期均衡价格的同方向变动，同时会引起行业长期均衡产量同方向变化。

（三）成本递减行业的长期供给曲线

成本递减行业的特点是，完全竞争行业产量增加，对生产要素的需求会相应增加，而生产要素的价格反而下降。这样，该行业产量的变化会引起厂商的长期平均成本曲线 LAC 发生移动，长期均衡点相应发生变动。如，由于行业规模扩大增加了对生产要素的需求，刺激生产要素供给增加，行业内的厂商因此可以以更便宜的价格获得生产要素，这样就会出现成本递减的情况。

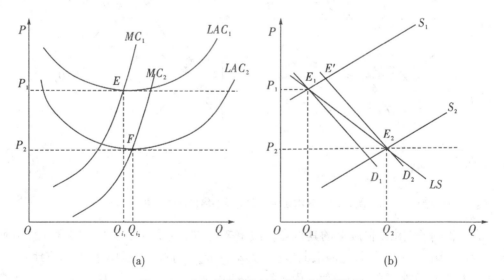

(a)   (b)

图 6.19 成本递减行业长期供给曲线的推导

图 6.19 表示成本递减行业长期供给曲线的推导。假设在初始时，行业处于由短期需求曲线 D_1 和短期供给曲线 S_1 的交点 E_1 决定的短期均衡，如图（b）所示。假设完全竞争行业的短期均衡价格为 P_1 时，图（a）中的厂商 i_1 恰好在 LAC_1 曲线的最低点 E 实现长期均衡，厂商的利润为零。此时不再有厂商进入或退出行业，故 E 点是完全竞争厂商的长期均衡点，对应的 E_1 则必是长期竞争行业的一个长期均衡点。这也表明当长期均衡价格为 P_1 时，行业的长期均衡产量为 Q_1，即 E_1 在长期供给曲线上。此时，厂商的均衡产量为 Q_{i_1}，行业的均衡产量为 Q_1，并且有 $Q_1 = \sum_{i=1}^{n} Q_{i_1}$。

为了得到长期供给曲线上的其他点，假定产品的市场需求由于某种因素的影响而意外增加，图（b）中的行业需求曲线 D_1 移动到 D_2，行业的短期均衡点相应地由 E_1 移动到 E'。与成本不变行业类似，由于行业短期均衡价格上升，图（a）中的厂商必然按利润最大化原则 $MR = MC$ 调整生产规模，从而获得了正的利润。正的利润的存在会吸引新的厂商进行该行业，导致该行业的产品供给增加。

一方面，产品供给增加导致对生产要素的需求增加，由于是成本递减行业，生产要素的价格下降，图（a）中的厂商的长期平均成本曲线向下移动，边际成本曲线相应移动。另一方面，产品供给增加将使图（b）中的行业供给曲线 S_1 向右移动。随着 S_1 的右移，行业短期均衡点 E' 将沿着需求曲线 D_2 向下滑动，行业均衡价格不断下滑。在产量增加、价格下滑的过程中，生产要素价格也在下滑，相应的厂商长期均衡点向下移动。

在这动态变化过程中，只要行业短期均衡价格高于相应的厂商长期均衡点，厂商就有正的利润，新厂商就会不断被吸引进入，产品供给就会不断增加，行业短期均衡价格就将继续下滑，厂商长期均衡点也会不断下移。只有当行业短期均衡点移动到 E_2，此时价格下滑到 P_2，行业中的厂商刚好又达到利润为零的长期均衡状态，这时不再有厂商进入或退出，行业达到新的长期均衡。E_2 是新的长期均衡点，在行业长期供给曲线上，对应的均衡价格为 P_2，均衡产量为 Q_2。此时，行业的均衡产量由 Q_1 增加到 Q_2，行业新增的产量是原有厂商调整及新进入的厂商生产综合带来的。

E_1、E_2 都是行业长期均衡点，将这两点连起来就得到行业长期供给曲线 LS。成本递减行业的长期供给曲线向右下方倾斜，它表明在长期，行业的产品价格和供给量呈反方向变化。市场需求的变动不仅会引起行业长期均衡价格的反方向变动，同时会引起行业长期均衡产量同方向变化。

第五节　完全竞争市场与资源配置

一、"看不见的手"的资源配置作用

一般来说，在完全竞争市场中，"看不见的手"能够有效地配置资源。那么，"看不见的手"是如何配置资源的呢？下面以玉米和小麦市场为例予以说明。

假设开始时玉米市场和小麦市场都处于长期均衡状态，后来，由于某种原因消费者对玉米和小麦的偏好发生了改变，消费者更加喜欢玉米，而对小麦不那么感兴趣了。这样一来，不论是在短期还是在长期，市场对玉米和小麦生产的资源配置都将发生改变。

在短期，农场租用来种植玉米和种植小麦的土地是固定不变的，相当于厂商生产玉米和小麦的规模不变。由于消费者更加喜欢玉米，对玉米的需求增加从而使玉米的价格上升。同样，由于对小麦的需求减少，小麦的价格下降。由于价格的变化，生产玉米变得有利可图，而生产小麦将产生亏损，这将引起用于玉米和小麦生产的资源的重新配置。一些生产玉米和小麦通用的可变投入要素，如肥料、劳动等，将从小麦生产转移到玉米生产上去。一些不通用的可变投入要素，生产者也可以通过市场转让小麦生产的投入要素，换取玉米生产的投入要素。如此一来，在短期内，玉米的产量将提高，小麦的产量将降低。

在长期，农场将调整用于种植玉米和小麦的土地，使生产玉米和生产小麦的规模发生改变。由于亏损，原有的一些生产小麦的农场将会退出小麦生产；同时也有一些农场会因利润的吸引而进入玉米生产。这样，小麦由于供给减少引起价格上升，小麦生产的亏损逐渐减少；而玉米则因供给增加而引起价格下降，玉米生产的利润随之降低。但只要玉米生产还存在利润，小麦生产还存在亏损，这种资源配置的调整就会继续。一直到玉米生产的利润和小麦生产的亏损都为零，也就是达到新的长期均衡，生产者也就完成了对资源的重新配置。

在上述资源重新配置的过程中，并不存在一个指挥行业进入或退出的机构或组织，生产者只是按照追求利润最大化的目标，根据市场价格的变化自发地调整生产资源的投向。在完全竞争市场中，价格机制这只"看不见的手"在指挥着资源的有效配置。

需要注意的是，上述事例说明的是资源在两种产品或两个行业中重新配置的情况，实际上资源重新配置时还会对这两种产品或两个行业以外的产品或行业造成影响。如上例中小麦生产的投入要素不一定适用于玉米生产，这时，小麦生产的投入要素就会转移到其他适用的产品或行业中去；同样，玉米生产需要增加的投入要素也不一定全来自小麦生产，有一部分可能是从其他产品或行业中转移来的。这样，资源就在各相关行业都进行了全面的重新调整与配置。关于这一点可用以后将学到的一般均衡理论加以分析。

二、影响资源有效配置的因素

在现实经济中，存在着多种因素干扰着"看不见的手"，使资源配置发生扭曲，影响消费者剩余和生产者剩余的充分实现。常见的影响因素有价格控制、税收等。

（一）价格控制

价格控制是指政府对市场均衡价格的干预，通常根据不同情况采用最高限价与最低限价的形式。下面以最高限价为例分析价格控制对资源有效配置的影响。（如图6.20所示）

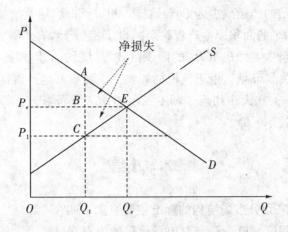

图 6.20 最高限价对资源配置的影响

某产品市场均衡价格为 P_e，均衡产量为 Q_e。政府制定的最高限价为 P_1，低于均衡价格 P_e。由于最高限价低于均衡价格，生产者愿意供给的产量从均衡产量 Q_e 下降到 Q_1。这时，消费者剩余增加了相当于□P_eBCP_1 的面积，但同时减少了△ABE 的面积；生产者剩余减少了相当于▱P_eECP_1 的面积。生产者剩余减少的部分中，□P_eBCP_1 表示的剩余被消费者得到，而△BCE 的面积是净损失。可见，由于最高限价的控制，消费者和生产者的总剩余发生了净损失，这个净损失称为"无谓损失"，其大小相当于图中△ACE 的面积。无谓损失的存在，说明最高限价使得资源配置效率下降。

（二）税收

政府可以对生产者征税，也可以对消费者征税。下面以对生产者征税为例说明其对资源配置的影响。

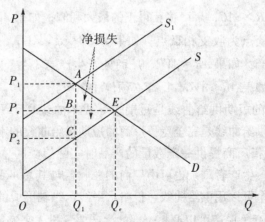

图 6.21 税收对资源配置的影响

如图 6.21 所示，某产品市场均衡价格为 Q_e，均衡产量为 Q_e。政府对生产者销售商品征税，这将导致生产者供给减少，供给曲线由 S 移到 S_1，两条供给曲线之间的垂直距离 CA 表示税率，即单位产品的征税额。这时，消费者购买产品的价格由 P_e 提高为 P_1，而生产者缴纳税收后实际得到的价格为 P_2。由于实际得到的价格低于均衡价格

P_e，生产者愿意供给的产量减少为 Q_1。这样，相对于市场均衡的情况，消费者剩余减少了相当于 $\triangle P_1AEP_e$ 的面积；生产者剩余减少了相当于 $\triangle P_2CEP_e$ 的面积。消费者和生产者减少的总剩余中，$\square P_1ACP_2$ 的面积由政府以税收的形式得到，而 $\triangle ACE$ 的面积就是福利的净损失。可见，由于征税的影响，消费者和生产者的总剩余发生了净损失，即"无谓损失"，其大小相当于图中三角形 ACE 的面积。无谓损失的存在，说明征税使得资源配置效率下降。

本章小结

1. 经济学中用来划分市场结构的标准主要有如下四个：市场上厂商的数目、厂商生产的产品的差别程度、单个厂商对市场价格的控制程度、要素流动程度。根据这些标准，市场结构可分为四类：完全竞争市场、垄断竞争市场、寡头垄断市场、完全垄断市场。

2. 完全竞争市场必须具备如下四个条件：市场上有众多的买者和卖者、市场上的产品是完全同质的、生产要素可以完全自由流动、交易双方掌握的信息都是完全的。在完全竞争市场中，交易双方都是价格接受者，厂商在长期均衡时经济利润为零。

3. 在完全竞争市场中，厂商及其消费者都是价格接受者，故厂商面临的对其产品的需求曲线是从既定的市场价格出发的一条水平线。厂商的平均收益曲线、边际收益曲线都与该需求曲线重合。

4. 完全竞争厂商实现利润最大化或亏损最小化的均衡条件是：边际收益等于边际成本，即 $MR=MC$。

5. 在短期，完全竞争厂商通过对产量的调整来实现均衡条件 $MR=SMC$。当实现 $MR=SMC$ 时，如果 $AR>SAC$，厂商将获得正的最大利润；如果 $AR=SAC$，厂商获得的利润为零，这时的均衡点为收支相抵点；如果 $SAC>AR>AVC$，厂商将产生最小的亏损，但仍然要继续生产；如果 $AR=AVC$，厂商处于生产与不生产的临界点，这时的均衡点为停止营业点；如果 $AR<AVC$，厂商必须停止生产。

6. 完全竞争厂商的短期供给曲线是短期边际成本曲线高于平均可变成本的部分。完全竞争行业的短期供给曲线是完全竞争厂商的短期供给曲线的水平加总。

7. 生产者剩余是指厂商提供一定数量的产品时实际接受的总支付和愿意接受的最小总支付之间的差额。生产者剩余也可由厂商的总收益与其总可变成本的差额来定义。在图形上，生产者剩余可以用供给曲线、价格水平线、纵轴围成的图形的面积来表示。

8. 在长期，完全竞争厂商可以调整全部的生产要素投入来实现均衡条件 $MR=MC$。厂商对全部生产要素的调整表现为两个方面：一方面，厂商在每一个产量水平上都选择最优的生产规模进行生产；另一方面，厂商可以根据行业内厂商的利润与亏损情况，选择进入或退出一个行业。在长期均衡时，完全竞争厂商的利润为零。

9. 完全竞争行业的长期供给曲线有三种情况：成本不变行业的长期供给曲线是一条水平线；成本递增行业的长期供给曲线向右上方倾斜；成本递减行业的长期供给曲

线向右下方倾斜。

10. 完全竞争市场能够有效地配置资源，而价格控制、税收等干预措施将带来无谓损失，从而降低资源配置效率。

复习与思考题

一、名词解释

完全竞争市场　　停止营业点　　生产者剩余　　长期竞争性均衡

成本不变行业

二、单项选择题

1. 假定在某一产量水平上，某厂商的平均成本达到了最小值，这意味着（　　）。

　　A. 边际成本等于平均成本　　　　　B. 厂商获得了最大利润

　　C. 厂商获得了最小利润　　　　　　D. 厂商的超额利润为零

2. 在完全竞争的情况下，需求曲线与平均成本曲线相切是（　　）。

　　A. 厂商在短期内要得到最大利润的充要条件

　　B. 某行业的厂商数目不再变化的条件

　　C. 厂商在长期内要得到最大利润的条件

　　D. 厂商在长期内亏损最小的条件

3. 在完全竞争市场上，已知某厂商的边际成本和边际收益曲线的交点位于平均可变成本曲线以下，按照利润最大化原则，他应该（　　）。

　　A. 增加产量　　　　B. 停止生产　　　　C. 减少产量　　　　D. 以上措施都可以

4. 完全竞争市场中的厂商总收益曲线的斜率为（　　）。

　　A. P　　　　　　B. 1　　　　　　　C. 0　　　　　　　D. 无法确定

5. 在完全竞争市场中，行业的长期供给曲线取决于（　　）。

　　A. SAC 曲线最低点的轨迹　　　　B. SMC 曲线最低点的轨迹

　　C. LAC 曲线最低点的轨迹　　　　D. LMC 曲线最低点的轨迹

6. 成本递增行业的长期供给曲线是（　　）。

　　A. 水平直线　　　　　　　　　　　B. 自左向右上倾斜

　　C. 垂直于横轴　　　　　　　　　　D. 自左向右下倾斜

7. 下列哪一项不是完全竞争行业的特点（　　）。

　　A. 厂商数量众多　　　　　　　　　B. 厂商可以自由出入这一行业

　　C. 同质产品　　　　　　　　　　　D. 竞争对手之间有激烈的价格竞争

8. 一完全竞争厂商每天的总收入为 8000 元，这是其利润最大化的产出。厂商的平均成本为 8 元，边际成本为 10 元，平均可变成本为 5 元，其每天的产出为（　　）。

　　A. 200 单位　　　　B. 400 单位　　　　C. 625 单位　　　　D. 800 单位

9. 上题中厂商的总不变成本为（　　）。

　　A. 3 元　　　　　　B. 100 元　　　　　C. 500 元　　　　　D. 2400 元

10. 上题中厂商每天的利润为（　　）。

　　　A. -800元　　　　B. 0元　　　　　　C. 800元　　　　　D. 1600元

11. 李明租用一临街店铺经营餐馆，每日租金200元，租期一年。每日用于采购原料和支付工资等开支合计180元，如每日营业收入为320元，他（　　）。

　　　A. 有盈利　　　　　　　　　　　B. 收支相抵

　　　C. 亏损，但应继续经营　　　　　D. 应该停业

12. 完全竞争厂商的"收支相抵点"发生在下列哪一个产出水平上？（　　）

　　　A. $MC=AC$　　　B. $AVC=AFC$　　　C. $MC=AVC$　　　D. $AC=AVC$

13. 完全竞争厂商的"停止营业点"发生在下列哪一个产出水平上？（　　）

　　　A. $MC=AC$　　　B. $AVC=AFC$　　　C. $MC=AVC$　　　D. $AC=AVC$

14. 完全竞争厂商在长期均衡状态下，在成本不变的行业中，产量的增加量（　　）。

　　　A. 完全来自新厂商

　　　B. 完全来自原有厂商

　　　C. 要么完全来自新厂商，要么完全来自原有厂商

　　　D. 部分来自新厂商，部分来自原有厂商

15. 若生产要素的价格和数量变化方向相同，则该行业是（　　）。

　　　A. 成本不变行业　　　　　　　　B. 成本递增行业

　　　C. 成本递减行业　　　　　　　　D. 无法确定

三、判断题

1. 完全竞争厂商的平均收益曲线AR、边际收益曲线MR和需求曲线d三条线重叠。（　　）

2. 面对既定的价格P，厂商按利润最大化原则$MR=MC$确定产量就一定能获得利润。（　　）

3. 当发生亏损时，厂商应该停止生产以减少损失。（　　）

4. 完全竞争厂商的短期供给曲线就是它的短期边际成本曲线。（　　）

5. 当厂商处于停止营业点时，$AR=AVC$。（　　）

四、计算题

1. 某完全竞争厂商的短期总成本函数为$TC=20+2Q+Q^2$。求：

（1）产品价格$P=6$时，最大化利润是多少？

（2）产品价格$P=6$时，利润最大化时的TC、VC、FC、AC、AVC、AFC和MC。

（3）产品价格$P=8$时，该厂商是否应该继续生产？

2. 假定某完全竞争行业中有500家完全相同的厂商，每个厂商的短期成本函数均为$STC=0.5Q^2+Q+10$。求：

（1）市场的供给函数。

（2）假定市场需求函数为$Q_d=4000-400P$，市场均衡价格为多少？

（3）假定对每单位产品征收0.9元的销售税，新的市场均衡价格和产量为多少？

厂商和消费者的税收负担各为多少？

3. 假定在一个完全竞争的成本不变行业中，单个厂商的长期成本函数为 $LTC = Q^3 - 40Q^2 + 600Q$，该市场的需求函数为 $Q_d = 13\ 000 - 5P$。求：

（1）该行业的长期供给曲线。

（2）该行业实现长期均衡时的厂商数量。

五、思考题

1. 完全竞争市场有哪些基本特征？

2. 为什么完全竞争厂商的短期供给曲线是 SMC 曲线上等于和高于 AVC 曲线最低点的部分？

3. 分析完全竞争市场长期均衡实现的过程和特点。

第七章　不完全竞争市场

上一章介绍的完全竞争市场是一种理想的市场结构，现实中存在着大量的非完全竞争市场。本章重点阐述不完全竞争市场及相关理论。不完全竞争市场分为完全垄断市场、垄断竞争市场和寡头垄断市场。

第一节　完全垄断市场

一、完全垄断市场的含义及特征

所谓完全垄断市场又称纯粹垄断市场，或称独占市场，是指整个行业的全部产品的生产和销售由唯一的一家厂商控制的市场结构。完全垄断市场具有以下几个基本特征：

第一，市场上只有一家厂商。市场的所有产品都由该厂商生产和销售，一家厂商就构成了整个行业。

第二，**没有近似的替代品**。完全垄断厂商所提供的产品，没有十分相近的替代品，这意味着该厂商的外部不存在产品竞争。

第三，**独自决定价格**。完全垄断厂商不是价格的接受者，而是价格的制定者，他可以利用各种手段决定价格，达到垄断的目的。

第四，**其他厂商几乎无法进入该行业**。与完全竞争市场要素自由流动不同，完全垄断市场存在进入障碍，其他厂商无法参与竞争，几乎无法进入该行业。

二、完全垄断市场形成的原因

完全垄断市场形成的基本原因，是由于其他厂商进入产业的障碍以及垄断厂商本身拥有的成本优势。

1. 进入产业的障碍

（1）法令限制：政府设有各种限制，新厂商不易进入许多产业（例如，电信、电力等产业）或职业（例如，医师及律师等需领执照等）。

（2）专利权：政府对发明者提供若干年专利，禁止别人剽窃他们的智慧财产。

（3）战略性资源的控制：完全垄断者拥有生产该商品所需的关键性原料，竞争对手不易加入。例如 De Beers 公司控制了全球大部分的钻石矿权。

2. 成本优势

（1）规模经济：如果一个厂商的经济规模极大，当它达到极高的产量后，平均成本仍然在渐减中，那么这厂商就能够以低成本击败任何潜在的竞争对手。此种情况一般称为"自然垄断"（natural monopoly），最容易出现在需要大规模且平均成本递减的产业上，譬如水电、煤气等产业。

（2）技术领先：厂商在技术研究发展方面的投资成效，可能使该厂商的技术处于领先水平，生产成本低廉，从而超越竞争对手。比方说，IT 业中的英特尔公司在生产个人电脑的中心处理器上，就具有领先优势，使其在该产品上享有垄断的地位。

三、完全垄断厂商的需求曲线和收益

（一）完全垄断厂商的需求曲线

在完全垄断市场中，因为厂商是唯一的生产者，所以它是一个"价格追寻者"，可借着降低价格出售更多的产品。在完全竞争市场中，厂商则是"价格接受者"（接受市场上的价格），在市场决定的价格下，可以出售它所想要出售的数量。因此，在完全竞争条件下，每一个价格接受者（厂商）所面对的是一条与横轴平行的需求曲线；**在完全垄断市场中，每一个价格追寻者（完全垄断厂商）所面对的则是全社会的向下倾斜的需求曲线**，见图 7.1。

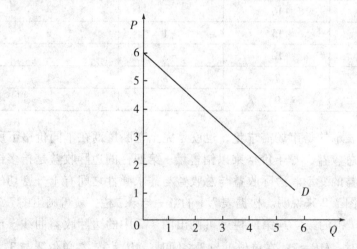

图 7.1 完全垄断厂商的需求曲线

（二）完全垄断厂商的收益

在收益方面，完全垄断者与完全竞争厂商截然不同。完全竞争厂商是价格的接受者，面临的是一条水平的需求曲线，所以它可以在固定价格下，出售任何它想出售的数量，市场价格不会受到影响。但完全垄断者不同，它是市场上唯一的供给者，因此整个市场的需求曲线就是完全垄断厂商面对的需求曲线。完全垄断者若想要增加销售量，势必要降低价格才可以，因为市场需求曲线具有负斜率。在此种情形下平均收益（AR）与边际收益（MR）就会出现差异。我们以表 7.1 来举例说明垄断厂商总收益、

平均收益、边际收益之间的关系。

首先要说明一个重要基本观念，市场需求曲线（D）就是垄断厂商的平均收益曲线（AR），见图 7.2，因此第一栏的价格也就等于第五栏的平均收益。因为就完全垄断者而言，市场的购买量就是完全垄断厂商的销售量。以表 7.1 为例，当价格为 2 元时，市场需求量为 6 单位，垄断者的总收益为 12 元，因此平均收益为 2 元；当价格为 5 元时，市场需求为 3 个，垄断者总收益为 15 元，平均收益亦为 5 元。因为消费者在购买商品时，会根据价格高低决定一次买多少。所以当时的价格，就是买方每买一个商品的平均支出，也就是卖方每卖一个的收入，也就是厂商的平均收益。事实上，因为交易习惯都是先谈好价钱，再决定一次买几个，因此价格就会等于平均收益。如果交易情况出现了交易价格与数量同时变动的情况，价格就不会等于平均收益。

表 7.1　　　　　　　　　垄断者总收益、边际收益与平均收益的关系

（1）价格	（2）数量	（3）总收益 = (1) × (2)	（4）边际收益 = Δ (3) ÷ (2)	（5）平均收益 = (3) ÷ (2)
8	0	0	—	8
7	1	7	7	7
6	2	12	5	6
5	3	15	3	5
4	4	16	1	4
3	5	15	−1	3
2	6	12	−3	2
1	7	7	−5	1
0	−7	0	—	—

表 7.1 中，第二栏表示的是市场需求量，也就是完全垄断厂商在不同价格下所能销售的数目。第三栏为总收益，等于价格乘以销售量。第四栏的边际收益是指多销售一单位时，所造成总收益的变动。边际收益与总收益与需求弹性之间有十分密切的关系，让我们以表 7.1 及图 7.2 来说明。根据表 7.1 的第一与第二栏，就可画出图 7.2 中的需求曲线；根据表 7.l 中的第二与第四栏就可画出图 7.2 中的边际收益曲线。比方说，在单位 0 与 1 之间时，$MR = 7$；在单位 1 与 2 之间时，$MR = 5$；在单位 2 与 3 之间时，$MR = 3$……其余以此类推。当需求曲线有弹性时（$E > 1$），边际收益为正值；当需求曲线弹性变成 1 时（$E = 1$），边际收益等于零；当需求曲线弹性变小时（$E < 1$），边际收益变成负值。

从这样的关系中，我们就可以给出判断：垄断的厂商绝不会在边际效益等于零或负数时生产。也就是说，在本例中，他会生产的数量不会等于或超过 4 单位。在需求弹性大于 1 时，价格下跌，总收益会增加，因此边际收益是正值。当弹性变成 1 时，总收益不变，因此边际收益等于零（因为边际收益 = $\Delta TR / \Delta Q$，当 $\Delta TR = 0$ 时，$MR = 0$）。当弹性小于 1 时，总收益会下降，因此边际收益就变成了负值。追求利润最大的

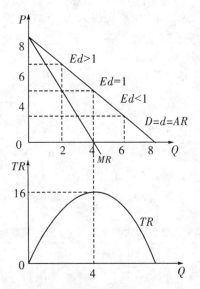

图 7.2　完全垄断厂商总收益、弹性与总收益的关系

完全垄断厂商，也就只会在需求曲线弹性大于 1 的 AC 部分生产。

四、完全垄断厂商的短期均衡与长期均衡

完全垄断厂商与任何其他厂商的目的相同，都在追求利润最大。而追求利润最大的基本原则也相同，应达到边际收益等于边际成本的条件，即 $MR = MC$。因为若 $MR > MC$，表示多生产一个产品的边际收益会大于边际成本，此时厂商自然应该增加产出；相反，$MR < MC$，表示收入不敷支出，厂商应该减少支出。唯有当 $MR = MC$ 时，厂商才能满足利润最大的条件。但除了 $MR = MC$ 以外，厂商还必须考虑时间因素。

因此，**完全垄断厂商的短期内的最适产量，也就是短期均衡应该是：若价格不低于平均可变成本时（$P \geqslant AVC$），在边际收益等于边际成本（$MR = MC$）处生产。**

完全垄断厂商长期的最适产量是：若价格不低于平均总成本时（$P \geqslant ATC$），在边际收益等于边际成本（$MR = MC$）处生产。

让我们以图 7.3 来说明。当完全垄断厂商的产量为 Q_0 时（$MR = MC$ 时的产量），他就获得了最大利润。在 Q_0 处，$P_0 > AVC$（$AVC = 1$），因为价格大于平均可变成本，完全垄断厂商在短期内仍会生产。在 Q_0 处，$P_0 > ATC$（$ATC = G$），所以，完全垄断厂商在长期内也将生产。在 Q_0 处，完全垄断厂商的利润等于 $GFEP_0$，也就是平均单位利润（$P - ATC$）乘以产量 $= (P - G) \cdot Q_0$。当然，完全垄断厂商也可能亏本而倒闭。如果固定成本较高，使得 Q_0 处的 $ATC > P_0$，但 $P_0 > AVC$，那么完全垄断厂商在短期内仍然生产，但长期内则要考虑关闭。

例如在图 7.4 中，完全垄断厂商决定生产的话，最优产出水准仍然是 $MR = MC$ 时，即是 $Q_0 = 3$。在短期内，因为 $P = 10$ 元，超过 AVC（6 元），所以完全垄断厂商会生产，但会发生 6 元的损失。值得注意的是，如果不生产，那么固定成本的损失会是

(12−6)×3＝18 元，也就是说，由于生产使损失由 18 元减到 6 元，省下了 12 元的损失。但是在长期内，因为 P ＝10 元，不敷 ATC 的 12 元，所以完全垄断厂商面临关闭的选择。

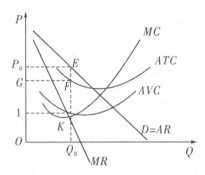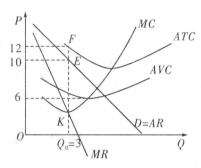

图 7.3　完全垄断厂商短期求取最大利润　　图 7.4　完全垄断垄断厂商长期内面临关闭的选择

五、完全垄断厂商无供给曲线

供给曲线告诉我们在每一个价格下，厂商所愿意生产的数量。但是完全垄断厂商不是价格接受者，它们可以自行制定售价。因此我们不可能建立完全垄断厂商的供给曲线，来表示某一价格下它愿意生产的数量，完全垄断厂商经常在价格上升时增加供给，但也可能在价格上升时减少供给。在面对不同的价格下，完全竞争厂商会依边际成本大小来决定其最适产量，因此边际成本曲线成为完全竞争厂商的短期供给曲线，且价格与产量会有一对一的关系。但完全垄断厂商不会如此做，因为完全垄断厂商必须同时考虑产量与价格的关系。所以当它面对不同的需求曲线时，在面对同样的价格下却可能会有不同的产量。比方说在图 7.5 中，我们假设有两种不同的市场情况。第一种情况的市场需求弹性较大（D_1），第二种弹性较小（D_2），而两种市场的 MR 都与完全垄断厂商的边际成本（MC）相交于 E 点上。也就是说，在两种不同的市场情况下，完全垄断厂商都会生产相同的产量（Q_1）。但是在弹性较大的 D_1 上，完全垄断厂商所定的价格为 P_1；在 D_2 时，完全垄断厂商的定价则为 P_2。本例说明，即使产量相同，但因为市场情况，完全垄断厂商会定出不同的价格。**所以对完全垄断厂商而言，供给曲线不存在。**

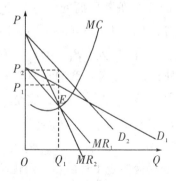

图 7.5　完全垄断厂商没有供给曲线

六、完全垄断厂商的价格歧视

在完全竞争市场上，同一商品有完全相同的市场价格，也就是说，完全竞争厂商在价格上对任何消费者均是一视同仁的。但是由于完全垄断厂商的特殊垄断地位，使得它可以实行价格歧视。**价格歧视又称价格差别，是指完全垄断厂商对成本基本相同的同种商品在不同的市场上以不同的价格出售。**由于同种商品的成本基本相同，这种价格差别并不是因为产品本身成本存在差别，因而带有歧视的性质。例如：供电部门根据不同时刻的需求确定不同的电价；医生根据病人的富有程度收取不同费用；公交公司对公共汽车的盈利线路和亏损线路实行不同的价格；航空公司根据旅游旺季和淡季实行不同的客运价格；出口商品实行出口价和内销价等等，都可视为价格歧视。

1. 实行价格歧视的条件

实行价格歧视的目的是要获得经济利润。要使价格歧视得以实行，一般须具备三个条件：

第一，市场存在不完善性。当市场存在竞争信息不通畅，或者由于种种原因被分隔时，垄断者就可以利用这一点实行价格歧视。

第二，市场需求弹性不同。当购买者分别属于对某种产品的需求价格弹性差别较大的不同市场，而且垄断厂商又能以较小的成本把这些市场区分开来，垄断厂商就可以对需求弹性小的市场实行高价，以获得垄断利润。

第三，市场之间的有效分割。它是指垄断厂商能够根据某些特征把不同市场或同一市场的各部分有效地分开。市场有效分割的实质就是厂商能够防止其他人从差别价格中套利。

很明显，完全垄断市场具备上述条件，所以完全垄断厂商可以实行价格歧视。

2. 价格歧视的类型

在经济学上，**根据价格差别的程度不同而把价格歧视分为一级价格歧视、二级价格歧视和三级价格歧视三种类型。**

一级价格歧视：它是指垄断厂商对每个消费者购进每单位商品都按照消费者愿意支付的最高价格来确定不同的售价。也就是说，垄断厂商按不同的价格出售不同单位的商品量，而且这些价格可以因人而异。例如一个医术高超的医生对每个患者收取不同的费用就是这种情况。实行一级价格歧视，垄断厂商必须确切知道各个消费者购买每单位商品时愿意支付的价格。因此，它只有在垄断厂商面临少数消费者以及垄断者机灵到足以发现消费者愿意支付的价格时才可能实行。在一级价格差别中，由于垄断厂商是按消费者愿意支付的价格来确定售价的，所以它吞食了全部消费者剩余，并把这些剩余变成了垄断利润。

二级价格歧视：它是指垄断厂商根据消费者购买单位的多少而收取不同的价格。即是说，垄断厂商把商品需求按购买量分成几组，按不同的价格出售不同组别的商品，但是每个购买相同数量的人支付相同的价格。比如批量购买可以打折、电的单价经常取决于购买的电量等。实行二级价格歧视只是把部分消费者剩余变成了垄断利润。

三级价格歧视：它是指垄断厂商对不同市场的不同消费者实行不同的价格，也就是垄断厂商对不同市场的消费者按不同的价格出售产品。这是最常见的价格歧视。这类例子有出口和内销的价格差别、对老年公民的折扣优惠、对学生的折扣优惠等。

第二节　垄断竞争市场

一、垄断竞争市场的含义及特性

所谓**垄断竞争市场**，是指一种既有垄断又有竞争，处于完全垄断和完全竞争之间的一种市场结构。它更接近于完全竞争市场，具有以下几个基本特征：

第一，**厂商数目较多**。垄断竞争市场包含了大量的小规模企业，他们彼此之间竞争激烈，每一个厂商只能对市场施加有限的影响，而不能操纵市场。

第二，**产品存在差别**。因为产品有差别，每一种产品可以形成一定程度的垄断；由于有差别的产品相互之间又存在很相似的替代品，就可以形成一定程度的竞争。因此，每个厂商既存在垄断因素，又存在竞争因素，兼有垄断和竞争的两个特点。

第三，**厂商进出市场比较自由**。在垄断竞争条件下，由于厂商规模都不太大，资本数量也不是太多，因此可以比较自由地进入或退出市场。

垄断竞争市场是现实中大量普遍存在的市场，最典型的垄断竞争市场是轻工业品市场。

二、垄断竞争厂商的短期均衡

在面对负斜率的需求曲线下，垄断竞争厂商所面对的边际收益曲线也具有负斜率，见图7.6，与垄断市场不同之处是垄断竞争厂商面对的市场需求曲线斜率较小。在考虑生产成本因素之后，垄断竞争厂商会选择边际成本等于边际收益（$MC = MR$）的条件下生产，也就是图7.6中的 E 点。在 E 点上，厂商的最适产量为 Q_0，在 Q_0 产量下，垄断竞争厂商的最优定价为 P_0。由于此时的平均成本只有 AQ_0，所以垄断竞争厂商是有利润的，其利润大小为 $BACP_0$ 所围成的面积。

必须一提的是，垄断竞争厂商决定产量与定价的方式与垄断厂商完全相同。也就是说，价格与数量是同时决定的，当然也必须同时考虑市场需求与厂商本身的边际成本。因此，垄断竞争厂商也没有所谓的供给曲线。换句话说，垄断竞争厂商决定的最适产量与价格之间，并没有一对一的关系，完全要看当时的市场需求与自己的成本而定。

另外，垄断竞争厂商也可能会有损失出现。在图7.6的最适产量下，如果平均收益水准低于平均成本，垄断厂商就会蒙受损失。但不论是有利润或蒙受损失，在短期内都不会吸引其他厂商加入或使原有厂商离开。长期的情形则不同，因为在垄断竞争市场下，每家厂商的规模都不大，且厂商数目很多，厂商进出市场都非常自由。所以当厂商在短期内有利润存在时，就会吸引新的厂商加入；当厂商有亏损时，长期内就会有厂商退出。

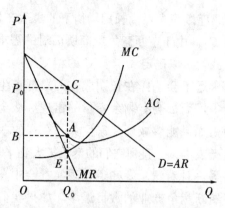

图 7.6 垄断竞争厂商的短期均衡

三、垄断竞争厂商的长期均衡

在长期内，厂商能否自由进出市场是决定厂商能否享有长期利润的一个关键。在完全竞争市场中。我们允许完全竞争厂商在短期内得享利润，因为在短期内新的厂商无法加入。但在长期内，厂商不断加入，于是供给增加，产品价格不断下跌，直到长期利润消失为止。垄断竞争市场亦十分类似，在允许长期内厂商得以自由进出的条件下，当现有厂商享有超额利润时，就会不断吸引新的厂商加入。新厂商不断加入瓜分市场，个别厂商所面对的需求曲线就会不断地往内移动。

长期均衡中，若原有厂商有利润，新的厂商就会不断加入，直到所有厂商的利润都消失为止。若原有厂商有亏损，则会有一些现有厂商退出市场，直到留下来的厂商亏损不见为止。因此，在长期均衡中，垄断竞争厂商的利润会等于 0，见图 7.7，在图中，长期内，若原有厂商有亏损，则会有一些现有厂商退出市场，直到留下来的厂商亏损不见为止。因此，长期均衡中，垄断竞争厂商的利润会等于 0。在图 7.7 中，长期内，垄断竞争厂商仍然会维持在 $MC = MR$ 条件下生产，即 E 点。但长期下来，AR 不断移动，直到在最适产量 Q_0 下与 AR 相切，如 A 点。换句话说，在长期均衡时，平均收益等于平均成本，因此利润为零。此时不会有新的厂商加入，也不会有旧的厂商退出，市场达到长期均衡。

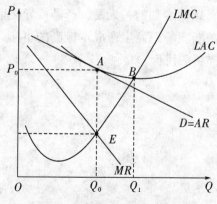

图 7.7 垄断竞争厂商的长期均衡

在图 7.7 中我们看到，垄断竞争厂商长期均衡下的最适产量 Q_0 小于长期平均成本最低点（B 点）下的产量 Q_1。由于垄断竞争厂商所面对的需求曲线具有负斜率，在长期均衡无利润的条件下，我们可以确定 AR 与 AC 的相交点一定会在 AC 最低点的左边。换句话说，垄断竞争厂商永远不会选择在长期成本的最低点生产，而是选择较小的产量。因此，每一个垄断竞争厂商都会有剩余容量的出现。从全社会资源使用的角度来看，这是缺乏效率的。因为如果能够减少几家厂商，存在的垄断竞争厂商略为增加其产出，则可以全面降低生产成本，一直到它们的产量扩大到平均成本的最低点为止。

不过，也有一些人持另一种看法。要知道在现实社会中，大多数产业都属于不完全竞争产业，其中尤其以垄断竞争产业的数目最多。如果我们认为垄断竞争产业的生产缺乏效率，怎么可能在如此长期的竞争下，还会有这么多垄断竞争厂商存在呢？在垄断竞争市场中允许厂商自由进出的情况，使得厂商长期内的超额利润减少到零的水准，同时却仍然有许多厂商存活下来，这种情形与完全竞争厂商几乎完全相同。因此，如果我们认为完全竞争厂商是有效率的厂商，则很难下结论说垄断竞争厂商是缺乏效率的厂商。

那么我们该如何解释垄断竞争厂商不会在长期成本的最低点生产呢？主要的理由仍然是垄断竞争市场与完全竞争市场的基本不同，即产品差异性。在完全竞争市场中，产品质量完全相同，故厂商可以利用大规模生产的方式或标准化的生产方式，使生产成本降低。但在垄断竞争市场下，厂商存活的主要理由就在于产品差异化。换句话说，厂商不但要设法降低生产成本，还必须要不断保持与别家产品不同。因此，大规模生产或标准化生产的方式比较不容易在垄断竞争厂商中出现。如某学校旁面店的牛肉面又便宜又大碗，因此它们可以长期存活，但每碗中放的面比较多，所以成本较高。某夜市的东山鸭头店能够长期存活且远近知名，是因为老板每天都要花很久的时间用小火慢慢地炖出这些味道香浓的鸭头，这绝对不是大规模生产所能做到的。老板的生产成本虽然较高，但却能使他的产品与别人有明显差异。

从另一个角度来看，与完全竞争市场中提供完全相同的产品相比，产品差异化还可以带给消费者更大的选择。事实上，对消费者而言，这种多样化的选择本身就是一种福利。比方说，大家每天吃的鸡蛋或稻米可能没有太大的不同，但如果大家每天穿着完全相同的衣服去逛街，感觉会如何？无疑，产品差异化能带给人们更多的选择与效用。所以，我们应该把垄断竞争厂商生产成本较高的事实，看成是因为厂商为提供不完全相同的产品所必须支付的代价。

第三节 寡头垄断市场

一、寡头垄断市场的含义及特征

所谓寡头垄断市场又称寡头市场，是指由少数几家厂商控制整个行业的产品的生产和销售的一种市场结构。它处于完全竞争和完全垄断之间，更接近于完全垄断，具有以下几个基本特征：

第一，厂商极少。 在寡头垄断市场上，只有一个以上的少数几个厂商，他们控制了大部分或全部的市场供给，因而，每个厂商在市场上都具有举足轻重的地位。

第二，相互依存。 由于是少数厂商控制市场，因此每一家厂商的产量或价格发生变动，就会影响到其他厂商的销售量。所以，每个厂商在进行决策时，不能我行我素，必须慎重地考虑到其他厂商对此将要作出的反应。

第三，产品同质或异质。 在寡头垄断市场上，各厂商提供的产品可能是完全相同的，也可能是存在差别的。如果产品没有差别，彼此之间的依存程度很高；如果产品有差别，彼此之间的依存程度较低。

第四，进出不易。 在寡头垄断市场上，新厂商的加入与原厂商的退出，都是相当困难的，甚至是极其困难的。因为寡头垄断行业有一个基本的特点，这就是只有在大规模生产时才能取得良好的经济效益，因此进入市场需要巨额的资金，这样的条件对于新厂商往往是不易具备的，而一旦进入这个市场，由于巨额的资金占用，要退出也是十分困难的。

二、寡头垄断市场的成因及分类

1. 寡头垄断市场的成因

形成寡头市场的原因主要有：某些产品的生产必须在相当大的生产规模上运行才能达到最好的经济效益；行业中几家企业对生产所需的基本生产资源的供给的控制；政府的扶植和支持，等等。由此可见，寡头垄断市场的成因和完全垄断市场的成因是很相似的，只是在程度上有所差别而已。

2. 寡头垄断市场的分类

寡头垄断市场可按不同方式分类。按产品特征，可以分为纯粹寡头垄断和差别寡头垄断两类。在纯粹寡头垄断中，厂商之间生产的产品没有差别。例如，可以将钢铁、水泥等行业看成是纯粹寡头垄断。在差别寡头垄断中，厂商之间生产的产品是有差别的。例如可以将汽车、冰箱等行业看成是差别寡头垄断。按厂商的行动方式，可以分为有勾结行为的（即合作的）和独立行动的（即不合作的）不同类型。

三、寡头垄断市场的厂商均衡

寡头垄断市场的理论非常复杂。由于寡头间的相互依存性和寡头行为的不确定性，使得寡头所面临的市场条件也是不确定的。这种不确定性，使得理论分析面临极大困难。迄今为止，经济学家们尚未建立起被普遍接受的寡头价格—产量决定模型。人们只能根据一些不同的假设对寡头行为进行各自的解释。寡头垄断市场理论是依据企业行为的目标假定、勾结的程度以及它们对各自对手的相关反应的不同理解建立起来的，**主要有相互勾结式的寡头垄断市场模型和非勾结式的寡头垄断市场模型**。前者主要有卡特尔定价模型、价格领导模型和成本加成定价模型；后者主要有古诺模型、斯塔克伯格模型、张伯伦模型、埃奇沃思模型和斯威齐模型。下面主要介绍其中五种模型。

（一）古诺模型

古诺模型（cournot model）是由法国经济学家古诺于 1838 年提出的，是一个最早分析寡头垄断市场的模型。这一模型尽管十分简朴，但一直受到广泛的重视，至今仍被普遍引用。

古诺模型的假定条件是：①市场上只有甲、乙两个寡头，生产销售的是同一种产品；②产品成本为零，利润与收益相等；③需求函数是线性的，即需求曲线为一条向右下方倾斜的直线；④每个寡头均以实现利润最大化为目的，以对方产量维持前一时期水平为前提，来决定自己每一时期的产量。下面根据图 7.8 来说明各个寡头产量的决定。

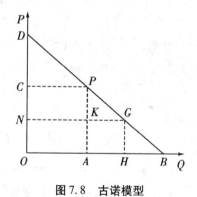

图 7.8　古诺模型

在图 7.8 中，DB 为甲、乙两个寡头共同的需求曲线。当全部产量 OB 投放市场时，市场价格为零。

假定寡头甲先进入市场，为了获取最大利润他的供给产量为 OA，且 $OA = \frac{1}{2}OB$，此时，其供给价格为 AP，所获得最大利润为 $OAPC$（$OAPC$ 为直角三角形内的最大内接矩形）。

当寡头乙进入市场后，便按寡头甲余下的 $\frac{1}{2}OB$ 市场的半数确定自己的供给量 AH，即 $\frac{1}{4}OB$，获得最大利润 $AHGK$。这时，由于市场总供给量增加了，市场价格相应地由 AP 降至 HG，寡头甲的利润也相应减至 $OAKN$。

第二轮开始时，寡头甲假定寡头乙仍供给 $\frac{1}{4}OB$ 的数量，为了获得最大利润，便按照市场剩余需求量 $\frac{3}{4}OB$ 的半数来确定自己的供给量为 $\frac{1}{2} \times \frac{3}{4}OB$，即 $\frac{3}{8}OB$。这样，寡头甲的供给量由原来的 $\frac{1}{2}OB$ 减少了 $\frac{1}{8}OB$，留给寡头乙的市场剩余需求量为 $\frac{5}{8}OB$。为了获得最大利润，寡头乙便按市场剩余需求量 $\frac{5}{8}OB$ 的半数确定自己的供给量为 $\frac{1}{2} \times \frac{5}{8}OB$，即 $\frac{5}{16}OB$，比原来供给量 $\frac{1}{4}OB$ 增加了 $\frac{1}{16}OB$。

寡头甲、乙的竞争将如此进行下去，寡头甲每后退一步，寡头乙便前进一步，直到寡头甲、乙平分总供给量，市场便达到了均衡状态。实现均衡时，寡头甲的供给量为：

$$\left[\frac{1}{2} - \frac{1}{8} - \frac{1}{32} - \cdots \frac{1}{2} \times \left(\frac{1}{4} \right)^{n-1} \right]OB = \frac{1}{3}OB$$

寡头乙的供给量为：

$$\left[\frac{1}{4} + \frac{1}{16} + \frac{1}{64} + \cdots + \left(\frac{1}{4} \right)^{n} \right]OB = \frac{1}{3}OB$$

市场总供给量为：

$$\frac{1}{3}OB + \frac{1}{3}OB = \frac{2}{3}OB$$

同理可以推出，当市场上有 n 个寡头时，总供给量为 $\frac{n}{n+1}OB$，每个寡头的供给量为 $\frac{1}{n+1}OB$。

由此可见，双头垄断的总供给量 $\frac{2}{3}OB$ 大于完全垄断的总供给量 $\frac{1}{2}OB$，小于完全竞争的总供给量 OB。随着进入的厂商增多，总供给量 $\frac{n}{n+1}OB$ 逐渐接近 OB。

（二）斯威齐模型

斯威齐模型是美国经济学家斯威齐（Sweezy）于 1939 年提出的，它又被称作拐折的需求曲线（kinked demand curve）。

斯威齐认为，寡头垄断厂商推测其他厂商对自己价格变动的态度是：跟跌不跟涨。因此，寡头厂商的需求曲线是拐折的需求曲线。如图 7.9 所示。

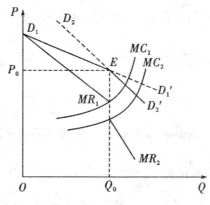

图7.9 斯威齐模型

在图 7.9 中，P_0 是已确定的价格，Q_0 是与之对应的产量，D_1ED_2' 为厂商的需求曲线。可以看到，D_1E 是 D_1D_1' 的一部分，该需求曲线比较平缓，表示厂商涨价时，其他厂商不予理会，该厂商的销售量大幅度地减少；ED_2' 是 D_2D_2' 的一部分，该需求曲线比较陡直，表示厂商降价时，其他厂商也跟着降价，该厂商的销售量不能大幅度增加。MR_1 和 MR_2 是根据 D_1D_1' 和 D_2D_2' 分别得出的边际收益曲线。由于需求曲线在 E 点发生拐折，因而在 E 点对应的边际收益曲线间断，MR_1 与 MR_2 间出现空隙。MC_1 与 MC_2 是两条边际成本曲线，它们在 MC_1 与 MC_2 的空隙与边际收益曲线相交。实际上，可以设想在 MC_1 和 MC_2 之间存在着许多边际成本曲线都可以与 MR 不连续部分相交，这表明在 MR_1 和 MR_2 间的空隙，边际成本有较大的变动范围，在这一范围的厂商可保持价格 P_0 不变，产量 Q_0 不变。除非厂商的生产成本发生巨大变化，才会影响均衡价格和均衡产量水平。

不过，斯威齐模型也存在一定的缺陷，那就是，这一模型是把价格 P_0 作为既定的条件来说明价格刚性问题的，而并没有说明最初的市场价格 P_0 是如何形成的。所以与古诺模型一样，斯威齐模型也并没有作为寡头市场均衡分析的一般结论。

（三）价格领导模型

作为**价格领导模型**的寡头厂商一般有三种：

第一，支配型价格领导。领先确定价格的厂商是本行业中最大的、具有支配地位的厂商。他在市场上占有的份额最大，因此对价格的决定举足轻重。他根据自己利润最大化的原则确定产品价格及其变动，其余规模较小的寡头则根据这种价格来确定自己的价格以及产量。

第二，效率型价格领导。领先确定价格的厂商是本行业中成本最低，从而效率最高的厂商。他对价格的确定也使其他厂商不得不随之变动。

第三，晴雨表型价格领导。这种厂商并不一定在本行业中规模最大，也不一定效率最高，但他在掌握市场行情变化或其他信息方面明显优于其他厂商。这家厂商价格的变动实际是首先传递了某种信息，因此，他的价格在该行业中具有晴雨表的作用，其他厂商会参照这家厂商的价格变动而变动自己的价格。

（四）成本加成定价模型

这是寡头垄断市场上一种最常用的方法，即在估算的平均成本的基础上加一个固定百分率的利润。平均成本可以根据长期中成本变动的情况确定，而所加的利润比率则要参照全行业的利润率情况确定。这种定价方法可以避免各寡头之间的价格竞争，使价格相对稳定，从而避免在降价竞争中各寡头两败俱伤。从长期来看，这种方法能接近于实现最大利润，是有利的。

（五）卡特尔定价模型

卡特尔（Cartel）是一个行业各自独立厂商之间通过有关价格、产量和市场划分等事项达成明确的协议而建立的组织。这是一种正式的、公开的勾结。在许多国家，卡特尔一般会受到政府和公众的反对，因此这些协议往往是在非正式场合达到的。卡特尔之所以能够形成，其根本动力在于寡头厂商们具有获取高额利润的共同愿望；但通常情况下卡特尔是不稳定的，其解体的原因一般在于厂商们就他们之间的利润分配存在严重分歧。在国际上，最有名、最成功的卡特尔当属石油输出国组织（OPEC）。

四、博弈论

前面阐明的寡头理论，描述的是厂商之间策略相互影响的经典经济理论。然而，这实际上只是事情的表象。在策略方面，经济主体能以各种不同的方式相互发生影响，许多这样的影响都可以运用博弈论作为工具来加以研究。

博弈论（game theory）**又称对策论、游戏理论或策略运筹学。博弈论是研究决策主体的行为发生直接相互作用时候的决策以及这种决策的均衡问题。**它可以用来研究营业对策、政治谈判和经济行为。在这里，我们将对这个富有吸引力的课题作一番简要的探讨，以使读者对博弈论（game theory）如何工作以及如何运用博弈论研究寡头市场的经济行为的问题有一个初步的了解。

（一）博弈结构（structure of game）

博弈参与者（player）——个人或机构。假定参与者都是机智而理性的。

策略（strategy）——行为的过程。假定博弈参与者知道他自己及其对手伙伴的策略选择范围，并了解各种策略之间的因果关系。

支付（payoff）——策略的结果。博弈论用数字表示这类结果，并称为支付矩阵（payoff matrix）。

（二）博弈的支付矩阵

虽然策略的相互影响可能涉及许多局中人和许多策略，但我们的分析却只局限于策略数有限的两人对策。这使我们可以容易地用支付矩阵来表示对策。通过具体例子来考察这个问题是最简单的办法。

假设两人进行简单的对策。局中人 A 在纸上写下"上"或"下"两个字中的一个。与此同时，局中人 B 独立地在另一张纸上写下"左"字或"右"字。他们写完以后，这两张纸经过组合，他们每个人将得到表 7.2 所示的支付。

假如 A 说上 B 说左，那么我们就查看矩阵的左上角。在这个矩阵中，对 A 的支付是左上角方框中的第一项 1，对 B 的支付是第二项 2。同样，如果 A 说下 B 说右，那么 A 得的支付就是 1，B 得的支付就是 0。

局中人 A 有两个策略：他可以选择上，也可以选择下。这些选择可以代表经济选择如"提高价格"或"降低价格"。或者，它们也可以代表政治选择像"宣战"或"不宣战"。对策的支付矩阵只是表示，就每组选定的策略来说的每个局中人所得到的支付。

这种对策的结果会是什么呢？表 7.2 所表示的对策有一个非常简单的解。从局中人 A 的角度说，他说"下"的结果总是更好一些，因为他从这种选择中得到的支付（2或 1）总要大于它们在"上"的选择中的相应项（1 或 0）。同样，对 B 来说，说"左"的结果总要更好一些，因为 2 和 1 总要大于 1 和 0。因此，我们可以预期均衡策略是 A 选取"下"的策略，B 选取"左"的策略。

在这种情况下，我们有一个优势策略（dominant strategy）。不管其他局中人怎样选择，每个局中人都有一个最优策略选择。不论 B 作什么选择，局中人 A 只要求采取"下"的策略，就能得到一个较高的支付，因此 A 肯定会选取"下"的策略。同样，不论 A 作什么选择，B 只要采取"左"的策略，他就能得到较高的支付。因此，这些选择优于其他选择，我们在优势策略中达到均衡。

表 7.2　博弈的支付矩阵

局中人 B

局中人 A		左	右
	上	1, 2	0, 1
	下	2, 1	1, 0

如果在某局对策中每个局中人都有一个优势策略，那么我们就可以预定这局对策将有均衡的结局。因为优势策略是不论其他局中人作何选择都是最好的一种策略。在这个例子中，我们可以预期这样一个均衡结局：A 选取"下"的策略，得到均衡支付为 2；B 采取"左"的策略，得到均衡支付为 1。

（三）纳什均衡（Nash equilibrium）

优势均衡在它们出现的时候是令人高兴的，然而它们并不经常出现。例如，表 7.3 所示的对策就没有一个优势策略的均衡。在这里，当 B 选择"左"的策略时，A 得到的支付是 2 或 0。当 B 选择"右"的策略时，A 得到的支付是 0 或 1。这就意味着在 B 选择"左"的策略时，A 想要选择的策略应该是"上"；在 B 选择"右"的策略时，A 想要选择的策略应该是"下"。因此，A 的最优选择取决于他对 B 选择什么策略所作的预测。

表 7.3 纳什均衡

局中人 B

		左	右
局中人 A	上	2, 1	0, 0
	下	0, 0	1, 2

然而，也许是太需要优势策略的均衡了。我们与其要求 A 的选择对于 B 的所有选择来说都是最优的，不如只要它对于 B 的最优选择而言是最优的。因为，如果 B 是一个消息灵通的聪明人的话，他就只想要选择最优策略。（虽然，对 B 来说什么策略最优也要取决于 A 的选择。）

如果 B 的选择给定，A 的选择是最优的，以及 A 的选择给定，B 的选择是最优的话，我们就说这一对策略是纳什均衡。

记住，任何一个人在他必须做出自己的策略选择时，都是不知道另一个人将会选择什么策略的。但是，每个人都会对另一个人将选择什么策略做出预期。纳什均衡可以解释为是关于每个局中人选择的一对预期。在这些局中人中，当任一个人的选择显示以后，没有人会要改变他的行为。

在表 7.3 这个例子中，策略（上，左）是纳什均衡。为了证明这一点，请注意，如果 A 选择"上"的策略，那么 B 所能做的最合适的事情就是选择"左"的策略，因为选择"左"的策略得到的支付是 1 而选择"右"得到的支付是 0。同样，如果 B 选择"左"的策略，那么 A 所能做的最合适的事情就是选择"上"的策略，因为这样一来 A 所能得到的支付就是 2，而不是 0。

因此，如果 A 选择上，B 的最优选择是选择左，如果 B 选择左，则 A 的最优选择是上。因此，我们有一个纳什均衡：在另一个人的选择给定以后，每个局中人都做了最优选择。

纳什均衡这个概念具有某种逻辑。但不幸的是，它也存在一些问题。首先，一局对策可能会有一个以上的纳什均衡。事实上，在表 7.3 中，选择（下，右）也构成一个纳什均衡。你可以用上面所用的这种论证来证明这一点，或者，只要注意到对策的结构是对称的。你也可以证明这一点：B 在一种结果中得到的支付，同 A 在另一种结果中得到的支付正好相同。因此，我们对于（上，左）选择是一个均衡的证明，也就是选择（下，右）是一个均衡的证明。

关于纳什均衡概念的第二个问题是：有一些博弈根本没有我们上面所述的这种纳什均衡。举例来说，考虑一下表 7.4 所示的这种情况。这里并不存在我们所考察过的那种纳什均衡。如果局中人 A 选择"上"的策略，那么局中人 B 想要选择的就是"左"。但是如果局中人 B 选择"左"，那么 A 想选择的是"下"，同样，如果局中人 A 选取"下"的策略，局中人 B 就会选择"右"的策略。但是，如果局中人选择"右"的策略，局中人 A 就会选择"上"的策略。

表7.4 没有纳什均衡的对策（纯策略）

局中人 B

		左	右
局中人 A	上	0, 0	0, −1
	下	1, 0	−1, 3

（四）囚犯困境（prisoner's dilemma）

博弈的纳什均衡的另一个问题是它并不一定导致帕累托有效的结果。例如，考虑一下表7.5所示的这种对策。这种对策叫做囚犯的困境。最初讨论这种博弈考虑的是这样的一种情形：参与一桩犯罪活动的两个囚犯被隔离在两间房间里接受审讯。每个囚犯都有交代犯罪这样一个选择，从而把另一个囚犯也牵连在内；也都有否定参与犯罪这样一个选择。如果只有一个囚犯坦白，那么这个囚犯就可以得到免于刑事处分的宽大处理，当局将把惩罚全部加在另一个囚犯身上，做出将他在狱中关押六个月的严厉判处。如果两个囚犯都否定参与犯罪，那么根据法规他们俩都将被关押一个月。如果这两个局中人都坦白交代，那么他们俩都将受到拘留三个月的处分。表7.5给出了这个对策的支付矩阵。矩阵每个方格中记载的数字，代表着每个行为人指派给不同监禁期的效用，为了简单起见，我们将其取作他们监禁期长度的负值。

表7.5 囚犯困境

局中人 B

		交代	不交代
局中人 A	交代	−3, −3	0, −6
	不交代	−6, 0	−1, −1

假设你处在局中人 A 的位置上。如果局中人 B 决定拒不承认犯罪，那么你采取坦白的态度一定会使你的境况比在其他选择下要更好一些，因为这样你将获得释放。同样，如果局中人 B 承认犯罪，那么你坦白交代也会使你的境况比在其他选择下更好一些，因为这样一来你受到的判处就不是六月而是三个月了。因此，不论局中人 B 采取什么态度，坦白交代都是局中人 A 使自己境况比在其他选择下要更好一些的策略选择。

对局中人 B 来说情况也一样——坦白也会使 B 的境况比在其他选择下要更好一些。因此，这个对策的唯一纳什均衡是两个局中人都坦白交代。事实上，两个局中人都坦白不仅是纳什均衡，而且也是优势策略均衡，因为每个局中人独立于另一个局中人的最优选择在这里是相同的。

但若他俩都能拒不交代，那么他俩的境况就会比在其他选择下要更好一些。如果他俩都能确信另一方会拒不交代，且他俩都能应允自己也拒不交代，那么他们每一个就能得到支付 −1，这笔支付使他们俩的境况比在其他选择要更好一些。策略（不交代，不交代）是帕累托最优的策略——没有其他策略选择能使这两个局中人的境况会比在其他选择下更好——而策略（交代，交代）则是帕累托无效的策略。问题在于这两个囚犯没有办法协调他们的行动。如果每一个囚犯都能信任另一个囚犯，那么他俩的境况就会变得比在其他情况下要更好一些。

囚犯的困境在经济和政治现象中有着广泛的应用。例如，可以考虑一下军备控制的问题。把"交代"策略解释为"部署新的导弹"，把"不交代"的策略解释为"不部署新的导弹"。注意上述的支付还是合用的，如果我的对手部署他的导弹，那么即使我们俩最好的策略是约定都不部署导弹，我肯定也会要部署我的导弹。如果没有办法达成有约束力的协定，那么我们每一方最终都会部署自己的导弹，以使我们双方的境况变得比在其他情况下要更差一些。

如果某种博弈只打算进行一次，那么背叛的策略（在这个例子中就是坦白交代）似乎是明智的策略。总之，不论别人选什么策略，你的境况都会比在其他选择下要更好一些，而且，你也没有办法影响别人的行为。

（五）重复的对策

在上一节中，局中人仅对抗一次，因此，他们只进行一次囚犯的困境的博弈。然而，如果由相同的局中人反复地进行对策，那么情形就会有所不同。在这种情况下，每个局中人面前都会出现新的策略可能性。如果另一个局中人在某一局中做出背叛的选择，那么你就可以在下一局中做出背叛的选择。因此，你的对手就会为了他的"坏"行为而"受罚"。在一个重复对策中，每个局中人都有机会树立合作的信誉，并以此鼓励对方也树立起合作的信誉。

这种策略是否可行，取决于这种对策重复的次数是固定的还是无限的这一事实。

我们先考虑第一种情况，在这种情况下，两个局中人都知道对策将进行十次。结局将是什么样呢？假设我们考虑第十局。根据假设，这是最后一次进行的对策。在这种情况下，看起来似乎每个局中人都会选择优势策略均衡，采取背叛同伙的策略。总而言之，进行最后一次对策恰好像进行一次性对策一样，因此我们可以预期它们的结局相同。

现在考虑在第九局会出现什么情况。我们刚得出这样一个结论：在第十局中，每个局中人都将采取背叛同伙的策略，既然如此，他们又为何要在第九局合作呢？如果你采取合作的策略，另一个局中人也仍然可以采取背叛你的策略，并利用你的善良本性而获利。每个局中人都可以做出相同的推论，因此，每个局中人都会采取背叛同伙的策略。

现在考虑第八局的情况。假定另一个人打算在第九局中采取背叛同伙的策略，那么他在第八局也会采取相同策略。如果每个局中人都知道对策的局数是固定的，那么他们就会在每一局中都采取背叛同伙的策略。如果在最后一局中没有办法实施合作，那么在最后第二局中也就不会有办法实施合作，其余各局可以此类推。

局中人之所以合作，是因为他们希望合作会导致将来的进一步合作。但这要求永远有将来对策的可能性存在。因为在最后一局中没有将来进行对策的可能性存在，所以没有人在这种情况下会采取合作的策略。然而，为什么任何人都应该在最后第二局中采取合作的策略呢？或者，在最后第三局中应该采取合作的策略呢？其他各局的情况也是这样——在一个局数固定和已知的囚犯的困境的博弈中，合作的解要从最后一局来"阐明"。

然而，如果对策将要反复无限多次的话，那么你就确有办法影响你对手的行为：如果他这次拒绝合作，你就可以在下一次拒绝合作。只要双方都充分关心将来的支付，那么将来不合作的威胁就足以说服他们采取帕累托最优的策略。

取胜的策略（具有最高总支付的策略）结果被证明是最简单的策略。这种策略被称为"针锋相对"，实行起来就像这个名称一样。在第一局中，你采取合作—不交代的策略。在以后的每一局中，如果你的对手在上一局中采取合作的策略，那么你也采取合作的策略。如果你的对手在上一局中采取背叛的策略，那么你也采取背叛的策略。换句话说你的对手在上一局选取什么策略，你在这一局就选取什么策略。情况就是这么一回事。

针锋相对的策略的确令人满意，因为它能立即对背叛施以惩罚。它也是一种宽恕的策略，对于另一个局中人的每次背叛，它只惩罚他一次。如果他效法另一个局中人，开始采取合作的策略，那么针锋相对策略就会以合作作为对另一个局中人的报答。显然，这是在进行无限次的囚犯的困境的博弈中达到有效结局的极令人满意的机制。

（六）连续对策

到现在为止，在我们所考虑的对策中，两个局中人的行动都是同时发生的。但许多情况却是一个局中人首先采取行动，另一个局中人再做出反应。我们来描述这样一种博弈。在第一局中，一开始，局中人 A 选择上或者下。局中人 B 先观察 A 的选择，然后再选择左或者右。表7.6所示的是这个对策的支付矩阵。

注意，当博弈用这种形式表述时，它有两个纳什均衡，（上，左）和（下，右）。然而，我们将在下面说明，这两个均衡中的一个实际上是不适当的。支付矩阵掩盖了这样一个事实：有一个局中人在做出自己的选择以前，必须先知悉另一个局中人作了什么选择，在这种情况下，考察一下说明这种博弈非对称性是十分有用的。

表7.6　连经对策的支付矩阵

局中人 B

		左	右
局中人 A	上	1，9	1，9
	下	0，0	2，1

表7.7是这种对策扩展形式的图示——表述显示选择的时间形式的博弈的一种办法。首先，局中人 A 必须对上或下作出选择，然后，局中人 B 必须对左或右作出选择。但在 B 作出他的选择时，他应该知道 A 已作出了什么选择。

表 7.7 博弈的扩展形式

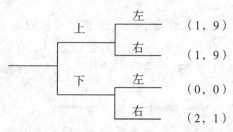

分析这种对策的办法是先得出全部结果然后再往回推算。假设局中人 A 已经做出了选择，我们正处在对策树的一个分叉上。如果局中人 A 的选择是上，那么不论局中人 B 的选择是什么，最后的支付都是（1，9）。如果局中人 A 的选择是下，那么局中人 B 所能做的明智的事情就是选择右，最后的支付就是（2，1）。

现在考虑局中人 A 的初始选择。如果他选择上，结果就是（1，9），他因此得到的支付就是 1。如果他选择下，那么他得到的支付就会是 2。所以，他所能做的明智的事情就是选择下。因此，这个对策的均衡选择将是（下，右），从而，局中人 A 的得到的支付将是 2，局中人 B 得到的支付将是 1。

在这个连续博弈中，策略（上，左）并不是适当的均衡。也就是说，他们并不是局中人实际进行选择的次序给定条件下的均衡。真实的情况是，如果局中人 A 选择上，局中人 B 就会选择左，但局中人 A 总是选择上却是愚蠢的。

从局中人 B 的角度看，这是非常不幸的事情，因为他最终只能得到支付 1 而不能得到支付 9。对此他又能做些什么呢？

他可以威胁如果局中人 A 选下他就选左。如果局中人 A 认为局中人 B 真的会实施这种威胁，那他就很可能明智地选择上的策略。因为选择上他能得到支付 1，而选择下——如果局中人 B 实施他的威胁——他就只能得到支付 0。

但这威胁可信吗？归根结底，一旦局中人 A 做出他的选择，这威胁就是可信的。局中人 B 能够得到 0 或 1 的支付，而他当然以得到支付 1 为好，除非局中人 B 能在某种程度上使局中人 A 相信他将真的实施他的威胁——即使这样做他自己会受到损害——不然，他就只能接受较低的支付。

局中人 B 的问题在于，一旦局中人 A 做出了选择，局中人 A 就会预期局中人 B 去做理智的事情。如果局中人 B 能做出假，如局中人 A 选择下他就选择左的承诺，局中人 B 的境况就会比在其他情况下要更好一些。

让另外某个人来实施他的选择，是 B 作这类承诺的一种方式。例如，B 可以雇一个律师，指示他如果 A 选择下，他就选择左。如果 A 知道了这些指示，那情况就会与他的看法截然不同。如果 A 知道 B 对其律师的指示，那么 A 就会知道，如果他选择下，他最后就只能得到支付 0。因此，他所能做的明智之举就是选择上，在这种情况下，B 由于限制 A 的选择而使自己的境况变好。

（七）进入制裁的对策

在考察寡头的时候，我们把行业中的厂商数目看做固定的。但在许多的情形下，进入却是可能的。当然，力图阻止这种进入符合行业中现有厂商的利益。因为他们已经在这个行业中，所以他们就会首先采取行动并因此具有选择把他们的对手排斥在行业外面的办法。

举例来说，假设有一个垄断者面临着另一家厂商进入的威胁。进入者先决定他们是否进入市场，然后，现有的这个垄断者决定他是否以削价作为反应。如果进入者决定留在这个行业的外面，那他得到的支付就是1，而现有的这个垄断者得到的支付就是9。

如果进入者决定进入这个行业，那么他得到的支付就取决于现有的这个垄断者是否同他进行强有力的竞争。如果现有的这个垄断者同他相争，那么我们就可以预料这两个局中人最后得到的支付都是0。如果现有的这个垄断者决定不同进入者相争，那么我们就可以预料进入者能得到支付2，现有的这个垄断者能得到支付1。

注意这恰好就是前面我们研究的连续对策的结构，因此同表7. 7所示的结构完全一样。现有的这个垄断者是局中人B，潜在的进入者是局中人A。策略上就是留在这个行业的外面，策略下就是进入这个行业。策略左是原有的垄断者决定与进入者争夺市场，策略右是不争夺市场。如我们在这个对策所见到的那样，均衡结果是：潜在的进入者进入行业，现有的垄断者不与他争夺市场。

现有的这个垄断者的问题是他不能事先做出如果其他厂商进入，他保证要同它争夺市场的表态。如果其他厂商进入，损失已经造成，那么现有的垄断者所能做的合乎理性的事情就是自己活也让别人活。只要潜在的进入者认识到这点，他就会把任何要同他争夺的威胁视为无实际意义的空话。

现在假设现有的这个垄断者可以购买到某些额外的生产能力，这些生产能力能使他按现在相同的边际成本生产更多的产品。显然，如果他继续充当垄断者，他就不会想要实际地利用这些生产能力，这是因为，他已经在按使他的利润最大化的垄断产量水平进行生产。然而，如果有其他厂商进入的话，现有的这个垄断者现在就有可能生产更多的产量，从而使他能够更成功地同新进入者进行竞争。通过额外生产能力的投资，他将使自己在其他厂商试图进入时与其他厂商进行争夺的费用降低。我们假定，如果他购买额外生产能力，选择与新进入者争夺的策略，那么他就将赢得2的利润。这个假设使得对策树变成为表7.8所示的形式。

现在，因为增加了生产能力，所以争夺的威胁是可信的。如果潜在的进入者闯入市场，那么，对于现有的这个垄断者来说，如果他与之争夺市场，他就能得到2的支付，如果他不与之争夺市场，他就只能得到1的支付。因此，合乎理性地，这个垄断者总会选择与之争夺市场的策略。对于进入者来说，如果他进入这个市场的话，他所能得到的支付就是0，如果他不进入这个市场的话，他所能得到的支付就是1。他的明智做法是留在这个行业的外面。

表 7.8 新进入对策的扩展形式

但这却意味着现有的这个垄断者将继续保持垄断地位并永远不利用他的额外生产能力。尽管这样，对于这个垄断者来说，拥有额外生产能力，以使如果新的厂商试图进入市场他就将与之争夺的威胁成为可信，仍是值得一做的事情。借助于对"超额"生产能力的投资，垄断者向潜在的进入者发出了这样一个信号，他有能力保护他的市场。

第四节 不同市场结构类型经济效率的比较

本节将对不同市场的经济效率进行比较。在此，经济效率是指利用经济资源的有效性。高的经济效率表示对资源的充分利用或能以最有效的生产方式进行生产；低的经济效率表示对资源的利用不充分或没有以最有效的方式进行生产。不同市场组织下的经济效率是不相同的，市场组织的类型直接影响经济效率的高低。西方经济学家通过对不同市场条件下厂商的长期均衡状态的分析得出结论：**完全竞争市场的经济效率最高；垄断竞争市场较高；寡头垄断市场较低；完全垄断市场最低。可见，市场的竞争程度越高，则经济效率越高；反之，市场的垄断程度越高，则经济效率越低。**

其具体分析如下：在完全竞争市场条件下，厂商的需求曲线是一条水平线，而且，厂商的长期利润为零，所以，在完全竞争厂商的长期均衡时，水平的需求曲线相切于 LAC 曲线的最低点，产品的均衡价格最低，它等于最低的生产的平均成本，产品的均衡产量最高。在非完全竞争市场条件下，厂商的需求曲线是向右下方倾斜的，厂商的垄断程度越高，需求曲线越陡峭；垄断程度越低，需求曲线越平坦。在垄断竞争市场上，厂商的长期均衡利润为零，所以，在垄断竞争厂商的长期均衡时，向右下方倾斜的、相对比较平坦的需求曲线相切于 LAC 曲线的最低点左边。产品的均衡价格比较低，它等于生产的平均成本；产品的均衡产量比较高，企业存在着多余的生产能力。在垄断市场，厂商在长期内获得利润，所以，在垄断厂商的长期均衡时，向右下方倾斜的、相对比较陡峭的需求曲线与 LAC 曲线相交，产品的均衡价格最高，且大于生产的平均成本，产品的均衡产量最低。设想，垄断厂商若肯放弃一些利润，价格就可以下降一些，产量可以增加一些。在寡头市场上，没有统一的寡头厂商均衡模型。一般认为，寡头市场是与垄断市场比较接近的市场组织，在长期均衡时，寡头厂商产品的均衡价格比较高，产品的均衡产量比较低。

除此之外，西方经济学家认为，一个行业在长期均衡时是否实现了价格等于边际成本，即 $P = LMC$，也是判断该行业是否实现了有效的资源配置的一个条件。商品的市场价格 P 通常被看成是商品的边际社会价值，商品的长期边际成本通常被看成是商品的边际社会成本，它表示资源在该行业实现了最有效的配置。倘若不是这样，当 $P >LMC$ 时，商品的边际社会价值大于商品的边际社会成本，它表示相对于该商品的需求而言，该商品的供给是不足的，应该有更多的资源转移到该商品的生产中来，以使这种商品的供给增加，价格下降，最后使该商品的边际社会价值等于商品的边际社会成本，这样，社会的境况就会变得好一些。

在完全竞争市场，在厂商的长期均衡点上有 $P = LMC$，它表明资源在该行业得到了有效的配置。在非完全竞争市场，在不同类型的厂商的长期均衡点上都有 $P > LMC$，它表示资源在这些非竞争行业生产中的配置是不足的。尤其在垄断市场，独家厂商所维持的低产高价，往往使得资源配置不足的现象更为突出。

以上是西方经济学家在不同市场组织的经济效率比较问题上的基本观点。此外，西方经济学家对这一问题的研究还涉及以下几个方面：

关于垄断市场与技术进步的关系。有的西方经济学家认为，垄断厂商会阻碍技术进步。因为垄断厂商只要依靠自己的垄断力量就可以长期获得利润，所以垄断厂商往往缺乏技术创新的动力，甚至为了防止潜在竞争对手的新技术和新产品对其垄断地位造成的威胁，还有可能通过各种方式去阻碍技术进步。但也有不少西方经济学家认为，垄断是有利于技术进步的。因为，一方面垄断厂商利用高额利润所形成的雄厚经济实力，有条件进行各种科学研究和重大的技术创新，并将成果运用于生产过程。另一方面，垄断厂商可以利用自己的垄断地位，在长期内保持由于技术进步而带来的更高的利润。这些经济学家还认为，关于垄断有利于技术进步的观点，在一定程度上对寡头厂商也是适用的。

关于规模经济。西方经济学家认为，对不少行业的生产来说，只有大规模的生产，才能收到规模经济的好处，而这往往只有在寡头市场和垄断市场条件下才能做到。不能设想，无数个如同完全竞争行业或垄断竞争生产集团内的企业，可以将钢铁生产和铁路运输等经营在有效率的水平上。

关于产品的差别。西方经济学家认为，在完全竞争市场条件下，所有厂商的产品是完全相同的，它无法满足消费者的各种偏好。在垄断竞争市场条件下，众多厂商之间的产品是有差别的，多样化的产品使消费者有更多的选择自由，可满足不同的需要。但是，产品的一些虚假的非真实性的差别，也会给消费者带来损失。在产品差别这一问题上，产品差别寡头行业也存在与垄断竞争生产集团相类似的情况。

关于广告支出。西方经济学认为，垄断竞争市场和产品差别寡头市场的大量广告，有的是有用的，因为它为消费者提供了信息。但是，过于庞大的广告支出会造成资源的浪费和抬高销售价格，再加上某些广告内容的过于夸张和诱导，这些都是于消费者不利的。

本章小结

1. 完全垄断是指整个行业的全部产品的生产和销售由唯一的一家厂商控制的市场结构。

2. 完全垄断市场形成的基本原因，是由于其他厂商进入产业的障碍以及它本身拥有的成本优势。

3. 在完全垄断市场，厂商的短期内的最适产量，也就是短期均衡应该是：若价格不低于平均可变成本时（$P \geq AVC$），厂商在边际收益等于边际成本（$MR = MC$）处生产。厂商长期的最适产量是：若价格不低于平均总成本时（$P \geq ATC$），厂商在边际收益等于边际成本（$MR = MC$）处生产。

4. 价格歧视大致上可分为三种类型：一级价格歧视，二级价格歧视，三级价格歧视。

5. 依不完全竞争市场中厂商数目的多寡，我们可以再将之区分成二类：垄断竞争市场和寡头垄断市场。

6. 垄断竞争厂商面临的需求曲线斜率较小。但因为它们多少还有一些市场力量，因此所面对的需求曲线也不会像完全竞争厂商一样呈水平状。

7. 在短期，垄断竞争厂商在决定产量与定价的方式与垄断厂商完全相同。也就是说，价格与数量是同时决定的，当然也必须同时考虑市场需求与厂商本身的边际成本。长期均衡中，垄断竞争厂商的利润会等于0，但是，垄断竞争厂商永远不会选择在长期成本的最低点生产，而是选择较小的产量。

8. 产业形成寡头垄断市场的理由很多，其中最重要的仍然与规模经济有关。

9. 在寡头垄断市场，非价格竞争是最常被利用的手段。

10. 由于寡头间的相互依存性和寡头行为的不确定性，经济学家们尚未建立起被普遍接受的寡头价格及产量的决定模型。

11. 在研究寡头垄断市场方面，博弈论是当代的一般研究方法。本章对博弈论的知识作了简单介绍。

12. 不同市场组织下的经济效率是不相同的，市场组织的类型直接影响经济效率的高低。完全竞争市场的经济效率最高，垄断竞争市场较高，寡头市场较低，垄断市场最低。

复习与思考题

一、名词解释

垄断　　价格歧视　　价格管制　　垄断竞争　　寡头　　博弈论　　价格刚性

二、单项选择题

1. 以下都是垄断的特征，其中哪一种不是垄断竞争行业的特征？（　　　）

    A. 有进入限制　　　　　　　　　　　　B. 企业以利润最大化为目标

    C. 企业面临着向右下方斜率的需求曲线　　D. 企业生产有差别产品

2. 图7.10代表了一个垄断竞争企业的短期情况该企业的产量应该是（　　　）。

    A. Q_1　　　　　　B. Q_2　　　　　　C. Q_3　　　　　　D. Q_4

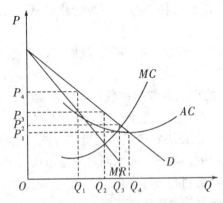

图7.10　垄断竞争企业短期情况

3. 图7.14中，垄断竞争企业收取的价格为（　　　）。

    A. P_1　　　　　　B. P_2　　　　　　C. P_3　　　　　　D. P_4

4. 根据图7.14，在长期中（　　　）。

    A. 有新企业进入，每个现有企业的需求曲线都向左移动

    B. 有新企业进入，每个现有企业的需求曲线都向右移动

    C. 现有企业将离开，每个留下的企业的需求曲线向左移动

    D. 现有企业将离开，每个留下的企业的需求曲线向右移动

5. 在长期中，一个垄断竞争企业生产的产量要使价格等于（　　　）。

    A. 边际成本　　　　　　　　　　　　　B. 边际收益

    C. 平均可变成本　　　　　　　　　　　D. 平均总成本

6. 在囚犯的两难处境中，优势战略均衡是（　　　）。

    A. 双方都交代　　　　　　　　　　　　B. 双方都不交代

    C. 一方交代，另一方不交代　　　　　　D. 双方沟通

7. 在一个有联合行为的双寡头时，如果双方都实现了利润最大化，（　　　）。

    A. 每个企业都生产相同的产量

    B. 每个企业都生产自己可能最大的产量

C. 在所达到的总产量水平上行业的边际收益等于行业的边际成本

D. 总产量大于没有联合时的产量

8. 由两个企业组成一个以利润最大化为目标的卡特尔，如果博弈不会多次进行，优势战略均衡是（　　）。

A. 两家企业都违约　　　　　　　B. 两家企业都守约

C. 一家企业守约，另一家违约　　D. 以上都可能

9. 两家企业组成了一个以利润最大化为目的的卡特尔。但博弈多次进行，每个参与者都采用了"一报还一报"的战略，那么，均衡就是（　　）。

A. 双方都违约　　　　　　　　　B. 双方都守约

C. 一方违约，一方守约　　　　　D. 以上都可能

10. 在长期中要维持卡特尔是困难的，最重要的原因是（　　）。

A. 每个企业都有违约的刺激

B. 其他企业将进入该行业

C. 卡特尔中的企业都想退出，并不再勾结

D. 消费者最终会决定不买卡特尔的物品

E. 禁止进入寡头市场

11. 为了使垄断产生，就应该（　　）。

A. 某个行业的产品只有一个供给者　　B. 这种物品没有相近的替代品

C. 限制其他企业进入　　　　　　　　D. 以上全对

12. 下列哪一种情况可能对新企业进入一个行业形成自然限制？（　　）

A. 发放营业许可证　　　　　　　B. 规模经济

C. 实行专利制　　　　　　　　　D. 政府特许

13. 如果利润最大化的垄断者生产的产量水平是在边际成本大于边际收益时，那么，它（　　）。

A. 将提高价格并减少产量　　　　B. 将降低价格并增加产量

C. 会有经济亏损　　　　　　　　D. 可以实现利润最大化

14. 在下列哪一种条件下，垄断者将不再经营？（　　）

A. 它有经济亏损

B. 由于政府管制不能使利润最大化

C. 价格低于平均可变成本

D. 利润最大化的产量水平存在需求富有弹性的区间

15. 对于图 7.11 所描述的垄断者来说，利润最大化时。（　　）

A. 产量为 3 单位，价格为 3 元　　B. 产量为 3 单位，价格为 6 元

C. 产量为 4 单位，价格为 4 元　　D. 产量为 4 单位，价格为 5 元

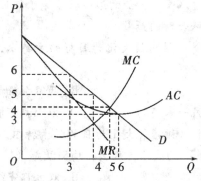

图 7.11　垄断企业利润情况

16. 垄断竞争不同于寡头在于它的市场结构为：（　　　）。

　　A. 在垄断竞争中，厂商不必顾虑其他厂商的反应

　　B. 寡头中不存在竞争

　　C. 寡头是不完全竞争的一种形式

　　D. 在垄断竞争中，厂商面临的需求曲线向下倾斜

17. "边际成本等于价格"是下列哪种市场结构的利润最大化原则？（　　　）

　　A. 完全竞争　　　　　　　　　　　B. 垄断竞争

　　C. 垄断　　　　　　　　　　　　　D. 寡头

18. 与竞争相比，垄断会（　　　）。

　　A. 索取更高的价格　　　　　　　　B. 销售更多的产量

　　C. 索取较低的价格　　　　　　　　D. 出售较少的产量

19. 因为它们是单一的销售者，垄断可以获得（　　　）。

　　A. 纯经济利润　　　　　　　　　　B. 纯会计利润

　　C. 零利润　　　　　　　　　　　　D. 资本投资的正常回报

三、判断题

1. 在垄断竞争行业中，每个企业都面临着向右下方倾斜的需求曲线。（　　　）

2. 垄断与垄断竞争的关键差别是后一种情况下存在自由进入。（　　　）

3. 垄断竞争与竞争的关键差别是前一种情况下存在产品差别。（　　　）

4. 如果垄断竞争中的企业获得了经济利润，我们就可以预期，由于新企业进入，每个企业的需求曲线将向左方移动。（　　　）

5. 在长期均衡时，垄断竞争行业的企业的产量大于与其平均总成本曲线上最低点相关的水平。（　　　）

6. 一个寡头在决定是否降价之前一定要考虑到其他企业可能作出的反应。（　　　）

7. 在囚犯的两难处境中，每个参与者所能作出的选择就是交代或不交代。（　　　）

8. 在没有多次进行的博弈时，联合的双头的优势战略均衡是双方都违约。（　　　）

9. 垄断总可以获得经济利润。（　　　）

10. 对学生和有身份的人实行不同价格折扣的企业不能实现利润最大化。（　　　）

11. 如果一个垄断者实行完全的价格歧视，他的产量水平应该是在边际成本曲线与

需求曲线相交之点。（　　）

12. 价格歧视越完全，产量也就越接近于其完全竞争的水平。（　　）

13. 比较单一价格垄断与完全竞争就可以知道，消费者所损失的全部消费者剩余都由垄断者占有了。（　　）

14. 完全价格歧视并不会引起实在损失，因为垄断者获得了消费者所失去的全部消费者剩余。（　　）

15. 由于存在寻租活动，垄断的社会成本小于实在损失。（　　）

16. 由于有寻租活动，垄断者可以确保在长期中获得经济利润。（　　）

17. 垄断行业由于有规模经济与范围经济，可以比竞争行业产量更高，价格更低。（　　）

四、计算题

1. 已知一个垄断性竞争企业的产品需求曲线是 $P = 11\,100 - 30Q$，其生产成本函数为 $TC = 400\,000 + 300Q - 30Q^2 + Q^3$。试求该企业利润最大化的价格和产出。

2. 图 7.12 （a）是双头的两个相同企业 A 与 B 的平均总成本曲线 ATC，（b）是市场需求曲线 D 和共同的边际成本曲线 MC 与实际收益曲线 MR。假定这两个企业勾结起来实现利润最大化，并同意在一年内平分产量，

（1）根据协议每个企业生产多少？价格是多少？

（2）每个企业的平均总成本与利润是多少？

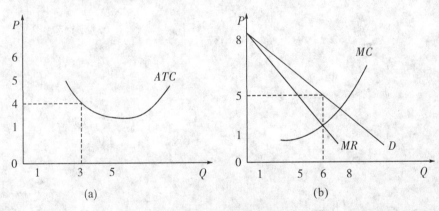

（a）　　　　　　　　　　　　　　（b）

图 7.12　双头垄断企业模型

（3）现在假设 B 企业使 A 企业相信，需求减少了，为了卖出它们协议的产量，它们应该每单位产品降价 1 元。当然，实际上并没有减少，但 A 生产协议的产量并降价 1 元。B 企业违约也降阶 1 元，但增加产量来满足这种价格时的需求量。那么，B 将生产多少产量？A 的平均总成本与利润是多少？B 的平均总成本与利润是多少？

（4）假设仍是达成协议时的情况。两家企业准备签订长期协定。在此之前，A 使 B 相信，如果 B 违约，它就会很快发现并使价格低于 B。B 现在还想违约吗？为什么？

五、分析题

1. 用图形说明垄断竞争企业短期中：

（1）如何获得经济利润？

（2）经济亏损之大足以使企业停止营业。

2. 一个有经济亏损的企业仍然在进行生产。

（1）用图形说明这个企业短期的情况。

（2）在这个企业中会发生什么变动？

（3）画出这个企业长期均衡的图形。

3. 一个处于长期均衡的垄断竞争企业 A 决定做广告来增加利润。

（1）用图形说明由于广告决策在短期内会出现什么变动。

（2）如果这个企业在短期中成功地增加了利润，在长期中会出现什么情况？

4. 由基本相同的企业 A 与 B 组成了一个没有勾结的双头。在每个企业都不做广告时，每个企业每年获利 500 万元。如果 A 广告而 B 不做，A 每年获利 1200 万元，而 B 损失 500 万元。如果 B 做广告而 A 不做，B 每年获利 1200 万元，A 损失 500 万元。如果 A、B 都做广告，各自的利润为零。

（1）通过确定参与者、战略和可能的结果重新表述这个博弈。

（2）画出结局矩阵。

（3）均衡的结果是什么？

第八章 生产要素市场理论

生产要素，是厂商为进行生产和服务活动而投入的各种经济资源，是为社会总产品的创造做出了贡献的经济资源。生产要素市场理论的核心问题是生产要素价格的决定问题。前面章节已经阐述过，产品市场上商品的价格是由供给与需求达到均衡时决定的。同样，要素市场仍可以通过供求分析来讨论生产要素的均衡价格和使用量问题。生产要素的价格和使用量是决定要素所有者收入水平的重要因素。因此，生产要素市场的价格理论也被称为分配理论。本章我们首先分析生产要素的需求，然后讨论生产要素的供给及生产要素市场的均衡价格和使用量的决定，最后探讨收入分配中的不平等问题。

第一节 生产要素的需求

19 世纪早期的西方经济学者通常把生产要素划分为土地、劳动和资本三类。三种生产要素相互配合在生产中发挥作用，并且为各自的生产要素所有者带来收入。每一单位某种生产要素在一定时期内通过生产性服务为其所有者带来的收入，就称为生产要素的价格，反映了使用要素的成本。他们的价格分别为地租、工资和利润（包括利息）。自 19 世纪晚期以来，经济分析中增加了第四个要素——企业家才能，从而利润成为这一新兴要素的报酬，利息则成为资本所有者的收入。现代西方经济学通常把生产要素分为四种：土地（自然资源）、劳动、资本和企业家才能。四种要素相互依赖、互为补充，共同发挥作用。根据经济学理论：凡是参加生产或流通过程中的各要素都应获得相应的报酬。四种要素的提供者相应地得到各自的收入：地租、工资、利息和利润。

一、要素需求的特点

生产要素的需求就是指厂商在一定时期，在一定价格水平下，愿意并能够买到的生产要素的数量。与产品市场需求不同的是，对一般商品的需求者是居民，供给者是厂商；而对要素的需求者是厂商，供给者是居民。这种区别使得对要素的需求与一般商品的需求有很大的区别。

首先，厂商对要素的需求是一种派生需求，或称为引致需求（derived demand）。厂商之所以需要生产要素，是为了用这些生产要素生产各种可供消费的物品以满足居民对产品的需要。如果居民不需要各种可供消费的物品，厂商就无法销售他所生产的产品，也就无法获得收益，因此也不会需要生产要素了。因此，当产品市场上对某种产品的需求增加时，对生产该产品要素的需求也会增加。反之则下降。

派生需求反映了生产要素市场与产品市场之间的联系，还说明了产品市场的类型、产品价格和数量对生产要素市场的直接影响。

其次，由于厂商对生产要素的需求取决于居民对产品的需求，因此，**要素的供求与产品的供求有相互依存和相互制约的关系。**即对厂商提供的产品的需求量的大小取决于居民收入的大小，居民收入水平取决于提供要素所得到的报酬（即厂商购买要素所支付的价格），要素价格的大小又取决于产品的需求量的大小。所以，对生产要素需求的分析，比对产品需求的分析更繁杂。

最后，生产要素的需求也是一种联合需求（joint demand），即所谓的"共同性"。这是因为，任何一种产品都不是一种生产要素单独能生产出来的，而必须有许多要素共同合作才行。这种共同性特点带来一个重要后果，即厂商对某种生产要素的需求，不仅要受该要素价格和市场需求结构（厂商数量的多少）的制约，还要受其他要素价格及其市场需求结构的制约。因此厂商为了取得最大利润，必须进行合理的要素组合。因此，严格来说，生产要素市场均衡理论应当是关于多种要素共同使用的市场均衡理论。但由于同时研究多种要素将使分析过于复杂，甚至不能达到研究的目的。为了把这一复杂的问题简单化，微观经济学一般集中于研究和讨论一种生产要素的情形。本书也采用这种简化方法进行论述。

二、要素需求的原则

利润最大化要求任何经济活动都遵循边际收益等于边际成本的原则，这一原则不仅适用于产品数量的决定，也适用于要素使用量的决定。

(一) 使用要素的边际收益——边际收益产品 (MRP)

在产品市场分析中，收益被看成是产量而非生产要素的函数。而在要素市场分析中，产量本身又是生产要素的函数。

设厂商使用的生产要素为劳动 L，则使用一定量的劳动要素将创造出一定的产量，生产函数表达为：

$$Q = Q\ (L) \tag{8.1}$$

则要素的边际产品为：

$$MP = \frac{\mathrm{d}Q\ (L)}{\mathrm{d}L} \tag{8.2}$$

（8.2）式表示在其他条件不变的前提下，增加使用一个单位要素所增加的产量，即厂商使用生产要素的边际产品（*MP*）。

要素边际产品 *MP* 与边际收益 *MR* 的乘积表示增加使用一单位要素所增加的收益，这是用价值形态指标表示某要素的边际生产力，称为边际收益产品（marginal revenue product，MRP）。用公式表示为：

$$MRP = MP \cdot MR \tag{8.3}$$

从公式（8.3）可知，要素的边际收益产品 MRP 的变化取决于两个方面：一是增加一单位要素投入带来的要素边际产品 MP 的变化；二是增加一单位产品所增加的收益 MR 的变化。

有关 MP 的变化，我们曾指出，在其他要素不变的前提下，在一定时期内不断增加一种可变要素投入量，其边际产量在一段时期内可以增加或保持不变，但是最终还是会递减。这个规律也称为边际生产力递减规律。

至于 MR 的变化，取决于产品的市场结构。如果该要素生产的产品属于完全竞争市场的产品，则 MR 等于产品的价格，且为常量。如果该要素生产的产品属于不完全竞争市场的产品，则 MR 随产量增加而递减且始终小于产品价格 P。

（二）使用要素的边际成本——边际要素成本（MFC）

与使用要素的边际收益同理，**增加一单位要素的投入所增加的成本支出称为边际要素成本（marginal factor cost，MFC）**。它等于要素的边际产品和边际成本 MC 的乘积。用公式表示为：

$$MFC = MP \cdot MC \tag{8.4}$$

同使用要素的收益情况相类似，MFC 的变化也取决于要素的市场结构。如果要素市场是完全竞争的市场，则 MFC 不变且等于要素的价格，比如说劳动的价格（W），即 $MFC = W$；如果该要素市场为不完全竞争的市场，则 MFC 将随要素需求量的增加而递增，且总大于要素价格。

（三）厂商使用要素的原则

在其他条件不变的情况下，出于利润最大化的目的，厂商对某种生产要素的需求量将会被确定在这样的水平上：最后增加使用的那部分单位生产要素所带来的收益恰好等于为使用它所支付的成本，用公式表示为：

$$MRP = MFC \tag{8.5}$$

当式（8.5）得到满足时，厂商达到了利润最大化，此时的要素使用数量为最优。

假定边际要素成本不变，如果厂商使用一定数量的生产要素所获得的边际收益产品大于边际要素成本，即 $MRP > MFC$，厂商就会增加生产要素的投入以获取更多的利润；当要素投入增加后，根据边际生产力递减规律，要素边际产品下降从而边际收益产品下降，一直降到 $MRP = MFC$ 时，最后一个单位要素的收益与成本相等，该得到的利润都得到了，于是利润达到了最大。

同样，如果边际收益产品小于边际要素成本，最后一个单位要素的投入出现亏损，因此厂商会减少要素的投入以减少亏损。根据边际生产力递减规律，当要素投入减少时，边际产品就会增加从而边际收益产品增加，一直到 $MRP = MFC$ 时为止。这时该避免的损失都避免了，于是利润达到了最大。

三、完全竞争要素市场的需求

和完全竞争产品市场一样，完全竞争要素市场的基本性质也可以描述为：要素供求双方人数都很多；同种要素没有任何区别；要素供求双方都具有完全的信息；要素可以充分自由的流动。

(一) 厂商的生产要素需求曲线

如前所述，假定其他要素使用量固定不变，只考察厂商对一种可变要素（例如劳动力）的需求。我们先假定产品市场是完全竞争的，所以对使用要素生产产品的任何一个厂商而言，无论销售多少产品都不影响该产品的市场价格，也就是说厂商可以按市场供求关系决定的价格卖出任何数量的产品。所以每增加一单位产品的销售所带来的边际收益始终不变，且等于产品价格，即 $MR = P$。从而要素的边际收益产品就等于边际物质产品乘以该产品的价格，即 $MRP = MP \cdot P$。这里的 $MP \cdot P$ 也被称为要素的边际产品价值（value of the marginal product，VMP），它指增加一单位要素所增加的产量的销售值。用公式表示为：

$$VMP = MP \cdot P \tag{8.6}$$

在产品市场为完全竞争的假设下，$MRP = VMP$。

由于边际生产力递减规律的作用，随着要素投入量的增加，要素的边际产品递减。又由于在完全竞争的假设下，产品价格等于边际收益，是既定的常量。因此，边际产品价值和边际收益产品都是递减的。

如图 8.1 所示，横轴 OL 表示要素（劳动）的需求量，纵轴 OW 表示要素（劳动）的价格、产品收益。MRP 为边际收益产品曲线。在完全竞争市场上 MRP 曲线与 VMP 曲线重合。

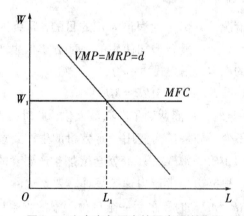

图 8.1　完全竞争厂商的要素需求曲线

从成本方面看：边际要素成本是指增加 1 单位要素的投入所引起的总成本的增量，用 MFC 表示。在完全竞争市场上，要素的买者和卖者都不能影响要素的价格，所以厂商购买的每一单位要素所花的成本都是既定的，等于要素价格。

厂商购买生产要素的目的是为了实现利润最大化，即 $MRP = VMP = MFC$。在完全竞争市场上，对某一厂商来说，要素价格是既定的，厂商对生产要素的需求就取决于边际产品价值或边际收益产品。在使用一种可变要素的情况下，厂商的要素需求曲线 d 就是这种要素的边际产品价值曲线 VMP 或边际收益产品曲线 MRP。

图中，$VMP = MRP = d$，表示完全重合的边际产品价值、边际收益产品曲线和需求曲线。当要素价格已知时，在曲线的每一对应点都意味着厂商的边际收益产品或边际产品价值等于边际要素成本，同时决定了该厂商的要素需求量。

（二）市场生产要素需求曲线

如何从厂商对某一生产要素的需求曲线导出要素的市场需求曲线，似乎可以像完全竞争产品市场简单加总各个消费者需求曲线那样，通过加总市场上所有厂商的边际产品价值曲线而求得要素的市场需求曲线。

然而，这样的加总是错误的。在完全竞争市场上，单个厂商 m 在不同要素价格下使用某一要素的变化是数量的变化，不会影响产品的价格，从而不会改变该厂商的边际产品价值曲线 VMP。因为如果要素的价格发生变化，根据其他厂商均不进行调整的假定，价格变化只会引起该厂商对该要素的需求量的变化，从而只引起该厂商产品数量的变化。而产品市场是完全竞争的，产品价格不会因某厂商产品数量的变化而变化，因此其边际产品价值 VMP 也不会发生改变。

但在市场或行业都增加使用某一要素时，增加产品产量就会引起产品的价格下降，使要素的边际收益产品减少，于是每个厂商对该要素的需求量就会减少。如图 8.2 所示。

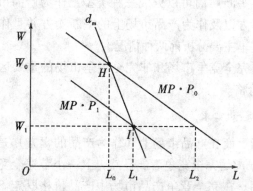

图 8.2 其他厂商调整时某厂商的要素需求曲线

图 8.2 说明，当要素 L 价格为 W_0，相应的有一个产品价格 P_0，从而有一条边际产品价值曲线 $VMP_0 = MP \cdot P_0$。根据该曲线可以确定 W_0 下某厂商对要素 L 的需求量 L_0。图中显示为 H 点。当要素价格下降到 W_1 时，该厂商对 L 的需求量就相应地增加到 L_2。由于其他厂商也进行调整，对 L 的需求量跟着增加，产品产量将增加，从而产品市场的总供给增加，产品的供给曲线右移，产品价格下降，例如到 P_1。于是要素的边际产品价值曲线下移到 $MP \cdot P_1$。从而在要素价格 P_1 下，对 L 的需求量不是 L_2，而是更小一些的 L_1。于是又得到要素需求曲线上一点 I（W_1，L_1）。

重复上述过程，可以得到性质相同的其他点。将这些点连接起来，即得到其他厂商调整情况下某厂商 m 对要素 L 的需求曲线 d_m。一般来说，d_m 曲线仍然是右下方倾斜的，但比调整前的需求曲线陡一些。

紧接着仅需将所有厂商的要素需求曲线简单的水平相加就可得到整个市场的要素

曲线 D。市场的要素需求曲线表示行业中所有厂商对要素的需求量和要素价格之间的数量关系。如图 8.3 所示。

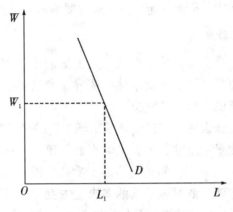

图 8.3　要素的市场需求曲线

四、非完全竞争市场中的要素需求

非完全竞争市场指的是除完全竞争以外的三种情况：垄断、寡头和垄断竞争。和完全竞争厂商不一样，垄断厂商可以分成三种类型：作为产品市场上的垄断卖方、作为要素市场上的垄断买方以及作为产品市场上的垄断卖方并且作为要素市场上的垄断买方。为简单起见，这里主要分析前两种情况。

对单个厂商而言，完全竞争市场和非完全竞争市场的重要区别之一是厂商能否改变产品（或要素）的价格。

(一) 卖方垄断厂商的要素需求

卖方垄断厂商是指厂商在产品市场上（作为产品的卖方）是垄断者，但在要素市场上（作为要素的买方）是完全竞争者。显然，上一小节完全竞争厂商的要素使用原则在这里不再完全适用。在完全竞争产品市场中产品价格既定不变，而在非完全竞争市场中，价格是销量的函数，即价格随销量的增加而下降。由于产品价格决定不同，这两种不同类型的市场中的要素需求曲线就不一样了。

由于卖方垄断厂商在要素市场上仍然假定为完全竞争者，故对它而言，要素价格仍然是既定常数，使用要素的边际成本仍然等于不变的要素价格。但使用要素的边际收益就大大不同了。

根据前面的分析，使用要素的边际收益等于边际产品（即增加使用一个单位生产要素所增加的产量）与产品的边际收益（即增加一个单位的产品所增加的收益）的乘积。在卖方垄断市场条件下，由于产品价格随销售量的增加而下降，边际收益不再等于产品价格，而是小于产品价格，即 $MR < P$（关于垄断条件下产品的需求曲线和边际收益曲线的关系，在前面章节中已作过详细分析），因此 MRP 始终小于 VMP 了。

两者的关系显示在图 8.4 中。

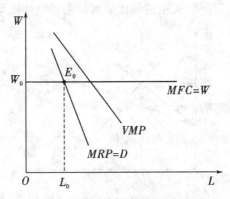

图 8.4　卖方垄断厂商的要素曲线

在图 8.4 中，边际收益产品曲线 *MRP* 位于边际产品价值曲线 *VMP* 下方，而且随着要素投入量的增加，两者越离越远，表明边际收益产品下降得比边际产品价值更快。这是因为在完全竞争条件下，产品的价格是不变的，因此引起边际收益曲线下降的因素只有一个，即边际产品递减。但在不完全竞争的条件下，因其边际收益产品曲线下降的因素有两个，即边际产品递减和边际收益递减。由于产品价格和边际收益都在下降，而且边际收益下降得比价格更快（$MR < P$）。因此边际收益产品曲线位于边际产品价值曲线下方。

由于要素市场为完全竞争，当要素市场的供求确定要素价格 *W* 后，要素供给曲线为一水平线。*MFC* 等于要素价格。当 *MRP* 等于 *MFC* 和要素价格时，厂商取得最大利润，所对应的要素需求量为最优需求量。所以边际收益产品曲线仍是厂商的要素需求曲线。

（二）买方垄断厂商的要素需求

由于买方垄断厂商在产品市场上是完全竞争者，故其产品的边际收益与产品价格相等：$MR = P$。从而使用要素的边际收益就等于要素的边际产品价值：$MRP = VMP = MP \cdot P$。但是，此时厂商在要素市场上不再是完全竞争者，故其要素价格不再是固定不变的常数，从而其使用要素的边际成本 *MFC* 已不再等于要素价格。

由于厂商的成本是所使用的要素数量（例如劳动 *L*）和要素价格（例如工资 *W*）的乘积，而厂商在要素市场上是垄断者，他将对要素价格施加影响，因此要素价格通常又是要素数量的函数。厂商的成本函数为 $L \cdot W(L)$，于是边际要素成本为：

$$MFC = [L \cdot W(L)]' = W(L) + L \cdot \frac{dW(L)}{dL} \tag{8.7}$$

式 8.7 中，$W(L)$ 也是厂商所面临的要素供给曲线，而市场的要素供给曲线通常总是向右上方倾斜的，即要素的市场供给量随要素价格的上升而增加，于是 $W(L)$ 向右上方倾斜，其导数 $dW(L)/dL \geq 0$，从而

$$MFC \geq W \tag{8.8}$$

即边际要素成本曲线位于要素供给曲线之上。

现在可以把要素的边际产品价值曲线 *VMP* 与边际要素成本曲线 *MFC* 合并在一起，

并根据要素使用原则来确定垄断买主的最优要素使用量。如图 8.5 所示。

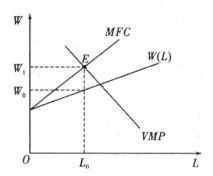

图 8.5　买方垄断厂商的要素需求

　　由于 VMP 与 MFC 两条曲线在 E 点相交，故要素需求量为相应的 L_0。要素的价格由要素供给曲线 W（L）决定，即为 W_0。因此，我们可以确定：当要素价格为 W_0 时，垄断买方的要素需求量为 L_0。

　　但是这仅仅决定了要素需求曲线上的一点。若要找到其他类似的点，需要边际要素成本曲线 MFC 的移动，同时要素供给曲线 W（L）也将移动。但即便使要素供给曲线 W（L）和边际要素成本曲线 MFC 移动，也并不能使每一个要素价格都有一个唯一的要素需求量与之对应。如图 8.6 所示：W（L）、MFC 与 VMP 共同决定了要素价格 W_0 和要素需求量 L_0。现在设要素供给曲线变动到 W_1，从而边际要素成本曲线变动到 MFC_1，它与 VMP 决定了要素需求量 L_1，但恰恰在要素供给曲线上对应的要素价格也是 W_0。由此可见，现在对同一个要素价格 W_0 有两个不同的要素需求量 L_0 和 L_1。于是不存在垄断买方的要素需求曲线。

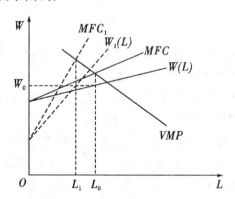

图 8.6　既定要素价格下的多种需求量

五、要素需求的弹性

　　要素需求的价格弹性相差很大，有些要素的需求量对于价格的变动非常敏感，而另一些要素的需求量对于价格的变动却无反应。某种特定要素的需求的价格弹性主要由以下因素来决定：

1. 生产要素的需求弹性，取决于边际产量的下降程度

当可变要素每增加一单位，边际产量下降得愈快，则弹性愈小。因此，即使要素价格下降很大，厂商的需求量也不会增加得太多。厂商不会因为要素价格的下降而大幅增加要素使用，因为这将使边际产量下降得更多。反之，边际产量下降得愈慢，亦即边际产量曲线愈平坦，其弹性愈大。至于边际产量随同可变要素的增加而下降的快慢，须由生产过程中的技术性质来决定。

2. 生产要素的需求弹性，由最终产品的需求弹性来决定

因为对于生产要素的需求，是一种引致或派生的需求，因此要素的需求弹性一定会受到产品的需求弹性的影响。最终产品的需求弹性愈大，要素的需求弹性亦愈大。如果最终产品弹性大，则其价格稍有下降，销售量即可大幅增加。因此，要素价格稍微跌落，便可引起厂商使用量的显著增加，以求扩大生产。反之，最终产品的需求弹性若小，生产要素的需求弹性也就小了。

3. 使用一种生产要素所支付的成本在总成本中所占的比重，是决定该种要素的需求弹性大小的另一因素。

购买一种要素的成本在总成本中占的比重愈大，其弹性愈大。因为在总成本中占的比重大，价格略上升，即可促使总成本大幅上升，从而厂商对于这种要素的需求量就会大幅缩减。反之，购买一种要素的成本在总成本中占的比重愈小，其弹性自然愈小。

4. 替代要素的可获程度也是决定要素的需求弹性的重要因素

一种生产要素的替代性要素愈多，其弹性愈大。如果有多种可相互替代的要素存在，厂商便可根据其相对价格的变动，相互加以替代使用。因此，一种要素的价格略有改变，就会引起厂商使用量的显著改变。反之，一种要素的替代性要素愈少，其弹性则愈小。

5. 对一种要素的需求弹性，在长期内要比短期内大

从根本上看，是因为经过一段时间厂商可随价格变动作出调整，而短期内无法调整。例如，熟练劳动力的价格（工资）即使上涨，厂商在短期内对于熟练劳动力的需求量也无法作大幅减少。但在长期内，厂商则可通过改建或新建工厂，以减少对某种熟练劳动的需求量。

第二节　生产要素的供给和价格的决定

生产要素的供给指居民户在一定时间内，某一价格条件下愿意而且能够提供的生产要素的数量。生产要素的供给依赖于要素的特性和所有者的偏好。一般而言，供给与价格正相关，但也有特殊情况。

在市场经济中，大多数生产要素是私人拥有的。人们"拥有"他们的劳动是指他们能控制劳动的使用。今天这种关键的人力资本只能租借而不能买卖了。资本和土地一般都由国家、集体、家庭和企业所拥有。劳动供给是由许多经济和非经济因素决定

的。重要的决定因素有劳动的价格（即工资率）和人口特征，如年龄、性别、教育和家庭结构。土地和其他自然资源的数量是由地理状况决定的，虽然土地的数量也受水土保持、开垦方式和改良措施等因素的影响，但其供给不可能有大的改变。资本的供给依赖于企业、家庭和政府过去的投资。短期内资本存量像土地一样是固定的，但长期内的资本供给对于风险和回报率这样的经济因素非常敏感。

一、要素供给的原则

（一）要素供给的边际效用与自用资源的边际效用

要素所有者可将其要素分为两部分，一部分作为要素被供给市场，另一部分留作自用。所有者之所以供给生产要素是为了取得收入，正是这种要素带来的收入具有效用。因此，要素供给的效用是间接效用：要素（例如劳动 L）通过收入与效用相联系。要素供给的边际效用为：

$$\frac{dU}{dL} = \frac{dU}{dY} \cdot \frac{dY}{dL} \tag{8.9}$$

其中，等式左边表示要素供给的边际效用，即要素供给量增加一单位所带来的消费者效用增量；等式右边分别表示收入的边际效用和要素供给的边际收入。

与要素供给的效用是间接效用相比，自用资源既可带来间接效用，也可带来直接效用。为了分析的方便，假定自用资源的效用都是直接的。若用 l 表示自用资源的数量，则自用资源的边际效用就是效用增量与自用资源增量之比，表示增加一单位自用资源所带来的效用增量 dU/dl。

（二）要素供给的原则

显然，为了获得最大的效用，必须满足要素供给的边际效用与自用资源的边际效用相等这一条件。当要素供给的边际效用小于自用资源的边际效用时，可以将用于要素供给的资源转移到另一方以增大总效用。由于边际效用是递减的，要素供给减少而边际效用增加，自用资源增加而边际效用减少，上述调整过程将最终达到平衡。若自用资源的边际效用小于要素供给的边际效用，也是如此。

因此，可以推导出效用最大化的条件，即要素供给的原则如下：

$$\frac{dU}{dY} \cdot \frac{dY}{dL} = \frac{dU}{dl} \tag{8.10}$$

二、要素的无差异曲线分析及供给曲线

设消费者拥有的单一既定资源总量为 L，在资源价格（即要素价格）为 W 下，消费者的自用资源为 l，从而其要素供给量为 $L-l$，从要素供给中得到的收入为 $Y = W \cdot (L-l)$。消费者的效用来自两个方面，即自用资源和要素供给的收入，效用函数可写为 $U = U(Y, l)$。消费者在既定资源数量条件下决定资源在要素供给和自用两种用途之间进行分配，约束条件（即预算线）为 $(L-l) + l = L$，两边乘以 W，换成收入与要素供给量的关系，即得 $Y + W \cdot l = W \cdot L$。于是消费者的要素供给问题可以

表述为：

在约束条件 $Y = -W \cdot l + W \cdot L$ 下使效用函数 $U = U(Y, l)$ 达到最大。

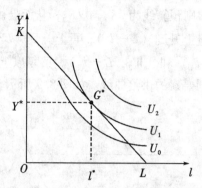

图 8.7　要素供给的原则：无差异曲线分析

也可以无差异曲线为工具对要素供给原则进行分析。图 8.7 横轴表示自用资源 l，纵轴表示要素供给带来的收入 Y，U_0、U_1、U_2 分别代表消费者的 3 条无差异曲线，较高的无差异曲线代表较高的效用。与通常的无差异曲线一样，这里的 U_0，U_1，U_2 也假定为凸向原点。这意味着，收入和自用资源都是消费者喜好的东西，多多益善，但它们给消费者带来的效用是边际递减的。预算约束线的两端表明，将所有资源用于自用或用于要素供给带来的收入，分别是 $l = L$ 和 $Y = W \cdot L$。K 点代表要素供给带来的收入为 $W \cdot L$。

消费者在预算约束下选择最优（即效用最大）的收入和自用资源的组合。这个最优组合就是预算线与无差异曲线的切点 G^*（原理与消费者行为理论完全相同）。

随着要素价格的变化（如上升），预算线围绕 L 点旋转，预算线与既定的无差异曲线组的切点也不断变化。所有者这些切点的集合为曲线 PEP，可称为价格扩展线。价格扩展线 PEP 反映了自用资源数量 l 和要素收入 Y 如何随着要素价格的变化而变化，从而可以得出要素供给量（它等于固定资源总量减去自用资源数量）随着要素价格的变化而变化。如图 8.8 所示。

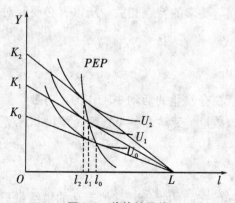

图 8.8　价格扩展线

给定要素价格 W_0，由图 8.8 可知，预算线为 LK_0，从而最优自用资源量为 l_0，于是要素供给量为 $L-l_0$，于是得到要素供给曲线上的一点（W_0，$L-l_0$）。当要素价格上升到 W_1，再上升到 W_2，则预算线为 LK_1 和 LK_2，从而最优自用资源量下降到 l_1，再下降到 l_2，于是要素供给量上升到（$L-l_1$），再上升到（$L-l_2$），于是又得到要素供给曲线上两点：（W_1，$L-l_1$）和（W_2，$L-l_2$）。重复以上做法可以得到其他点。**将所有这些点连接起来即得到要素的供给曲线。**如图 8.9 所示。

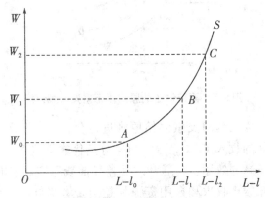

图 8.9　要素供给曲线

值得注意的是，图 8.9 中画出的要素供给曲线具有向右上方倾斜的正斜率性质，这只是作为例子说明要素供给曲线如何从消费者行为理论中推出，并不意味着要素供给曲线总是向右上方倾斜的。事实上，要素供给曲线可以向右上方倾斜，也可以垂直，甚至可以向右下方倾斜。其形状究竟如何取决于无差异曲线的形状（以及初始状态的情况），即取决于消费者效用函数 $U=U(Y, l)$ 的特点。一般而言，在效用函数中，无论什么要素带来的收入都是一样的，只要其数量相同就有一样的效用；但效用函数中的第二项自用资源却可能因为其性质不同而对效用的影响大相径庭。有些东西保留下来就足以增加效用，如时间资源。另外一些东西保留下来却未必能增加效用，或者即使能增加效用，其效果也微不足道，可以忽略不计，如不存在其他用途的土地。因此要素供给曲线形状不同与要素的特点相关。所以有必要针对不同种类的要素分别讨论其要素供给方面的特点。

三、劳动供给与工资

劳动供给指人们愿意在有收益的活动中工作的小时数。劳动供给取决于人口增长率、工作时间、流动人口数量、劳动力参与程度及移民状况等因素，但主要取决于劳动的成本。

（一）劳动的供给

劳动的供给不同于其他产品的供给。其他产品的供给量只是价格的函数，价格提高，供给量相应增加，所以供给曲线向右上方倾斜。但是劳动的供给具有自身特殊的规律。一般来说，工资增加，劳动的供给量也会增加，但当工资增加到一定程度之后再继续增加，劳动的供给量不但不会增加，甚至还会减少，即劳动供给曲线是一条"向后弯曲的供给曲线"，如图 8.10 所示。

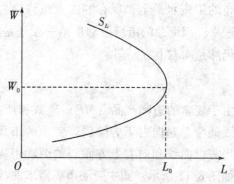

图 8.10 劳动的供给曲线

在图 8.10 中，S_L 代表劳动的供给曲线。

劳动的供给曲线之所以呈向后弯曲的形状，是由工资增加所引起的**"替代效应"**和**"收入效应"**决定的。在日常生活中，一个人 1 天的时间可以分为劳动和休闲两部分。劳动得到工资，而休闲得到享受。所以，劳动的代价是牺牲休闲的享受，而休闲的代价就是失去工资。因此也可以把工资看成是休闲的价格，劳动供给量随工资的变化关系也可以用休闲需求量随休闲价格的变化而变化的关系来说明。

我们知道，正常商品的需求曲线是向右下方倾斜的，即需求量随商品价格的上升而降低。其原因有两个：一是替代效应，它是指如果商品价格上涨，消费者会用相对便宜的其他商品进行替代，减少对价格上涨商品的需求；二是收入效应，它是指如果商品价格上涨，消费者的收入并没有变化，以致减少对正常商品的购买。替代效应和收入效应两种力量共同作用的结果使得正常商品需求量随着商品本身价格的上涨而减少。

但在劳动市场领域，工资升高的替代效应是：由于工资升高，休闲的代价增大，劳动者愿意增加劳动时间（即增加劳动供给）以替代休闲时间；收入效应是指劳动的货币收入增多后，货币的边际效用递减，而由于休闲时间的减少，使得休闲的边际效用增加，于是劳动者愿意减少劳动的供给以获得较多的休闲享受，从而使总效用最大化。替代效应与收入效应是两种相反的力量，劳动供给曲线的形状就是这两种力量相互作用的结果。当替代效应大于收入效应时，劳动供给会随着工资率的提高而增加，劳动供给曲线向右上方倾斜，即曲线斜率为正值。当收入效应大于替代效应时，劳动供给量则随着工资率的提高而减少，劳动供给曲线向左上方倾斜，即曲线斜率为负值。一般来说，工资率较低时，替代效应大于收入效应；工资率很高时，收入效应将会大于替代效应。在图 8.10 中，工资水平低于 W_0 时，由于工资水平较低，替代效应大于收入效应，所以随着工资水平的提高，劳动的供给量增加；当工资水平高于 W_0 时，由于工资水平较高，收入效应大于替代效应，所以随着工资水平的提高，劳动的供给量反而减少。

将所有单个消费者的劳动供给曲线水平相加，就可得到整个市场的劳动供给曲线。尽管许多单个消费者的劳动供给曲线可能会向后弯曲，但劳动的市场供给曲线却不一定也是如此。因为在较高的工资水平上，现有的工人也许愿意提供更少的劳动，但高工资也会吸引新的工人进来，因而总的市场劳动供给一般还是随着工资的上升而增加，从而市场劳动供给曲线仍然是向右上方倾斜。

(二) 均衡工资的决定

根据上一节所述，由于要素的边际产品（MP）递减和产品的边际收益（MR）递减，要素的市场需求曲线通常总是向右下方倾斜。劳动的市场需求曲线也不例外。将向右下方倾斜的劳动市场需求曲线和向右上方倾斜的劳动市场供给曲线综合起来，即可决定均衡工资水平。如图 8.11 所示。图中劳动市场需求曲线 D 和劳动市场供给曲线 S 相交于 E 点，其对应的均衡工资为 W_0，均衡劳动量为 L_0。

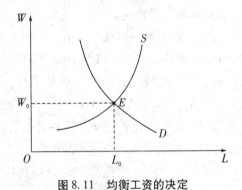

图 8.11　均衡工资的决定

(三) 不完全竞争劳动市场上的工资决定

现实中的劳动市场是一种不完全竞争的市场。不完全竞争是指劳动市场上存在着不同程度的垄断，这种垄断分为劳动者对劳动的垄断（即劳动者组成工会，垄断了劳动的供给）和厂商对劳动购买的垄断。存在着工会对劳动供给的垄断时，工资可能会高于劳动的边际生产力；当存在着厂商对劳动需求的垄断时，工资可能会低于劳动的边际生产力。实际工资水平究竟处于哪一水平上，要看工会与厂商双方力量的对比。此外，还有其他因素，如经济的萧条与繁荣、政府的干预等。这里仅分析工会垄断劳动供给市场条件下的工资决定。

工会的功能是以集体议价取代个人议价以提高工资，改善参加工会工人的生活待遇。工会通过对劳动供给的垄断来影响工资决定主要有以下三种方式：

1. 增加对劳动的需求

由于对劳动的需求是由对产品的需求派生出来的，工会往往通过议会和其他活动来增加出口，限制进口，实行保护贸易政策等办法来增加对产品的需求，进而增加厂商对劳动的需求。

在劳动供给不变的条件下，通过增加对劳动的需求，向右上方移动的劳动需求曲线就可以提高工资，同时还可以增加就业。如图 8.12 所示。

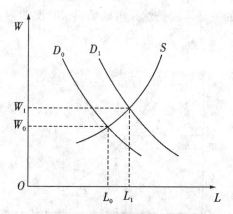

图 8.12　劳动需求增加对工资的影响

2．限制劳动的供给

工会可以通过限制雇佣非工会会员、限制雇佣童工和女工、支持移民限制、缩短每周工作小时、延长休假期、强制退休等多种方法来限制劳动的供给，从而使劳动的供给曲线向左上方移动，提高工资水平。如图 8.13 所示。

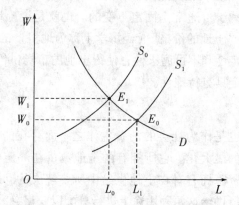

图 8.13　劳动供给减少对工资的影响

3．迫使政府实行最低工资法

工会迫使政府用法律形式规定最低工资标准，最低工资高于完全竞争的劳动市场上由供求关系形成的均衡工资，这样可以通过政府的干预在劳动供给大于需求时使工资维持在一定的水平上。这种办法对工资决定的影响可以用图 8.14 来说明。

图 8.14 中，原来的工资水平为 W_0，就业量为 L_0。在实行最低工资法的情况下，实际工资（最低工资）是 W_1，$W_1 > W_0$。但在这一工资水平上，劳动需求是 L_1，它抑制了对劳动的需求，$L_1 < L_0$；同时又刺激了对劳动的供给，使劳动供给增加到 L_2，$L_1 < L_0 < L_2$，由此形成了 $L_1 L_2$ 的失业人口。

应当说明的是，工会对工资决定的影响是有限的，因为从劳动的需求方面来看，要受到产品的需求弹性、劳动报酬在总成本中所占的比重、劳动的可替代性等因素的影响；从劳动的供给方面来看，要受到工会所控制的工人的多少、工人流动性的大小、工会基金的多少等因素的影响，所以尽管工会在工资决定中起着重要的作用，但从长期来看，影响工资决定的关键因素仍然是劳动的供求状况。

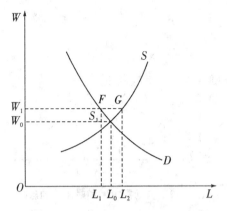

图 8.14　最低工资法对工资的影响

四、土地供给与地租

经济学上，土地是泛指一切自然资源，它在一段时间内的总量不会减少。土地的总量既不能增加也不能减少，通常是固定不变的。也就是说土地的"自然供给"是固定不变的，它不会随着"土地的价格"（经济学上称为地租）的变化而变化。

正是土地总量的固定性和不可磨灭性，使得土地的市场供给具有自身的一些特点，使得土地资源的价格决定具有特殊性。

（一）土地的供给

土地的供给者本身也是作为社会的消费主体之一而存在的，因此，他的土地供给行为的目的同样是效用的最大化。它所拥有的土地数量在一定的时期内是既定和有限的。和劳动相似，土地资源拥有者在土地供给中所要解决的问题是：如何将有限的土地资源在保留自用和市场供给这两种用途上进行分配以获得最大效用。

与劳动供给一样，土地供给本身也不会直接产生效用，土地资源拥有者供应土地的目的是为了获得土地的地租收入。因此，土地资源的拥有者实际上是在土地供给量 $(T-t)$ 所带来的收入 Y 与保留自用土地 t 之间进行抉择。于是该土地资源拥有者的效用函数可以表述为：$U = U(Y, t)$。

自用的土地资源是如何给土地资源拥有者带来效用，这种效用的大小如何呢？很明显，如果土地资源拥有者不把其土地资源用来供给市场，则土地可以用来建造自己的房屋、花园等等。土地的这些消费性使用显然会给其拥有者带来效用，但与时间资源的消费不同的是，一般而言，土地资源自留的消费性使用带来的效用只占拥有者效用的很微小的部分。所以在理论分析时，我们可以假定自留消费性使用的土地数量的增减不会影响消费者的效用水平，即认为自用土地的边际效用恒等于 0。从而土地资源拥有者的效用函数可以重新表述为：$U = U(Y)$。

在此情形下，土地资源拥有者为了获得最大效用，就必须是土地收入达到最大，因为效用总是收入的增函数。相应地，土地资源拥有者就应尽可能多地供给土地。所以他将供给他所拥有的所有土地 T，无论土地的价格如何变化，其土地供给曲线为一条在 T 位置垂直的直线。

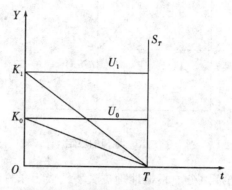

图 8.15　土地供给的无差异分析

同样的结论也可以通过无差异曲线分析方法得到。图 8.15 中，横轴 t 表示自用土地数量，纵轴 Y 为土地收入。土地所有者的初始状态点 T 表明，他拥有的全部土地数量为 T。两条预算线 TK_0 和 TK_1 分别对应于土地价格为 R_0 和 R_1 的两种情况，即 $K_0 = T \cdot R_0$，$K_1 = T \cdot R_1$。说明土地价格为 R_0 和 R_1 时，所有者获得的地租收入为 K_0 和 K_1。图中真正特殊的地方是无差异曲线：它们均为水平直线，例如 U_0 和 U_1。无差异曲线为水平直线表示土地所有者的效用只取决于土地收入，与自用土地数量无关。例如在水平直线 U_0 上，每一点的收入均相等，故它们是无差异的，尽管它们的自用土地数量不同。同样，高位的无差异曲线表示较高的效用，即 $U_0 < U_1$，这是因为后者的收入大于前者。水平的无差异曲线组显然表明，无论土地价格如何变化，最优的自用土地数量总为 0，从而土地供给量总为 T，即等于土地所有者拥有的全部土地资源。因为，当土地价格为 R_0，预算线为 TK_0 时，此时能达到的最大效用为 K_0 点的 U_0，相应的最优自用土地数量为 0，从而土地供应量为 T。同理，当土地价格上升为 R_1 时，土地供应量仍为 T。

将所有单个土地所有者的土地供给曲线水平相加，就可得到整个市场的土地供给曲线。

（二）地租的决定

将向右下方倾斜的土地市场需求曲线与土地市场供给曲线结合起来，即可决定使用土地的均衡价格（即地租）。如图 8.16 所示。图中土地市场需求曲线 D 和土地市场供给曲线 S 相交于 E 点，其对应的均衡地租为 R_0，均衡土地量为 T。

显然，随着经济的不断发展，人口的日益增加，对土地的需求也不断增加，地租有不断上涨的趋势。

（三）级差地租

上面关于地租决定的分析时假设所有土地都是同质的，不考虑土地在肥沃程度、地理位置、气候交通等方面的差别，任何土地在使用时都必须缴纳地租。这种地租称为绝对地租。

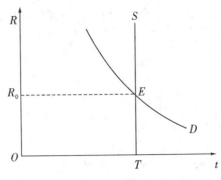

图 8.16　地租的决定

但实际上，土地有肥瘠之分。根据地理位置、气候等条件的差别也可以将土地分为不同的等级，如优、中、劣三等。土地上产品的价格不低于使用劣等土地生产所花费的平均成本，否则就没有人使用劣等地从事生产。由于劣等地产品的市场价格等于平均成本，生产者没有剩余，这种土地被称为"边际土地"。而那些优、中等土地的产品成本低于边际土地的平均成本，能获得较高的收入。这种由于租种较好土地所获得的超过平均成本的超额收入在经济学上称为级差地租。

（四）地租的外延

随着研究领域的拓展和研究的不断深入，西方经济学者对地租的概念作了进一步发展，形成了租金、准租金和经济租金等概念。

1. 租金

按照上面的定义，地租是当土地供给固定时的土地服务价格。在现实生活中，还有许多其他资源在某些情况下也可以被看成是固定不变的，例如某些人的天赋才能。这些固定不变的资源也有相应的服务价格，因此其服务价格与土地的地租非常类似。为与土地的服务价格——地租相区别，可以把这种供给固定的一般资源的服务价格称为"租金"。换句话说，租金是一般化的地租。

2. 准租金

准租金是英国经济学家 A. 马歇尔提出的一个概念。

租金以及特殊的地租均与资源的供给固定不变相联系。但在现实生活中，有些生产要素尽管在长期中可变，但在短期中却是固定的。例如，厂商的生产规模在短期不能变动，其厂房、机器设备等要素对厂商来说就是固定供给的，它不能从现有的用途中退出而转到其他用途中去，也不能从其他相似的生产要素中得到补充。在短期内只要产品价格能补偿可变成本，厂商就会利用这些要素进行生产，如果存在较大的市场需求，产品价格超过平均可变成本，其余额就形成固定要素的收入。使用这些要素所获得的报酬具有地租的性质，被称为准租金。如图 8.17 所示。

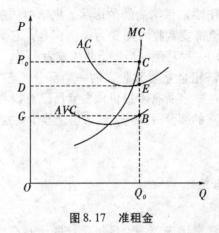

图 8.17　准租金

在图 8.17 中，MC、AC、AVC 分别表示厂商的边际成本、平均成本和平均可变成本。假定产品的价格为 P_0，则厂商将生产 Q_0，这时的可变成本的面积为 $OGBQ_0$，它代表厂商为生产 Q_0 产量所需可变生产要素数量而必须支付的金额。而 GP_0CB 为固定要素的收入，就是准租金。

应该指出，准租金只在短期内存在。在长期内固定资产也是可变的，固定资产的收入就是折旧费及利息收入。这样，就不存在准租金了。

3. 经济租金

根据前面的定义，租金是固定供给要素的服务价格。固定供给意味着要素价格的下降不会减少该要素的供给量，也即要素收入的减少不会使要素所有者减少该要素的供给量。在现实中，也有许多要素收入尽管从整体上不同于租金，但其收入的一部分却类似于租金，即如果从该要素的全部收入中减去这一部分并不会使要素所有者减少供给。经济学上将这一部分要素收入称为"经济租金"。

如图 8.18 所示，要素的全部收入为 $\square OR_0EQ_0$，但按照要素供给曲线，要素所有者为提供 Q_0 量要素所愿意接受的最低要素收入却是 $OAEQ_0$。因此，阴影部分 AR_0E 是要素的"超额"收益，即使去掉，也不会影响要素的供给量。这一部分也就是经济租金。它类似于所谓的生产者剩余。

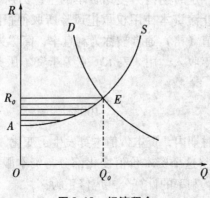

图 8.18　经济租金

经济租金的大小取决于要素供给曲线的形状。供给曲线越陡，经济租金部分就越大。当供给曲线垂直时，全部要素收入均变为经济租金，它恰好等于租金或地租，因此租金实际上是经济租金的一种特例。当供给曲线成为水平，经济租金便完全消失。

从另一个角度说，经济租金是要素收入的一个部分，它并非为获得要素所必须，而是代表着要素收入中超过要素所有者提供该要素所愿意接受的最低价格（也即要素在其他场所能得到的收入）的部分。因此，经济租金等于要素收入与其机会成本之差。

五、资本的供给与利息

（一）资本和利息的经济含义

1. 资本

在日常生活中，资本常常代表着一个经济系统的所有有形资源，包括劳动力等一切有用之物，例如消费品（住房、汽车等）、生产资料（厂房、机器设备等）以及现金存款和自然资源（土地、矿藏等）。显然，这个资本的内涵并不是与劳动、土地并列的生产要素。

作为与劳动和土地并列的生产要素，资本的特征可以概括为以下几点：①数量可变，即它可以通过人们的生产活动创造出来，这是与劳动和土地相区别的重要特征（劳动和土地的总量一般已由自然条件决定了，不随人们经济活动的变化而变化）；②它被创造出来的目的是为了获得更多的可消费的商品和劳务；③它是作为再投入的生产要素，即通过用于再生产来获得更多的商品和劳务。它不同于普通的消费性商品，普通的消费品不能带来更多的商品和劳务。它也不同于单纯的储蓄资金，单纯的储蓄资金本身仅仅意味着可贷资金。如果这些资金并不实际贷出，则不能增值；即使贷出也不完全是被运用于生产过程。

根据资本的上述特点，我们可以把资本定义为：**由经济社会生产出来的，并被作为投入的生产要素以获得更多的商品或劳务的物品。**

2. 利息和利息率

既然资本是一种生产要素，它就具有服务价格（市场价格），即资本的价值。例如一台设备、一栋建筑物在市场上可以按一定的价格出售，也可以像土地和劳动等其他要素一样被租借。**厂商在一定时期内为使用资本的生产力所支付的代价，或者说是资本所有者在一定时期内因让渡资本使用权承担风险所取得报酬，被称为利息，即资本服务的收入。而其单位价值（格）通常被称为利息率，简称为利率。**它是一个百分率，表示单位资本价值服务的年收入，用 r 表示。它等于资本服务的年收入 Z 除以资本的原始价值 P。即：

$$r = \frac{Z}{P} \times 100\% \tag{8.11}$$

但如果在使用资本的时期内，资本价值本身发生了变化（升值或贬值），变化量为 ΔP，则在计算利率时应当将这个资本价值变化部分与资本服务的收入同样看待，以反映使用资本的代价或收益。利率的计算公式应修正为：

$$r = \frac{Z + \Delta P}{P} \times 100\% \tag{8.12}$$

式中，ΔP 可以大于 0（表示增值），也可以等于 0（表示资本价值不变）或小于 0（表示贬值）。

（二）资本的供给

　　资本供给的基本问题是：追求效用最大化的资本所有者如何向市场提供要素？根据前面的分析，资本与劳动及土地的一个根据区别是：资本的数量是可变的，而土地和劳动的数量一般是不变的。这个重要差别使得资本的供给问题完全不同于劳动和土地的供给问题。在关于劳动和土地的供给中，所要研究的是资源拥有者如何将既定的资源在保留自用和要素供给之间进行抉择。对单个人来说，他可以通过购买来增加其资源数量，但这同时也意味着其他资源拥有者拥有的资源量相应地减少。因此从整个社会来看，这种买卖行为并没有改变总的要素供给量，除非买方改变要素的使用方式。

　　资本的情况则完全不同：单个资本所有者完全可以在不影响其他人资本拥有量的条件下来增加自己的资本资源。这就是储蓄，即保留其拥有的一部分不用于当前的消费，在需要的时候可以随时用于生产。他可以自己生产新资本，也可以通过出借的方式增加资本。

　　因此，**资本所有者的资本供给问题就可归结为如何将既定收入在消费和储蓄之间进行分配的问题。**更进一步分析，资本所有者进行储蓄从而增加资本量，其目的是为了将来能得到更多的收入，从而有可能在将来进行更多的消费。因此，资本所有者面临的问题演变为：如何在现在消费和未来消费之间选择。

　　为简单分析，假定只有今年和明年两个时期。资本所有者的决策问题可以用图 8.19 来说明。图中，横轴 C^0 代表今年消费的物品价值，纵轴 C^1 代表明年消费的物品价值。U_1、U_2 和 U_3 是消费者的三条无差异曲线。无差异曲线在这里表示的是给消费者带来同等满足的今年消费值和明年消费值的各种组合。它与普通的无差异曲线一样，也是向右下方倾斜，向原点凸出，且较高位的无差异曲线代表较高的效用。

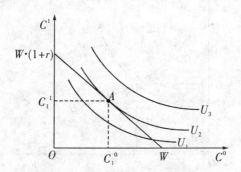

图 8.19　现在和未来的消费选择

　　再假设消费者的初始财富为 W，市场利率为 r，则他减少一单位的今年消费值就可以储蓄增加 $(1+r)$ 个单位的明年消费值。因此将财富全部用于今年消费，则今年可消费价值 W 的物品，明年为 0；而将财富全部储蓄用于明年的消费，今年消费为 0，明年可消费价值 $W \cdot (1+r)$ 的物品。将横轴的 W 点和纵轴的 $W \cdot (1+r)$ 点连接起来，就是消费者的预算约束线。

消费者的均衡位置当然是在预算线与无差异曲线 U_2 的切点 B，表示今年消费 C_1^0，储蓄 $(W - C_1^0)$，明年消费 C_1^1。如果令市场利率变化，则预算线将绕点 W 旋转，从而与另一无差异曲线相切，得到另一均衡点及另一个最优储蓄量。**将不同利率水平消费者的最优储蓄量连接起来，就得到一条储蓄或贷款供给曲线。**如图 8.20 所示。图中，横轴 K 表示储蓄或贷款供给，纵轴表示利率 r。一般来说，随着利率的上升，人们的储蓄也会被诱使增加，从而曲线向右上方倾斜。但与劳动供给曲线的情况相同，当利率处于很高水平之上时，贷款供给曲线亦可能出现向后弯曲的现象。

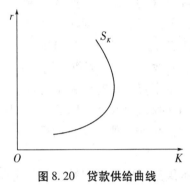

图 8.20　贷款供给曲线

（三）利率的决定

对资本的需求来自于厂商，追求利润最大化的厂商根据资本净生产率与利率的相对大小来决定资本需求的多少。只有当资本净生产率大于利率，厂商才会使用资本进行生产。资本净生产率高于利率越多，纯利润就越大，资本投资和需求也就越大。因此，在资本净生产率一定时，利率越高，资本需求量越小；利率越低，资本需求量越大。资本需求随资本利率反向变化，资本需求曲线是向右下方倾斜的曲线，如图 8.21 所示。

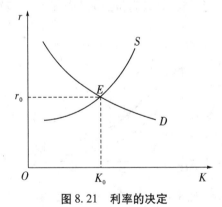

图 8.21　利率的决定

结合资本供给曲线和资本需求曲线分析，就可以得到均衡利率。如图 8.21 中，资本供给曲线 S 和资本需求曲线 D 交于 E 点，E 点所对应的资本均衡量为 K_0，资本均衡利率为 r_0。很明显，资本供给和资本需求的变化会导致资本利率的变化。随着经济进入衰退，资本供给可能增加，而资本需求则会减少，利率会降低；反之，在经济繁荣时期，利率相应提高。

六、企业家才能与利润

在工业化大生产以前，企业的出资者与经营者多为同一人，资本家身兼企业家，其收入中哪一部分是资本的利息，哪一部分是经营的利润，是不易区分的，因此古典经济学者并没有研究利润与利息的界限。到 20 世纪初，随着大规模生产的出现，专门的经营管理人才应运而生，于是企业的所有权与经营权逐渐分离，所有权属于资本家，经营权属于企业家。这样，利息和利润自然就分开了。利息成为资本家的收入，而利润成为企业家的收入。

西方经济学家通常把利润区分为正常利润和超额利润。

(一) 正常利润

正常利润是企业家才能的价格，也就是企业家才能这种生产要素所得到的报酬。 正常利润同其他生产要素的报酬一样，构成厂商的成本。由于企业家才能被认为是一种技术，拥有这种技术的人，同其他生产要素一样，在市场上也会被竞相雇用，所以，其价格的决定同工资一样，取决于企业家才能的供给与需求。企业家才能需要特殊的培养训练，并需花费较大的代价，所以它的供给量是有限的。而企业家才能对企业经营活动的功效至关重要，所以对其需求量是很大的。企业家才能的供给与需求的特点决定了企业家才能的报酬必须是很高的，远远超过一般劳动所得到的报酬。

从长期来看，正常利润的存在是必然的。如果企业家得不到正常利润，他就会退出生产过程，生产也就无法进行下去。

(二) 超额利润

超额利润是指厂商超过正常利润的那部分利润。 只有动态的社会中和在不完全竞争条件下，才会产生超额利润，它与厂商的创新能力、风险承担能力和市场垄断能力相关。

1. 创新的超额利润

创新是企业家对生产要素的重新组合，如引入新产品、引进新技术、开辟新市场、获得材料的新来源、实行新的企业组织形式等。

创新是社会进步的动力，因而由创新所获得的超额利润是合理的，是社会对创新者的奖励。

2. 承担风险的超额利润

风险是指从事某些事业时遇到的各种不确定性。风险使得活动一旦失败，企业家必然遭受很大的经济损失。如果对于这种可能遭受的经济损失没有补偿，就没有人肯承担风险去从事这些活动。所以，承担风险必须要有相应的报酬，这个报酬就是超额利润。

3. 垄断的超额利润

由垄断产生的超额利润可能得于卖方对产品出售权的垄断，卖方可以通过提高销售价格，损害买方的利益而获得超额利润；也可能是买方对某种产品或生产要素购买权的垄断，他通过压低购买价格，损害卖方的利益而获得超额利润。

垄断产生的超额利润损害了别人的利益，还损害了资源的有效配置，因而是不合理的。

第三节　洛仑兹曲线和基尼系数

生产要素价格的决定理论是分配论的一个重要部分，但不构成分配论的全部内容。除了要素价格决定之外，分配理论还包括收入的不平等程度，等等。

一、洛仑兹曲线

洛仑兹曲线是用来衡量社会收入或财产分配平均程度的曲线。 是由美国统计学家M．O．洛仑兹于1905年提出的。洛仑兹首先将一国总人口按收入由低到高排队，分成若干等级，然后将一定的各等级人口占总人口的百分比与其占全社会总收入的百分比绘制在图形上，就形成洛仑兹曲线。一般习惯将社会人口按收入多少从低到高分为5档，每档人口均占全部人口的20%，然后再看每20%的人口收入占总收入的比例，由此来判定收入分配的平均程度。如表8.1所示。

表8.1　　　　　　　　　　　　人口分布与收入分布

收入分组	占人口百分比	人口累积	占收入百分比	收入累积
1	20	20	5	5
2	20	40	11	16
3	20	60	14	30
4	20	80	22	52
5	20	100	48	100

将表8.1中的数据作图，以横轴 OP 代表人口（按收入由低到高分组）的累计百分比，纵轴 OI 表示收入的累计百分比，便得到洛仑兹曲线。如图8.22所示。

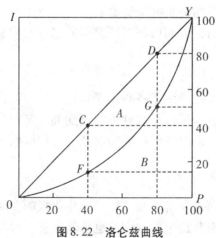

图8.22　洛仑兹曲线

在图中 OY 表示收入绝对平均，称为绝对平均线。在此线上的任一点都表明社会上某一百分比的人口在收入分配中获得相同百分比的收入。曲线 $OFGY$ 表示了实际收入分配的情况，在 F 点表示社会低收入阶层 40% 的人口获得 16% 的收入，G 点表示 80% 的人口获得 52% 的收入。反过来说，就是高收入阶层的 20% 的人口获得 48% 的收入。

显而易见，洛仑兹曲线的弯曲程度（即远离对角线的程度）具有重要的意义，反映了收入分配的不平等程度。越远离对角线，弯曲程度越大，收入分配越不平等。极限情况是所有收入都集中在某一个人手中，其余人的收入都为零，收入分配达到完全不平等，洛仑兹曲线成为折线 OPY。

二、基尼系数

根据洛仑兹曲线计算出的反映收入分配平均程度的指标，这一指标是由意大利统计学家基尼提出的，故称为基尼系数。 在图中，OY 与 $OFGY$ 围成的面积为 A，表示实际收入分配曲线与绝对平均线之间的面积；OPY 与 $OFGY$ 围成的面积为 B，表示实际收入分配曲线与绝对不平均线之间的面积。则有：

$$基尼系数（G）= \frac{A}{A+B} \tag{8.13}$$

基尼系数在 0 与 1 之间变动。如果基尼系数 $G = 0$，表示收入绝对平均；如果基尼系数 $G = 1$，表示收入绝对不平均。基尼系数越小，越接近于收入平均；基尼系数越大，则收入越不平均。一般按国际标准和惯例：基尼系数小于 0.2 表示绝对平均；在 0.2 ~ 0.3，为基本平均；在 0.3 ~ 0.4，属合理状态；在 0.4 ~ 0.5，收入差距过大；在 0.5 ~ 0.6，收入差距悬殊；大于 0.6 时，暴发户和赤贫阶层同时存在。

基尼系数是被经济学家普遍公认一种反映收入分配平等程度的方法，也是联合国作为衡量各国收入分配的一个尺度。

洛仑兹曲线和基尼系数作为一种分析工具，用作表示一定社会的收入分配状况或政策的收入效应时，有一定意义。但在运用时，还要结合各国的经济制度和经济条件进行具体分析，不可简单地认为基尼系数越小越好，也不能单从基尼系数小就判断社会收入分配平均化程度就高。因为洛仑兹曲线反映的收入分配不过是生产条件本身分配的结果。这种分配同实际财产分配是不同的，实际财产分配还要受到历史和制度的原因影响。根据美国、英国等资本主义国家的统计资料表明，这些国家的实际财产分配要比实际收入分配有较大的不平均程度。

本章小结

1. 在生产要素市场均衡下要素的最优使用量及其价格的决定。同产品价格的决定一样，在市场经济条件下，生产要素的价格也是由供给和需求决定的。厂商对某种生产要素的需求量将会被确定在这样的水平上：最后增加使用的那单位生产要素所带来的收益恰好等于为使用它所支付的成本。而生产要素的供给者为了获得最大的效用，必须满足要素供给的边际效用与自用资源的边际效用相等这一条件。不同的生产要素的供给与要素特点有关。通过把不同类型市场上要素的供给与要素的需求结合起来，就可以说明生产要素在不同市场上的价格决定。

2. 收入的不平等程度，可通过洛仑兹曲线和基尼系数来描述。

复习与思考题

一、名词解释

要素的边际产品价值　　准租金　　劳动的供给曲线　　洛伦茨曲线
基尼系数

二、单项选择题

1. 在下列各项中，不属于生产要素的是（　　）。

    A. 农民拥有的土地

    B. 企业家的才能

    C. 在柜台上销售的产品——服装

    D. 煤矿工人采煤时所付出的低廉的劳动

2. 厂商的要素需求曲线向右下方倾斜的原因在于（　　）。

    A. 边际成本递减　　　　　　　　　B. 边际收益产量递减

    C. 边际效用递减　　　　　　　　　D. 规模报酬递减

3. 下列各项中，拥有 VMP 曲线的生产者是（　　）。

    A. 完全竞争要素市场中的厂商　　　B. 完全竞争产品市场中的厂商

    C. 非完全竞争产品市场中的厂商　　D. 非完全竞争要素市场中的厂商

4. 有关工资率变动的收入效应描述不正确的一项是（　　）。

    A. 它是指工资率对于劳动者的收入，从而对劳动时间产生的影响

    B. 若劳动时间不变，工资率的提高使得劳动者的收入提高

    C. 若劳动时间不变，工资率的提高使得劳动者有能力消费更多的闲暇

    D. 工资率提高的收入效应使得劳动供给量增加

5. 随着我国卫生医疗条件的改善，越来越多的青少年成长为劳动力，这促进劳动的供给曲线（　　）。

    A. 向左移动　　　　　　　　　　　B. 向右移动

    C. 不移动　　　　　　　　　　　　D. 以上均不是

6. 市场中单个厂商对某种要素的需求曲线同全体厂商对该种要素需求曲线之间的关系表现为（　　）。

    A. 二者是重合一起的　　　　　　　B. 前者较后者平坦

    C. 前者较后者陡峭　　　　　　　　D. 无法确定

7. 在完全竞争市场上，土地的需求曲线与供给曲线分别是（　　）状。

    A. 水平，垂直　　　　　　　　　　B. 向左下方倾斜，向右下方倾斜

    C. 向右下方倾斜，向左下方倾斜　　D. 向右下方倾斜，垂直于数量轴

8. 假设某影星的年收入为 100 万元，但如果其从事其他工作，则其最多能得到 20 万元的收入，那么其所获得的经济地租为（　　　）。

　　A. 100 万元　　　　B. 20 万元　　　　C. 80 万元　　　　D. 120 万元

9. 基尼系数的增大将表明（　　　）。

　　A. 收入不平均程度的增加　　　　B. 收入不平均程度的减少

　　C. 洛伦兹曲线与横轴重合　　　　D. 洛伦兹曲线与纵轴重合

10. 边际收益产品，是受（　　　）这两个因素决定的。

　　A. 销售收入和边际产品　　　　B. 要素边际产品和产品价格

　　C. 产品价格和边际收益　　　　D. 要素边际产品和边际收益

11. 如果要素市场是完全竞争的，产品市场是不完全竞争的，利润极大化要求（　　　）。

　　A. 边际收益产品等于要素的价格　　　　B. 边际收益等于要素的价格

　　C. 边际产品等于要素的价格　　　　D. 要素的边际成本等于要素的价格

12. 工资率上升的收入效益导致闲暇消费的（　　　），而其替代效应则导致闲暇消费的（　　　）。

　　A. 增加，增加　　　B. 减少，增加　　　C. 增加，减少　　　D. 减少，减少

13. 如果劳动供给曲线几乎垂直，这意味着替代效应（　　　）。

　　A. 起主要作用　　　　B. 可忽略，只有收入效应起作用

　　C. 差不多被收入效应抵消　　　　D. 和收入效应的作用方向相同

14. 对于一个垄断企业，投入品 M 的价格为 20 元，边际产量为 5，产品价格是 4 元，则这个企业的产量（　　　）。

　　A. 未达到利润最大化，应减少产量

　　B. 未达到利润最大化，应扩大产量

　　C. 生产出利润最大化，但是成本未达到最小化

　　D. 在成本最小条件下实现利润最大化产量

15. 既要提高工资又要避免增加失业，在下列哪一情况下比较容易实现？（　　　）

　　A. 劳动的需求富有弹性　　　　B. 劳动的供给富有弹性

　　C. 劳动产品的需求富有弹性　　　　D. 劳动产品的需求缺乏弹性

三、判断题

1. 一个在不完全竞争的要素和产品市场中经营的企业，对劳动的工资支付正好等于其边际收益产品时，它就获得了最大利润。（　　　）

2. 在不完全竞争的要素市场中，一个企业使用要素的边际成本如果等于其边际收益产品，则它实现了最大利润。（　　　）

3. 如果用电脑替代人工记账，这样对记账员的需求曲线会向右移动。（　　　）

4. 企业对要素的需求取决于该要素的边际收益产品。（　　　）

5. 在一个竞争力度很大的劳动市场中，实行最低工资法往往会造成失业。（　　　）

6. 行业的要素需求曲线就是全行业厂商的 VMP 曲线的简单相加。（　　　）

7. 不管是什么性质的市场，厂商使用生产要素的原则必定是边际收益等于边际成

本。（　　）

8. 即使劳动的边际物质产品（MP）保持不变，一个垄断厂商对劳动的需求曲线仍然是向右下方倾斜的。（　　）

9. 利息率上升的替代效应是对因现时消费的相对价格上升，从而推迟消费变得更为诱人的回应。（　　）

10. 如果收入是完全平均分配的，则基尼系数将等于1。（　　）

四、计算题

1. 在完全竞争条件下，A 企业的生产函数位 $Q = 10L - 0.5L^2$。假定产品市场上的价格为 5，劳动的工资率为 10，求企业利润最大化的劳动使用量。

2. 某农场主决定租进土地 250 英亩，固定设备的年成本为 12 000 美元（包括利息、折旧等），燃料、种子、肥料等的年成本为 3000 美元，生产函数为 $Q = -L^3 + 20L^2 + 72L$。Q 为谷物年产量（吨），L 为雇用的劳动人数，劳动市场和产品市场均系完全竞争，谷物价格每吨 75 美元。按照现行工资能实现最大利润的雇用量为 12 人，每年的最大纯利润为 3200 美元，农场主经营农场的机会成本为 5000 美元。求：①每个农业工人的年工资为多少？②每英亩土地支付地租多少？

五、思考题

1. 在微观经济学中，产品市场理论和要素市场理论有何异同点？

2. 为什么当厂商在产品市场具有垄断势力时，它对劳动力的需求曲线比厂商是竞争性生产时弹性小？

3. 当使用的互补投入品增加时，对一投入品的需求会出现什么情况？

4. 对一个垄断买主来说，一投入品的供给与该投入品的边际支出之间是什么关系？

5. 利用有关边际收益产品的知识，解释下列情况：

（1）一个著名的网球明星在一个 30 秒钟的电视广告中得到 200 000 美元。那个扮演他的搭档的演员只得到 500 美元。

（2）为了让一个经营不善的储蓄贷款机构的总裁不在其位，在过去两年的合同里，向他支付工资。

（3）一架载客 400 人的大型喷气客机比载客 250 人的客机定价高，即使两种飞机的制造成本是相同的。

第九章　一般均衡理论与福利经济学

到目前为止，我们考察的是孤立而且单一的市场，而对不同市场间的相互影响忽略不计。或者说，我们在讨论市场均衡条件时仅仅考察某商品自身价格变动与其供求的影响，而假定该市场的活动对其他市场很少或者没有影响，这种方法被称为局部均衡分析方法。但是，正如前面分析所知，市场中存在成千上万种商品，而商品之间又经常存在相互影响、相互依存的关系，因此局部均衡分析的有效性就受到了质疑。本章的目的就是要研究商品之间的相互影响和相互依存的关系，即一般均衡理论。

第一节　一般均衡分析

一、一般均衡分析的引入

为研究多个商品或要素市场间存在的相互影响，我们引入一般均衡分析方法。**一般均衡分析就是研究经济如何调节以使所有市场的需求和供给同时达到均衡的分析方法。**

为更好地理解整个经济体系中各个不同市场之间的相互作用过程，我们从一个简单的石油市场出发来分析一般均衡的问题。[①] 在该简单经济体中，总共包括四个市场：第一个市场为原油市场，第二个市场为煤市场，第三个市场为汽油市场，第四个市场为小汽车市场。这里，煤作为原油的替代品，原油作为汽油的原料，小汽车作为汽油的互补品。现在假定，所有市场在刚开始时均处于均衡状态，如图9.1。图9.1中包括原油、煤、汽油和小汽车市场。在每一个子图中，初始状态均由供求曲线 S 和 D 给出，相应的均衡价格和均衡产量均由 P_0 和 Q_0 表示。

我们从原油市场开始分析，假定原油的供给由于某些非价格因素的影响（如厂商合谋减产）而发生减少，则原油的供给曲线 S 向左移动，例如左移动到 S'。由局部分析方法我们知道，原油价格将上升到 P_1，产量将下降到 Q_1。若不考虑市场之间的相互依赖关系，则分析到此为止，P_1 和 Q_1 就是新的均衡价格和均衡数量。

但引入一般均衡分析后，情况将发生很大改变。由于原油是汽油的投入品，而煤又是原油的替代品，同时，汽车又是汽油的互补品，所以，原油产量和价格发生改变无疑将对煤、汽油和小汽车市场产生重要影响。即原油市场的价格变化将打破其他市

---

①　高鸿业．西方经济学：微观部分．4 版．北京：中国人民大学出版社，2002：322 - 324.

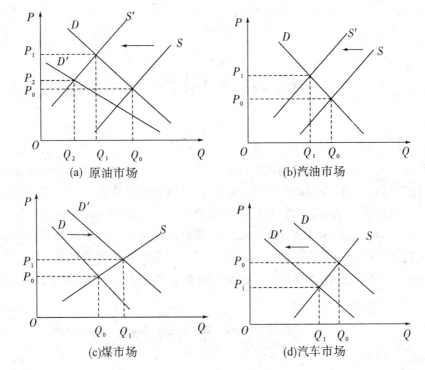

图 9.1　原油及其相关商品的一般均衡分析

场的原有均衡，而其他市场的调整也将反过来进一步影响原油市场。

　　首先看汽油市场。由于原油是汽油的投入品，投入品价格的上升将使汽油的生产成本增加，于是汽油的供给将减少。所以汽油的供给曲线 S 向左移动到 S'，S' 与原来的需求曲线相交决定了汽油的新的均衡价格 P_1 和产量 Q_1。

　　再来看煤市场的情况。由于石油与煤是替代品，故石油价格的上升造成煤的需求增加，即煤的需求曲线从 D 右移到 D'，从而均衡价格上升到 P_1，均衡产量上升到 Q_1。

　　最后来看小汽车市场的情况。由于汽车和汽油是互补品。因为石油价格上升导致汽油价格也上升，所以小汽车的需求将减少，其需求曲线左移到 D'，结果是小汽车的均衡价格下降到 P_1，均衡产量减少到 Q_1。

　　其他市场均衡的改变又如何影响原油市场？汽油价格上升将提高原油的需求。而汽油数量的下降将减少该需求，所以汽油市场对原油市场的反馈影响如何不知道。小汽车市场价格的下降及数量的减少很可能使原油需求减少。最后，煤市场价格上升及数量上升的反馈效应则会增加对原油的需求。综合起来看，其他市场的均衡改变的结果有可能是对原油的需求增加，也有可能是对原油需求的减少，这要取决于两方面力量的对比。假如，减少的力量超过了增加的力量，则原油市场的需求曲线左移，假设移动到 D'。此时，原油的均衡价格和均衡数量将不再等于 P_1 和 Q_1，而是为 P_2 和 Q_2。

　　最后要说明的是，我们在理解一般均衡的含义时，特别要注意如下两点：

　　首先，一般均衡分析追求的是某种意义上的均衡。它不像局部均衡那样仅仅分析某个经济变量的变动带来的直接的后果，它考虑了经济系统中各个部分间的相互影响，研究一个变量所引起的一系列的连锁反应。由局部均衡分析得出的结论会比一般均衡分析武断许多，因而后者往往更能得到人们的赞同。例如，从局部均衡分析来看，降低工资会降低厂商的生产成本，于是它们会增加生产，这意味着更大的劳动力需求，也就意味着就业的增加。然而，从一般均衡分析的角度就会发现，降低工资还会导致收入水平的下降，进而总需求水平普遍下降，厂商会相应的减产，劳动力需求下降，失业增加。由于存在两方面的影响，降低工资的真实效果究竟如何，显然不能靠局部均衡分析来得到。

其次，一般均衡只是经济体系的一种趋势，非均衡才是常态。这是因为真实的经济体系当中每时每刻都有新的变化发生，并且变量间相互影响的强度也会受到具体条件的影响。因此往往均衡尚未实现就已发生了变化，一般均衡的实现是相当困难的。

可以说，局部均衡分析方法虽然可以帮助我们理解市场行为，却不足以满足经济学解释现实的需要。但一般均衡分析研究经济如何调节以使所有市场的需求和供给同时达到均衡，由于考虑了不同市场间的相互影响，对现实的解释力更强。

上面分析的仅仅是石油及相关市场的一般均衡问题，现实中是否存在所有市场的一般均衡？即是否存在一系列的价格，使得所有市场都处于均衡状态，需求等于供给？如果一般均衡在经济里根本不存在，则一般均衡分析就成了空谈。一般均衡的存在性问题就是看是否存在一组均衡价格，在该价格体系上，所有商品的供求均相等。实际上，一般均衡存在与否本身有着重要意义。市场经济是建立在利己的基础上的，每个消费者追求自己的需要与欲望，每个企业追求自身的利润。在这样一个为各自私利而算计的经济制度里，有没有一种稳定状态呢？亚当·斯密的"看不见的手"理论就是对此的肯定回答。在亚当·斯密之后，经济学家们一直在理论上寻求市场经济在什么条件下存在一般均衡。20 世纪 50 年代，阿罗（Kenneth J. Arrow）、德布鲁（G. Debreu）、哈恩（F. Hahn）等经济学家用严格的数学方法证明了一般均衡存在的条件。一般均衡存在性的证明为市场经济效率性的基本思想提供了理论基础。由于证明过程太过复杂，已经超出本书的知识范围，有兴趣的读者可以参阅相关文献。但关于此问题的基本结论是：在一些比较宽松的条件下（如消费者的偏好为凸性等），完全竞争的经济里存在一般均衡。

二、一般均衡分析工具——埃奇沃斯盒

在进行一般均衡分析时，以无差异曲线和等产量线为基础的埃奇沃斯盒是用来分析一般均衡的基本分析工具。因为是英国经济学家埃奇沃斯（Edgeworth）首次使用这种分析工具，故以他的名字命名。

图9.2 显示了一个埃奇沃斯盒形图，社会中仅仅包括两个消费者 A 和 B、两种产品食品和服装，其中横轴表示食品单位的数目，纵轴表示服装单位的数目。盒形图的长度为全部可以得到的 10 个单位的食品，高度为全部可以得到的 6 个单位的衣服。

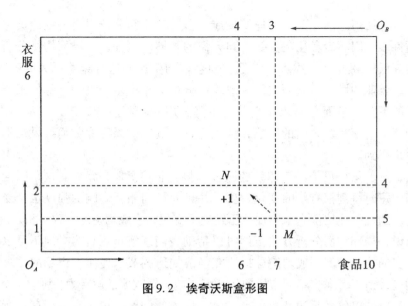

图 9.2 　埃奇沃斯盒形图

在盒子内每一点都代表两个消费者的市场篮子，A 所持有的商品从原点 O_A 开始，而 B 所持有的商品从原点 O_B 算起。例如，M 点代表食品和衣服的初始配置。从左到右显示 A 消费者对食品的消费，此时 A 有 7 单位的食品，从下往上显示 A 消费者对衣服的消费，此时 A 有 1 单位的衣服。那么留给消费者 B 则只有 10－7 ＝3 单位的食品和 6－1 ＝5 单位衣服。消费者 B 的食品配置是在盒形图顶部的 O_B 处从右往左读，而其衣服配置是在图的右边从上往下读。若食品和衣服的配置由 M 移动到 N 点则表示对 A 消费者来说，食品减少 1 单位，衣服则增加 1 单位。对消费者 B 来说，则食品增加 1 单位，衣服减少 1 单位。

第二节　经济效率的判断标准[①]

无论是局部均衡还是一般均衡，都是属于实证经济学的范畴。其主要研究实际经济体系是怎样运行的，包括回答"是什么"（描述现象）、"为什么"（解释现象）以及"会如何"（预测未来）的问题。但是现实中除了要解决上述三个实证问题之外，还有很多现象需要运用人们的主观判断，即解决某些经济问题的方法"应当是什么"。这就是规范经济学的范畴。如西方经济学家们论证了一般均衡的存在，但这种一般均衡状态是否对整个社会是最优的呢？这些牵涉到优劣与好坏的问题，即价值判断的问题都属于规范经济学。现实中资源配置状态有很多种，什么才是最优的资源配置状态？这是本节所要解决的问题。

对资源配置优劣的研究实际上就是对经济效率的研究。如何判断各种不同的资源配置的优劣，以及如何确定所有可能的资源配置中的最优资源配置呢？

---

① 高鸿业. 西方经济学：微观部分. 4 版. 北京：中国人民大学出版社，2002：326－330.

为了回答这个问题，先来考虑如下简单情况：假定整个社会只包括两个消费者甲和乙，且只有两种可能的资源配置状态 A 和 B。甲、乙在 A 与 B 之间进行选择，是状态 A 优于 B，还是相反？或者状态 A 与 B 相同？对于每一单个人甲或乙，假定他可以在两种资源配置状态 A 和 B 中做出明确的选择，即他或者认为 A 优于 B，或者认为 A 劣于 B，或者认为 A 与 B 一样好。三者必居其一。因此，单个人甲对 A 和 B 的选择具有如下三种可能：

$$A > B \qquad A \sim B \qquad A < B$$

式中，符号"$>$"、"$\sim$"、"$<$"分别表示甲对 A 和 B 两种资源配置状态的三种看法，即"优于"、"无差异"和"劣于"。同样的，消费者乙对 A 和 B 的选择也具有如下三种可能，即：

$$A >' B \qquad A \sim' B \qquad A <' B$$

式中，符号"$>'$"、"$\sim'$"和"$<'$"分别表示乙对 A 和 B 的"优于"、"无差异"和"劣于"三种看法。

现在的问题是，从整个社会来看，这两种资源配置状态 A 和 B 谁优谁劣呢？如果甲和乙持有同样的看法，即都认为 A 优于 B（或 A 劣于 B，或 A 与 B 无差异），则自然可以推出整个社会的观点也存在同样结论。但是，当一个社会包括许多单个人的时候，要使所有这些单个人的意见完全一致几乎是不可能的。下面我们具体讨论一个社会仅仅包括两个单个人的情况：

由于甲、乙都有三种可能的选择，因此从整个社会来看就存在九种可能选择，如表 9.1：

表 9.1

		甲的选择		
		A > B	A ~ B	A < B
乙的选择	A >' B	①A > B, A >' B	④A ~ B, A >' B	⑦A < B, A >' B
	A ~' B	②A > B, A ~' B	⑤A ~ B, A ~' B	⑧A < B, A ~' B
	A <' B	③A > B, A <' B	⑥A ~ B, A <' B	⑨A < B, A <' B

显然，若甲、乙的意见一致，则整个社会也会与甲、乙的意见一样，即两人都认为 A 优于 B（或 A 劣于 B，或 A 与 B 无差异），则整个社会的观点也是认为 A 优于 B（或 A 劣于 B，或 A 与 B 无差异）。但现实情况是甲、乙两个人的观点一致的时候仅仅有①、⑤、⑨三种情况。若两人意见相反，我们就无法从整个社会的角度对状态 A 和 B 的优劣做出明确的判断，如第③和第⑦种情况。值得我们讨论的是第三种情况，即两人意见基本一致，如第②、④、⑥、⑧四种情况。我们以第②种情况为例来说明个人与社会的观点的一致情况。此时有 A > B 和 A ~' B，即甲认为 A 优于 B，而乙认为二者无差异。如果让资源配置状态从 B 变动到 A，则从整个社会来看，这种改变至少使甲的状况变好，而没有使乙的状况变坏。即这种变动的净结果是增进了甲的福利，从而也增进了社会的福利。所以在第②种情况下我们可以得到结论：社会认为 A 优于 B。

同理，在第④种情况社会也会认为 A 优于 B，在第⑥和第⑧种情况社会会认为 A 劣于 B。

现在我们从整个社会的观点来看 A 优于 B 的选择组合重新写出来，得到组合如下：

①A > B，A >'B　　②A > B，A ~'B　　④A ~ B，A >'B

从以上组合我们可以得出一个基本规律：如果甲和乙中至少有一个人认为 A 优于 B，而没有人认为 A 劣于 B，则从社会的观点来看必有 A 优于 B。

同理，我们把从整个社会的观点来看 A 劣于 B 的选择组合重新写出来，得到组合如下：

⑥A ~ B，A <'B　　⑧A < B，A ~'B　　⑨A < B，A <'B

从以上组合我们同样可以得出一个基本规律：如果甲和乙中至少有一个人认为 A 劣于 B，而没有人认为 A 优于 B，则从社会的观点来看必有 A 劣于 B。

综合起来，我们可以得到社会选择资源配置模式的标准为：如果至少有一人认为 A 优于 B，而没有人认为 A 劣于 B，则认为从社会的观点来看亦有 A 优于 B。这就是所谓的帕累托最优状态标准，简称为帕累托标准。

利用帕累托最优状态标准，可以对资源配置状态的任意变化做出好与坏的判断：如果既定的资源配置状态的改变使得至少一个人的状况变好，而没有使任何人的状况变坏，则认为这种资源配置状态的变化是好的，否则认为是坏的。这种好的变化我们称为帕累托改进。

对于既定的资源配置状态，不再存在帕累托改进，即任意改变都不可能使至少一个人的状况变好又不使任何人的状况变坏，则我们称这种资源配置状态为帕累托最优状态。帕累托最优状态又称为经济效率，满足帕累托最优状态就具有经济效率；反之，则缺乏经济效率。

在本章下面的大部分篇幅里面，我们都是在分析帕累托最优状态，即经济的效率问题。

第三节　两部门一般均衡模型与帕累托最优条件

根据帕累托最优状态的含义，要满足帕累托最优状态不仅要满足消费（交换）的最优、生产的最优，还要达到交换和生产的同时最优。本节我们分别讨论交换的最优条件、生产的最优条件以及交换和生产的同时最优条件。

我们运用简单的两部门经济模型，即只有两种产品和两种投入要素，运用埃奇沃斯盒形图来分析经济是如何达到一般均衡的，然后将结论推广到一般情况。为此，特做如下假设：

第一，经济体只有两个消费者 A 和 B，他们只消费两种物品 X 和 Y，消费者将所有收入都花在这两种商品上；

第二，只有两种投入要素劳动（L）和资本（K）；

第三，X 和 Y 由两个部门生产，一个专门生产 X，一个专门生产 Y，且生产技术是既定的。

第四，经济中劳动和资本的总量固定，但是每一产品部门可投入的要素是可变的。

第五，所有市场都是完全竞争的，且所有交换可自由进行，不存在交易成本。

一、交换的帕累托最优条件

根据假设，市场中只有 A 和 B 两个消费者，供消费的只有 X 和 Y 两种商品。消费品的总量已经分别给定，消费者的效用函数也给定。那么，如何使这些 X 和 Y 对消费者产生最大的总效用？我们运用埃奇沃斯盒形图进行分析。如图 9.3 所示，横轴表示商品 X 的数量，纵轴表示商品 Y 的数量。图中的任意一点都代表着商品在 A、B 之间的分配情况。A 的消费组合以左下角 O_A 为原点度量，以 O_A 点出发的水平向右的距离表示 A 消费 X 的数量；以 O_A 点出发的垂直向上的距离表示 A 消费 Y 的数量。而 B 的消费组合则以右上角 O_B 为原点，以 O_B 点出发的水平向左的距离表示 B 消费 X 的数量，以 O_B 点出发的垂直向下的距离表示 B 消费 Y 的数量。

现在的问题是，在盒中是消费者全部可能的产品分配状态，但哪些是帕累托最优的呢？为此，我们引入代表效用水平的无差异曲线。消费者 A 的无差异曲线为分别为 U_A^1、U_A^2 和 U_A^3，这是一组凸向 O_A 点的曲线；消费者 B 的无差异曲线为 U_B^1、U_B^2 和 U_B^3，这是一组凸向 O_B 点的曲线。根据无差异曲线的特点，U_A^3 的效用大于 U_A^2、U_A^2 的效用大于 U_A^1、U_B^3 的效用大于 U_B^2、U_B^2 的效用大于 U_B^1。

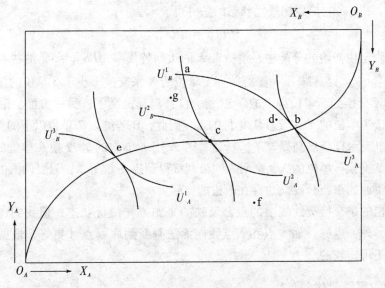

图 9.3　交换的埃奇沃斯盒

现在我们在盒中任意选取一点 a 表示两种商品在两个消费者之间的初始分配。假定效用函数是连续的，则有 a 必定处于消费者 A 和消费者 B 的某条无差异曲线的交点上，a 点是否是帕累托最优的呢？我们只要看看是否存在效率改进的空间即可判断。假设 a 点移向 b 点，很明显，对 A 来说，效用提高了，但对 B 来说效用并没有发生改变，所以，存在效率改进，即 a 点并不是帕累托最优状态。若 a 点移向 d 点，消费者 A 和 B

的效用水平都会提高。再假定初始分配状态处于 A 和 B 的某两条无差异曲线的切点上，如 c 点，是否存在帕累托改进的空间呢？下面分三种情况分析：第一种情况是由 c 点向 U_A^2 曲线的右边移动，此时 A 的效用水平提高，而 B 的效用水平降低；第二种情况是由 c 点向 U_B^2 曲线的左边移动，此时 A 的效用水平降低，而 B 的效用水平提高；第三种情况是由 c 点向 U_A^2 和 U_B^2 之间的点移动，如 g 点和 f 点，很明显，A 和 B 的效用水平都会降低。由此，我们得到如下结论：在埃奇沃斯盒形图中任意一点，如果它处于消费者 A 和 B 的两条无差异曲线的交点上，则它就不是帕累托最优状态，因为总存在帕累托改进的余地。显然，由这两条无差异曲线所围成的空间就是帕累托改进的区域。如果它处于消费者 A 和 B 的两条无差异曲线的切点上，则它就是帕累托最优状态。因为这里是考虑消费者的消费情况，所以也被称为交换的帕累托最优状态。

无差异曲线的切点不仅仅是 c 点一个，b 点也是，我们把所有无差异曲线切点的轨迹所构成的曲线叫做交换契约曲线，它表示两种产品在两个消费者之间的所有最优分配的集合。

根据交换的帕累托最优状态我们可以得到交换的帕累托最优条件。**交换的帕累托最优状态是无差异曲线的切点，即在该点上两条无差异曲线的切线的斜率相等。**我们知道无差异曲线的斜率称为边际替代率，因此，要使两种商品 X 和 Y 在两个消费者 A 和 B 之间的分配达到帕累托最优状态，则对两个消费者来说，这两种商品的边际替代率必须相等。若对于消费者 A 和 B 来说，X 替代 Y 的边际替代率分别用 MRS_{XY}^A 和 MRS_{XY}^B 表示，则交换的帕累托最优状态的条件可表示为：

$$MRS_{XY}^A = MRS_{XY}^B$$

例如，假定在初始的分配中，消费者 A 的边际替代率 $MRS_{XY}^A = 5$，消费者 B 的边际替代率 $MRS_{XY}^B = 7$。这意味着 A 愿意放弃 1 单位的 X 来交换不少于 5 单位的 Y，若 A 能用 1 单位的 X 交换到 5 单位以上的 Y 就表示自身福利提高了；另一方面，消费者 B 愿意放弃不多于 7 单位的 Y 来交换 1 单位的 X。因此，B 若能以 7 单位以下的 Y 交换到 1 单位的 X，也表示自身福利提高了。所以，若 A 用 1 单位的 X 交换 6 单位的 Y，而 B 用 6 单位的 Y 交换 1 单位的 X，则两人的福利都得到提高。所以，只要两人的边际替代率不相等，资源的重新分配就总存在改进的空间。

应当指出的是交换契约线上的点都反映的是帕累托最优状态，但我们还无法判断线上一点比另外一点好，如 b 点和 c 点我们无法判断到底哪点才更好，根据帕累托标准，它们是不可比较的。

二、生产的帕累托最优条件

生产的帕累托最优条件是要研究两种既定数量的要素在两个生产者之间的分配情况。分析方法与交换的帕累托最优条件基本相似。假定生产要素为 L 和 K，两个生产者为 C 和 D，盒子的水平长度表示要素 L 的数量，垂直高度表示第二种要素 K 的数量。O_C 表示生产者 C 的原点，从该点水平向右度量生产者 C 对 L 要素的消费量，垂直向上度量生产者 C 对 K 要素的消费量。O_D 表示生产者 D 的原点，从该点水平向左度量生产者 D 对 L 要素的消费量，垂直向下度量生产者 D 对 K 要素的消费量。因为涉及生产效率问题，我们引入等产量线进行分析。

盒中任意一点都表示全部可能的要素分配状态。C 的等产量线分别用 Q_C^1，Q_C^2 和 Q_C^3，这是一组凸向 O_C 点的曲线；D 的等产量线为 Q_D^1，Q_D^2 和 Q_D^3，这是一组凸向 O_D 点的曲线。根据等产量线的特点，Q_C^3 的产量大于 Q_C^2，Q_C^2 的产量大于 Q_C^1，Q_D^3 的产量大于 Q_D^2，Q_D^2 的产量大于 Q_D^1。如图 9.4 所示。

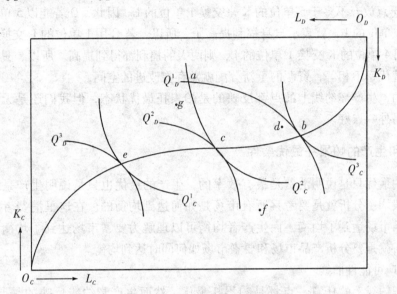

图 9.4　生产的埃奇沃斯盒

现在我们在盒中任意选取一点 a 表示两种要素在两个生产者之间的初始分配，假定生产函数是连续的，且 a 处于生产者 C 和生产者 D 的某条等产量曲线的交点上，a 点是否是帕累托最优的呢？我们只要看看是否存在效率改进的空间即可判断。假设 a 点移向 b 点，很明显，对 C 来说，产量提高了，但对 D 来说产量并没有发生改变。所以，存在效率改进，即 a 点并不是帕累托最优状态。若 a 点移向 d 点，生产者 A 和 B 的产量水平都会提高。再假定初始分配状态处于 C 和 D 的某两条等产量曲线的切点上，如点 c，根据前面分析方法，很明显，不存在效率改进的空间。由此，我们得到如下结论：在埃奇沃斯盒形图中任意一点，如果它处于生产者 C 和 D 的两条等产量曲线的交点上，则它就不是帕累托最优状态，因为总存在帕累托改进的余地。如果它处于生产者 C 和 D 的两条等产量曲线的切点上，则它就是帕累托最优状态，也被称为生产的帕累托最优状态。

等产量曲线的切点不仅仅是 c 点，b 点也是，我们把所有等产量曲线切点的轨迹所构成的曲线叫做生产契约曲线，它表示两种要素在两个生产者之间的所有最优分配的集合。

根据生产的帕累托最优状态我们可以得到生产的帕累托最优条件。**生产的帕累托最优状态是等产量曲线的切点，即在该点上两条等产量曲线的切线的斜率相等**。我们知道等产量曲线的斜率称为边际技术替代率，因此，要使两种要素 L 和 K 在两个生产者 C 和 D 之间的分配达到帕累托最优状态，则对两个生产者来说，这两种要素的边际技术替代率必须相等。若对于生产者 C 和 D 来说，L 替代 K 的边际替代率分别用 $MRTS_{LK}^{C}$ 和 $MRTS_{LK}^{D}$ 表示，则交换的帕累托最优状态的条件可表示为：

$$MRTS_{LK}^{C} = MRTS_{LK}^{D}$$

例如，假定在初始的分配中，生产者 C 的边际技术替代率 $MRTS_{LK}^{C} = 3$，生产者 D 的边际技术替代率 $MRTS_{LK}^{D} = 5$。这意味着 C 愿意放弃 1 单位的 L 来交换不少于 3 单位的 K，若 C 能用 1 单位的 L 交换到 3 单位以上的 K 就表示自身福利提高了；另一方面，生产者 D 愿意放弃不多于 5 单位的 K 来交换 1 单位的 L。因此，D 若能以 5 单位以下的 K 交换到 1 单位的 L，就表示自身福利提高了。所以，若 C 用 1 单位的 L 交换 4 单位的 K，而 D 用 4 单位的 K 交换 1 单位的 L，则两人的福利都得到提高。所以，只要两人的边际技术替代率不相等，资源的重新分配就总存在改进的空间。

同样的，生产契约线上的点都反映的是帕累托最优状态，但我们还是无法判断线上一点比另外一点好。

三、交换和生产的帕累托最优条件

交换的最优只是说明消费是最有效率的，生产的最优也只是说明生产是最有效率的，而一般均衡分析就是要考察所有市场是如何达到均衡的。在这里消费者均衡可以理解为产品市场达到了均衡，而生产者均衡可以理解为要素市场达到了均衡，所以一般均衡分析就是要分析产品市场和要素市场如何同时达到均衡。

1、生产可能性曲线

生产契约线上的任意一点都是帕累托最优，然而生产契约线反映的是要素配置，我们并不能根据它直接确定出最优的产品组合。好在根据我们的假设（每个生产者的技术水平既定，即生产函数既定），生产要素组合与产出之间存在一一对应关系，我们完全可以根据生产契约线上的要素配置所获得的产量在坐标系内描绘出一条产出组合的轨迹，我们称它"生产可能性边界"（production possibility frontier，PPF），如图 9.5 所示。生产可能性边界是既定劳动和资本投入可以生产的所有有效率的产品组合的轨迹。它内部的点（如 A 点）表示无效率的产出组合，它外部的点（如 B 点）则表示无法实现的产出组合。

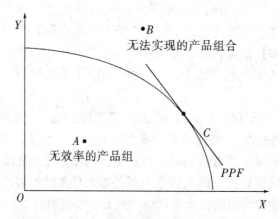

图 9.5　与生产契约线对应的生产可能性边界

在这里，生产可能性曲线上任意一点都是帕累托最优的，即取 PPF 上任一产品组合，如果要增加 X 的产出就必须减少 Y 的产出，反之亦然。这也就是生产可能性边界必然向下倾斜的原因。这种反方向变化说明两种最优产出之间的一种转换关系，即可以通过减少某种产出数量来增加另外一种产出的数量，这也是生产可能性曲线又被称为产品转换曲线的原因。若设产出 X 变动 ΔX，则产出 Y 变动为 ΔY，则它们的比率的绝对值 $|\Delta Y/\Delta X|$ 可以衡量 1 单位 X 商品转换为 Y 商品的比率，也被称为 X 对 Y 的边际转换率 MRT（Marginal Rate of Transformation）。即：

$$MRT_{XY} = \lim_{\Delta X \to 0} \left| \frac{\Delta Y}{\Delta X} \right| = \left| \frac{dY}{dX} \right|$$

很明显，边际转换率就是生产可能性曲线上某点切线的斜率。从图形上可以看出，随着 X 的数量不断增加，边际转换率存在递增的趋势。为什么边际转换率会存在递增的趋势？主要原因在于要素的边际报酬存在递减规律。因为通过减少产量 X，可以释放出一部分生产要素，我们称为 $(L+K)$，被释放出来的这部分生产要素可以用来生产商品 Y。我们将边际转换率公式稍微变动如下：

$$MRT_{XY} = \left| \frac{dY}{dX} \right| = \left| \frac{dY}{d(L+K)} \cdot \frac{d(L+K)}{dX} \right| = \left| \frac{\dfrac{dY}{d(L+K)}}{\dfrac{dX}{d(L+K)}} \right|$$

式中，$dY/d(L+K)$ 和 $dX/d(L+K)$ 分别为要素 $(L+K)$ 生产商品 Y 和 X 的边际生产力。根据边际生产力递减规律，随着 X 的增加，Y 的减少，$dX/d(L+K)$ 将不断减少，而 $dY/d(L+K)$ 不断增加，所以边际转换率 MRT 存在递增的趋势，即生产可能性曲线凹向原点。实际上，我们可以将 ΔY 看做 X 边际成本，而 ΔX 可以被看做 Y 的边际成本，则有：

$$MRT_{XY} = \lim_{\Delta X \to 0} \left| \frac{\Delta Y}{\Delta X} \right| = \left| \frac{dY}{dX} \right| = \left| \frac{MC_X}{MC_Y} \right|$$

2、交换和生产的帕累托最优条件

我们从生产可能性边界出发讨论完全竞争经济中所有市场是如何同时达到均衡的。任意选取生产可能性曲线上一点如点 E，根据生产的一般均衡理论，由于该点是生产契约线上的一点，所以满足生产的帕累托最优条件。分别引纵轴和横轴的垂直线，则 X 的产量为 X_1，Y 的产量为 Y_1，若将 O 和 E 点看做消费者 A 和 B 的原点，则 OX_1EY_1 就构成了一个消费的埃奇沃斯盒形图，根据交换的一般均衡理论，消费者的选择应该沿着契约线 OE 进行。所以给定一个生产的帕累托最优状态，现在有一条交换契约线，即有无穷多个交换的帕累托最优状态与之对应。在交换契约线上的任意一点都表示交换已经处于帕累托最优状态，但是与生产联合起来时就未必达到了帕累托最优状态，究竟是否存在一点使得整个社会的消费和生产同时达到均衡？我们说，存在这样一点，在该点上，**消费者心目中两种产品的边际替代率恰好等于生产这两种产品的边际转换率，即有**：

$$MRS_{XY} = MRT_{XY}$$

在图 9.6 中表现为两条无差异曲线切线的斜率和生产可能性边界的斜率平行。我们可以证明当边际转换率与边际替代率不相等时并未达到生产和交换的帕累托最优状态。例如，假定边际转换率为 2，边际替代率为 1，边际转换率等于 2 意味着生产者通过减少 1 单位 X 的生产可以增加 2 单位的 Y，边际替代率等于 1 意味着消费者愿意通过减少 1 单位 X 的消费来增加 1 单位 Y 的消费。在这种情况下，如果生产者少生产 1 单位 X，从而少给消费者 1 单位，但却多生产出 2 单位的 Y。从多增加的 2 个单位中拿出 1 个单位给消费者即可维持消费者的满足程度不变，从而多余的 1 单位 Y 就代表了社会福利的净增加。只要边际转换率大于边际替代率都存在帕累托改进的余地，即没有达到生产和交换的帕累托最优状态。

同理可以证明，只要边际转换率小于边际替代率，也存在帕累托改进的空间，即没有达到生产和交换的帕累托最优状态。只有当边际转换率与边际替代率相等时，没有帕累托改进的空间，即达到了生产和交换的帕累托最优状态。

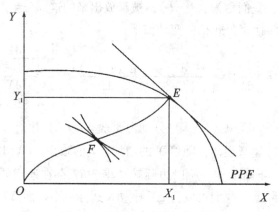

图 9.6　交换和生产的一般均衡

第四节　完全竞争和帕累托最优状态

在讨论了帕累托最优的三个条件后，人们自然会问，什么情况下能够满足帕累托最优的条件？西方经济学家发现完全竞争经济能够满足帕累托最优的所有三个条件。

我们仍假定社会上只有两个消费者、两种产品和两种生产要素，这一结果很容易推广到 n 个消费者、n 种产品和 n 种生产要素。为便于分析，在这里我们仍将交换的情形变换为产品市场，而生产的情形变换为要素市场。

在完全竞争的产品市场上，消费者 A 和 B 都是市场价格的接受者，他们都将在收入允许的范围内将消费品 X、Y 和组合调整到每一种消费品的边际效用与它的价格之比相等为止，以使其效用最大。对消费者 A 和 B 来说，有：

$$\frac{MU_X^A}{P_X} = \frac{MU_Y^A}{P_Y} \quad 及 \quad \frac{MU_X^B}{P_X} = \frac{MU_Y^B}{P_Y}$$

或者

$$\frac{MU_X^A}{MU_Y^A} = \frac{P_X}{P_Y} = MRS_{XY}^A \quad 及 \quad \frac{MU_X^B}{MU_Y^B} = \frac{P_X}{P_Y} = MRS_{XY}^B \tag{9.1}$$

显然在完全竞争条件下，消费者选择的结果满足帕累托消费的最优条件公式：

$$MRS_{XY}^A = MRS_{XY}^B \tag{9.2}$$

在完全竞争的要素市场上，厂商是要素价格的接受者，处于利润最大化的考虑，任意厂商会将生产一定量的 X 和 Y 的两种要素的数量调整到劳动 L 和资本 K 两种要素的边际产品与其价格的比率都相等，即：

$$\frac{MP_L^X}{P_L} = \frac{MP_K^X}{P_K} \quad 及 \quad \frac{MP_L^Y}{P_L} = \frac{MP_K^Y}{P_K}$$

或者有：

$$\frac{MP_L^X}{MP_K^X} = \frac{P_L}{P_K} = MRTS_{LK}^C \quad 及 \quad \frac{MP_L^Y}{MP_K^Y} = \frac{P_L}{P_K} = MRTS_{LK}^D \tag{9.3}$$

显然，在完全竞争条件下，生产者选择的结果满足帕累托生产的最优条件：

$$MRTS_{LK}^C = MRTS_{LK}^D \tag{9.4}$$

再来看生产者和消费者综合起来的情况。在前面的分析中我们知道，商品 X 对商品 Y 的边际转换率是：

$$MRT_{XY} = \left| \frac{\Delta Y}{\Delta X} \right| = \left| \frac{MC_X}{MC_Y} \right| \tag{9.5}$$

因为在完全竞争条件下，生产者利润最大化的条件是产品的价格等于边际成本，于是有：$P_X = MC_X$，$P_Y = MC_Y$，则有：

$$\frac{MC_X}{MC_Y} = \frac{P_X}{P_Y} \tag{9.6}$$

综合 (9.1)、(9.2)、(9.5)、(9.6) 式，得到

$$MRT_{XY} = MRS_{XY} \tag{9.7}$$

显然，**在完全竞争经济中，商品的均衡价格实现了生产和交换的帕累托最优状态**。实际上，以上过程的结论就是福利经济学第一定律（the first fundamental theorem of welfare economics）的内容，即竞争性的均衡是帕累托最优的。福利经济学第一定律的重要意义在于它揭示了在完全竞争的条件下，市场机制能通过价格有效率地协调市场经济活动，配置有限的稀缺资源。它从理论上系统地刻画了竞争市场的机制，对"看不见的手"这一著名论断提供了理论基础。实际上，这一定律的逆定律也成立，这就是福利经济学第二定律（the second fundamental theorem of welfare economics），即任何一个帕累托最优配置都可以通过适当的初始配置调节后通过完全竞争市场来实现。福利经济学第二定律的意义在于它指出了分配与效率问题可以分开来考虑。也就是说，市场机制在分配上是中性的，不管商品或财富分配的起点如何，都可以利用竞争性市场来获得资源和产品的最优配置。

第五节　社会福利与社会福利的最大化

在讨论完帕累托最优的三个条件后，我们自然会认为整个社会资源的配置已经达到了最优状态，是否真的如此？本节前面讨论的都是效率问题，而社会最优状态不仅要考虑效率，还要考虑公平。实际上，市场中存在无穷多个同时满足所有三个帕累托最优条件的经济状态，其中甚至可以包括收入分配的极端不平等。本节讨论整个社会的福利问题，分析社会的最优状态必然涉及社会的效用问题，为此，我们从效用可能性曲线入手对社会福利进行分析。

一、效用可能性曲线与社会福利曲线

在上面的讨论中，我们的思路是先从生产入手找到最优产出组合，再寻找消费它的最佳分配方案。可是，我们并不清楚生产可能性边界上的产出组合哪个能够带来最高的效用。本节我们探讨追求社会福利的最大化，而社会福利一般从效用分析入手。我们从交换契约线入手来分析社会的资源配置问题。在交换的帕累托最优分析中，我们假定效用函数既定，则每一种产品分配方案都对应着一个消费者的效用组合。因此我们可以在效用坐标系内对照交换契约线描绘出一条效用轨迹，定义为效用可能性曲线（或效用可能性边界），如 u_1，u_2，u_3 等。它们是对给定的产品总量，在效用函数已知的条件下，所有帕累托最优的产品分配方案的效用轨迹。由于效用可能性边界是所有无差异曲线切点的集合，即在每一点上都表示消费者的边际替代率都相等。因此它表示在其他条件不变的情况下，消费者能得到的最大的效用组合。

于是，给定生产契约线上的每个产出组合，都有一条相应的效用可能性边界，所有这些效用可能性边界的外包络线就称为社会福利曲线（或社会福利边界，social welfare frontier，SWF）。如图 9.7 所示，社会福利曲线是所有满足生产帕累托最优的产出组合可能带来的效用组合的边界，也代表了消费者所有最优效用水平组合的集合。同样的，社会福利曲线以内的点都表示效率不高，而线外的点都表示目前资源状态下都无法达到的效用，最大化社会福利状态只能在社会福利曲线上找。福利经济学的任务就是在这条社会福利边界上找出社会福利最大的点。

容易看出，在满足全部帕累托最优条件的情况下，消费者 A 的效用水平与消费者 B 的效用水平的变化方向一定是正好相反的。要提高某个消费者的效用水平，就必须降低另一个消费者的效用水平。如果不是这样，则可以通过某种重新安排使某个消费者的状况变好而不使其他消费者的状况变坏，即总存在帕累托改进的空间。所以社会福利曲线是一条向右下方倾斜的曲线。

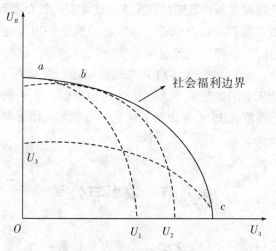

图 9.7　社会福利曲线（SWF）

二、社会福利函数与社会福利最大化分析

一般来说，我们认为社会福利是各个社会成员个人福利的函数，并且认为社会福利水平与社会的经济效率和配置的公平程度密切相关。我们不妨用 SW 代表社会福利，则有：

$$SW = SW\ (U_1,\ U_2,\ \cdots,\ U_n)$$

我们可以由社会福利函数得到一组反映社会福利水平的社会无差异曲线，如图 9.8 所示。距离原点较远的社会无差异曲线代表较高的社会福利水平，而同一条社会无差异曲线上不同的点则表示相同社会福利水平上不同社会成员 A、B 的效用组合。有了无差异曲线后，我们就可以像处理消费者效用最大化问题那样来分析社会福利的最大化问题。

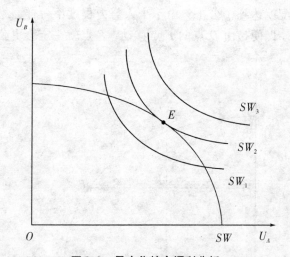

图 9.8　最大化社会福利分析

在图 9.8 中，我们看到社会无差异曲线 SW_2 和社会福利边界相切于点 E，该点是

要素条件、个人偏好和技术条件既定的情况下所能实现的社会福利的最大点。

确定了 E 点之后，我们可以根据这一点所在的那条效用可能性边界找到与之相应的产出组合，逆推出产品生产在生产者间最为有效的分工，这样便最终实现了效率与公平兼顾的最佳组合。所以，彻底解决资源配置问题的关键在于确定社会福利函数，由于社会福利函数是从不同偏好的个人当中合理形成的，个人偏好与社会偏好能否达成一致？可惜的是，阿罗在 1951 年证明了这是不可能的，即著名的"阿罗不可能性定理"（impossibility theorem）。

第六节　效率与公平

在社会经济分析中，除了效率之外，公平也常常是一个社会所追求的目标。既有效率，也更公平是整个社会所追求的目标，但是现实的状况是效率与公平经常存在冲突。

一、效率与公平的矛盾

图 9.9 反映了公平与效率之间的矛盾，图中 A、B 两个消费者的福利水平即效用水平分别用 U_A 和 U_B 表示。将图中 D 点与 E 点和 F 点进行比较，由于 E 点和 F 点都在效用可能性曲线上，所以都是有效率的。相对 D 来说，是都使一个人得益而没有使另一个人受损，所以我们会认为在 D 点进行资源配置对 A 和 B 来说都是不公平的。现在，我们假定 D 和 G 点是一个经济唯一可能的配置，G 点在效用可能性曲线上，则肯定比 D 点有效率。但现在的问题是 G 点是否比 D 点更公平些？答案是不一定。与 D 点相比，G 点给 A 带来了较多的福利，给 B 带来较少的福利。因此，有人觉得 D 点比 G 点更加公平。所以一种低效率的资源配置方式可能比另一种高效率方式更加公平。但是，是不是完全的平均分配就达到了公平？由于个人努力程度不一样，绝对公平分配的公平性也同样存在异议。即便是由 D 点向 F 点移动，F 点就一定会更公平吗？可能仍有不

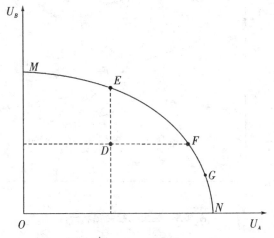

图 9.9　公平与效率

同意见。如有人会认为 F 点对 B 来说还是不公平的，当经济福利由于 D 点增加到 F 点时，经济增长的好处全部归于 A 消费者所有，而 B 的福利一点也没有增加。所以回答公平问题时，答案可能不止一个，这取决于人们使用什么样的效用标准，更取决于一个人对公平的评价。

对公平的评价主要有四种观点：平均主义的观点认为商品和服务在社会所有成员中平均分配就意味着公平；罗尔斯（Rawlsian）认为，只有低收入阶层的福利水平提高了，社会的公平程度才可能提高；功利主义（utilitarian）的公平观则认为社会所有成员总效用水平的极大化就是公平；市场决定论则强调效率就是公平，认为市场竞争的结果是公平的，因为它奖励那些最有能力和工作最努力的人。由此可见，要给公平一个客观、统一的标准的确是一个难题，因为这是一个规范分析问题。对某一问题而言，不同的个体、不同的社会制度以及不同的道德规范都会有不同的选择。这也是在经济学分析中我们将重点放在效率分析上的重要原因。

二、效率优先与兼顾公平

如何解决效率与公平的矛盾？经济学界并无答案。但是一个一般的思路是"效率优先、兼顾公平"。所谓效率优先，就是在决定收入分配的问题上，首先考虑效率，把效率当做决定收入分配的第一位的因素。效率高，所得到的收入也高；反之，收入也低。只有在保证效率基础上，再考虑兼顾公平的问题。我们之所以能够这样将公平和效率清楚地区别对待，是因为有福利经济学第一和第二定理的存在。

福利经济学第一定理指出，任何竞争性的均衡都是帕累托最优的。福利经济学第二定理认为，每一个帕累托有效配置都能够通过竞争性的均衡来实现。也就是说，在消费者偏好满足一定条件的情况下，可以在一个竞争性的过程中通过对这些资源适当的再配置来实现有效率的资源配置。正是第一定律和第二定律的存在，我们就有理由将效率和公平的追求分成两步来实现。但是我们必须清楚的一点是：福利经济学的两个定理都极其依赖于"市场是竞争的"这条假设。遗憾的是，当市场由于某种原因不再是符合竞争性的时候，这两个结论中没有一个必然成立。

本章小结

1. 市场经济的两个基本问题：一个分散决策、追求私利的市场经济是不是稳定的？这样的经济是不是有效率的？一般均衡的存在以及埃奇沃斯盒的使用为我们分析经济现实提供了有力的理论工具，但是要满足一般均衡，必须要满足交换的帕累托最优、生产的帕累托最优以及交换与生产的帕累托最优。交换的帕累托最优状态要满足消费者的边际替代率相等；生产的帕累托最优要满足产品的边际技术替代率相等。而交换与生产的帕累托最优则要满足产品的边际替代率等于边际转换率。根据经济效率的判断标准，如果既定的资源配置状态的改变使得至少一个人的状况变好，而没有使任何人的状况变坏，则认为这种资源配置状态的变化是好的，否则认为是坏的。这种好的变化我们称为帕累托改进。若对于既定的资源配置状态，所有的帕累托改进均不存在，即在该状态上，任意改变都不可能使至少一个人的状况变好又不使任何人的状况变坏，则我们称这种资源配置状态为帕累托最优状态。帕累托最优状态又称为经济效率，满足帕累托最优状态就具有经济效率；反之，则缺乏经济效率。

2. 现实中，只有完全竞争经济却能够满足帕累托最优的所有三个条件，即竞争性的均衡是帕累托最优的，这就是福利经济学第一定律，其重要意义在于它揭示了在完全竞争的条件下，市场机制能通过价格有效率地协调市场经济活动，配置有限的稀缺资源。而第一定律的逆定律也成立，即任何一个帕累托最优配置都可以通过适当的初始配置调节后通过完全竞争市场来实现，这就是福利经济学第二定律。福利经济学第二定律的意义在于它指出了分配与效率问题可以分开来考虑，也就是说，市场机制在分配上是中性的，不管商品或财富分配的起点如何，都可以利用竞争性市场来获得资源和产品的最优配置。

3. 满足了帕累托最优的三个条件后，是否整个社会的福利就达到了最优状态？还不能肯定地回答。彻底解决资源配置问题的关键在于确定社会福利函数。由于社会福利函数是从不同偏好的个人当中合理形成的，个人偏好与社会偏好能否达成一致？可惜的是，著名的"阿罗不可能性定理"说明这一理想并不存在。

4. 现实中，效率是我们追求的目标，公平也常常是一个社会所追求的目标，但是公平与效率经常发生冲突，而"效率优先，兼顾公平"是一个有效的解决思路。

复习与思考题

一、名词解释

一般均衡　　帕累托最优　　帕累托改进　　边际转换率
福利经济学第一定律

二、单项选择题

1. 局部均衡分析是对（　　）的分析。

　A. 一个部门的变化对其他部门的影响

　B. 一个市场出现的情况而忽视其他市场

　C. 经济中所有的相互作用和相互依存关系

　D. 与供给相互独立的需求的变化

2. 帕累托最优配置被定义为（　　）的情况下的资源配置。

　A. 总产量达到最大

　B. 边际效用达到最大

　C. 没有一个人可以在不使其他人变坏的条件下使自己的情况变得更好

　D. 消费者得到他们想要的所有东西

3. 在甲和乙两个消费者、X 和 Y 两种商品的经济中，达到交换的全面均衡的条件为（　　）。

　　A. 对甲和乙，$MRT_{XY} = MRS_{XY}$

　　B. 对甲和乙，$MRS_{XY} = P_X P_Y$

C. $MRS_{XY}^{甲} = MRS_{XY}^{乙}$

D. 上述所有条件

4. 在两种商品 X 和 Y、两种要素 L 和 K 的经济中，达到全面均衡的条件为（　　）。

A. $MRTS_{LK} = P_L/P_K$

B. $MRTS_{LK} = MRS_{XY}$

C. $MRS_{LK}^{X} = MRS_{LK}^{Y}$

D. $MRT_{XY} = MRS_{XY}$

5. 在甲乙两个消费者、X 和 Y 两种商品的经济中，达到生产和交换的全面均衡发生在（　　）。

A. $MRT_{XY} = P_X/P_Y$

B. 甲和乙的 $MRS_{xy} = P_X/P_Y$

C. $MRS_{XY}^{甲} = MRS_{XY}^{乙}$

D. $MRT_{XY} = MRS_{XY}^{甲} = MRS_{XY}^{乙}$

6. 小李有 5 各鸡蛋和 5 个苹果，小陈有 5 个鸡蛋和 5 个苹果。小李更喜爱鸡蛋，小陈更喜爱苹果。在帕累托最优状态下，可能（　　）。

A. 小李消费更多鸡蛋

B. 小陈消费更多苹果

C. 两人的苹果和鸡蛋的边际替代率相等

D. 上面说的都对

7. 如果对于消费者甲来说，以商品 X 替代商品 Y 的边际替代率等于 3，对于消费者乙来说，以商品 X 替代商品 Y 的边际替代率等于 2。那么有可能发生下述情况（　　）。

A. 乙用 X 向甲交换 Y

B. 乙用 Y 向甲交换 X

C. 甲和乙不会交换商品

D. 上面说的都不对

8. （　　）不是帕累托最优的必要条件。

A. 生产一定在生产可能性边界进行

B. 商品的供给是无限的

C. 所有商品的边际替代率对于所有消费它们的消费者来说都是相同的

D. 两种要素的边际技术替代率对于生产中运用这两种要素的所有商品来说都是相等的

9. 生产契约曲线上的点表示生产者（　　）。

A. 获得了最大利润

B. 支出了最小成本

C. 通过生产要素的重新配置提高了总产量

D. 上面说的都对

10. 边际转换率是（　　）的斜率。

　　A. 需求曲线

　　B. 效用可能性曲线

　　C. 社会福利曲线

　　D. 生产可能性曲线

11. 如果资源配置是帕累托有效的，则（　　）。

　　A. 收入分配是公平的

　　B. 存在一种重新配置资源的途径，能使每个人的情况变好

　　C. 存在一种重新配置资源的途径，能使一些人的情况变好而不使其他人变坏

　　D. 不存在一种重新配置资源的途径，使一些人的情况变好而不使其他人变坏

12. 效用可能性边界是指（　　）。

　　A. 经济能负担得起的两种商品的组合

　　B. 在给定了固定资源、稳定的技术、充分的就业和完全有效率的情况下，一个经济能生产出两种商品的最大产量

　　C. 给消费者带来相同效用的两种商品的组合

　　D. 经济所能达到的效用水平的限制

13. 当经济学家关注经济中所有成员的福利状况时，它们用下列哪个概念表述？（　　）

　　A. 效率　　　　　　　　　　　　B. 生产率

　　C. 实际工资　　　　　　　　　　D. 名义工资

14. 如果竞争模型是经济的准确描述，那么（　　）。

　　A. 资源的配置是帕累托有效的

　　B. 经济运行在生产可能性曲线上

　　C. 经济运行在效用可能性曲线上

　　D. 上面说的都对

15. 对于福利最大化来说，完全竞争的长期一般均衡是（　　）。

　　A. 充分的，但不是必要的

　　B. 必要的，但不是充分的

　　C. 必要的，也是充分的

　　D. 既非必要的，又非充分的

三、判断题

1. 一般均衡是唯一的，且总是存在的。（　　）

2. 局部均衡分析方法忽略了市场之间的相互影响，影响我们真正理解市场经济。（　　）

3. 只要生产是有效的，产出组合就必然位于生产可能性曲线上的某一点。（　　）

4. 为达到帕累托最优，必须使任何只消费两种商品的消费者所消费的这两种产品

之间的边际替代率相等。（　　　）

5. 福利经济学第一定理即表示任何竞争性均衡都是有效率的。（　　　）

6. 对于福利极大化来说，完全竞争长期一般均衡既是必要的又是充分的。（　　　）

7. 竞争性均衡必然是公平的。（　　　）

8. 契约曲线得名于它是所有可能契约的轨迹。（　　　）

9. 现代经济学认为的最有经济效率的状态，一般就是指帕累托最优状态。（　　　）

10. 对一个社会来说，福利最大值只有一个。（　　　）

四、计算题

1. 假定一经济社会只使用土地和劳动两种生产要素来生产两种产品 A 和 B，且假定土地和劳动的供给量一定，要素市场是完全竞争并处于长期均衡状态。A 和 B 两种产品的生产函数分别为 $Q_A = 8^{0.8} K^{0.8} L^{0.2}$，$Q_B = 8^{0.8} K^{0.2} L^{0.8}$，同时所有人的效用函数为 $U = Q_A^{0.5} Q_B^{0.5}$。如果现在有 160 单位的土地，3000 名工人，商品 A 的价格 $P_A = 200$。计算：

(1) 商品 B 的价格 P_B；

(2) 每单位土地的租金 R；

(3) 每个人的单位工资 W。

2. 假设一经济社会除了一个生产者外都满足帕累托最优条件。该生产者为其产出市场上的完全垄断者和用于生产该产出的唯一投入要素市场的完全垄断购买者。他的生产函数为 $q = 0.5x$，产出的需求函数为 $p = 100 - 4q$，投入要素的供给函数为 $r = 2 + 2x$。试求：

(1) 该生产者利润最大化时的 q，x，P 及 r 值。

(2) 该生产者满足帕累托最优条件时的 q，x，P 及 r 值。

3. 在 A、B 两个消费者、X 和 Y 两个产品构成的经济中，A、B 的效用函数分别为 $U_A = XY$，$U_B = 40(X + Y)$，X 和 Y 的存量为（120，120）。该经济社会的社会福利函数为 $W = U_A U_B$，求：

(1) 该经济的效用边界；

(2) 社会福利最大化时的资源配置。

五、思考题

1. 为什么说完全竞争的市场机制符合帕累托最优状态？

2. 在存在生产或消费的外部经济，或者存在生产或消费的外部不经济的情况下，经济能否达到帕累托最优状态？为什么？

3. 什么是社会福利函数？是否存在一个被广泛接受的社会福利函数能被用来客观地比较不同国家或一个国家不同发展阶段的福利水平？

第十章　市场失灵与微观经济政策

市场是有效率的运行机制，但市场的资源配置功能不是万能的，市场机制也有其本身固有的缺陷。**我们把市场机制的自发作用使资源无法达到最有效配置的现象，称为"市场失灵（market failure）"。**市场机制配置资源的缺陷具体表现在：收入分配不公平、外部性、垄断、失业、区域经济不协调、公共物品供给不足、公共资源过度使用等。

本章主要从垄断、外部性、公共物品和信息不对称等方面分别阐述市场失灵的经济现象，以及相应的微观经济政策。

第一节　垄断

垄断（monopoly），是指在生产集中和资本集中且高度发展的基础上，一个厂商或少数几个厂商对相应部门产品生产和销售的独占或联合控制，是市场主体在经济活动中排除或者限制竞争者的状态或行为。

一、垄断的经济效率

和完全竞争的市场相比较，非完全竞争市场不能实现最有效率的资源配置，其中垄断分配资源的效率最低。

（一）垄断与完全竞争的比较

完全竞争市场在经济上是有效率的。如果是完全垄断的，则经济效率会受到怎样的影响？

图 10.1（a）显示了完全竞争市场的情况。在完全竞争市场中，单个消费者和单个厂商都无力影响市场价格，均衡价格（P_E）和均衡产量（Q_E）由需求曲线和供给曲线的交点决定。图 10.1（b）显示了垄断市场的结果。垄断厂商可以控制和操纵市场价格，垄断厂商会在边际收益等于边际成本的点上进行生产来获取最大利润。所以，与生产同质产品的完全竞争市场相比，垄断厂商的产量更少（由 Q_E 降至 Q_M），而价格更高（由 P_E 提高到 P_M）。

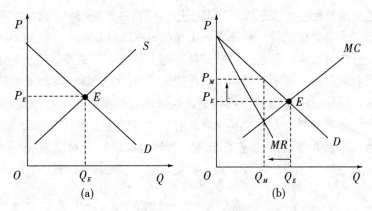

图 10.1 完全竞争与完全垄断的比较

（二）垄断的效率损失

我们知道衡量消费者购买商品或服务得到的净福利是消费者剩余。需求曲线之下，价格曲线之上的面积即是消费者剩余。价格越高，消费者剩余就越小。由于垄断会提高市场价格，因此它减少了消费者剩余。在图 10.2 中，消费者剩余的损失等于 $\square a$ 加上 $\triangle b$，即 Δ 消费者剩余 $= -(a + b)$。

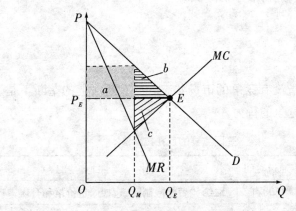

图 10.2 垄断的效率损失

生产者剩余是生产者出售产品或提供服务所获得的净福利。如图 10.2 所示，供给曲线之上，价格曲线之下的面积即是生产者剩余。由于垄断而产生的价格上升会增加生产者剩余，大小等于 $\square a$ 减 $\triangle c$，即 Δ 生产者剩余 $= a - c$（$a > c$）。与完全竞争相比，垄断增加了生产者剩余。

经济剩余等于消费者剩余与生产者剩余之和。如图 10.2 所示，由于价格上升，产量减少，垄断减少了经济剩余，其大小等于 $\triangle b$ 和 $\triangle c$ 的面积之和，即 Δ 经济剩余 $= -(b + c)$。这一经济剩余的减少被称为无谓损失（deadweiht loss），表示由于垄断而导致的经济效率的损失。

从垄断者选择的产量水平来看，其产量（Q_M）小于社会有效率的产量（Q_E），即垄断者没有生产最有效率的产量；从垄断者制定的价格来看，无效率的低的产量就相当于无效率的高的价格。当垄断者制定高于边际成本的价格时（$P_M > MC$），就会使得一些合意的市场交易无法进行，最终导致市场的效率降低。

通过以上分析可以明确的是，垄断导致市场竞争损失；垄断导致消费者剩余减少；垄断导致生产者剩余增加；垄断导致了无谓损失，即社会经济效率的减少。

完全垄断市场是一种极端的市场类型，这种市场类型只是一种理论的抽象。在现实经济实践中大多数垄断企业总是要受到政府或政府代理机构各个方面的干预和调节，而不可能任意由垄断企业去完全垄断市场。当然，如果政府对垄断企业不进行干预，或者干预不力，垄断企业垄断市场、损害社会和消费者利益的可能性也是随时可能出现的。

（三）垄断寻租

垄断还会导致寻租的产生。因为垄断不仅是一种特权，也是一种无形资产，它可以给厂商带来垄断利润。因此，任何一个垄断厂商都会为获得或维持其垄断地位而付出代价，例如向政府官员行贿，让他们制定有利于自己获得垄断地位或维持垄断地位的政策。这种为获得和维持垄断地位而产生的非生产性寻利活动被称为寻租（rent see-king）。显然，寻租行为的存在意味着部分经济利润的丧失，这是一种社会的净损失。社会净损失的存在意味着经济效率的降低。

二、垄断的治理措施

（一）法律措施

垄断在经济学上是指没有竞争的市场状态。反垄断法上的垄断不是这种意义，而主要是指排除或者限制竞争的行为。

表 10.1 美国重要的反托拉斯法

法　律	通过时间	目　　的
《谢尔曼法》	1890 年	取缔"贸易限制"，包括固定价格和合谋，宣布垄断非法
《克莱顿法》	1914 年	限制厂商购买竞争者股份，限制其管理者在竞争厂商的董事会任职
《联邦贸易委员会法》	1914 年	建立联邦贸易委员会（FTC），帮助管理反托拉斯法
《罗宾森－帕特曼法》	1936 年	限制导致竞争减少的价格歧视
《塞勒－克伐沃法》	1950 年	通过禁止任何会减少竞争的合并行为来加强对企业合并的限制

资料来源：R. 格伦·哈伯特，等. 经济学. 北京：机械工业出版社，2011.

反垄断法的基本内容由三个方面构成：一是禁止限制性协议、决议或者协同行为的内容。有时统称卡特尔，即指经营者通过合同、决议或者协调一致的行为，共同实施的划分市场、限制价格或产量等反竞争的行为。禁止卡特尔是反垄断法的支柱之一。二是禁止滥用独占地位（支配地位）的行为。企业通过正当竞争或者法律规定等合法取得独占地位，法律一般对此不予干涉。但如果具有独占地位的企业滥用其独占地位，实施限制竞争行为，如排挤竞争对手，损害消费者权益，则为反垄断法所禁止。三是控制集中或者购并。购并或者集中是指企业通过合并、收购或者联营等方式达到垄断市场的地位。控制集中的制度是反垄断法的重要内容，包括符合竞争法规定条件的具有限制竞争可能的集中的核准制度等。

我国的《反垄断法》于 2008 年 8 月 1 日起施行。

（二）价格管制

维护竞争市场秩序是市场经济条件下政府最重要的职责之一。政府为维护竞争市场秩序，必须对垄断价格行为发挥干预作用，这是克服市场经济本身的局限性所决定的。倘若没有政府作为社会公共权威进行管理与监督，每个市场定价主体的理性选择所构成的社会合力将使市场经济崩溃。

政府往往采取直接管制的办法即限制垄断者的最高价格。

图 10.3 显示了一个自然垄断厂商受到政府价格管制的情况。

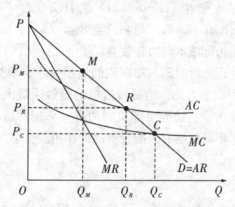

图 10.3　政府对自然垄断的价格管制

由于自然垄断产业始终存在着递增的规模报酬，因此，完全垄断厂商的边际成本与平均成本始终是递减的。如果不实行价格调节，完全垄断厂商利润最大化垄断价格是 P_M，与之相对应的产出水平是 Q_M。毫无疑问，垄断价格太高，垄断产量太低，因垄断而产生社会福利的无谓损失。政府进行价格调节可以减少社会福利的无谓损失。对于这种自然垄断产业政府应该制定多高的价格？达到资源最有效配置的价格与产量是假如该产业处于完全竞争状态下所应达到的价格 P_C 与产量 Q_C。但是，政府一般不能把价格定为 P_C 的水平。因为一旦把价格定为 P_C，即采用边际成本定价法，完全垄断厂商将无法弥补其平均成本。这种情况下，将不会有厂商在该产业经营，除非政府给予足够的补贴。为了能使完全垄断厂商弥补平均成本，政府可以把价格定为 P_R 的水平，即采用平均成本定价法，但此时与边际成本定价法相比经济效率较低。可见两种定价方法互有优劣，不过，政府管制的结果，使得市场效率较管制前有明显的变化，垄断所造成的资源配置有所改善。

（三）其他措施

在实践中，政府可以采取补贴或税收手段。如果垄断厂商因为政府的价格管制或价格和数量的管制而蒙受损失，政府应给予适当的补贴，以便垄断厂商获得正常利润；如果在政府管制以后，厂商仍可以获得超额利润，则政府可以征收一定的"特殊"税收，以利于收入的公平分配、改善资源配置。

政府也可以采取直接经营的方式或将垄断企业国有化，来解决由于垄断所造成的市场失灵。由于政府经营的目标不是利润最大化，所以可以按照边际成本或平均成本决定价格，以部分地解决由于垄断所产生的产量低和价格高的低效率问题。这种解决方法在欧洲国家是常见的。在这些国家政府拥有并经营公益事业，如铁路、电话、供水、电力公司等。

第二节　外部性

外部性（extrenality）的存在使得市场机制失灵，即外部性影响了均衡市场的经济效率。外部性使得生产的私人成本（private cost）和社会成本（social cost）不相等，或者是消费的私人收益（private benefit）与和社会收益（social benefit）不相等。注意这里所谓的成本和收益均指边际成本和边际收益。

现实社会中的外部性现象时时刻刻都在我们周围发生，因为（基于"经济人"的假定）生产者总是追求利润最大化，消费者追求的是效用最大化。外部性的影响不是通过市场的机制反映出来的，它妨碍市场机制的有效作用，是市场失败的重要因素之一。外部性的范围愈广，市场机制有效配置资源的作用就愈小。

一、外部性涵义

（一）外部性定义

外部性（externality）**亦称外部成本、外部效应或溢出效应**（spillover effect），**是指一个经济主体的经济活动对其他经济主体造成影响而又不需要为此影响付出代价或不能得到补偿的情况。**外部性可以分为正外部性（或称外部经济、正外部经济效应）和负外部性（或称外部不经济、负外部经济效应）。

（二）外部性特征

1. 外部性独立于市场机制之外

外部性的影响不是通过市场机制发挥作用，它不属于消费者和生产者的关系范畴即市场机制无力对产生外部性的厂商给予惩罚或补贴，否则，如果市场机制有能力自动修正外部性的话，原有的市场均衡效率就不会被"外部性"所破坏。因此，完全竞争的市场均衡是假定"外部性"不存在。

2. 外部性产生于决策范围之外而具有伴随性

厂商追求的是利润最大化，在进行决策时首先考虑的是自身（企业、产品）的成本即私人成本，而不是社会成本。正常情况下厂商的主观决策动机绝不是为了制造污染而生产，而是生产必然伴随着污染的发生，不是故意制造的效应。若是蓄意或预谋制造污染损害他人的利益，则其行为就已超出了经济的范畴。外部性是伴随生产或消费而产生的某种副作用，它独立于市场机制之外，是市场机制容许生产者或消费者在作出决策时可以忽视的行为结果。

3. 外部性与受损者（受益者）之间具有某种关联性

外部性所产生的影响并不一定能明确表示出来，但它必定要有某种（正或负）福利意义。当受损者（或受益者）关注外部性时，它就是相关的；否则，就不是相关的。

4. 外部性具有某种强制性

外部性对承受者造成的影响是具有某种强迫性、不可逆性，不论你是否愿意。强制性是不能由市场机制解决的。

5. 外部性不可能完全消除

外部性之所以无处不在，无时不有，且广泛存在于生产和消费领域，是因为要求任何一个经济制度到处都能偿付边际社会成本是一件非常困难且非常复杂的事情。

二、外部性的表现

（一）生产的正外部性和负外部性

1. 生产的正外部性

当一个生产者的某项经济活动对他人造成了有利的影响，而自己未能从该项经济活动中得到报酬或补偿，就产生了**生产的正外部性或外部经济**。

例如，新技术研究和应用，不仅有利于企业，也有利于整个社会。这种正外部性被称为技术溢出。如图 10.4 所示。

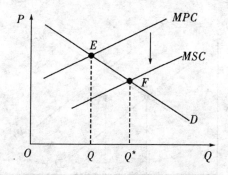

图10.4　生产的正外部性——新技术

图 10.4 显示的是生产正外部性。*MPC* 代表边际私人成本（marginal private cost），*MSC* 代表边际社会成本（marginal social cost）。由于技术溢出效应，生产某新产品的社会成本小于私人成本。该新产品的最佳数量 Q^*，大于均衡数量 Q（市场量）。

2. 生产的负外部性

当生产者实施的某项经济活动对他人造成了不利影响或损失，且生产者并未对此付出代价或未对受损者给予补偿时，便产生了**生产的负外部性**，即生产的外部不经济。生产的负外部性的例子很多，最典型的是环境污染。企业排污，对整个社会生产了不利的影响和制造了损失。如图 10.5 所示。

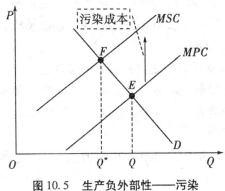

图 10.5　生产负外部性——污染

图 10.5 显示了企业排放污染的情况。由于这种外部性，生产的产品的社会成本（MSC）大于厂商（私人）成本（MPC）。生产每一单位产品，社会成本包括生产者的私人成本加上受到污染影响的外部成本。在有生产负外部性时，生产某产品的社会成本（MSC）大于私人成本（MPC）。因此，某产品的最优数量 Q^*，小于均衡数量 Q（市场量）。

（二）消费的正外部性和负外部性

1. 消费的正外部性

当个人采取的（经济）活动对他人造成了有利的影响，而自己未能从中得到报酬或补偿时，就产生了**消费的正外部性**，即消费的外部经济。以教育为例来说明消费的正外部性。一般来说，受过教育的人会对他人和社会产生积极的影响，因此教育具有正外部性。如图 10.6 所示。

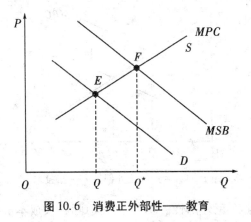

图 10.6　消费正外部性——教育

在图 10.6 中，MSB 代表社会收益（marginal social benefit）。在教育这种正外部性影响下，社会价值大于私人价值，且社会的最佳数量 Q^* 大于私人市场决定的均衡数量 Q（市场量）。

2. 消费的负外部性

当个人采取的（经济）活动对他人造成了不利的影响或对他人的福利造成了损失，且并未对此付出代价或未对受损者给予补偿时，便产生了消费的负外部性，即**消费的外部不经济**。

如吸烟、私人汽车消费等。以私人汽车消费为例，私人汽车的消费外部性有：交通拥挤、空气污染和噪声、尘埃、视觉损害以及增加他人对交通肇事的心理恐惧负担等。在此仅讨论交通拥挤的外部性。如图 10.7 所示。私人汽车的外部性表现在驾驶时它的私人边际成本（MPC）背离了社会边际成本（MSC）。我们知道社会边际成本应该为：$MSC = MPC +$ 外部成本。

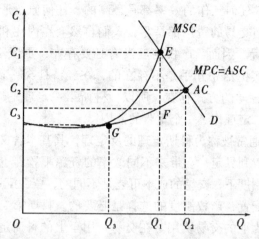

图 10.7　消费的负外部性——拥挤成本与行车费

私人用车时，车主考虑的只是私人成本，而对外部成本则不必直接支付。拥挤成本即是提高了他人的交通成本。假定车主从市郊到市区，且出车时恰为交通高峰期；假定 MSC 只限于对公路的使用者而不包括全体社会。在 G 点以前，MSC 与 MPC 两条曲线重合即拥挤成本为零。但超过 G 点即车流量超过 Q_3 后，交通开始逐渐拥挤起来。这时 MPC 与 MSC 开始产生差距，并越来越大。

用代数形式计算 MSC：假定该公路上有 n 辆车，每辆车行驶的社会平均成本（ASC）为 c，则每加入一辆车所造成的拥挤成本即车流减速将使 ASC 增加为 $c + \Delta c$。这辆车在超过 Q_3 点后，车流量为 $n+1$，那么它就是 $n+1$ 辆车，这辆车的社会边际成本（MSC）就是 $(n+1)(c+\Delta c) - nc = c + \Delta c + n\Delta c$。从代数式可知，$MSC$ 比 ASC 多出 $n\Delta c$。

通过以上分析，可以得出的一般性结论：生产或消费的正外部性使市场实际生产的量小于社会期望的量。生产或消费的负外部性使市场实际生产的量大于社会期望的量。

三、外部性的解决方法

（一）产权界定与科斯定理

产权学派的经济学家认为，通过明确界定产权可以有效解决外部性问题。著名的科斯定理概括了这一思想。科斯定理（coase theorem）是由诺贝尔经济学奖得主，罗纳德·哈里·科斯（Ronald H. Coase）命名。他于 1937 年和 1960 年分别发表了《厂商的性质》和《社会成本问题》两篇论文，这两篇文章中的论点后来被人们命名为著名的"科斯定理"，是产权经济学研究的基础，其核心内容是关于交易费用的论断。"科斯定理"这个术语是乔治·史提格勒（George Stigler）1966年首次使用的。

1. 科斯第一定理。如果交易费用为零，不管产权初始如何安排，当事人之间的谈判都会导致那些财富最大化的安排，即市场机制会自动达到帕累托最优。

如果科斯第一定理成立，它所揭示的经济现象就是：在市场经济中，任何经济活动的效益总是最好的，任何工作的效率都是最高的，任何原始形成的产权制度安排总是最有效的。因为任何交易的费用都是零，人们自然会在内在利益的驱动下，自动实现经济资源的最优配置。因而，产权制度没有必要存在，更谈不上产权制度的优劣。然而，这种情况在现实生活中几乎是不存在的，在经济社会一切领域和一切活动中，交易费用总是以各种各样的方式存在。所以，科斯第一定理是建立在理想的经济中，但它的出现为科斯第二定理作了一个重要的铺垫。

2. 科斯第二定理通常被称为科斯定理的反定理，其基本含义是：在交易费用大于零的世界里，不同的权利界定，会带来不同效率的资源配置。也就是说，交易是有成本的，在不同的产权制度下，交易的成本可能是不同的，资源配置的效率可能也不同，所以，为了优化资源配置，产权制度的选择是必要的。科斯第二定理中的交易成本就是指在不同的产权制度下的交易费用。在交易费用至上的科斯定理中，它必然成为选择或衡量产权制度效率高低的唯一标准。那么，如何根据交易费用选择产权制度呢？

3. 科斯第三定理描述了这种产权制度的选择方法。第三定理主要包括四个方面：①如果不同产权制度下的交易成本相等，那么，产权制度的选择就取决于制度本身成本的高低；②某一种产权制度如果非建不可，而对这种制度不同的设计和实施方式及方法有着不同的成本，则这种成本也应该考虑；③如果设计和实施某项制度所花费的成本比实施该制度所获得的收益还大，则这项制度没有必要建立；④即便现存的制度不合理，然而，如果建立一项新制度的成本无穷大或新制度的建立所带来的收益小于其成本，则一项制度的变革是没有必要的。

（二）征税和补贴

政府通过对那些有负外部性的活动进行征税和对那些有正外部性的活动实行补贴，可以使外部性内在化。

在边际私人收益与边际社会收益、边际私人成本与边际社会成本相背离的情况下，依靠自由竞争是不可能达到社会福利最大的。于是就应由政府采取适当的经济政策，消除这种背离。政府应采取的经济政策是：对边际私人成本小于边际社会成本的部门实施征税，即存在外部不经济效应时，向企业征税；对边际私人收益小于边际社会收益的部门实行奖励和津贴，即存在外部经济效应时，给企业以补贴。庇古认为，通过这种征税和补贴，就可以实现外部效应的内部化。这种政策建议后来被称为"庇古税（pigou taxes and subsidies）"。

庇古认为，修正生产过程的负外部性问题，政府应该征收一个等于外部性成本的税。如图10.8所示。企业生产产品排放污染，造成环境质量下降，从而产生了外部性。在政府对其征税之前，企业生产的均衡点为 E 点（P_1，Q）。由于企业的私人边际成本小于社会边际成本，因此企业愿意提供的产品数量为 Q，远大于社会的最佳量 Q^*。企业制造的污染，由整个社会"买单"了。为了削弱这种外部性，对企业征税，其税额等于污染成本，使得私人边际成本与社会边际成本相等，即 MSC 曲线与 MPC 曲线重合。征税后，企业在 F 点生产，（污染的）外部性消除。

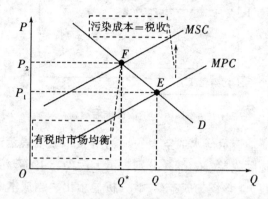

图 10.8　存在负外部性时，征税可以抑制无效的产出水平

庇古还提出可以通过给予补贴或支付方式来处理消费中存在的正外部性问题。补贴或支付的大小等于外部性价值。如图 10.9 所示。受过教育的人会对他人和社会产生积极的影响，因此教育具有正外部性，表现为社会边际收益大于私人边际收益，使得市场在 E 点提供的教育数量仅为 Q。如果政府给予补贴，使得教育的私人收益等于社会收益（即 D 曲线上升与曲线 MSB 重合），则教育的数量则可达到 Q^*，外部性得以消除。

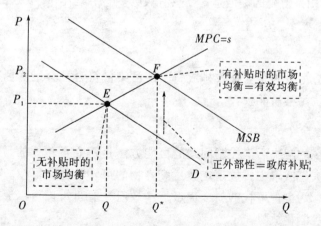

图 10.9　存在正外部性时，补贴可以带来有效的产出水平

（三）确定最优排污量

这是指政府颁布排放污染的标准，是对厂商排污量的强制限制。经济学家们运用了传统的边际分析方法来确定最优排污量。如图 10.10 所示。

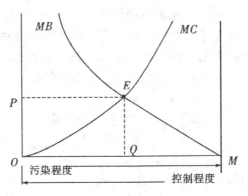

图 10.10　最优排污量

在图 10.10 中，横轴表示（水或空气的）污染量，纵轴表示产生污染者由于污染所负担的边际成本或边际收益。O 和 M 分别表示无污染与 100% 污染的清洁度，MB 曲线为边际收益（清洁度）。该图的成本/收益分析显示出，当成本曲线在原点 O 时，污染度为零，因而没有成本。在污染严重的情况下，新鲜空气带来的边际收益很高，MB 曲线表明无需迅速提高边际成本就可清除少量的污染，但超过一定程度时，所需边际成本就会急剧上升。当清洁度达到 99% 时，边际收益曲线就很低，而边际成本却相反。就是说，当污染已经很严重时，多得到一点新鲜空气的边际成本是较低的，但要达到空气的高度净化，其成本则是高不可攀的。所以，MC 曲线的右边部分和 MB 曲线的左边部分急剧上升。最佳污染量在 Q 水平上，这时 $MB = MC$，在此 E 点上，MQ 的污染量被消除，OQ 污染量被人们所接受。如果空气清洁度很低，净化空气所获得的 MB 大于 MC，最佳一些费用是值得的。但是，要想清除更多的污染（超过 OQ 的量），则减轻污染所花费的 MC 就大于 MB。

（四）征收排污费

这是指向制造污染的企业征收排放费，使污染量符合社会最优标准。排放费用是按照平均每一单位污染量征收。

（五）污染许可证交易

一种基于市场的解决污染控制问题的可能方法是建立可转让的污染许可权。污染权是允许每年向大气或水中排放一定数量废弃物的可转让的许可权。相对于排放费或矫正性税收而言，污染许可权的一个优点是（政府）管理部门可以通过发放固定数量的许可证来严格控制排放量。

（六）制定相关法律

解决外部性问题最有效的方法之一是依靠法律手段。国际社会为了解决"温室效应"，减少二氧化碳排放，众多国家都签署了《京都议定书》。随着我国经济的快速发展，环境问题日趋严重，已成为阻碍经济可持续发展的主要因素之一。为此，在环境立法方面也加快了进程。从 2004 年起，先后颁布并实施了《中华人民共和国固体废物环境污染防治法》、《中华人民共和国可再生能源法》、《中华人民共和国水污染防治法》等法律。

第三节 公共物品

一、公共物品的涵义

（一）公共物品定义及特征

1. 公共物品定义

公共物品（public goods）是指既无排他性又无竞争性的物品。 它与私人物品（private goods）相对应的。

2. 公共物品特征

公共物品具有非排他性和非竞争性的特点。 所谓非排他性，也就是一当这类产品被生产出来，生产者不能排除别人不支付价格的消费。因为这种排他，一方面在技术上做不到，另一方面即使技术上能做到，但排他成本高于排他收益。所谓非竞争性，是因为对生产者来说，多一个消费者、少一个消费者不会影响生产成本，即边际消费成本为零。而对正在消费的消费者来说，只要不产生拥挤也就不会影响自己的消费水平。

根据有无排他性和竞争性的特征，表 10.2 描述了商品可能成为的四种类型。

表 10.2 四种类型的物品

项目		竞争性		非竞争性
排他性	私人物品	衣服、食品、拥挤的收费道路	自然垄断	有线电视、供水、不拥挤的收费道路
非排他性	公共资源	海洋生物、森林、拥挤的不收费道路	公共物品	国防、法庭、不拥挤的不收费道路

（二）公共物品的理解

1. 公共物品的分类取决于市场条件和技术状况

在游客很少时，九寨沟奇异绚丽的自然景观属于一种纯公共物品。但是，随着游客数量的增多，景区就变得拥挤了，虽然被每一位游客"消费"的优美景色的"数量"相同，但它的质量随着游客的增加而下降了。这时，非竞争性标准不再满足。公共频道的电视信号属于纯公共物品，高清频道的电视信号实行了有条件地接收技术即不付费就不能接收信号并观看。在这种情况下，非排他性标准不再满足。纯公共物品能完全满足定义，而非纯公共物品（impure public goods）的消费在一定程度上是竞争的或排他的。

2. 对公共物品消费的评价存在差异

公共物品可以满足人们的公共需要，但人们在消费数量相同的某一公共物品时所获得的满足程度是不相同的。当我们城市的警察治安系统建立后，每个人除了消费其服务外，别无选择。对于那些认为治安服务能增强其安全感的人而言，警察系统规模扩张的价值是正的；但另外一些人却认为，警察系统规模的扩张会增加税赋，这些人对警察系统扩张的估价是负值。

3. 具有公共物品特征的非实体物品

"收入分配"是一种纯公共物品。如果收入分配是"公平"的，每个人都会因生活在一个良好的社会中而得到满足，没有人能被排除在享有这种满足之外。当然，人们对"公平"的理解不同，对如何评价某种既定的收入分配也存在不同的意见分歧。尽管如此，收入分配的消费仍然具有非排他性和非竞争性，所以它是一种公共物品。"信用"也是一种公共物品。如果每个交易中的人都能遵循信用原则，则所有的交易活动都会因为"守信"而减少交易成本并从中获利。这种成本减少既具有非排他性，也具有非竞争性。

某些类型的信息也具有公共物品的特征。例如，2008 年 8 月 8 日晚 8 时举行的2008 年北京奥运会开幕式，据估计，当晚全国约有超过 8 亿人、全球约 40 多亿人观看了这场开幕式。"鸟巢"外的全球观众对 2008 年北京奥运会开幕式的"消费"，即具有非竞争性，也具有非排他性。再如，财政部发布的"国债"发行公告（通常，国债有"金边债券"的美誉）。公告传播的信息就表现出公共物品的特征：它具有消费的非竞争性，因为每个人可以过各种渠道和方式获得"公告"的全部内容；同时，它也具有受益的非排他性，因为无法从技术上做到，一部分人能够"消费"公告的信息，而其他人则无法"消费"。

4. 仅能满足公共物品一部分特征的物品

在这些物品上，非排他性和非竞争性不一定能同时显现。以电影院、体育馆为例，一般情况下，其消费具有非竞争性，但排他性成立；上下班时段的城区道路，在大多数情况下非排他性成立（不可能设置收费站），但消费的竞争性也的确存在（塞车）。

5. 政府提供的并非都是公共物品

为了纠正市场失灵，满足公共需要，政府应该提供公共物品。这并不意味着，政府所提供和生产的物品都是公共物品。

二、公共物品的供给方式

公共物品的存在给市场机制带来了严重的问题，即使某种公共物品带给人们的利益要大于生产的成本，私人也不愿提供这种产品，因为公共物品非排他性和非竞争性的特征，在公共物品消费中人们存在一种"免费搭车"现象，每个人都想不付或少付成本享受公共物品。

一般而言，纯公共物品只能由政府来提供而不能由市场来提供。提供纯公共物品恰好是政府资源配置的领域，以此达到弥补市场缺陷，提高资源配置效率的政府职能。

公共物品私人提供的研究对传统理论提出了挑战，私人提供公共物品研究的先驱者是科斯。科斯的贡献在于提出了这样一个问题：公共物品是否就一定要由政府提供？从而促使其后的许多经济学家展开了对公共物品私人提供问题的研究。

市场经常用变化多端的方式解决了公共物品问题，只要有可能，让私人来解决公共物品问题可能要比由政府来解决更有效率。例如，企业通过研发新技术，使得不付费者就不能享受某种物品或服务，从而解决了"免费搭车"的问题。许多具有公共物品属性的服务，经常是由私人部门在收费的基础上提供的。

公共物品私人提供的方式有：

（1）特许经营权。政府授予私人公司特许经营权，委托私人公司来生产和提供部分公共物品，如自来水、供电、电话、垃圾处理等。此外，有很多公共项目也是由这种方式生产经营的，如电视台、广播电台、电影制作、报刊、书籍等。

（2）政府参股联合提供。这种方式主要应用于桥梁、水坝、高速公路、铁路、电讯系统、港口、机场等。比较引人注目且效果较好的参股领域之一是高科技开发研究。

（3）签订合同。这是发达国家使用最普遍、范围最大的一种公共物品私人提供的方式。适用于具有规模经济的自然垄断型物品即大部分为基础设施，也包括一部分公共服务行业。如垃圾收集服务、街道照明等。

（4）经济资助。发达国家对私人提供公共物品的经济资助的途径和方法很多，主要的形式有补助津贴、优惠贷款、无偿贷款、减免税收、直接投资等。财政补贴的主要对象是科学技术、住宅、教育、卫生、保健、复员军人、图书馆、博物馆等。

（5）法律允许。政府用法律手段允许、促进并保护私人进入公共物品的生产经营领域，不但减轻了政府的财政负担，而且还能提高服务质量和消费效率。这种方式适用于具有非竞争性和排他性的"拥挤型"公共物品，如教育、医疗等。

（6）社会自愿服务。

第四节　信息不对称

一、信息不对称和不完全

（一）完全信息与不完全信息

在传统经济学中，市场的有效性是建立在一系列严格的假设条件之上的。市场信息是完全的，市场参与者之间不存在信息不对称是重要的假设条件之一。然而，在现实的经济中，信息往往是不完全或不对称的。

1. 完全信息

完全信息是指市场参与者拥有对某种经济环境状态的全部知识。在完全信息的市场上，市场给参与者提供足够的知识和信息，市场参与者在既定的条件下可按照收益最大化原则进行最优选择。即使存在不确定的状态，市场中每个变量的概率分布对市场参与者来说也是已知的。

在完全信息的市场中，信息的传播效率极高，消费者在任何时间、任何状态下都能了解市场上各种商品的全部可能价格以及自己的偏好；同样，厂商也知道生产要素、价格与投入产出之间各种形式的可能组合配置，市场参与者都不会因为信息的延误而影响其决策。因此，消费者和厂商之间在任何时点都能了解市场上各种商品的供求状态。

在完全信息市场中，具有完全信息的市场体系被所有参与者免费使用，每个参与者都具有有限的信息需求。市场参与者在任何时候、任何地点都可以拥有任何希望获得的信息，信息就像空气一样，是不需要支付任何成本就可以获得的。所以，在完全竞争市场上，信息不可能成为商品，也没有市场价格。

2. 不完全信息

不完全信息是指市场参与者不拥有对某种经济环境状态的全部知识。在现实经济中，交易双方所掌握的信息是不等同的。一方掌握的比另一方多，或另一方掌握的信息较少。信息不仅是不对称的，由于不确定性，信息也是不完全的。

信息是一种稀缺资源。信息不完全在经济活动中非常普遍，有用的经济信息常常不容易得到。以完全信息为基本特征之一的完全竞争的市场经济，并不符合现实的经济环境。信息是稀缺资源，占有信息就可能有价值，就可能产生效益或改善经济效率，因此取得信息常常有成本，缺乏信息就要付出代价。

信息不完全引起的经济效率损失有：①受害者由于信息不完全在经济交易中直接蒙受的损失；②由于信息不完全导致经济活动不能顺利进行，引起市场瘫痪、失灵，合法经营者和优质产品被赶出市场的经济效率损失；③由于信息不完全，假冒伪劣有一定市场，因此资源被用于假冒伪劣活动，或者正当经营厂商为了对付假冒伪劣者，防伪、打假、法律诉讼等耗费资源，对社会福利都是无用的，因此也是对社会经济效率的损害。

（二）对称信息与不对称信息

1. 对称信息

对称信息是指在相互对应的市场参与者之间具有共同的、呈对称性分布的知识或信息，并且该参与者也知道其他参与者了解这些信息状态。对称信息状态存在三种情形：市场参与双方都不掌握相关信息；市场参与双方均掌握相同的信息；市场参与双方都拥有完全的信息。

在市场参与双方都缺乏信息的对称性市场中，市场参与者双方都处于信息无知状态，互相之间无法进行正常的交易活动。为了增加信息的交流，往往会出现经纪人、代理人等市场中间人，他们为市场双方提供信息服务，并从中获得佣金报酬。在市场参与双方所掌握的信息都不完全的对称性市场中，交易双方都掌握了一定的信息和知识，他们对市场中间人的需求不高。为了在交易中获得主动或有利地位，参与者会通过增加对信息与知识的投入，期望获得更多的信息，以建立信息优势。在参与者具有完全信息的对称性市场中，市场形式一般表现为完全的双边垄断特性。当交易双方产生矛盾或发生冲突时，市场中间人往往难以在其中发挥作用，只有政府才能在双方之间起到协调作用。

2. 不对称信息

不对称信息就是在相互对应的市场参与者之间具有不对称分布的知识或信息。由于信息不对称，拥有信息优势的一方可能就会获得更多的利益。非对称信息的存在，一方面是由于市场参与者获得信息和知识的能力不同，另一方面也是由于市场参与的一方无法了解另一方的行动。

（三）信息不对称理论

信息不对称理论（asymmetric information theory）是由约瑟夫·斯蒂格利茨（Joseph E. Stiglitz）、乔治·阿克尔洛夫（George Akerlof）和迈克尔·史宾斯（Michael Spence）提出的。这三位学者在20世纪70年代奠定了对充满不对称信息市场进行分析的理论基础，由于在"对充满不对称信息市场进行分析"领域所作出的重要贡献，而分享2001年诺贝尔经济学奖。该理论认为：市场中卖方比买方更了解有关商品的各种信息；掌握更多信息的一方可以通过向信息贫乏的一方传递可靠信息而在市场中获益；买卖双方中拥有信息较少的一方会努力从另一方获取信息；市场信号显示在一定程度上可以弥补信息不对称的问题；信息不对称是市场经济的弊病，要想减少信息不对称对经济产生的危害，政府应在市场体系中发挥强有力的作用。这一理论为很多市场现象如股市沉浮、就业与失业、信贷配给、商品促销、商品的市场占有等提供了解释，并成为现代信息经济学的核心，被广泛应用到从传统的农产品市场到现代金融市场等各个领域。

信息不对称理论指出了信息对市场经济的重要影响。随着新经济时代的到来，信息在市场经济中所发挥的作用比过去任何时候都更加突出，并将发挥更加不可估量的作用。它揭示了市场体系中的缺陷，指出完全的市场经济并不是天然合理的，完全靠自由市场机制不一定会给市场经济带来最佳效果，特别是在投资、就业、环境保护、社会福利等方面；强调了政府在经济运行中的重要性，呼吁政府加强对经济运行的监督力度，使信息尽量由不对称到对称，由此更正由市场机制所造成的一些不良影响。

由于信息的不对称或不完全就会出现逆向选择和道德风险，以及由此产生的委托代理问题造成市场配置失调，效率低下。

二、逆向选择

（一）委托代理

在现代市场经济中，由于信息不对称的普遍存在，便产生了委托代理（principal - agent）问题。

在法律上，当事双方就某项活动达成契约或协议就形成委托关系。授权方即是委托人，受托方即是代理人。但经济学上的委托代理关系是泛指任何一种涉及非对称信息的交易。凡是某些人的行为将影响另一些人的利益，都被视为委托代理关系。拥有信息多的一方称为代理人（agent），另一方称为委托人（principal）。换句话说，知情者（informed player）是代理人，不知情者（uninformed player）是委托人，知情者的私人信息（行动或知识）影响不知情者的利益，或者说，不知情者不得不为知情者的行为承担风险。

委托代理理论是建立在非对称信息博弈论的基础上的。委托代理理论是制度经济学契约理论的主要内容之一，主要研究的委托代理关系是指一个或多个行为主体根据一种明示或隐含的契约，指定、雇佣另一些行为主体为其服务，同时授予后者一定的决策权利，并根据后者提供的服务数量和质量对其支付相应的报酬。授权者就是委托人，被授权者就是代理人。研究事前（exante）非对称信息博弈的模型称为逆向选择模型（adverse selection model），研究事后（expost）非对称信息的模型称为道德风险模型（moral hazard model）。

不论是经济领域还是社会领域，都普遍存在委托代理关系。委托代理理论认为：委托代理关系是随着生产力大发展和规模化大生产的出现而产生的。其原因一方面是生产力发展使得分工进一步细化，权利的所有者由于知识、能力和精力的原因不能行使所有的权利了；另一方面专业化分工产生了一大批具有专业知识的代理人，他们有精力、有能力代理行使好被委托的权利。但在委托代理的关系当中，由于委托人与代理人的效用函数不一样，委托人追求的是自己的财富更大，而代理人追求自己的工资津贴收入、奢侈消费和闲暇时间最大化，这必然导致两者的利益冲突。在没有有效的制度安排下代理人的行为很可能最终损害委托人的利益。

委托代理理论的中心任务是研究在利益相冲突和信息不对称的环境下，委托人如何设计最优契约激励代理人。

（二）逆向选择

若信息不对称发生在合同契约签订之前，即代理人在合同契约签订之前隐藏某些信息，导致事与愿违，则称为逆向选择（adverse selection）。

逆向选择问题来自买者和卖者有关车的质量信息不对称。在旧车市场，卖者知道车的真实质量，而买者不知道。这样卖者就会以次充好，买者也不傻，尽管他们不能了解旧车的真实质量，只知道车的平均质量，则以平均质量出中等价格。这样一来，那些高于中等价的上等旧车就可能会退出市场。接下来，由于上等车退出市场，买者会继续降低估价，次上等车会退出市场。最后结果是：市场上成了破烂车的展览馆，极端的情况一辆车都不成交。现实的情况是，社会成交量小于实际均衡量。这个过程就是逆向选择。

逆向选择效应不仅存在于次品市场，在保险市场、资本市场、劳动市场上都存在。**在市场经济中，卖方向买方有效地发出能传递产品或要素质量信息的信号是解决逆向选择的基本方法。**

三、道德风险

若信息不对称发生在合同契约签订之后，即代理人在合同契约签订之后隐藏某些行为，使委托人的利益面临风险，则称为道德风险（moral hazard），亦称道德危机。

在经济活动中，道德风险问题相当普遍。2001年度诺贝尔经济学奖获得者斯蒂格里茨（Joseph E. Stiglitz）在研究保险市场时，发现了一个经典的例子：美国一所大学学生自行车被盗比率约为10%，有几个有经营头脑的学生发起了一个对自行车的保险，保费为保险标的15%。按常理，这几个有经营头脑的学生应获得5%左右的利润。但该保险运作一段时间后，这几个学生发现自行车被盗比率迅速提高到15%以上。究竟原因何在？这是因为自行车投保后学生们对自行车安全防范措施明显减少。在这个例子中，投保的学生由于不完全承担自行车被盗的风险后果，因而采取了对自行车安全防范的不作为行为。而这种不作为的行为，就是道德风险。

可以说，只要市场经济存在，道德风险就不可避免。道德风险与逆向选择一样，也会严重影响市场的存在，削弱市场效率。

道德风险是个激励问题，对它的解决必须从解决激励失当入手。通过市场、合同、信誉等激励方式是解决道德风险的基本方法。

本章小结

1. 经济学把市场机制的自发作用使资源无法达到最有效配置的现象称为"市场失灵"。

2. 垄断导致市场竞争损失；垄断导致消费者剩余减少；垄断导致生产者剩余增加；垄断导致了无谓损失，即社会经济效率的减少。垄断还会导致寻租的产生。

3. 对于垄断的治理可以采取法律（反垄断法）、政府管制和其他措施。

4. 外部性分为正外部性和负外部性。外部性的影响不是通过市场的机制反映出来的，它妨碍市场机制的有效作用，是市场失败的重要因素之一。外部性的范围愈广，市场机制有效配置资源的作用就愈小。由于外部性的存在，使竞争性的市场机制失效，市场均衡不复存在，极大地降低了经济的效率。虽然不能完全消除外部性，但可以通过私人行为和政府行为两个途径来尽量校正、削弱外部性，使其对经济的不利影响降到最小或可以承受的范围。

5. 公共物品具有非排他性和非竞争性的特点。政府提供的并非都是公共物品，公共物品并非只能由政府提供。私人和公共两个词本身，并不能明确表明具体由哪一部门提供。

6. 由于信息的不对称或不完全就会出现逆向选择和道德风险，以及由此产生的委托代理问题造成市场配置失调和效率低下。

复习与思考题

一、名词解释

垄断　　外部性　　公共物品　　信息不对称　　逆向选择　　道德风险

二、单项选择题

1. 市场失灵是指（　　）。

　　A. 市场机制的自发作用使资源无法达到最有效的配置

　　B. 市场没能使社会资源的分配达到最有效率

　　C. 市场未能达到社会收入的公平分配

　　D. 以上三种全是

2. 所谓自然垄断是指（　　）。

　　A. 从经济上看允许多个厂商存在，但技术上不行

　　B. 从技术上看允许多个厂商存在，但从经济上看不允许

　　C. 从经济上和技术上都允许多个厂商存在

　　D. 从经济上和技术上只允许一个厂商存在

3. 投票悖论提出（　　）。

　　A. 中间投票人将决定结果

　　B. 政府行为不总是一致

　　C. 投票总是产生一个决定性的结果

　　D. 多数票规则不总是能够作出正确的决定

4. 垄断会降低经济效率，这是因为（　　）。

　　A. 当利润最大化时，价格超过边际成本

　　B. 当利润最大化时，边际成本超过边际收益

　　C. 当利润最大化时，边际收益超过边际成本

　　D. 当利润最大化时，边际收益等于边际成本

5. 解决自然垄断的有效措施是（　　）。

　　A. 征税　　　　B. 采取反垄断措施　　　C. 公共定价　　　D. 收费

6. 政府在为自然垄断产品定价时，会产生企业亏损问题的定价方法是（　　）。

　　A. 边际成本定价　　B. 固定成本定价　　C. 平均成本定价　　D. 变动成本定价

7. 可以用下面哪个概念来描述养蜂主与其邻近果园主之间的相互影响（　　）。

　　A. 正外部性　　　　　　　　　B. 负外部性

　　C. 公共物品　　　　　　　　　D. 信息不对称

8. 从社会角度来看，效率要求（　　）。

　　A. 社会边际收益＝私人边际收益　　B. 社会边际收益＝社会边际成本

　　C. 社会边际收益＝私人边际成本　　D. 社会边际成本＝私人边际收益

9. 以下说法中不正确的是（　　）。

　　A. 有一些垄断是天生的

　　B. 对垄断者实施价格管制可以增加社会福利

　　C. 许多垄断是竞争的产物

　　D. 中国盐业公司的垄断地位不是竞争的产物

10. "柠檬"市场中，价格下降，市场中高质量的商品减少，留在市场中的产品质量降低了，这种现象被称为（　　）。

　　A. 收益递减　　　　B. 道德风险　　　　C. 逆向选择　　　　D. 配售

11. 下列情况哪一种属于寻租行为（　　）。

　　A. 公司凭借自己所有的财产收取租金

　　B. 政府剥夺公司的垄断租金

C. 政府查出公司的垄断租金

D. 公司投入资源去劝说政府阻止新公司进入它的行业

12. 如果某产品的生产造成污染，适当的税收政策是征税，征税额应是（　　）。

A. 社会边际成本和私人边际成本之和　　B. 社会边际成本

C. 社会边际成本和私人边际成本之差　　D. 私人边际成本

13. 在公共场所某人的吸烟行为属于（　　）。

A. 生产的外部经济　　　　　　　　　B. 生产的外部不经济

C. 消费的外部不经济　　　　　　　　D. 消费的外部经济

14. 市场不能提供纯粹的公共物品是因为（　　）。

A. 公共物品不具有排他性　　　　　　B. 公共物品不具有竞争性

C. 消费者都想"免费乘车"　　　　　　D. 以上三种情况都是

15. 为了提高资源配置效率，政府对自然垄断行为是（　　）。

A. 坚决取缔的　　B. 不管　　C. 尽量支持　　D. 加以管制

16. 政府提供的物品，（　　）公共物品。

A. 一定是　　　B. 不都是　　　C. 大部分是　　　D. 少部分是

17. 如果上游工厂污染了下游居民的饮水，按照科斯定理，（　　），问题即可妥善解决。

A. 不管产权是否明确，只要交易成本为零

B. 只要产权明确，且交易成本为零

C. 只要产权明确，不管交易成本有多大

D. 不论产权是否明确，交易成本是否为零

18. 影星甲投保了意外事故保险后，则更多的表演高难度惊险动作，这种现象被称为（　　）。

A. 逆向选择　　B. 道德风险　　C. 要钱不要命　　D. 非理性选择

19. 经济学上的委托代理关系是泛指任何一种涉及非对称信息的交易，凡是某些人的行为将影响另一些人的利益，都被视为委托代理关系。（　　）称为代理人。

A. 拥有信息多的一方　　　　　　　　B. 拥有信息少的一方

C. 授权的一方　　　　　　　　　　　D. 被授权的一方

20. 在公共选择的投票中，"为确保某种偏好的结果得以出现而安排投票顺序的过程"指的是（　　）。

A. 投票悖论　　B. 投票循环　　C. 互投赞成票　　D. 议程操纵

三、判断题

1. 市场失灵是指市场机制的自发作用使资源无法达到最有效的配置的现象。（　　）

2. 从社会角度看，私人成本和社会成本的差异是导致市场失灵的原因。（　　）

3. 垄断有效率损失，所以，应该尽量消除垄断。（　　）

4. 反垄断法上的垄断主要是指排除或者限制竞争的行为。（　　）

5. 当存在外部不经济时，厂商的私人成本高于社会成本。（　　）

6. 公共产品一般在消费时具有外部性。（　　）

7. 政府在提供公共物品上的一个优势是不受稀缺性的影响。（　　）

8. 外部不经济的一种解决方法是对该活动征税。（　　）

9. 逆向选择是指由于信息不对称导致的低质量产品将高质量产品驱逐出市场的现象。（　　）

10. 委托—代理问题与道德风险无关。（　　）

四、计算题

1. 假设有 50 户人住在一个小区内，每户人愿意为增加一盏路灯支付 4 元，而不管已提供的路灯数量。若提供 X 盏路灯的成本函数为 $C(X) = 4X^2$，试求最优路灯安装数。

2. 假设，商品 A 的市场需求函数为 $Q = 3000 - 20P$，而成本函数为 $TC = 60Q$，试求：

（1）若生产商品 A 的厂商为一垄断厂商，则利润最大时的产量、价格和利润各为多少？

（2）要达到帕累托最优，则其产量和价格各应为多少？

（3）社会纯福利在垄断性生产时损失了多少？

3. 某村的唯一的一座桥属于 Z 所有，他建造这座桥的时候花费了 1000 元。桥可以使用一年，能够完全满足本村居民需求（不拥挤）。Z 知道，如果他把过桥费定为 100 元/次，一年内将没有人过桥，过桥费每降低 1 元钱，一年内就有多 1 个人过桥。桥无需维护费，但是，需要雇用一个收费员守桥，收费员的年工资 1200 元。资金存入银行可以获得 10% 的年利率。试求：Z 的最佳收费标准。

4. 某完全垄断厂商的需求函数为 $Q = 1000 - 5P$，成本函数是 $TC = 200 - 2Q + 5Q^2$。试求：

（1）厂商利润最大化时，应确定的价格和产量各为多少？

（2）如果政府决定实行价格管制，按平均成本定价，价格应为多少？

（3）如果按边际成本定价，价格应为多少？厂商是否亏损？需要政府补贴吗？

五、思考题

1. 垄断的治理措施有哪些？

2. 政府解决外部性有哪些方法？

3. 零污染或零排放为什么不能实现？

4. 公共物品的供给方式有哪些？

5. 信息不对称为什么会导致市场失灵？

第十一章　国民收入核算理论

要讨论整个社会的经济状况，首先要能够对社会的经济状况进行度量，也就是要对国民收入进行核算。20 世纪 30 年代西方经济大危机，对经济运行整体情况的信息需求比任何时候都更为迫切，国民经济账户和 GDP 度量体系应运而生；二战期间政府控制经济需要上升，推动了有关统计体系进一步发展；后来由于政府、专家、企业界和公众的合作和不断努力，国民收入账户统计不断改进和丰富。

国民经济核算体系是在一定经济理论的指导下，综合应用统计、会计、数学等方法，为测定一个国家（地区、部门）在特定时期内的经济活动（流量）和特定时点上的经济成果（存量）所构成的一个相互联系的系统。其各项总量指标及其组成，是进行经济分析、经济预测和决策研究的重要依据。

国民经济核算的核心指标就是国内生产总值（gross domestic product，GDP）。

第一节　国内生产总值

一、国内生产总值的含义

国内生产总值（或称国内总产值，简称 GDP）指一个国家或地区在一定时期内（通常为一年）在本国领土范围内所生产的全部最终产品和劳务的市场价值的总和。这一定义含有以下几方面的意思：

（1）GDP 仅指一定时期内（通常为一年）所生产的全部最终产品和劳务而不是所售出的全部最终产品和劳务，因此，是一个某期生产的概念，在计算时不应该包括某期以前所生产的产品和劳务的价值。

（2）为了避免重复计算，GDP 只计算最终产品价值，而不计算中间产品价值。

最终产品（final products）指最后使用者购买的全部商品和劳务，通常包括：个人与社会集团消费品、军工产品；固定资产积累与储备；净出口产品（进出口差额）。中间产品（intermediate goods）指用于再出售而供生产其他产品用的产品和劳务。例如，钢铁和棉纱就是中间产品。许多产品既可作为最终产品又可作为中间产品。例如，煤用于家庭取暖与做饭时是最终产品，作为发电与炼钢的原料时又是中间产品。实际计算中区分最终产品与中间产品非常困难。

计算最终产品价值时用增值法（value added）或最终产品法（final product approach）。

价值增值法：计算在生产不同阶段增加产值，即计算销售产品收益与为生产该产品购买的中间产品费用之间差额。GDP 仅度量某一个时期内新生产产品价值，不计算以前时期产值。

表 11.1   最终产品价值计算的增值法和最终产品法

生产阶段	产品价值	中间产品成本	增值
棉花	30	—	30
棉纱	43	30	13
棉布	62	43	19
服装	85	62	23
合计	220	135	85

如表 11.1 所示，服装是最终产品，其产值是 85，用增值法计算也是 85。如不区分最终产品和中间产品，则会有重复计算 135。

（3）GDP 是个市场价值概念。除少数例外，GDP 仅仅是指为市场而生产的产品和劳务的价值，非市场活动不包括在内。市场价值就是按这些产品和劳务的现期价格来计算的。

（4）GDP 仅仅是一定时期内生产的价值，故包含时间因素，是个流量，而不是存量。

（5）GDP 是指一个国家领土范围内所生产的产品和劳务的价值，是一个地域概念，而与这种生产的生产要素的归属关系无关。这就有了 GDP 与 GNP 的区别。

二、国内生产总值与国民生产总值

国内生产总值是指一定时期内在本国领土范围内所生产的全部最终产品和劳务的市场价值的总和。它以地理上的国境为统计标准，即按所谓的"国土原则"计算的。也就是说，凡是在本国领土范围内所生产的最终产品和劳务，无论所有权属谁，经营者是谁，服务对象是谁，其价值都应计入本国的 GDP。

国民生产总值是按"国民原则"计算的，是指本国常住公民所生产的最终产品和劳务的市场价值的总和，它以人口为统计标准，即凡是本国公民所生产的最终产品和劳务，其价值都应计入 GNP。在国民生产总值中既包括本国常住公民在国内生产的最终产品，也包括本国常住公民在国外生产的最终产品，但不包括外国公民在本国生产的最终产品。由此可以看出国内生产总值（GDP）与国民生产总值（GNP）存在以下关系：

GDP = GNP − 国外要素净收入

    = GNP − 本国公民在国外生产的最终产品的价值总和

      + 外国公民在本国生产的最终产品的价值总和

GNP = GDP + 国外要素净收入

    = GDP + 本国公民在国外生产的最终产品的价值总和

      − 外国公民在本国生产的最终产品的价值总和

GDP 与 GNP 之间的关系也可用图 11.1 来表示：

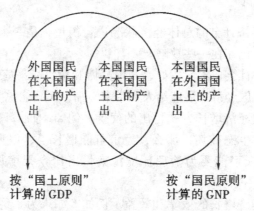

图 11.1　GDP 与 GNP 的关系图

在封闭经济条件下，显然有 GDP = GNP。但在经济一体化的现代社会，这种情况一般是不存在的。

三、名义 GDP 和实际 GDP

（一）名义 GDP

所谓**名义 GDP** 是指按生产时期的市场价格计算的 GDP。影响名义 GDP 大小的因素主要有商品与劳务的实际出产量变化和市场价格的变化。所以，要想衡量经济的真实情况就需要排除市场价格对经济总量指标的影响，由此就需要实际 GDP 指标。

（二）实际 GDP

实际 GDP 是指用某一年作为基年的价格计算出来的 GDP。

假定某经济体最终产品只有服装和大米。两种产品在 1998 年和 2008 年的实际价格和产量如表 11.2 所示，以 1998 年为基期，则 2008 年的名义 GDP 和实际 GDP 分别计算如表 11.2 所示。

表 11.2　　　　　　　　　　　　　　名义 GDP 和实际 GDP

	1998 年产量	1998 年价格	1998 年名义和实际 GDP	2008 年产量	2008 年价格	2008 年名义 GDP	2008 年实际 GDP
服装	5000 万套	50 元/套	25 亿元	10000 万套	100 元/套	100 亿元	50 亿元
大米	1500 万吨	1000 元/吨	150 亿元	2000 万吨	1100 元/吨	220 亿元	200 亿元
合计	—	—	175 亿元	—	—	320 亿元	250 亿元

（三）GDP 折算指数

GDP 折算指数，指名义 GDP 与实际 GDP 之比。例如上例中，从 1998 年到 2008 年实际 GDP 增长到 250 亿元，而名义 GDP 增长到了 320 亿元，则 GDP 折算指数为 320/250 = 1.28。这实际上反映出 10 年间物价水平上涨了 28%。

四、对 GDP 指标的评价

GDP 可以对一个经济社会的总体经济状况进行衡量，是一个非常重要的指标，但不是一个完美的指标，仍存在一些缺陷。

第一，它不能反映社会成本。例如，某地赌博和黄色交易盛行，也许 GDP 水平很高，但并不能说明该地区经济发展能给人们带来幸福，而只能说明社会生活腐朽。

第二，它不能反映经济增长方式付出的代价。例如，如果只顾经济总量和速度增长，而不顾环境污染、生态破坏，那么，经济可能增长了，但环境可能严重污染了，今天 GDP 上去了，明天可能要为治理环境污染付出比今天增加的 GDP 高出几倍的成本。

第三，不能反映经济增长的效率和效益。例如，如果为了经济增长有高速度而拼命消耗资源，对资源采取低效的、掠夺式的利用，那么，可能一时经济上去了，以后经济持续增长的后劲和潜力却丧失了。

第四，不能反映人们的生活质量。例如两个生产了同样多 GDP 的国家，如果一国国民十分健康，人均寿命很长，享有较多闲暇，而另一国国民劳动十分紧张，疲于奔命，人均寿命也短，那么，前一国国民显然比后一国国民幸福得多。

第五，不能反映社会收入和财富分配的状况。例如，即使两国人均 GDP 水平相同，但一国贫富差距比另一国大得多，显然，前一国的社会总福利要比后一国低得多。

正因为 GDP 指标有这些局限性，因此，1990 年以来，联合国开发计划署每年发表一份《人类发展报告》，把作为衡量社会经济的指标体系由单纯的"GDP"指标变为"社会指标"（经济、社会、环境、生活、文化等）。同时，在国外关于 GDP 的争论中，引入一个绿色 GDP 的新概念。这是指在名义 GDP 中扣除了各种自然资源消耗之后，经过环境调整的国内生产净值，也称绿色国内生产净值（EDP）。世界银行 1997 年开始利用绿色 GDP 国民经济核算体系来衡量一国（地区）的真实财富。尽管绿色 GDP 目前在核算上还存在不少技术难题，但这一设想的方向是正确的，也符合科学发展观。

第二节　国民收入核算的基本方法

在国民收入核算中有不同的方法核算国内生产总值，主要有支出法、收入法和生产法，这里重点介绍如何用支出法、收入法核算国内生产总值。

一、用支出法核算国内生产总值

支出法也叫最终产品法，即用一个国家或地区在一定时期内居民、厂商、政府和国外部门购买最终产品和劳务的支出总额来计算。哪些是最终产品的购买者呢？在生活中，购买者主要包括这样一些：居民购买用于消费，企业购买用于投资，政府购买用于公共建设，国外部门购买。因此用支出法计算 GDP 就是核算一个经济体在一定时期内，消费，投资，政府购买以及出口的总和。另外，由于消费，投资，政府购买等三部分购买的产品除了国内生产的产品外，还包括进口产品，而进口产品不应包含在 GDP 中，所以在上述四部分的基础上，GDP 的核算还应减去进口。即：

$$GDP = C + I + G + X - M$$

（一）个人消费（C）

个人消费即居民支出，一般占到 GDP 一半以上。主要包括购买耐用消费品（如家电，汽车等）、非耐用消费品（如食品、衣物、日用品）和劳务（如理发、旅游等）的支出。不包括建造住宅。

（二）投资（I）

投资指增加或更换资本资产的支出，分为固定资产投资（重置投资）和存货投资两大类。宏观经济学假定折旧为零，即把投资和净投资看做同一个概念。

固定资产投资指建设新厂房，购买新设备以及新住宅的支出。

存货投资指企业掌握的存货价值的增加或减少。

（三）政府购买（G）

政府购买指各级政府机构购买物品和劳务的支出。如政府机构的办公用品支出，国防支出，修建道路、桥梁的支出，教育支出等。但支付转移支付不包括在 GDP 内。

（四）货物和劳务的净出口（X－M）

货物和劳务的净出口指出口与进口的差额。它可能是正值也可能是负值。

表 11.3 是按支出法核算的 GDP。

表 11.3 支出法国内生产总值

年份	支出法国内生产总值(亿元)	最终消费	资本形成总额	货物和服务净出口	资本形成率（投资率）(%)	最终消费率（消费率）(%)
1978	3605.6	2239.1	1377.9	－11.4	38.0	61.8
1979	4074.0	2619.4	1474.2	－19.6	36.5	64.9
1980	4551.3	2976.1	1590.0	－14.8	35.2	65.9
1981	4901.4	3309.1	1581.0	11.3	32.5	68.1
1982	5489.2	3637.9	1760.2	91.1	33.2	68.7
1983	6076.3	4020.5	2005.0	50.8	33.8	67.7
1984	7164.4	4694.5	2468.6	1.3	34.4	65.5
1985	8792.1	5773.0	3386.0	－366.9	37.8	64.4
1986	10 132.8	6542.0	3846.0	－255.2	37.7	64.1
1987	11 784.7	7451.2	4322.0	11.5	36.1	62.3
1988	14 704.0	9360.1	5495.0	－151.1	36.8	62.7
1989	16 466.0	10 556.5	6095.0	－185.5	36.0	62.4
1990	18 319.5	11 365.2	6444.0	510.3	34.7	61.3
1991	21 280.4	13 145.9	7517.0	617.5	34.8	60.8
1992	25 863.7	15 952.1	9636.0	275.6	36.2	59.9

表11.3(续)

年份	支出法国内生产总值(亿元)	最终消费	资本形成总额	货物和服务净出口	资本形成率(投资率)(%)	最终消费率(消费率)(%)
1993	34 500.7	20 182.1	14 998.0	-679.4	43.3	58.3
1994	46 690.7	26 796.0	19 260.6	634.1	41.2	57.3
1995	58 510.5	33 635.0	23 877.0	998.5	40.8	57.5
1996	68 330.4	40 003.9	26 867.2	1459.3	39.6	58.9
1997	74 894.2	43 579.5	28 457.6	2857.2	38.2	58.5
1998	79 003.3	46 405.9	29 545.9	3051.5	37.4	58.7
1999	82 429.7	49 684.6	30 496.3	2248.8	37.0	60.3

注：本表按当年价格计算，支出法国内生产总值不等于国内生产总值是由于计算误差的影响。

二、用收入法核算国内生产总值

收入法又叫生产要素法，即用生产要素所有者在一定时期所得到的报酬总和来计算 GDP。计算的内容包括：

（1）工资、利息和租金等这些生产要素的报酬。工资是居民提供劳动后应得的报酬，包括实得工资、应支付的社会保险税和应缴纳的所得税。利息是居民提供货币资本后应得的报酬，如银行存款利息、企业债券利息等，但是它不包括政府公债的利息。政府公债利息是一种转移支付，它不是国民收入的一部分。租金是居民提供实物资产和土地后应得的报酬，包括出租土地、房屋等租赁收入。

（2）非公司企业主收入。指业主制企业、合伙制企业等非公司制企业的收入，如医生、律师、农民和店铺主等等；

（3）公司税前利润。包括公司所得税、社会保险税、股东红利及公司未分配利润。

（4）企业转移支付及企业间接税。企业转移支付包括对非营利组织的社会慈善捐款和消费者呆账；企业间接税包括企业向政府缴纳的销售税和货物税。

（5）资本折旧费。它是补充全社会资本存量耗费的费用。

用公式表达，GDP = 工资 + 利息 + 利润 + 租金 + 间接税和企业转移支付 + 折旧。

三、从国内生产总值到个人可支配收入

在国民收入核算体系中除了计算国内生产总值（GDP）、国民生产总值（GNP）外，还应计算国内生产净值（NDP）、国民生产净值（NNP）、国民收入（NI）、个人收入（PI）和个人可支配收入（DPI）。

（1）国内生产净值（net domestic product，NDP），是指一个国家在一定时期内净生产的最终产品和劳务的市场价值的总额。指国内生产总值扣除了生产过程中的资本消耗即折旧以后的价值。

（2）国民生产净值（net national product，NNP），它是国民生产总值扣除资本消耗即折旧以后的价值。

（3）国民收入（national income，NI），指狭义的国民收入，是一国生产要素在一

定时期内提供生产性服务所获得的报酬的总和，即工资、利息、租金和利润的总和或是从国内生产净值中扣除间接税和企业转移支付加政府补助金。

（4）个人收入（personal income，PI）指个人实际得到的收入，等于国民收入扣除公司未分配利润、公司所得税和社会保险税，再加上政府和企业给个人的转移支付、政府对个人支付的利息等。

（5）个人可支配收入（disposable personal income，DPI）指交纳了个人所得税以后留下的可为个人所支配的收入，即人们可用来消费或储蓄的收入。

上述国民收入核算中的几个总量的关系是：

NDP = GDP − 折旧

NNP = GNP − 折旧

NI = NNP − 间接税 − 企业转移支付 + 政府补助金

PI = NI − （公司未分配利润 + 公司所得税 + 社会保险税）

　　　+ （政府和企业给个人的转移支付 + 政府对个人支付的利息）

下面用 2008 年美国的材料说明几个总量之间的变化关系，如表 11.4 所示。

表 11.4　　　　　　美国 2008 年从 GDP 到个人可支配收入　　　　单位：10 亿美元

	国内生产总值（GDP）		14 441.4
加	本国居民来自国外的要素收入	809.2	
减	本国支付给外国居民的要素收入	667.3	
等于	国民生产总值（GNP）		14 583.3
减	固定资本消耗	1847.1	
等于	国民生产净值（NNP）		12 736.2
减	统计误差	101.0	
等于	国民收入（NI）		12 635.2
减	包含存货价值和资本消耗调整的公司利润	1360.4	
	净税收	993.8	
	净利息	815.1	
	社会保险税	990.6	
	政府所经营之企业的当前盈余	−6.9	
	企业当前转移支付	118.8	
加	个人资产收入	1994.4	
	个人当期接收的转移支付	1875.9	
	统计误差	5.1	
等于	个人收入（PI）		12 238.8
减	个人所得税和非税支付	1432.4	
等于	个人可支配收入（DPI）		10 806.4
减	个人各项支出	10 520.0	
等于	个人储蓄		286.4

资料来源：U. S. Department of Commerce.

第三节　国民收入核算中的恒等关系

一、两部门经济中的储蓄—投资恒等式

两部门经济中，国民收入的构成将是这样：一方面，从支出角度看，$Y = C + I$；另一方面，从收入的角度看，$Y = C + S$。所以，可以得到：

$$C + I \equiv C + S \quad 或 \quad I \equiv S$$

这就是储蓄—投资恒等式。这个恒等式的含义是，未用于购买消费品的收入等于未归于消费者之手的产品（投资）。

这里的投资是包含存货的实际投资而不是计划投资（意愿投资）。不管经济是否处于充分就业，是否处于通货膨胀，是否处于均衡状态，这一恒等式始终成立。

二、三部门的储蓄—投资恒等式

在三部门经济中，引入了政府部门。从支出角度看，$Y = C + I + G$。从收入角度看 $Y = C + S + T$，其中 T 表示政府净收入，$T = T_0 - T_r$，T_0 表示税金收入，T_r 表示政府转移支付。所以，可得：

$$C + I + G \equiv C + S + T \quad 或 \quad I \equiv S + (T - G)$$

这就是三部门的储蓄—投资恒等式，其含义是未用于购买消费品的收入（包括政府）等于未归于消费者之手的产品（投资）。这里的 $T - G$ 看成是政府的储蓄。

三、四部门的储蓄—投资恒等式

在三部门的基础之上加上国外部门就成了四部门经济。从支出角度看，$Y = C + I + G + (X - M)$。从收入角度看 $Y = C + S + T + K_r$，其中 K_r 代表本国居民对外国人的转移支付。这样，可得：

$$C + I + G + (X - M) \equiv C + S + T + K_r \quad 或 \quad I \equiv S + (T - G) + (M - X + K_r)$$

这即是四部门经济中的储蓄—投资恒等式。其含义是未用于购买消费品的收入（包括政府和外国）等于未归于消费者之手的产品（投资），这里的 $M - X + K_r$ 可看成是外国对本国的储蓄。

本章小结

1. 宏观经济学研究的是各种经济总量，因此国民经济的核算就成为宏观经济学的基础。

2. 国民经济核算的基本指标是国内生产总值（GDP）。GDP 的核算方法有三种：收入法、支出法、部门法。其中最常用的是支出法。支出法核算 GDP 主要包括消费、

政府购买、投资和净出口四部分。

3. GDP 指标可以对一个经济体的经济状况进行衡量，但它并不是一个完美的指标。它存在着一些重大局限性，对 GDP 指标的过度使用会对经济发展和社会发展带来误导，我们应该对它有清醒的认识和正确地使用。

复习与思考题

一、名词解释

消费　投资　存货　GDP　国民收入　名义 GDP　实际 GDP　中间产品

二、单项选择题

1. 支出法计算国内生产总值时不属于投资的是（　　）。

　A. 某公司购买了一台新机床　　　　B. 某公司建立了一条新装配线

　C. 某公司增加了 500 件存货　　　　D. 某公司购买政府债券

2. 支出法应计入国内总投资的是（　　）。

　A. 个人购买小汽车　　　　　　　　B. 个人购买游艇

　C. 个人购买住房　　　　　　　　　D. 个人购买股票

3. 下列哪项不是流量指标（　　）。

　A. 消费支出　　　　　　　　　　　B. PDI

　C. GDP　　　　　　　　　　　　　D. 个人财富

4. 所谓净出口是指（　　）。

　A. 出口减进口　　　　　　　　　　B. 进口减出口

　C. 出口加进口　　　　　　　　　　D. GNP 减出口

5. 在三部门经济中，如果用支出法来衡量，GDP 等于（　　）。

　A. 消费＋投资　　　　　　　　　　B. 消费＋投资＋政府支出

　C. 消费＋投资＋政府支出＋净出口　D. 消费＋投资＋净出口

6. GDP 与 NDP 之间的区别是（　　）。

　A. 直接税　　　　　　　　　　　　B. 折旧

　C. 间接税　　　　　　　　　　　　D. 净出口

7. 用收入法计算的 GDP 等于（　　）。

　A. 消费＋投资＋政府支出＋净出口

　B. 工资＋利息＋地租＋利润＋间接税

　C. 工资＋利息＋中间产品成本＋间接税＋利润

　D. 厂商收入－中间产品成本

8. 下列哪一项不是公司间接税（　　）。

　A. 销售税　　　　　　　　　　　　B. 公司所得税

　C. 货物税　　　　　　　　　　　　D. 公司财产税

9. 计入 GDP 的政府支出是指（   ）。

    A. 政府购买物品的支出

    B. 政府购买物品和劳务的支出

    C. 政府购买物品和劳务的支出＋政府的转移支付之和

    D. 政府工作人员的薪金和政府转移支付

10. 下列哪项不计入投资需求（   ）。

    A. 厂商购买新的厂房和设备的支出　　B. 居民购买新住房的支出

    C. 厂商产品存货的增加　　　　　　　D. 居民购买股票的支出

三、判断题

1. 产出水平和产出水平的变化是宏观经济研究的主要问题。（   ）

2. 经济政策是指用以达到经济目标的方法。（   ）

3. 资源如何在不同的用途之间分配是宏观经济学的研究内容。（   ）

4. 宏观经济学解释发达国家和发展中国家间的收入差距的原因。（   ）

5. 宏观经济学和微观经济学的研究对象都是一国的国民经济，只不过研究角度不同而已。（   ）

6. 农民生产并用于自己消费的粮食不应计入 GNP。（   ）

7. 在国民收入核算中，产出一定等于收入，但不一定等于支出。（   ）

8. 当我们测度一个特定时期所发生的事时，我们涉及的是一个流量。（   ）

9. 在进行国民收入核算时，政府为公务人员加薪，应视为政府购买。（   ）

10. 储蓄要求一部分现有产品不被消费掉。（   ）

四、计算题

1. 计算 GDP 、NDP、NI、PI 与 DPI

如果某一年份某国的最终消费为 8000 亿美元，国内私人投资的总额为 5000 亿美元（其中 500 亿美元为弥补当年消耗的固定资产），政府税收为 3000 亿美元（其中间接税为 2000 亿美元，其他为个人所得税），政府支出为 3000 亿美元（其中政府购买为 2500 亿美元、政府转移支付为 500 亿美元），出口为 2000 亿美元，进口为 1500 亿美元。

2.

生产阶段	产品价值	中间产品成本	增值
小麦	100	—	
面粉	120	100	
面包	150	120	

用最终产品法和增值法计算 GDP；

五、思考题

1. 国民经济核算体系有什么重要作用？

2. 为什么一个国家经济的收入必定等于支出？

3. GDP 指标有什么局限性？

4. 为什么居民购买新住房不包括在消费中？

5. 为什么政府转移支付不计入 GDP？

第十二章 简单的国民收入决定模型

在凯恩斯之前，经济学家相信"供给决定需求"。但 20 世纪 30 年代大危机时的供给过剩、失业严重使凯恩斯从供给转向需求，建立了以总需求为中心的宏观经济理论。凯恩斯认为，在短期中，总供给水平是既定的，因此，国民收入水平的大小取决于总需求。总需求不足正是引起供给过剩和失业的根本原因。凯恩斯的国民收入决定理论涉及四个市场：产品市场、货币市场、劳动市场和国际市场，仅研究产品市场上总需求对国民收入的决定模型称为简单的国民收入决定模型。

第一节 均衡产出

一、简单经济的假设

第一，假设所分析的经济中不存在政府，也不存在对外贸易，只有家庭部门（居民户）和企业部门。

第二，假设不论需求量为多少，经济制度均能以不变的价格提供相应的供给量。这就是凯恩斯定律。在 1929—1933 年的大萧条时候，工人大批失业，资源大量闲置。在这种情况下，企业增加生产，资源的价格不会上升，从而产品成本和产品价格也基本不变。

第三，假定折旧和公司未分配利润为零。这样，GDP、NDP、NI、PI 就都相等。

二、均衡产出的含义

要讨论均衡产出，首先需要定义总供给和总需求。

（1）总供给。在价格、生产能力以及生产成本既定条件下，企业愿意雇佣一定劳动力生产和销售的物品与劳务的总和。即全社会为生产和销售这些物品和劳务所预期的总收入。

（2）总需求。全社会所愿意购买的物品和劳务的总和。即消费者、企业和政府为购买这些物品和劳务所愿意支付的总支出。

上面对总供给和总需求的定义中，我们把两个理论概念与实际中的统计概念联系起来了。总供给用总收入或总产出来衡量，总需求用总支出来衡量。

如前所述，在凯恩斯的模型中，总需求决定国民收入，**我们把和总需求相等的产出称为均衡产出或收入**。在上述的假设下，整个社会只有二部门经济，则由总支出衡

量的总需求包括消费和投资两个部分。所以有均衡产出的数学表达：$Y = C + I$

用图形表达如图 12.1 所示。

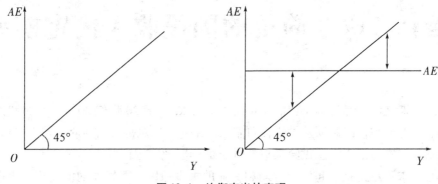

图 12.1　均衡产出的实现

图中，左图 45°线上每一点都是均衡产出点。从右图可以看出，当总需求，也就是总支出 AE 确定了，总收入 Y 也就确定了。当总产出大于均衡产出就会存在非意愿存货，企业就会削减生产。

（3）均衡产出的条件：$AE = Y$　也可用 $i = s$ 表示。因为计划支出 AE 等于计划消费加计划投资，即 $AE = c + i$；而总收入等于计划消费加计划储蓄，即 $Y = c + s$，由 $AE = Y$，则有：

$$i = s$$

注意这里的 i 是计划投资而不是实际投资。这里的均衡条件是指计划投资要与计划储蓄相等。

第二节　消费函数

一、消费函数

（一）消费函数

由上面的分析，分析均衡产出的决定就要分析总需求也就是总支出。消费是总支出的重要组成部分，所以我们先要研究消费和影响消费的因素。

现实生活中，影响消费的因素有很多，如居民可支配收入、物价水平、利率、收入分配、消费者的财产、其他因素等。凯恩斯认为，这些因素中有决定意义的是居民可支配收入。所以需要单独分析家庭收入对消费的影响。

凯恩斯认为，随着收入的增加，消费也会相应增加，但是消费的增加不如收入增加的快。这种**消费与收入之间的依存关系，称为消费函数或消费倾向**。用公式表示为：

$$C = C\ (Y)$$

这里的 C 代表消费，Y 代表收入。若将非线性消费函数画成图形，如图 12.2 所示。

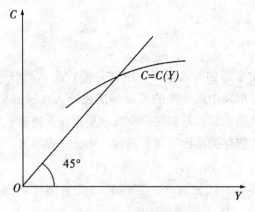

图12.2　非线性消费函数

简单起见，我们在分析的时候通常采用线性消费函数，用公式表示为：

$$C = a + bY$$

C 是消费，Y 是收入，a 是自发性消费部分，b 是边际消费倾向，bY 表示收入引致的消费。如图 12.3 所示。

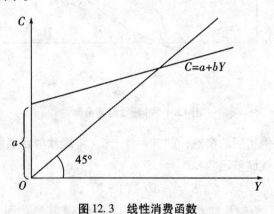

图12.3　线性消费函数

(二) 平均消费倾向（APC）和边际消费倾向（MPC）

消费与收入之间的关系可以用平均消费倾向(APC)和边际消费倾向(MPC)来说明。

平均消费倾向是指在任一收入水平上，消费在收入中所占的比例。平均消费倾向的公式是：

$$APC = \frac{C}{Y}$$

边际消费倾向是指增加的消费在增加的收入中所占的比例。边际消费倾向的公式是：

$$MPC = \frac{\Delta C}{\Delta Y}$$

一般来说，平均消费倾向是递减的，且 $APC > MPC$；边际消费倾向也是递减的，且 $0 < MPC < 1$。

二、储蓄函数

（一）储蓄函数

影响储蓄的因素很多，如收入水平、财富分配状况、消费习惯、社会保障体系的结构、利率水平等等，但其中最重要的无疑是居民个人或家庭的收入水平。因此，宏观经济学假定储蓄及其储蓄规模与人们的收入水平存在着稳定的函数关系。

储蓄与收入之间的依存关系称为储蓄函数。用公式表示为：

$$S = S(Y)$$

这里的 S 代表储蓄，Y 代表收入。若将非线性的储蓄函数画成图形，如图 12.4 所示。

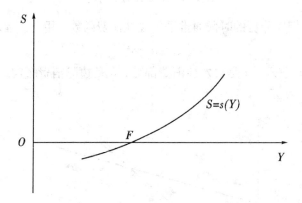

图 12.4 非线性储蓄函数

储蓄是收入减去消费后的余额，即 $S = Y - C$。将线性消费函数 $C = a + bY$ 代入此式，经整理，则有线性储蓄函数：

$$S = -a + (1-b)Y$$

在横轴为收入 Y，纵轴为储蓄 S 的坐标中，线性储蓄函数如图 12.5 所示。

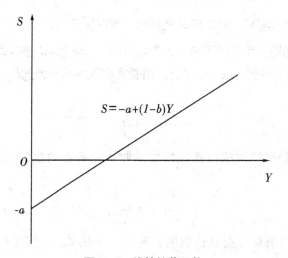

图 12.5 线性储蓄函数

（二）平均储蓄倾向（*APS*）和边际储蓄倾向（*MPS*）

储蓄与收入的关系可以用平均储蓄倾向（*APS*）和边际储蓄倾向（*MPS*）来说明。

平均储蓄倾向是指在任一收入水平上储蓄在收入中所占的比例。 平均储蓄倾向的公式是：

$$APS = \frac{S}{Y}$$

边际储蓄倾向是指增加的储蓄在增加的收入中所占的比例。 边际储蓄倾向的公式是：

$$MPS = \frac{\Delta S}{\Delta Y}$$

一般来说，平均储蓄倾向是递增的，且 $APS < MPS$；边际储蓄倾向也是递增的，且 $0 < MPS < 1$。

三、消费函数和储蓄函数的关系

由于对收入来说储蓄函数与消费函数为互补函数，即 $Y = C + S$。如果在该式两边同除以 Y，则有 $Y/Y = C/Y + S/Y$，即：

$$APC + APS = 1$$

与上同理，有 $\Delta Y = \Delta C + \Delta S$，如果在等式两边同除以 ΔY，则有
$\Delta Y/\Delta Y = \Delta C/\Delta Y + \Delta S/\Delta Y$，即：

$$MPC + MPS = 1$$

基于以上分析，我们把消费函数和储蓄函数的关系归纳如下：

（1）消费和储蓄之和总等于总收入：$C + S = Y$。

（2）*APC* 和 *MPC* 随收入增加而递减，且 $APC > MPC$；*APS* 和 *MPS* 随收入增加而递增，且 $APS < MPS$。

（3）*APC* 和 *APS* 之和恒等于 1，*MPC* 和 *MPS* 之和也恒等于 1。

消费函数和储蓄函数的关系也可以用图形表示，如图 12.6 所示。

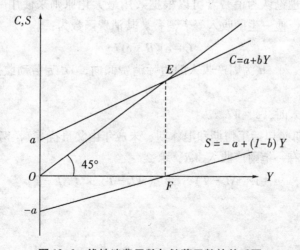

图 12.6　线性消费函数与储蓄函数的关系图

四、家庭消费函数和社会消费函数

前面讨论了家庭消费函数，但宏观经济学关心的是整个社会的消费函数。社会消费是家庭消费的总和，但不是简单加总。从家庭消费函数求取社会消费函数时要考虑一些限制条件，主要包括：国民收入的分配、政府税收政策、公司未分配利润所占的比例等。

五、消费理论的发展

1. 美国经济学家杜森贝利（J. S. Duesen-berry）的相对收入假定

其理论有两方面含义：一是指消费支出不仅受自身收入的影响，也受别人消费和收入的影响。二是指消费支出不仅受目前收入的影响，还要受过去收入和消费的影响。

相对收入假定消费存在示范效应和棘轮效应。所谓示范效应是指人们的消费会相互攀比，低收入总是向高收入高消费看齐。所谓棘轮效应是指消费具有不可逆性，某期的消费不仅受当期收入的影响，而且受过去所达到的最高收入和最高消费的影响。

2. 美国经济学家米尔顿·弗里德曼（Milton Friedman）的持久收入假定

持久收入假定理论认为，消费者的消费支出主要不是由他现期收入决定的，而是由他的持久收入决定的。

所谓持久收入，是指消费者可以预测到的长期收入，即他一生中可得到收入的平均值。持久收入消费模型如下：

$$C_t = cY_{Pt}$$

$$Y_{Pt} = Y_{Pt-1} + 1/3 \ (Y_t - Y_{Pt-1})$$

$$= 1/3 \ Y_t + 2/9 \ Y_{t-1} + 4/27 Y_{t-2} + 8/81 \ Y_{t-3} + \cdots + 1/3 \ (2/3) \ n \ Y_{t-n}$$

其中 C_t 代表当年的消费水平，Y_{Pt} 代表当年的持久收入，假定当年的实际收入与上年的持久收入的变动额有 1/3 转化为持久收入。

3. 美国经济学家弗朗科·莫迪利安尼（F. Modigliani）的生命周期假定

生命周期假定理论认为消费者可以根据效用最大化原则来使用一生的收入，安排一生的消费和储蓄，使一生的收入等于消费。其消费函数为：

$$C = aWR + cYL$$

式中，WR 为财产收入，a 为财产收入的边际消费倾向，YL 为劳动收入，c 为劳动收入的边际消费倾向。

不考虑财产收入时，$c = WL/NL$

式中 NL 为生命周期（包括工作期和退休期，未成年由父母抚养），WL 为工作期。

假如在第 T 年有一笔财产收入 WR，那么

$$a = 1/(NL-T), \ c = (WL-T) \ / \ (NL-T)$$

第三节　两部门经济国民收入的决定

一、使用消费函数决定的均衡收入

为简单起见，我们假定计划投资是一个固定常数。根据这一假定，利用两部门经济中达到均衡的条件是总供给等于总需求，用公式表示为：

$$\begin{cases} Y = C + I \\ C = a + bY \end{cases}$$

解联立方程式，**得到均衡收入为：**

$$Y = (a + I) / (1 - b)$$

我们也可以用消费—投资图解法来说明均衡国民收入的决定，如图 12.7 所示。

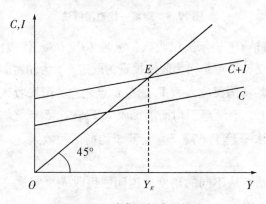

图 12.7　消费—投资图解法

在图 12.7 中，横轴 OY 代表国民收入，纵轴 OC（OI）代表消费（投资）。45°线表示总供给等于总需求，曲线 C 是消费曲线，（$C + I$）是消费加投资曲线，即总需求曲线。图 12.7 中，（$C + I$）曲线与 45°线相交于 E 点，**这时总供给等于总需求，就决定了在既定的消费和投资水平下，均衡国民收入为 Y_E。**在 E 点之左，国民收入小于 Y_E，这时总需求大于总供给，产品供不应求，结果是企业扩大生产，国民收入水平趋于上升，直到等于均衡国民收入 Y_E；在 E 点之右，国民收入大于 Y_E，这时，总需求小于总供给，产品供过于求，企业产品积压，结果是企业将减少生产和解雇工人，国民收入水平趋于下降，直到达到均衡状态。只有在 E 点，总需求等于总供给，国民收入才达到均衡。

二、使用储蓄函数决定收入

我们还可以用储蓄投资的方法得到均衡收入。由均衡条件 $I = S$ 联立方程：

$$S = -a + (1 - b) Y$$

解联立方程式，可得到均衡收入为：

$$Y = (a + I) / (1 - b)$$

例：$c = 1\,000 + 0.8y$，$i = 600$。令 $i = s$，则可得 $y = 8\,000$

同样的，也可以用储蓄—投资图解法来说明均衡国民收入的决定，如图 12.8 所示。

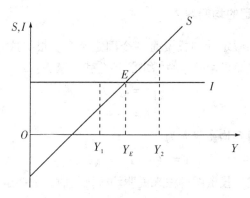

图 12.8　储蓄—投资图解法

在图 12.8 中，横轴 OY 表示国民收入，纵轴 OI（OS）代表投资（储蓄）。I 为投资曲线。投资曲线与横轴平行是因为假定投资为既定，S 为储蓄曲线。I 与 S 相交于 E，这时 $S = I$，就决定了均衡国民收入为 Y_E。在 E 点之左，国民收入小于 Y_E，这时 $S < I$，国民收入水平趋于上升，直至等于均衡国民收入 Y_E；在 E 点之右，国民收入大于 Y_E，这时 $S > I$，国民收入水平趋于下降，直至等于均衡国民收入 Y_E。只有在 E 点，$S = I$，民收入才达到均衡。

以上是用两种方法，从不同的角度来说明国民收入决定这一问题的，因此，它们所得出的结果必然是一致的。

第四节　国民收入的变动

一、简单国民收入决定的动态模型

当投资发生变化，均衡的国民收入就会发生变化，但这个变化有一个时间过程的。包含时间因素的国民收入决定模型就是动态模型。

一般地来讲，本期生产由本期消费和投资决定，即 $Y_t = C_t + I_t$（t 表示时期）。但本期的消费支出并不是本期收入的函数，而是上一期收入的函数，即 $C = a + bY_{t-1}$。

建立差分方程 $Y_t = bY_{t-1} + a + I_t$，这一方程可反映收入决定的变动过程。这一差分方程的解是：

$$Y_t = \left(Y_0 - \frac{a + I_t}{1 - b}\right)b_t + \frac{a + I_t}{1 - b}$$

当 $t \to \infty$ 时，

$$Y_t = \frac{a + I_t}{1 - b}$$

二、乘数原理

自然界和社会生活中有一种常见的现象——连锁反应。上面的例子中，如果 i 增加到 800 亿，则国民收入会增加到 9 000 亿。可见，当投资增加 200 亿，国民收入增加了 1 000 亿，国民收入增加是投资增加的 5 倍。之所以形成这样的现象，是由于投资增加引起了经济中一系列的连锁反应。

（一）投资乘数

所谓**投资乘数就是指收入的变化与带来这种变化的投资支出的变化的比率**。公式表达为：

$$K_I = \Delta Y / \Delta I$$

式中 ΔI 为自发投资的变化量。所谓自发投资，又称自主性投资，就是不受分析中其他变量影响的投资量，完全取决于投资者的主观意愿。

（二）投资乘数的成因

投资乘数产生的根本原因是在社会化大生产条件下社会生产各部门之间的相互关联。上面的例子中，投资增加了 200 亿，这 200 亿的投资用来购买投资品时，也就是购买机器设备或厂房等。这 200 亿的投资会以工资、利息、利润和租金的形式流入要素所有者的手中，从而居民收入增加了 200 亿，而又由于居民边际消费倾向是 0.8。因此增加的 200 亿收入，消费者会把 160 亿用于消费，也就是用于购买产品。于是这 160 亿又会转化为这些消费品的要素所有者的收入，这是国民收入的第二轮增加。以此类推，这个过程会不断继续下去，最后使得国民收入增加 1000 亿，其过程是：

$$200 + 200 \times 0.8 + 200 \times 0.8^2 + \cdots + 100 \times 0.8^{n-1} = 200 \times [1 \div (1 - 0.8)] = 1000$$

投资乘数的形成过程可以理解为一种无穷的递推的连锁反应。用图 12.9 表示：

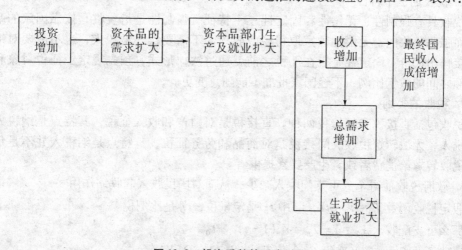

图 12.9　投资乘数的形成过程

一般来讲，假如自发性投资增加一个单位，在时间的第一阶段，仅仅引起总需求和均衡产出增加一个单位，增加的产出自然转化成增加的收入。到此，仅是连锁反应的第一阶段。在第二阶段，新增收入的一部分用于增加储蓄，另一部分则作为新增的消费支出，设产出新增为 b，产出转化为收入，第二阶段又新增收入 b_1。以此类推，第三阶段，新增收入为 b_2，…，第 n 阶段，新增收入为 b_{n-1}。

由此推出，当 $\Delta I = 1$ 时，$\Delta Y = 1 + b + b_2 + \cdots + b_{n-1} = (1 - b_n) / (1 - b)$

根据投资乘数定义知：$K_I = \Delta Y / \Delta I = (1 - b_n) / (1 - b)$

由于 $0 < b < 1$，所以当 $n \to \infty$ 时，$b_n \to 0$，

于是，$K_I = \Delta Y / \Delta I = \lim_{n \to \infty} \dfrac{1 - b_n}{1 - b} = \dfrac{1}{1 - b}$

（三）投资乘数的作用

投资乘数的作用是一把"双刃剑"。一方面，当投资增加时，它所引起收入增加要大于所增加的投资；另一方面，当投资减少时，它所引起的收入的减少也要大于所减少的投资。因此，经济学家常常将乘数称作一把"双刃的剑"。

在经济萧条时增加投资可以使国民经济迅速走向繁荣和高涨，在经济繁荣时减少投资也可以使国民经济避免发展过热。

第五节　三部门和四部门经济国民收入的决定

两部门经济中加上政府就是三部门经济。

一、政府的收入和支出

（一）政府收入

政府的收入主要来自税收。

1. 税收的三个特征

税收具有强制性、无偿性和固定性三个特征。强制性是指税收是依靠国家的政治权力而强制征收的；无偿性国家取得税收收入，不需要偿还纳税人，也不需要对纳税人直接付出代价。固定性是指在征税之前就通过法律形式，预先规定了征税对象和征收数额之间的数量比例，不经国家批准不能随意变更。

2. 税收的类别

税收包括直接税和间接税两种。直接税是对财产和收入征税，其特点是纳税人就是负税人，无法转嫁税收。间接税是对商品和劳务征税，其特点是纳税人并不是负税人，税收转嫁给消费者或者生产要素提供者。

3. 政府税收使得个人可支配收入减少，从而对国民收入起收缩作用

假定税收函数 $T_0 = t_0 + tY$，其中 t_0 是定量税，tY 是比例税。

那么可支配收入 $Y_d = Y - T_0 = Y (1 - t) - t_0$

消费函数 $C = a + bY$ 变为 $C' = a - b t_0 + b (1 - t) Y$

可见边际消费倾向由 b 变为 $b(1-t)$，从而导致总需求下降，国民收入降低。

（二）政府支出

政府的支出包括两项：政府购买 G 和转移支付 Tr。

政府购买是指政府在商品和劳务上的支出，它包括政府在教育、卫生、防务、警察和公共投资及其他经常性支出。

转移支付如社会保险、公债利息及其他转移支付，它把购买力从纳税人转移到转移支付的接受者手中。设为 Tr，则 $Y_d = Y - T_0 + Tr = Y(1-t) - t_0 + Tr$。

消费函数变为 $C'' = a - bt_0 + bTr + b(1-t)Y$

政府支出是外生变量。这意味着由政府的行政和立法部门单方面决定，不受任何其他因素的影响。

二、三部门经济中的收入决定

包含政府活动的三部门经济模型分析，需作出如下一些假定：

第一，不考虑折旧。

第二，封闭型经济。

第三，政府的收入都是个人所得税。其他税为零，且撇开转移支付。

第四，公司利润全部分配。

三部门经济中总支出为：$c + i + g$，总收入为 $c + s + t$，则均衡为：

$$C + S + T = C + I + G$$

$$S + T = I + G$$

这就是三部门经济中的均衡条件。

另外，将均衡条件变化，$T - G = I - S$。

可见预算盈余（赤字）与计划投资超过（小于）计划储蓄的部分对应。

把消费函数 $C = a + bY_d$，税收函数 $T_0 = t_0 + tY$，

可支配收入 $Y_d = Y - T_0 + Tr = Y(1-t) - t_0 + Tr$，代入均衡等式得出均衡国民收入为：

$$Y = \frac{a - bt_0 + bTr + I + G}{1 - b(1-t)}$$

也可用图解法决定均衡国民收入，见图 12.10。

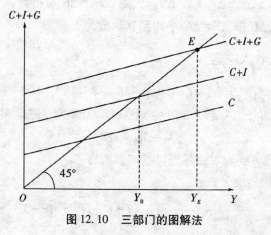

图 12.10 三部门的图解法

图中，消费曲线 C 上加上投资就得到消费投资曲线 $C+I$，再加上政府购买 G 就是三部门中的总支出曲线 $C+I+G$。因为假定投资和政府购买是常数，所以三条曲线是平行的，其间垂直距离就是投资和政府购买。总支出曲线 $C+I+G$ 和45°线的交点 E 点就是三部门经济中的均衡国民收入，即 Y_E。

三、三部门经济中的乘数

（一）政府支出乘数

政府支出乘数就是政府支出变动引起国民收入变动的倍数。其公式为：

$$K_G = \frac{\Delta Y}{\Delta G} = \frac{1}{1 - b(1-t)}$$

（二）税收乘数

税收乘数就是政府税收变动引起国民收入变动的倍数。税收减少可以增加个人可支配收入，从而增加消费支出，使国民收入增加。其公式为：

$$K_t = -\frac{\Delta Y}{\Delta t} = -\frac{b}{1 - b(1-t)}$$

（三）转移支付乘数

转移支付乘数就是政府转移支付的变动引起国民收入变动的倍数。其公式为：

$$K_{Tr} = \frac{\Delta Y}{\Delta Tr} = \frac{b}{1 - b(1-t)}$$

（四）平衡预算乘数

平衡预算乘数是在预算平衡的情况下，政府支出变动引起国民收入变动的倍数。

$$BS = T_0 - Tr - G$$

如果 Tr 不变，预算平衡时，$\Delta BS = \Delta T_0 - \Delta G = 0$。即 $\Delta T_0 = \Delta G$

又因均衡收入是由总支出决定的，那么 $\Delta Y = \Delta AE = \Delta C + \Delta I + \Delta G$

假定投资没有变化，即 $\Delta Y = \Delta C + \Delta G$

又 $\Delta C = b\Delta YD = b(\Delta Y - \Delta T_0) + \Delta G$，代入 $\Delta T_0 = \Delta G$ 可得到：

$\Delta Y - b\Delta Y = \Delta G - b\Delta G$ 即 $\Delta Y = \Delta G$ **平衡预算乘数为1。**

四、四部门经济中的收入决定

四部门的总需求为：$AD = C + I + G + X - M$

其中出口主要取决于国外的需求，是外生变量，设为常数，进口 M 可设为：

$$M = M_0 + mY$$

其中 M_0 是自发性进口，m 表示边际进口倾向。则有

均衡的国民收入决定的公式：

$$Y = \frac{1}{1 - b(1-t) + m}(a + I + G - bt_0 + bTr + X - M_0)$$

同三部门经济，有对外贸易乘数，就是表示出口增加 1 美元引起国民收入变动的倍数。

$$K_x = \frac{\Delta Y}{\Delta X} = \frac{1}{1 - b\ (1 - t)\ + m}$$

五、潜在国民收入与缺口

（一）潜在国民收入

所谓潜在国民收入就是充分就业时的国民收入。充分就业就是有劳动能力且愿意就业的人都能就业，即资源得以充分利用。

（二）GDP 缺口和通胀及紧缩缺口

GDP 缺口就是潜在国民收入和实际国民收入之间的差距。包括通货膨胀缺口和通货紧缩缺口。通货膨胀缺口就是指实际总支出超过潜在国民收入所要求的总支出之间的缺口；通货紧缩缺口就是实际国民收入低于潜在国民收入的缺口。

本章小结

1. 凯恩斯宏观经济学中国民收入决定的简单模型，与总需求相等的产出被称为均衡产出或均衡的国民收入。在均衡产出水平上，计划投资一定等于计划储蓄。消费与收入关系被称为消费函数，储蓄与收入关系被称为储蓄函数。相应的有边际消费倾向和平均消费倾向，边际储蓄倾向和平均储蓄倾向。

2. 在两部门经济中，均衡国民收入的决定 $Y = (a + I) / (1 - b)$。在简单经济的基础上，将均衡推广到三部门和四部门经济，可以得到相应的均衡收入和相应的投资乘数、政府购买支出乘数、政府转移支付乘数、税收乘数、平衡预算乘数等。

复习与思考题

一、名词解释

边际消费倾向　　平均消费倾向　　消费函数　　储蓄函数　　边际储蓄倾向
平均储蓄倾向　　投资乘数　　政府购买支出乘数　　税收乘数　　转移支付乘数
平衡预算乘数

二、单项选择题

1. 国民收入决定理论中的"投资—储蓄"，是指（　　）。

　A. 实际发生的投资等于储蓄

　B. 计划的投资恒等于储蓄

　C. 经济达到均衡时，计划的投资必须等于计划的储蓄

　D. 事后投资等于储蓄

2. 对凯恩斯"基本心理规律"的正确表达是（　　）。

A. 随收入的增加，消费也相应增加，而消费的增加又会促进收入的进一步增加

B. 收入的增长幅度总是大于消费的增长幅度

C. 消费额总是与人们的收入水平有关

D. 收入的增长幅度总小于消费的增长幅度

3. 如消费函数为一条向右上方倾斜的直线，则边际消费倾向（　　），平均消费倾向（　　）。

　　A. 递减；递减　　　　　　　　　　B. 递减；不变

　　C. 不变；不变　　　　　　　　　　D. 不变；递减

4. 已知国民收入为20亿美元，政府预算有2亿美元的赤字，国际收支逆差为2亿美元，储蓄额为4亿美元，则（　　）。

　　A. 政府支出为3亿美元　　　　　　B. 消费额为15亿美元

　　C. 消费加政府支出为16亿美元　　　D. 投资为4亿美元

5. 在一个两部门经济中，如与收入水平无关的消费为50亿美元，投资为30亿美元，边际储蓄倾向为0.2，则均衡收入为（　　）。

　　A. 80亿美元　　　　　　　　　　　B. 400亿美元

　　C. 150亿美元　　　　　　　　　　D. 120亿美元

6. 在三部门经济中，与均衡的国民收入反方向变化的是（　　）。

　　A. 税收　　　　　　　　　　　　　B. 转移支付

　　C. 政府购买　　　　　　　　　　　D. 投资

7. 以下关于乘数的说法中，正确的是（　　）。

　　A. 边际消费倾向与乘数成反比

　　B. 乘数的作用是双向的

　　C. 乘数反映了收入变化如何引起投资的变化

　　D. 乘数的作用可无条件地实现

8. 在投资乘数 K_I，政府购买乘数 K_G，税收乘数 K_T 和政府转移支付乘数 K_{T_r} 之间，下列关系中一定成立的是（　　）。

　　A. $K_{T_r} + K_T = 1$　　　　　　　B. $K_T = K_{T_r}$

　　C. $K_T < 0 < K_{T_r} < K_G = KI$　　D. $K_T + K_{T_r} = 1$

9. 已知边际消费倾向为0.75，则（　　）。

　　A. $K_T = 3$　　　　　　　　　　　B. $K_{Tr} = 4$

　　C. $K_I = 3$　　　　　　　　　　　D. $K_G = 4$

10. 当税收由定量税改为比例税时，（　　）。

　　A. 投资乘数增加　　　　　　　　　B. 政府购买乘数减小

　　C. 投资乘数不变　　　　　　　　　D. 税收乘数减小

11. 当一国经济面临过热时，下列政府调控措施中力度最大的是（　　）。

　　A. 增税　　　　　　　　　　　　　B. 减少转移支付

　　C. 减税　　　　　　　　　　　　　D. 减少政府购买

12. 已知 $MPC = 0.8$，税收为定量税，则以下措施中使收入水平降低最多的是（   ）。

   A. 增加税收 100

   B. 减少政府购买 100

   C. 增加税收 100，同时设法使 MPC 上升到 0.85

   D. 减少转移支付 50，同时设法使 MPC 上升到 0.9

13. 已知 $MPC = 0.6$，税收为定量税，如收入水平增加 150 亿美元，则其可能的原因是（   ）。

   A. 投资增加 100 亿美元

   B. 政府购买增加 100 亿美元

   C. 转移支付增加 100 亿美元

   D. 政府购买和税收同时增加 100 亿美元

14. 已知 $MPC = 2/3$，如投资与储蓄同时增加 2 5 亿美元，则收入水平（   ）。

   A. 上升 75 亿美元   B. 无变化

   C. 降低 25 亿美元   D. 上升 25 亿美元

15. 当实际收入水平高于均衡的收入水平时，下列说法中正确的是（   ）。

   A. 存在非计划存货投资   B. 计划投资超过储蓄

   C. 总需求超过实际产出   D. 不存在非计划存货投资

16. 如总产出为 275 亿美元，消费为 250 亿美元，计划投资为 30 亿美元，在一个两部门经济中，总产出会（   ）。

   A. 保持稳定   B. 增加

   C. 减少   D. 不能确定

17. 下列各项中不会导致收入水平下降的是（   ）。

   A. 自发性支出降低   B. 自发性税收增加

   C. 自发性转移支付降低   D. 净税收降低

18. 引入国际市场的四部门模型与三部门模型相比，乘数效应将（   ）。

   A. 变小   B. 变大

   C. 不变   D. 不能确定

19. 累进收入税对投资乘数的影响是（   ）。

   A. 使投资乘数无效   B. 增加投资乘数

   C. 减小投资乘数   D. 不能确定

三、判断题

1. 根据萨伊定理，供给会自动创造需求，普遍生产过剩的危机不会发生。（   ）

2. 简单的国民收入决定理论涉及产品市场、货币市场、劳动市场和国际市场。（   ）

3. 在凯恩斯理论的消费函数中一定存在有 $APC > MPC$。（   ）

4. 在均衡产出水平上，计划产出与计划支出相等。（   ）

5. 作为国民收入均衡条件的 I＝S 与国民收入核算中的 I＝S 是一致的。（　　）

6. 经济均衡既可表示为总需求与总产出相等，又可表示为实际投资与储蓄相等。（　　）

7. 凯恩斯定律认为在长期内，面对市场需求的变化，企业只调整产量。（　　）

8. 边际消费倾向与边际储蓄倾向之和等于1。（　　）

9. 自发性消费随收入的变动而变动，它取决于收入和边际消费倾向。（　　）

10. 乘数的大小取决于边际消费倾向。（　　）

11. 边际消费倾向越高，乘数就越大。（　　）

12. 在三部门经济中，比例所得税税率越大，投资乘数越大。（　　）

13. 当边际消费倾向小于平均消费倾向时，边际储蓄倾向大于平均储蓄倾向。（　　）

14. 由居民户消费函数进行简单加总，即可得出社会消费函数。（　　）

15. 根据凯恩斯定律，可以认为一个社会的生产必将扩展到充分就业水平。（　　）

四、计算题

1. 已知税收为定量税，自发消费为 400，计划投资为 450，政府购买为 300，税收为 400，边际消费倾向为 0.75。试求：

（1）收入为 4200 时的消费与储蓄。

（2）收入为 4200 时的实际投资与非意愿存货投资。

（3）收入为 4200 时经济是否达到均衡？如未达到均衡，试问均衡的收入水平应为多少？

2. 已知自发消费为 100；可支配收入的边际消费倾向为 0.8；投资为 460；政府购买为 400；税收为 400 且不随收入变化。试求：

（1）收入水平与消费的均衡值。

（2）如政府购买下降为 300，收入水平与消费如何变化。

（3）投资乘数是多少？

五、思考题

1. 在均衡产出水平上，是否计划存货投资和非计划存货投资都必然为 0？

2. 能否说边际消费倾向和平均消费倾向都总是大于 0 而小于 1？

3. 简述投资乘数的成因。

第十三章 *IS-LM* 模型

在简单的国民收入决定模型中，我们分析了消费、投资、政府支出和净出口如何决定了均衡的国民收入或产量。但这种分析是在假定利率水平和价格水平不变的前提下进行的，因此只是一个抽象的产品市场的均衡分析。而货币市场是客观存在的，它与产品市场是相互影响、相互依存的。产品市场上的国民收入和货币市场上的利率水平正是在两个市场的相互影响的过程中被共同决定的。本章讨论的产品市场和货币市场一般均衡的 IS-LM 模型，是由英国学者希克斯根据凯恩斯的思想发展提出的。一直以来，大多数西方学者普遍认为 IS-LM 模型描绘了凯恩斯的整个思想体系，是宏观经济学最核心的理论内容，为分析宏观经济政策的效果提供了一个有效的工具。

第一节 投资的决定

一、投资的概念

（一）投资的定义

在简单的国民收入决定模型中，**投资**只是作为一个既定的外生变量影响总需求水平。现在我们要将投资作为模型的内生变量来考察投资对国民收入的影响。

在一般人眼里，人们购买证券、土地和其他资产都被认为是投资。而在经济学看来，这些只是资产权的转移，不是投资。**经济学意义上的投资，是指资本的形成，即社会实际资本的增加，包括厂房、设备和存货的增加，以及新住宅的建设。**

（二）投资的分类

依据不同的分类标准，我们可以对投资做如下划分：

1. 根据投资包括范围的不同，可以划分为重置投资、净投资和总投资

重置投资又称折旧的补偿，是指用于维护原有资本存量完整的投资支出，也就是用来补偿资本存量中已耗费部分的投资。

净投资则是指为增加资本存量而进行的投资支出，即实际资本的净增加，包括建筑、设备与存货的净增加。净投资的多少取决于国民收入水平及利率等变化情况。

重置投资与净投资的总和即总投资，即为维护和增加资本存量的全部投资支出。

2. 根据投资内容的不同，可以划分为非住宅固定投资、住宅投资和存货投资

非住宅固定投资是指企业购买厂房和设备的投资支出。

住宅投资是指建造住宅和公寓的投资支出。

存货投资是指厂商持有存货价值的变动。

3. 根据投资形成原因的不同，可以划分为自发投资和引致投资

自发投资是指由于人口、技术、资源等外生因素的变动所引起的投资。

引致投资是指由于国民收入的变动所引起的投资。

自发投资和引致投资之和就是总投资。

投资量大小取决于投资者的预期回报率和资金成本，资金平均成本可以用市场利率来表示。短期来说，如果投资者对某一项目的预期回报率或者说期望回报率确定，当利率下降，就会有更多的投资项目值得投资，投资者就会增加投资量；反之，当利率上升，投资者就会减少投资量。因此，经济学中认为利率是影响投资的重要因素。

二、影响投资的重要因素——利率

利率是决定投资成本的主要因素。如果投资使用的是借贷资本，则支付的贷款利息是投资成本；如果投资使用的是自有资本，则损失的利息收入是投资成本。因而，利率越高，投资成本就越高，投资需求相应减少；利率越低，投资成本越低，投资需求相应增加，即投资是利率的减函数。投资与利率的函数关系可以表示为：

$$I = I_0 - hr \quad (h > 0)$$

式中，I 为计划投资，I_0 为自发投资，即不依赖利率变化的一个量，r 代表实际利率，h 为大于 0 的参数，反映投资对利率变化的敏感程度。

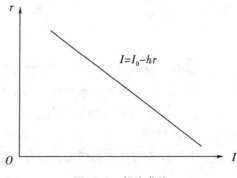

图 13.1　投资曲线

三、投资曲线的斜率

了解投资曲线的斜率，是为了通过斜率了解投资的利率弹性，即投资对利率变化作出反应的灵敏程度。为了导出投资曲线的斜率，有必要将原投资函数变换成以利率 r 为函数、以投资 I 为自变量的函数形式。即：

$$r = \frac{I_0}{h} - \frac{1}{h} \cdot I$$

因此，投资函数的斜率为 $-1/h$。这样，斜率的讨论，就在于参数 h 的变化所导致的结果。当 h 值增大时，投资曲线斜率的绝对值就越小，投资曲线就变得越平坦，投

资的利率弹性就越大；反之，当 h 值变小时，投资曲线斜率的绝对值就变得更大，投资曲线就变得更陡峭，投资的利率弹性就越小。

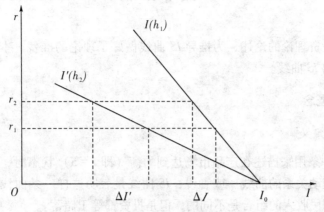

图 13.2　h 和投资曲线斜率的关系

如图 13.2，假定 I_0 不变，仅有 h 从 h_1 变化到 h_2。由于 $h_2 > h_1$，使得 $I'(h_2)$ 的斜率比 $I(h_1)$ 的斜率变小，投资曲线变得更平坦，这表明投资对同一利率变化变得更为灵敏，即投资利率弹性变大。对于斜率不同的投资曲线，在利率变化的比例相等的条件下，斜率较小的投资曲线发生的投资增量要比斜率较大的投资曲线发生的增量大。如图，当利率从 r_2 变化至 r_1 时，I' 所代表的投资增量（$\Delta I'$）要大于 I 所代表的投资增量（ΔI）。

四、投资曲线的移动

投资曲线的移动主要是探讨利率以外因素的变化对投资的影响。凯恩斯认为，投资决策在较大的程度上依赖于投资者对未来的预期。一般来说，在其他因素不变的情况下，投资者对未来预期乐观，投资量就会增加；反之，对未来预期悲观就会减少投资。

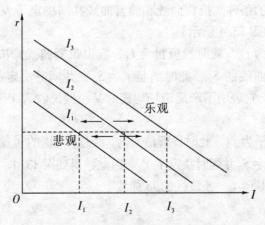

图 13.3　情绪与投资曲线的移动

第二节 产品市场均衡与 *IS* 曲线

上节有关投资理论的论述，为推导 *IS* 曲线做好了理论的准备。本节具体讨论描述产品市场均衡的 *IS* 曲线。

一、*IS* 曲线的概念

（一）*IS* 曲线的定义

IS 曲线是一条用来描述在产品市场达到均衡（即 $I = S$）状态时，国民收入与利率之间呈反方向变动关系的曲线。或者说，*IS* 曲线是表明这样一条曲线，在它上面的每一点，利率与国民收入的组合是不同的，但是投资都等于储蓄。

（二）*IS* 曲线的代数方程

根据两部门国民收入均衡公式，*IS* 曲线的方程可表述为：

$$Y = \frac{(a + I_0)}{(1 - b)} - \frac{h}{(1 - b)} \cdot r$$

也可表述为：

$$r = \frac{(a + I_0)}{h} - \frac{(1 - b)}{h}$$

二、两部门 *IS* 曲线的推导

（一）*IS* 曲线的四方图推导（$I = S$ 法）

根据两部门国民收入均衡条件 $I = S$，作出表示投资函数 $I = I_0 - hr$ 的投资曲线，并通过 45°线图形转换，与唯一的表示储蓄函数 $S = -a + (1 - b) Y$ 的储蓄曲线相对应，满足了国民收入均衡的条件。投资曲线和储蓄曲线共同决定了表明利率与国民收入之间关系的 *IS* 曲线。如图 13.4 所示。

现假定利率水平为 r_1，此时投资量为 I_1，它由投资曲线来决定，经过 45°线的转置，对应于储蓄函数曲线的 S_1，此时满足 $I_1 = S_1$，并同时决定了 Y_1。因此，得到图 13.4（d）中的 *A* 点，它表明了产品市场均衡时某一国民收入 Y 和利率 r 之间的关系，*IS* 曲线必定经过 *A* 点。

同理，当利率水平为 r_2，此时投资量为 I_2，经过 45°线的转置，对应于储蓄函数曲线的 S_2，此时满足 $I_2 = S_2$ 并同时决定了 Y_2。因此，得到图 13.4（d）中的 *B* 点，将 *A*、*B* 两点连接起来，便得到了一条线性的 *IS* 曲线。

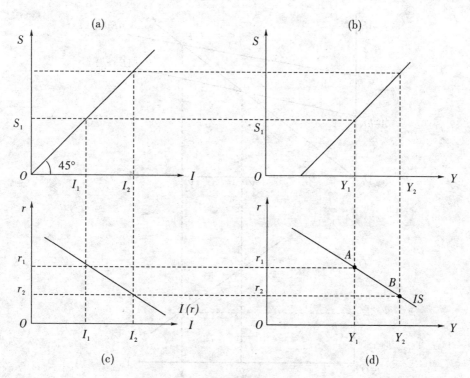

图 13.4 *IS* 曲线的推导（*I = S* 法）

（二）两部门 *IS* 曲线的两方图推导（*AE = NI* 法）

在两部门经济中，社会总支出：$AE = C + I$。

令 $C = a + bY$，$I = I_0 - hr$。即得：$AE = C + I = a + I_0 - hr + bY$。

现假定：$A = a + I_0$，利率分别取 r_1、r_2，且 $r_1 > r_2$。

即得：$AE_1 = A - hr_1 + bY$ $AE_2 = A - hr_2 + bY$

在 Y 不变的情况下，当 $r_1 > r_2$ 时，$(A - hr_1) < (A - hr_2)$，即得 AE_1 曲线在 AE_2 曲线的下方，见图 13.5。

在这一推导过程中，其核心在于利率下降，导致总支出增加，总支出增加带来国民收入增加。在图 13.5 中，r_1 和 r_2 所对应的均衡的国民收入，是总支出曲线与 45°线曲线的交点的 E_1 和 E_2，其均衡的国民收入分别为 Y_1 和 Y_2，且 Y_2 大于 Y_1。

在图 13.5 中，将 r_1 和 Y_1 所对应的点记为 A，将 r_2 和 Y_2 所对应的点记为 B，连接 A、B 两点，便可得到 *IS* 曲线，表明在产品市场处于均衡状态时国民收入 Y 与利率 r 之间的关系。

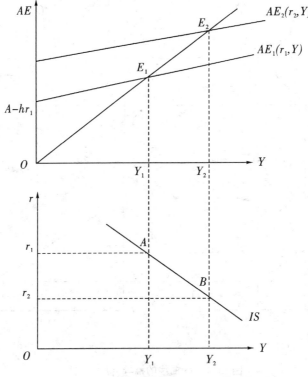

图 13.5 IS 曲线的推导（AE = NI 法）

三、IS 曲线的斜率

（一）IS 曲线斜率的公式表达

根据两部门国民收入均衡公式，IS 曲线的方程即可表述为：

$$Y = \frac{(a + I_0)}{(1 - b)} - \frac{h}{(1 - b)} \cdot r$$

也可表述为：

$$r = \frac{(a + I_0)}{h} - \frac{(1 - b)}{h}$$

从上式可推导出 IS 曲线的斜率为：

$$\frac{\mathrm{d}r}{\mathrm{d}Y} = -\frac{(1 - b)}{h}$$

由此可见 IS 曲线是一条斜率为负的曲线。其经济含义在于：如果利率 r 降低，将导致投资 I 增加，投资增加，将带来计划总支出的增加，并最终导致国民收入的增加。因此，从产品市场均衡来讲，利率与均衡国民收入呈反方向变化。

（二）IS 曲线的斜率的影响因素

进一步，我们要分析素影响的 IS 曲线的斜率的因素。根据 IS 曲线的斜率的公式：$\frac{\mathrm{d}r}{\mathrm{d}Y} = -\frac{(1 - b)}{h}$，不难看出 IS 曲线的斜率受 b 和 h 的影响，其中 b 是边际消费倾向，h

是投资函数中的参数，一定意义上反映了投资对利率变化的敏感程度。

1. 边际消费倾向 b 与 IS 曲线的斜率

当边际消费倾向 b 增大时，总支出曲线的斜率增大，图形变得更陡，由陡峭的总支出曲线，运用两方图推导的 IS 曲线将变得平坦；反之，IS 曲线将变得更为陡峭。其经济含义在于，当自发消费不变时，边际消费倾向的增大会使产品市场乘数增大，进而导致均衡国民收入的增加，并最终使得 IS 曲线变得平坦。

2. h 与 IS 曲线的斜率

h 是投资函数 $I = I_0 - hr$ 的参数。当 h 变大时，投资曲线的斜率变小，投资曲线变得更为平坦；反之，当 h 变小时，投资曲线的斜率变大，投资曲线变得更为陡峭。而当投资曲线变得更为平坦时，IS 曲线也会变得更为平坦；当投资曲线变得更为陡峭时，IS 曲线也会变得更为陡峭。因此，h 的变化导致的 IS 曲线的变化，与 h 的变化导致投资曲线的变化是一致的。

此外，h 的变化，还会影响到纵截距。从公式中不难看出，当 h 变大时，纵截距变小；反之，纵截距变大。

总之，b 值越大，IS 曲线的斜率的绝对值越小，曲线越平坦；反之，b 值越小，IS 曲线的斜率的绝对值越大，曲线越陡峭。

h 值越大，IS 曲线的斜率的绝对值越小，曲线越平坦；反之，h 值越小，IS 曲线的斜率的绝对值越大，曲线越陡峭。

四、IS 曲线的移动

（一）IS 曲线移动的理论说明

影响 IS 曲线移动的因素有两个：自发投资和自发消费。

两部门 IS 曲线的方程可以表示为：

$$Y = \frac{(a + I_0)}{(1 - b)} - \frac{h}{(1 - b)} \cdot r$$

对上式求偏导得：

$$\frac{dY}{dI_0} = \frac{1}{(1 - b)} \text{ 或 } dY = \frac{1}{(1 - b)} \cdot da$$

$$\frac{dY}{da} = \frac{1}{(1 - b)} \text{ 或 } dY = \frac{1}{(1 - b)} \cdot da$$

这也就是说，增加自发投资量，会使得 IS 曲线会向右移动，其移动的水平距离为 $1/(1 - b) \, dI_0$ 单位；反之，自发投资量减少，则 IS 曲线会左移。同理，增加自发消费量，会使得 IS 曲线会向右移动，其移动的水平距离为 $1/(1 - b) \, da$ 单位；反之，自发消费量减少，会导致 IS 曲线左移。

（二）IS 曲线移动的几何表达

图 13.6 以增加自发投资量为例来说明 IS 曲线的平移。图中可以看到，当投资曲线向右移动后，通过推导必然导致 IS 曲线向右移动。

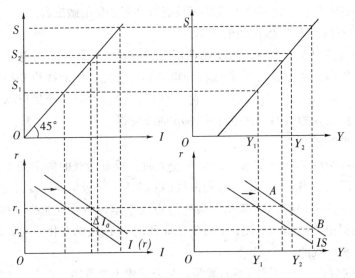

图 13.6 投资曲线的平移与 IS 曲线的平移

五、产品市场的失衡

根据 $AE = NI$ 模型推导出的 IS 曲线，很容易理解，IS 左下方的任意一点，均代表总支出大于总收入。而 IS 曲线右上方的任意一点，均代表总支出小于总收入。

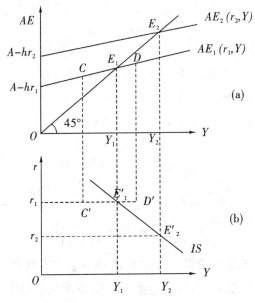

图 13.7 产品市场的非均衡

在图 13.7 中，图（a）总支出与总收入相等的均衡点 E_1、E_2，均被描绘在图（b）中 IS 曲线上 E_1' 和 E_2' 两点，在图（a）中表示总支出大于总收入的 C 点，对应图（b）中点 C'，其非均衡性质仍然为总支出大于总收入；在图（a）中总支出小于总收入的 D 点，对应图（b）中点 D'，其非均衡性质仍然为总支出小于总收入。

六、三部门 IS 曲线

建立三部门 IS 方程，我们有国民收入等于总支出，即：$Y = C + I + G$

其中，消费函数：$C = a + bY_d$

可支配收入：$Y_d = Y - T + Tr$

给定税收：$T = T_0$

给定政府转移支付：$Tr = Tr_0$

给定投资函数：$I = I_0 - hr$

给定政府支出：$G = G_0$

解方程组得 IS 方程为：$Y = \dfrac{(a + I_0 + G_0 - bT_0 + bTr_0)}{(1 - b)} - \dfrac{h}{(1 - b)} \cdot r$

三部门 IS 方程为：$Y = \dfrac{(a + I_0 + G_0 - bT_0 + bTr_0)}{(1 - b)} - \dfrac{h}{(1 - b)} \cdot r$

分析上式可以得出以下结论：第一，增加 a、I_0、G_0、Tr_0，IS 曲线向右移动；反之，曲线则向左移动；第二，增加 T_0，IS 曲线向左移动；反之，减少 T_0 曲线则向右移动。

第三节　利率的决定

利率是由货币市场上货币的需求和供给的相互作用来决定的。因此，探讨利率的决定，必须研究货币市场的货币的供给和需求。

一、货币的需求

货币的需求产生于人们持有货币的愿望。凯恩斯主义认为人们持有货币的愿望是人们对货币的流动性偏好引起的。因此，货币需求又称"**流动偏好**"。产生流动偏好的动机，有交易动机、预防动机和投机动机。

(一) 货币需求的三大动机

1. 货币的交易动机是指人们为了应付日常交易而持有货币的动机；货币的交易需求由国民收入决定，并随着国民收入的增加而增加。

2. 货币的预防动机是指人们为防止意外情况发生而愿意持有货币的动机，所以预防动机又称"谨慎动机"；货币的预防需求也随着国民收入的增加而增加。

货币的交易需求和预防需求合称为"广义的货币交易需求"，即 $L_1 =$ 交易需求 + 预防需求 $= L_1(Y) = kY$。

3. 货币的投机动机是指人们为了把握有利的生息资产（如购买股票和其他有价证券）而愿意持有货币的动机。

货币的投机需求是为了抓住购买债券的有利时机而在手边持有一部分货币。人们一时不用的财富以两种形式存在——货币、债券。根据债券收益等于债券价格与利率的乘积的原理，当利率处于高位时，债券价格就低，于是买进债券、抛出货币，货币的投机需求下降；反之，当利率处于低位时，债券价格就高，于是卖出债券、收进货币，货币的投机需求上升。因此，投机需求是利率的函数。$L_2 = L_2(r) = -hr$。同货币市场的利率水平呈反方向变化。h 表明货币需求对利率的敏感度。

总之，为了满足交易需求和预防需求的货币需求是与利率无关的。而为了满足投机需求的货币需求则与利率有关，用曲线表示为：

$$L = L_1(Y) + L_2(r) = ky - hr$$

（二）流动偏好陷阱

上述分析表明，对利率的预期，是人们调节货币和债券配置比例的重要依据。如果现行利率过高，人们预期利率只能下降，预期债券价格只能上升，则人们用所有货币去买债券，此时，货币的投机需求为零；反之，当现行利率过低，人们预期利率只能上升，预期债券价格只能下跌时，人们会抛出所有债券而持有货币，此时货币的投机需求为无穷，即出现所谓"**凯恩斯陷阱**"的情形。当"凯恩斯陷阱"出现时，即使增加货币供给，利率也不会下降。

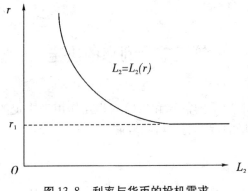

图 13.8　利率与货币的投机需求

图 13.8 中，横轴代表投机动机引起的货币需求 L_2，纵轴代表利率 r，曲线为投机动机和货币需求曲线 L_2，即 L_2 随着 r 的下降而增加，随 r 的提高而减少。但图中所示，当利率为 r_1 时，投机动机引起的货币需求为无限大，这种情况被称"凯恩斯陷阱"（liquidity trap）或"流动偏好陷阱"。"凯恩斯陷阱"的含义是：当利率低到一定程度时，投机性货币需求对利率的弹性为无限大，人们不再投资或购买债券，而大量持有货币。

二、货币的供给

（一）货币供给的概念

货币是由各国中央银行发行的，政府以法律形式保证其在市场上流通的一般等价物。货币供给是一个存量概念，是指一个国家在某一时点上流通的货币总量。货币供给一般有狭义的货币供给（M_1）和广义的货币供给（M_2、M_3）之分。

由于各国金融工具和金融法规的差异，对货币供给量的指标的定义也不尽相同。综合各国的情况，货币供给量指标大致可以划分为：

M_1 = 硬币 + 纸币 + 活期存款

M_2 = M_1 + 定期存款

M_3 = M_2 + 其他短期流动资产或"近似货币物"（如短期政府债券、商业票据等）

（二）影响货币供给的因素

影响货币供给的因素包括由大众行为决定的通货存款比率，商业银行创造货币的能力以及中央银行控制的基础货币。详细的分析影响货币供给的因素，请读者参阅其他相关章节。对于现有的分析，我们要了解的是：货币供给由国家货币政策控制，是外生变量，与利率无关。

三、简单的利率决定模型

利率水平是由货币市场的均衡决定的。货币市场均衡的条件是货币的需求量等于货币是为供给量。实际货币的需求量如下列公式所表达：

$$L = L_1 + L_2 = Ky - hr$$

如果假定价格不变，名义的货币需求就等于实际的货币需求。

如果市场利率 r_1 大于均衡的利率 r_0，则货币的需求 L 小于货币的供给 M，人们用多余货币购买债券，导致债券价格上升，从而利率下降，最后恢复均衡；如果市场利率 r_2 小于均衡利率 r_0，则货币需求 L 大于货币的供给 M，人们会抛出债券换取货币，导致债券价格下降，从而利率上升，恢复均衡。见图 13.9。

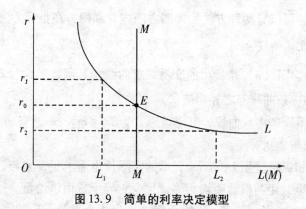

图 13.9 简单的利率决定模型

四、均衡利率的变动

均衡利率的变动，可以由多种因素引起。

（一）货币供给变动对均衡利率的影响

货币供给的变动可以引起均衡利率的变动。当货币投放，货币供给增加时，代表货币供给的 M 曲线向右移动，在货币需求不变的情况下，均衡利率下降；反之，当货币回笼，货币供给减少时，代表货币供给的 M 曲线向左移动，在货币需求不变的情况下，均衡利率上升。

(二) 货币需求变动对均衡利率的影响

1. 收入变动会引起均衡利率的变动

货币的需求是由代表交易需求、谨慎需求的 L_1 和代表资产投机需求的 L_2 组成，收入的变动主要是通过 L_1 的变化而影响均衡利率的变化。在图形上，表现为货币需求 L 的水平段不变，其他段移动，导致利率变动。当收入增加时，货币的交易需求和谨慎需求 L_1 必然增加，从而导致整个需求曲线 L 右移，在货币供给不变的情况下，利率上升；反之，当收入减少时，货币的交易需求和谨慎需求 L_1 必然减少，从而导致整个需求曲线 L 左移，在货币供给不变的情况下，利率下降。

2. 货币投机需求变动会引起均衡利率的变动

当代表货币投机需求的 L_2 变动时，图形中代表整个货币需求曲线 L 的垂直部分不变，向下倾斜部分和水平部分变动。货币投机需求 L_2 上升，整个货币需求曲线 L 向右移动，由此导致利率的上升；反之，L_2 下降时，图形中代表整个货币需求曲线 L 的垂直部分不变，向下倾斜部分和水平部分向左移动，由此导致利率的下降。

第四节　货币市场均衡与 LM 曲线

一、LM 曲线及其推导

LM 曲线的推导可以有两种方法，即四方图推导和两方图推导方法。

(一) 四方图推导 LM 曲线

在图 13. 10 中，图 (a) 是货币的交易需求曲线，其函数形式为 $L_1 = kY$，当 k 为已知时，便有唯一的一条曲线与之相对应。

图 (c) 是货币资产需求曲线，其函数形式为 $L_2 = m_0 - hr$，当 m_0 和 h 已知时，也有唯一的一条曲线与之相对应。

图 (b) 横轴和纵轴是用 L_2 和 L_1 表示的实际货币需求量，它与纵轴和横轴的角度均为 $45°$。因此，纵截距与横截距相等，且令它等于货币供给量。这样，就隐含着规定了这条曲线的两个特征：其一，将货币需求分为两个部分，L_1 和 L_2；其二，货币供给量等于需求量，货币市场实现均衡。

图 (d) 是最终推导出的 LM 曲线。纵轴为利率 r，横轴为国民收入 Y。

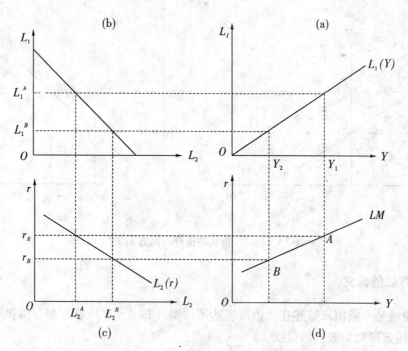

图 13.10 *LM* 曲线的推导（四方图法）

（二）两方图推导 *LM* 曲线

从货币市场均衡公式可以得出，实际货币需求是实际国民收入的增函数和实际利率的减函数。且 $L = \dfrac{M_d}{P} = L(Y, r) = kY + m_0 - hr$。

当国民收入为 Y_1 时，货币需求为：$L_1 = kY_1 + m_0 - hr$。

假定国民收入上升为 Y_2，且又令 $Y_2 > Y_1$，实际货币需求可写成：

$$L_2 = kY_2 + m_0 - hr$$

则 $L_1(Y_1, r) < L_2(Y_2, r)$。因为在利率不变的情况下，国民收入的增加必定带来交易需求的增加，当货币供给不变时，必然导致投机需求的减少，最终导致利率的上升。在图 13.11 中，图（a）中的 L_1 和 L_2 为分别给定 Y_1 和 Y_2 情况下的货币需求曲线，假定货币供给既定不变，便得到货币市场两个均衡点 E_1 和 E_2。将它们所隐含的国民收入和利率之间的关系在图（b）中描点，可以得 E_1' 和 E_2' 点，将两点连接起来，便可得到一条正斜率的 *LM* 曲线。

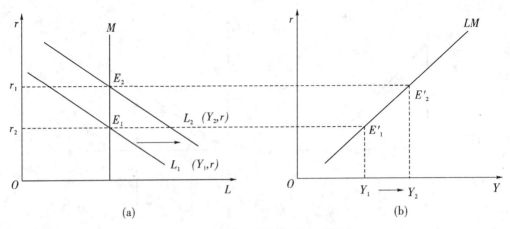

图 13.11　LM 曲线的推导（两方图法）

二、LM 曲线的含义

LM 曲线是一条用来描述在货币市场达到均衡（即 $L=M$）状态时，国民收入与利率之间成同方向变动关系的曲线。

假定 Ms 代表货币名义供给量，M_d 代表货币名义需求量，M 代表实际货币供给量，L 代表实际货币需求量，则货币市场的均衡就是 $M=L$。而 $L=\dfrac{M_d}{P}=L_1(Y)+L_2(r)$，$L_1$ $(Y)=kY$，$L_2(r)=m_0-hr$，$M=\dfrac{M_S}{P}$，则 LM 方程也可表示为：

$$\frac{M_S}{P}=kY+m_0-hr$$

LM 曲线是向右上方倾斜的曲线。在给定货币供给的条件下，当国民收入增加时会导致对货币需求 L_1 的增加，如果 L_2 不变，就会出现货币的过度需求。货币市场要实现均衡，利率水平必然要相应提高，以使 L_2 有所下降，并且其 L_2 下降的量等于 L_1 的增加量。可见，国民收入同利率呈同方向变化。

三、LM 曲线的斜率

为了分析 LM 曲线的斜率及其决定因素，我们可将 LM 方程：$\dfrac{M_S}{P}=kY+m_0-hr$ 变形为：$r=\dfrac{1}{h}\left(m_0-\dfrac{M_S}{P}\right)+\dfrac{k}{h}\cdot Y$。由此，即得 LM 曲线的斜率为：$\dfrac{\mathrm{d}r}{\mathrm{d}y}=\dfrac{k}{h}$。

由此可见，LM 曲线的斜率取决于边际持币倾向（k）和货币的投机需求对利率变化的弹性系数（h）。

（一）影响 LM 曲线斜率的因素：边际持币倾向（k）

边际持币倾向 k 从 k_1 上升 k_2，意味着边际持币倾向增加，即在相同的国民收入水平上，货币的交易需求量从 L_1（k_1）上升到 L_1（k_2）。从图 13.12 可以看出，当边际持币倾向（k）增加时，L_1（k_2）曲线更陡峭，由此推导出的 LM 曲线则更陡峭；反之，LM 曲线更平坦。

当然，k 为一个国家货币周转次数的倒数，在短期内一般不太容易发生变化。

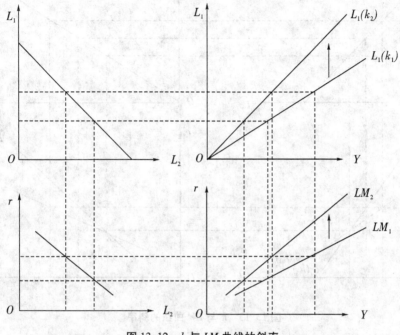

图 13.12　k 与 LM 曲线的斜率

（二）影响 LM 曲线斜率的因素：货币的投机需求对利率反映的灵敏程度

从货币的投机需求公式 $L_2 = m_0 - hr$ 中可以看出，h 可以反应货币的投机需求对利率变化反应的灵敏程度。从货币的投机需求公式可以导出 $r = m_0/h - 1/h \cdot L_2$。

由此可见，货币投机需求曲线的斜率为 $-1/h$。因此，h 值越大，货币投机需求曲线的斜率的绝对值就越小；反之则越大。斜率的绝对值变小，意味着 L_2 更平坦；反之，则更陡峭。而 L_2 曲线更平坦，意味着货币投机需求对相同利率变化的反映更灵敏，如果 L_2 曲线更陡峭，则货币投机需求对相同利率变化的反映更不灵敏。如图 13.13 所示。

四、LM 曲线的三个区域

完整的 LM 曲线分为三个区域。

（1）垂直的古典区域。垂直的 LM 曲线之所以被称为古典区域，是因为它是以古典经济学为基础的。在古典经济学的货币需求理论中，货币需求只与国民收入有关，与利率无关，货币需求对利率的变化是完全无弹性的。即无论利率如何变化，货币的资产需求始终不变。

（2）倾斜的中间区域。中间区域 LM 曲线向右上倾斜，r 和 Y 之间存在正向变动的关系。

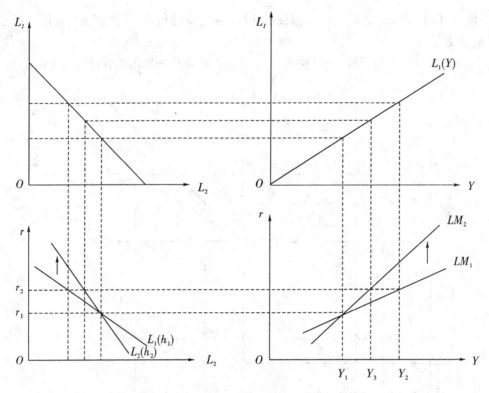

图 13.13 h 与 LM 曲线的斜率

（3）水平的凯恩斯区域。当利率降得很低时，手持货币的机会成本会很小，货币的投机需求将是无限的（即人们不愿意持有债券）。这时中央银行发行的货币都会被人们保存在手边。这就是所谓的"凯恩斯陷阱"或"流动偏好陷阱"。见图 13.14。

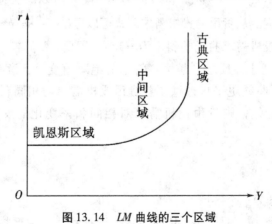

图 13.14 LM 曲线的三个区域

五、LM 曲线的平移

导致 LM 曲线平移的因素有三种：名义货币供应量（M_S）、物价水平（P）和自发的货币投机需求（m_0）。从经济学含义上讲，重要的因素有两个：M_S 和 P。由于在 IS - LM 分析中，通常假定价格水平固定不变，因此，最重要的因素，便是名义货币供

给量 M_S。

如图 13.15，具体说，当 M_S 增大时，*LM* 在纵轴的截距（$-m/h$）变小，*LM* 右移。经济学意义是：货币供给增加，使利率下降，从而消费和投资增加，国民收入增加。当 M_S 变小时，*LM* 在纵轴的截距（$-m/h$）变大，*LM* 左移。经济学意义是：货币供给减少，使利率上升，从而消费和投资下降，国民收入减少。

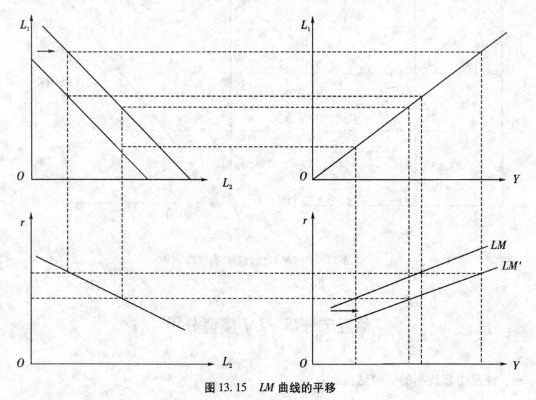

图 13.15　*LM* 曲线的平移

六、货币市场的失衡

我们知道，*LM* 曲线的任意一点均代表货币市场的均衡，是货币市场均衡点的轨迹。反过来说，*LM* 曲线之外的任何一点就是货币市场的非均衡点。见图 13.16。

在图 13.16 中，图（a）中货币需求与货币供给相等的均衡点 E_1、E_2，均被描绘在图（b）中 *LM* 曲线上 E_1' 和 E_2' 两点，在图（a）中表示货币需求大于货币供给的 B_1 点，在图（b）中由 B_2 表示，其非均衡性质仍然为货币需求大于货币的供给。在图（a）中表示货币需求小于货币供给的 A_1 点，在图（b）中由 A_2 表示，其非均衡性质仍然为货币需求小于货币的供给。

图（a）中，在给定的 Y_2 和 r_1 的条件下，货币需求为 r_1B_1，而均衡的货币需求为 r_1E_1，$r_1B_1 > r_1E_1$，货币的需求大于货币供给。图（b）中的 B_2 点，对应图（a）中的 B_1 点，因而 B_2 点也代表货币的需求大于货币的供给。推而广之，*LM* 曲线右方的一切点，均代表着货币需求大于货币供给。

图（a）中，在给定的 Y_1 和 r_2 的条件下，货币需求为 r_2A_1，而均衡的货币需求为

r_2E_2，$r_2A_1 < r_2E_2$，货币的需求小于货币供给。图（b）中的 A_2 点，对应图（a）中的 A_1 点，因而 A_2 点也代表货币的需求小于货币的供给。推而广之，LM 曲线右左方的一切点，均代表着货币需求小于货币供给。

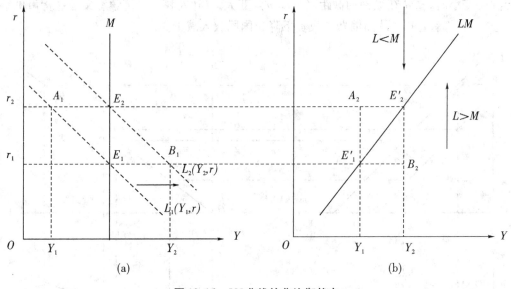

图 13.16　LM 曲线的非均衡状态

第五节　IS - LM 模型分析

一、商品市场均衡的简单结论

商品市场均衡的条件可以表述为总支出等于总收入，即：$AE = NI$。

IS 曲线是一条用来反映在产品市场均衡条件下国民收入和利率关系的曲线，其斜率为负；IS 曲线上任何一点都表明产品市场处于均衡状态，IS 曲线以外任何一点都表明产品市场处于非均衡状态。IS 曲线以右的任何一点均代表 $AE < NI$；IS 曲线以左的任何一点均代表 $AE > NI$。

自发支出（如自发投资、自发政府支出）增加使得 IS 曲线右移；反之，则左移。

政府税收增加使得 IS 曲线左移；反之则右移。

二、货币市场均衡简单结论

货币市场均衡的条件可以表述为实际货币的总需求等于实际货币的总供给，即：

$$\frac{M_d}{P} = \frac{M_s}{P}$$

LM 曲线是一条用来反映在货币市场均衡条件下国民收入和利率关系的曲线，其斜率为正。

LM 曲线上的任何一点均代表货币市场处于均衡状态；LM 曲线以外的任何一点均代表货币市场处于非均衡状态。LM 曲线以左的任何一点均代表货币市场处于过度供给，利率将会下降；LM 曲线以右的任何一点均代表货币市场处于过度需求，利率将会上升。

三、双重市场的均衡

双重市场均衡是指产品市场与货币市场的同时均衡。我们把 IS 曲线和 LM 曲线放在同一个坐标系内，便可得到产品市场与货币市场同时均衡的图示。

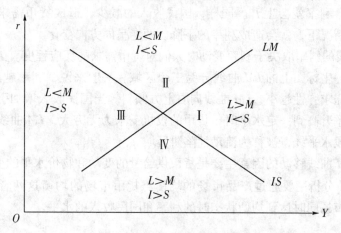

图 13.17　双重市场的均衡

现在把图形分为四个象限，分别为Ⅰ、Ⅱ、Ⅲ和Ⅳ。在第Ⅰ象限，货币的需求大于货币的供给，同时，总支出小于总收入；在第Ⅱ象限，货币的需求小于货币的供给，同时，总支出小于总收入；在第Ⅲ象限，货币的需求小于货币的供给，同时，总支出大于总收入；在第Ⅳ象限，货币的需求大于货币的供给，同时，总支出大于总收入。

本章小结

1. IS - LM 分析对产品市场和货币市场分别进行了考察，并对这两个市场同时均衡做了阐述。它是对凯恩斯的国民收入均衡理论的重要发展，是凯恩斯宏观经济学理论的核心内容。

2. IS 曲线表示产品市场的均衡，即供给与需求处于均衡状态时利率与国民收入之间的关系：$S（Y）= I（r）$。其经济含义是，对于任一给定的均衡利率，可有一个满足储蓄等于投资的均衡的国民收入。

3. IS 曲线向右下方倾斜，表示当利率水平较高时，投资减少，产品市场的国民收入水平就较低；当利率水平较低时，投资较高，均衡的国民收入水平较高。

4. IS 曲线的斜率表示利率变动引起的国民收入变动的程度。使 IS 斜率变化的因素有两个：其一是在乘数既定的情况下，斜率取决于投资对利率的弹性。投资的利率弹性越小，IS 曲线的斜率就越小，坐标图上的 IS 曲线就越陡峭；反之则反是。其二是乘数的大小，若乘数越小，利率变动引起的国民收入的变动就小，*IS* 曲线的斜率也就越小。

5. 引起 *IS* 曲线移动的因素主要是乘数的变化、厂商和消费者的信心以及政府的支出和税收的变动。

6. *LM* 曲线表示货币市场的均衡，即货币的供给和需求处于平衡状态时利率和国民收入之间的函数关系：$M = L_1(Y) + L_2(r)$。即对于任一给定的国民收入，可有一个满足货币供求的均衡利率。

7. *LM* 曲线向右上方倾斜，表示国民收入的增加促使货币需求的提高，在货币供给不变的情况下，利率就会上升。同样，国民收入的减少，造成货币需求的减少，在货币供给不变的情况下，就会造成利率的下降。两者呈同方向变化。

8. *LM* 曲线的斜率取决于利率变动时人们对货币需求的反应程度。因货币需求对利率弹性的变化，坐标图上的 *LM* 曲线分为三个区域。一般来说，利率越高，*LM* 曲线上相应点的货币需求弹性越小，*LM* 曲线向右上方倾斜。当国民收入增加引起的货币交易需求增加使利率升高到一定水平时，货币的投机需求为无穷大，*LM* 曲线在某一利率水平上表现为一段水平线，被称为流动性陷阱区域。

9. 引起 *LM* 曲线移动的因素主要是货币供给量的变动和物价水平的变动。

10. *IS – LM* 分析主要通过产品市场的均衡与货币市场的均衡这两者之间的相互作用，得出两个市场同时达到均衡状态时的利率和国民收入的水平。

复习与思考题

一、名词解释

投资函数　　*IS* 曲线　　商品市场均衡条件　　利率投资弹性　　流动性陷阱　　*LM* 曲线　　挤出效应

二、单项选择题

1. *IS* 曲线上的每一点都表示（　　）。

　A. 使总支出等于总收入的收入和利率的组合

　B. 使总支出等于总收入的均衡的货币量

　C. 使货币需求等于货币供给的均衡货币量

　D. 使产品市场和货币市场同时均衡的收入

2. 一般来说，位于 *IS* 曲线右方的收入和利率的组合，都是（　　）。

　A. 总收入小于总支出的非均衡组合　　B. 总收入大于总支出的非均衡组合

　C. 总收入等于总支出的均衡组合　　D. 货币供给大于货币需求的非均衡

3. 政府支出的增加使 *IS* 曲线（　　）。

　A. 向右移动　　　　　　　　　　　　B. 向左移动

　C. 保持不变　　　　　　　　　　　　D. 斜率增加

4. 当利率水平下降时（　　）。

　A. 自发总支出减少，*IS* 曲线向右方移动

  B. 自发总支出减少，IS 曲线向左方移动

  C. 自发总支出增加，IS 曲线向左方移动

  D. 自发总支出增加，IS 曲线向右方移动

5. 引起 IS 曲线向左方移动的原因是（　　）。

  A. 政府决定修建一条高速公路   B. 政府决定降低个人所得税

  C. 中央银行降低贴现率   D. 本国汇率升值

6. 除（　　）以外，下述因素都不可能导致 IS 曲线右移。

  A. 转移支付与税收同时增加

  B. 购买支出增加 100 亿而转移支付减少 100 亿

  C. 货币量增加

  D. 税收增加

7. 假定税率为 0，边际消费倾向为 0.5，则当投资增加 100 亿时，（　　）。

  A. 收入增加 200 亿

  B. IS 曲线左移一个等于 200 亿的水平距离

  C. IS 曲线右移一个等于 200 亿的水平距离

  D. IS 曲线右移但右移的距离不能确定

8. 货币的交易需求不仅和收入有关，还和货币变为债券或储蓄存款的交易费用、市场利率有关，因此（　　）。

  A. 交易需求随收入和交易费用增加以及利率提高而增加

  B. 交易需求随收入和交易费用增加以及利率下降而增加

  C. 交易需求随收入和交易费用减少以及利率提高而增加

  D. 交易需求随收入和交易费用减少以及利率下降而增加

9. 灵活偏好曲线表明（　　）。

  A. 利率越高，债券价值越低，人们预期债券价格越是会下降，因而不愿购买更多债券

  B. 利率越高，债券价值越低，人们预期债券价格回涨可能性越大，因而越是愿意更多购买债券

  C. 利率越低，债券价值越高，人们为购买债券时需要的货币就越多

  D. 利率越低，债券价值越高，人们预期债券可以还要上升，因而希望购买更多债券

10. 市场利率提高，银行准备金会（　　）。

  A. 增加   B. 减少

  C. 不变   D. 以上几种情况都有可能

11. 商业银行的储备如低于法定储备，它将（　　）。

  A. 发行股票以筹措资金   B. 增加贷款以增加资产

  C. 提高利率以吸引存款   D. 收回部分贷款

12. 商业银行之所以会有超额储备，是因为（　　）。

  A. 吸收的存款太多   B. 未找到那么多合适的贷款对象

C. 向中央银行申请的贴现太多　　　　D. 以上几种情况都有可能

13. 中央银行在公开市场上买进政府债券的结果将是（　　　）。

　　A. 银行存款减少　　　　　　　　　B. 市场利率上升

　　C. 公众手里的货币增加　　　　　　D. 以上都不是

14. 不影响货币需求的因素是（　　　）。

　　A. 一般物价水平　　　　　　　　　B. 银行利率水平

　　C. 公众支付习惯　　　　　　　　　D. 物品和劳务的相对价格

15. 某居民预料债券价格将要下跌而把货币保留在手中，这种行为是出于（　　　）。

　　A. 交易动机　　　　　　　　　　　B. 预防动机

　　C. 投机动机　　　　　　　　　　　D. 保值动机

16. LM 曲线是收入和利率的各种组合，它的条件是（　　　）。

　　A. 收入、支出均衡　　　　　　　　B. 储蓄、投资均衡

　　C. 货币供给、货币需求均衡　　　　D. 总供给、总需求均衡

17. 在 IS 曲线和 LM 曲线相交时，表示产品市场（　　　）。

　　A. 均衡而货币市场非均衡　　　　　B. 非均衡而货币市场均衡

　　C. 和货币市场均处于非均衡　　　　D. 和货币市场同时达到均衡

18. 在萧条经济中，若边际消费倾向提高，则各个可能利率上的国民收入（　　　）。

　　A. 增加　　　　　　　　　　　　　B. 减少

　　C. 不变　　　　　　　　　　　　　D. 不确定

19. 在萧条经济中，自发性支出增加，则在各个可能利率上的产出（　　　）。

　　A. 增加　　　　　　　　　　　　　B. 减少

　　C. 不变　　　　　　　　　　　　　D. 不确定

20. 若边际消费倾向提高，则 IS 曲线（　　　）。

　　A. 横截距增加　　　　　　　　　　B. 横截距减少

　　C. 纵截距增加　　　　　　　　　　D. 纵截距减少

21. 货币供给量增加使 LM 曲线右移，表示（　　　）。

　　A. 同一利息率水平下的收入增加　　B. 利息率不变收入减少

　　C. 同一收入水平下的利率息率提高　D. 收入不变利息下降

22. 水平的 LM 曲线表示（　　　）。

　　A. 利息率对货币需求影响最大　　　B. 利息率对货币需求影响最小

　　C. 货币需求对利息率的影响最大　　D. 货币需求对利息率的影响最小

23. IS 曲线右上方、LM 曲线左上方的组合表示（　　　）。

　　A. 产品供大于求、货币供大于求　　B. 产品供大于求、货币求大于供

　　C. 产品求大于供、货币供大于求　　D. 产品求大于供、货币求大于供

24. IS 曲线左下方、LM 曲线右下方的组合表示（　　　）。

　　A. 产品供大于求、货币供大于求　　B. 产品供大于求、货币求大于供

C. 产品求大于供、货币供大于求　　D. 产品求大于供、货币求大于供

25. *IS* 曲线右上方、*LM* 曲线右下方的组合表示（　　）。

　　A. 产品供大于求、货币供大于求　　B. 产品供大于求、货币求大于供

　　C. 产品求大于供、货币供大于求　　D. 产品求大于供、货币求大于供

26. *IS* 曲线左下方、*LM* 曲线左上方的组合表示（　　）

　　A. 产品供大于求、货币供大于求　　B. 产品供大于求、货币求大于供

　　C. 产品求大于供、货币供大于求　　D. 产品求大于供、货币求大于供

27. 假定 *IS* 曲线和 *LM* 曲线的交点所表示的均衡国民收入低于充分就业的国民收入。根据 *IS - LM* 模型，如果不让利息上升，政府应该（　　）。

　　A. 增加投资

　　B. 在增加投资的同时增加货币供给

　　C. 减少货币供给量

　　D. 减少投资的同时减少货币供给量

28. 如果投资对利率完全无弹性，货币供给的增加引起 *LM* 曲线移动会使（　　）。

　　A. 收入不变，利率下降　　　　　　B. 收入增加，利率上升

　　C. 收入增加，利率下降　　　　　　D. 收入减少，利率下降

29. 在 *IS - LM* 模型中，均衡利率的决定取决于（　　）。

　　A. 储蓄和投资　　　　　　　　　　B. 货币供给和货币需求

　　C. 货币市场和产品市场的关系　　　D. 以上说法均不准确

30. 当经济处于凯恩斯陷阱中时（　　）。

　　A. 财政政策无效，货币政策有效　　B. 财政政策有效，货币政策无效

　　C. 财政政策和货币政策均有效　　　D. 财政政策和货币政策均无效

三、判断题

1. *IS* 曲线所表示的利率与实际国民生产总值之间的关系中，利率是原因，实际国民生产总值是结果，前者决定后者。（　　）

2. 在 *IS* 曲线左方的一点，计划的总支出大于实际国民生产总值。（　　）

3. 在 *IS* 曲线右方的一点，计划的总支出小于实际国民生产总值。（　　）

4. 在其他条件不变的情况下，如果利率上升，则 *IS* 曲线向右方移动。（　　）

5. 提出 *IS - LM* 模型的英国经济学家希克斯把货币需求称为流动性偏好。（　　）

6. *LM* 曲线上任何一点表明利率与实际国民生产总值的结合都实现了货币需求等于货币供给。（　　）

7. 在 *LM* 曲线右方一点表明实际货币需求量小于实际货币供给量。（　　）

8. 在 *LM* 曲线左方一点表明实际货币需求量大于实际货币供给量（　　）

9. 在名义货币供给量不变时，物价水平上升使 *LM* 曲线向右方移动。（　　）

10. 在物价水平不变时，中央银行在公开市场上购买政府债券使 *LM* 曲线向右方移动。（　　）

11. 在物价水平不变时，中央银行决定提高法定准备金率使 *LM* 曲线向右方移动。（　　）

12. 根据 *IS* 曲线或者 *LM* 曲线都可以确定两个市场同时均衡的利率与国民收入的结

合。（　　）

13. 在其他条件不变的情况下，把 $IS-LM$ 模型与总需求曲线联系起来的关键因素是物价水平。（　　）

14. 当 LM 曲线为一条水平线时，扩张性财政政策没有挤出效应，财政政策对实际国民收入的影响最大。（　　）

15. 曲线为一条水平线时，扩张性货币政策不会引起利率上升，只会使实际国民收入增加。（　　）

四、计算题

1. 假设在一个开放的经济中，消费函数为 $C=300+0.8Y_d$，投资函数为 $I=200-1500r$，净出口函数为 $NX=100+0.4Y-500r$，货币需求函数为 $L=0.5Y-200r$，政府支出为 $G=200$，税收函数为 $T=0.2Y$，名义货币供给为 $M_s=550$，价格水平 $P=1$。求：

（1）IS 曲线方程；

（2）LM 曲线方程；

（3）产品市场和货币市场同时均衡时的收入和利率。

2. 已知：$\dfrac{M_d}{P}=0.3y+100-15r$，$M=1\,000$，$P=1$，求当 M 增加到 $1\,090$ 时，LM 曲线移动多少？

3. 已知：$C=100+0.7(y-t)$，$I=900-25r$，$G=100$，$T=100$，$M=500$，$P=1$，$\dfrac{M_d}{P}=0.2y+100-50r$，求均衡的 Y 和 r。

五、思考题

1. 一般而言，IS 曲线的斜率为负，为什么？

2. 在 IS 曲线之外的非均衡点是如何调整以达到均衡的？

3. LM 曲线可划分为几个区域？其经济含义是什么？

4. 怎样理解凯恩斯陷阱区域 LM 曲线的特性？古典区域与之有何区别？

5. 运用 $IS-LM$ 模型分析产品市场和货币市场失衡的调整过程。

6. 运用 $IS-LM$ 模型分析均衡国民收入与利率的决定与变动。

7. $IS-LM$ 模型有哪些缺陷？

第十四章 总需求—总供给模型

进入 20 世纪 80 年代以来，凯恩斯主义者在总需求函数和总供给函数的基础上，将凯恩斯主义、古典主义、货币主义、供给学派、理性预期等不同理论结合在一起，建立了总需求—总供给模型，又称 AD－AS 模型。在以上章节的总需求分析中，我们假设总供给可以适应总需求的增加而增加，以及价格水平不变，从而也就没有分析总供给对国民收入决定的影响以及价格水平的决定。但在现实中，总供给总是有限的，价格水平也是变动的。在 AD－AS 模型中，我们就要把总需求分析与总供给分析结合起来，说明总需求与总供给如何决定国民收入与价格水平。

第一节 总需求函数

一、总需求

总需求（aggregate demand）是指在一定时期整个经济社会在每一价格总水平上对产品和劳务的需求总量。这里的价格水平是指经济社会总价格水平，不是指某一种具体的产品和劳务的价格；这里的总需求是指整个经济社会的有效需求，即它不仅指整个经济社会对产品和劳务的需求的愿望，而且指对产品和劳务的需求的支付能力。因此，总需求实际上就是整个经济社会的总支出。

总需求由消费需求、投资需求、政府需求和国外需求构成。在不考虑国外需求的情况下，经济社会的总需求是指在价格、收入和其他经济变量既定条件下，家庭部门、企业部门和政府部门将要支付的数量。

西方学者认为，推动总需求的力量除了价格水平、人们的收入、对未来的预期等因素外，还包括诸如税收、政府购买或货币供给等政策变量。

二、总需求函数

总需求函数（aggregate demand function）是指总需求（总支出或总收入）与物价总水平之间的依存关系。它表示在某个特定的价格水平下，经济社会对其产品和劳务的需求可以产生的收入水平。一定的价格总水平总会有与之相适应的均衡总支出或总收入量。其函数表达式：

$$AD = f(P)$$

三、总需求曲线

（一）总需求曲线

总需求曲线（aggregate demand curve）描述总需求函数的几何图形，就是总需求曲线，简称为 AD 曲线（见图 14.1）。**总需求曲线是表示一定时期内在各种价格水平上商品市场与货币市场共同均衡时国民收入水平变动的轨迹，即国民收入与价格总水平之间的反向变动关系。**

如，AD：$Y = 5000 - 1650P$

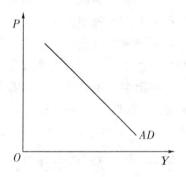

图 14.1　总需求曲线

在图 14.1 中，横轴 OY 代表国民收入，纵轴 OP 代表价格总水平，总需求曲线 AD 是一条向右下方倾斜的曲线。这说明了国民收入与价格水平呈反方向变动，即价格水平上升，国民收入减少，价格水平下降，国民收入增加。

（二）总需求曲线向右下方倾斜的原因

总需求曲线向右下方倾斜主要取决于实际资产效应、跨期替代效应和开放替代效应等三个因素。

1. 实际资产效应

事实上，人们会由于各种原因持有一定数额的资产，如货币、基金、股票、债券等。当价格水平上升时，人们手中名义资产的数量不会改变，但以货币实际购买力衡量的实际资产的数量会减少。为了实现未来的计划人们必须保持实际资产数额不变，人们在收入不变的情况下就会减少对商品的需求量，增加名义资产存量。因此，随着总价格水平的上升，人们会减少对商品的需求量而增加名义资产数量以保持实际资产数额不变；而随着总价格水平的下降，情况就会相反，这就是实际资产效应。实际资产效应导致总需求曲线向下倾斜。

2. 跨期替代效应

当价格水平上升时，流通中的实际货币数量就会减少。在利率不变的情况下，就会出现货币市场上对实际货币的过度需求，为了平衡人们对货币的过度需求，利率水平必然上升。这样，价格水平上升必然带来利率水平的提高。利率水平的提高也就意味着当前消费的机会成本增加而未来消费的预期收益提高，人们会减少当前消费量，增加未来消费量。因此，随着总价格水平的上升，人们会用未来消费来替代当前消费从而减少对商品的需求总量；而随着总价格水平的下降，人们则会用当前消费来替代未来消费从而增加对商品的总需求量，这就是跨期替代效应。跨期替代效应也会导致总需求曲线向下倾斜。

3. 开放替代效应

在开放经济的条件下，替代效应还表现为开放替代效应。当一国总价格水平上升时，人们会用进口替代出口从而减少对国内商品的需求量；而总价格水平下降，人们则用出口来替代进口从而增加对国内商品的需求量，这就是开放替代效应。当一国经济对外开放时，开放替代效应就构成了总需求曲线向下倾斜的原因。

(三) 总需求曲线的推导

1. 从收入—支出曲线推导

在简单的凯恩斯模型中，45°线是收支相抵线，$C+I$ 曲线是消费加投资曲线，即总支出曲线。根据反映价格水平的 $C+I$ 曲线同45°线的交点，可以推导出总需求曲线，如图14.2所示。

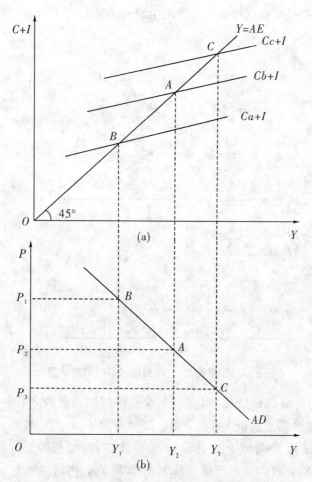

图14.2　根据 $C+I$ 曲线推导总需求曲线

图 14.2（a）中有 3 个消费函数：C_a，C_b，C_C。消费函数的下标 a，b，c 表示 3 种价格水平，其中，$a > b > c$。为简化分析，只假定消费支出随价格水平的变化而变化，投资支出不受价格水平变动的影响，为一个常数。图 14.2（a）中的 3 种价格水平，在图 14.2（b）中顺次表示为 P_1，P_2，P_3，且 $P_1 > P_2 > P_3$。

在图 14.2（b）中，价格水平为 P_1 时，对应的总支出为 $C_a + I$，总支出曲线同 45°线的交点决定收入（或产量）为 Y_1。继续下去，价格水平分别为 P_2，P_3 时，对应的总支出分别为 $C_b + I$，$C_c + I$，同 45°线的交点决定收入（或产量）分别为 Y_2，Y_3。这反映了总支出和价格水平之间按反方向变动的情况。

在图 14.2（b）中，可以找出（Y_1，P_1），（Y_2，P_2），（Y_3，P_3）等点，连接这些点，就得到 AD 曲线，即总需求曲线。因此，总需求曲线是在满足简单的凯恩斯模型的均衡条件（$I = S$ 或总支出等于总收入）下，产量（或收入）和价格水平之间的关系。

2. 从 IS - LM 曲线推导

从 IS - LM 模型中，假设价格水平固定不变（价格水平为常数）和货币供给既定条件下，IS 曲线和 LM 曲线的交点决定均衡的收入（或产量）水平。这里去掉价格水平不变的假设，从 IS - LM 曲线推导出总需求曲线，如图 14.3 所示。

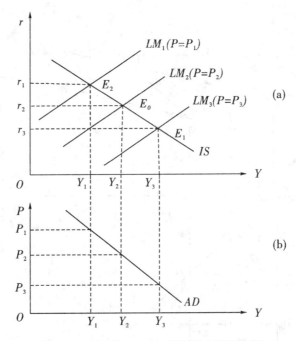

图 14.3　根据 IS - LM 曲线推导总需求曲线

图 14.3（a）表示 IS 曲线和 LM 曲线的交点决定的均衡收入和利率水平，图 14.3（b）表示价格水平和需求总量之间的关系，其中 $P_1 > P_2 > P_3$。在图 14.3（a）中，价格水平从 P_1 降到 P_2，再降到 P_3，相应地 IS 曲线与 LM 曲线的交点变动，利率从 R_1，降到 R_2，再降到 R_3，收入（或产量）从 Y_1 增加到 Y_2，再增加到 Y_3。这表明，在价格水平下降时，导致利率降低及产量（或收入）的增加。

从图 14.3 中看出，在价格水平下降时，IS 曲线并没有发生变化。这是因为，假设决定 IS 曲线的变量是实际数值，而不是货币数量变动的名义数值。

价格水平下降怎样影响 LM 曲线的位置变化呢？在其他条件不变，货币供给是由货币当局控制的常数的情况下，价格水平的降低，会提高货币购买力，实际货币余额要增加，这样会形成过多的货币供给，推动着 LM 曲线向右方移动。图 14.3（a）表明了 LM 曲线从 LM_1 移动到 LM_2，再移动到 LM_3。

在图 14.3（b）中，价格水平分别为 P_1，P_2，P_3 时，收入（或产量）水平相应为 Y_1，Y_2，Y_3。根据二者的对应关系，可在图 14.3（b）中得到表示收入和价格水平的各种组合点：(Y_1, P_1)，(Y_2, P_2)，(Y_3, P_3)。依此类推，可描出这些组合点的轨迹，得到 AD 曲线，即总需求曲线。因此，总需求曲线是在满足商品市场均衡（$1=S$）和货币市场均衡（$M=L$）的条件下产量（或收入）和价格水平的关系。

综上所述，通过收入—支出曲线和 $IS—LM$ 曲线推导出的总需求曲线都是向右下方倾斜的曲线，或是一条具有负斜率的曲线。它表示社会的需求总量和价格水平之间存在反方向关系，即：价格水平越高需求总量越少；价格水平越低，需求总量越大。

（四）总需求曲线的移动

总需求曲线向右下方倾斜表明，在其他因素不变的条件下，价格水平与商品和劳务的总需求量之间成反向变动关系。但当影响总需求的其他因素发生变化时，就引起总需求变化会使总需求曲线向右或向左移动。总需求曲线向右上方移动，表明在价格水平既定时，总需求由于其他原因增加了；总需求曲线向左下方移动，表明在价格水平既定时，总需求由于其他原因而减少了，图 14.4 表明了总需求曲线移动的情况。

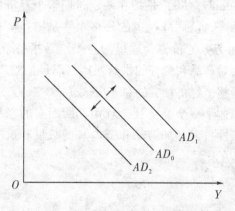

图 14.4　总需求曲线的移动

从宏观经济的角度来看，造成总需求曲线移动的主要因素有：

1. 预期

预期包括预期收入、预期利润率、预期通货膨胀等。人们预期未来收入提高时会增加他们当前的个人消费需求，从而增加总需求，使总需求曲线向右移动。如图 14.4 所示，总需求曲线由 AD_0 右移至 AD_1，表示在任一价格水平下，消费者的需求量都增加了。而人们预期收入下降的作用正好相反，总需求曲线会由 AD_0 向左移至 AD_2，表示总需求的减少。预期利润率的提高会扩大企业的投资需求，其作用与预期收入相同。预期通货膨胀上升会使当前商品的价格变得相对便宜而未来商品价格变得相对昂贵，从而扩大对当前商品的总需求；预期通货膨胀下降则相反。

2. 政府政策

政府的宏观经济政策是影响总需求的一个十分重要的因素。政府实行扩大政府购买支出的财政政策会直接增加总需求，总需求曲线就会向右移动；而缩减政府开支就会使总需求下降。货币政策对总需求曲线的影响比较间接。当政府采取扩大货币供应量的货币政策时，利率水平会下降从而导致投资需求增加，总需求曲线向右移动；而减少货币供应量的结果恰好相反。

3. 世界经济

世界经济会通过各种渠道来影响一国的总需求，其中主要体现在两个方面：汇率和外国收入的变动。汇率上升意味着本国商品的相对价格上升，外国商品相对价格下降，本国将扩大对进口的需求而外国将减少对出口的需求，于是本国净出口将减少，总需求下降；汇率下降的作用相反。外国收入增加会扩大对本国商品的需求，在进口不变的情况下增加净出口需求，总需求上升；反之则相反。

第二节　总供给函数

一、总供给

总供给（Aggregate Supply，AS）是指在一定时期整个经济社会在每一价格总水平上生产的产品和劳务的总产量。同样这里的价格水平是指经济社会一般价格水平，不是指某一种具体的产品和劳务的价格；这里的总供给是指整个经济社会的有效供给，即它不仅指整个经济社会对产品和劳务的供给愿望，而且指对产品和劳务的供给能力。因此，总供给实际上就是整个经济社会的总产出。

一般而言，总供给描述了一个经济社会利用其所拥有的经济资源来生产时能够达到的总产量。它是由生产性投入（如劳动和资本）的数量和这些投入组合的效率（即社会的技术水平）来决定的。

二、总供给函数

总供给函数（aggregate supply function）是指总产量（或总产出）与物价水平之间的依存关系。它表示在某个特定的价格水平下，经济社会对其产品和劳务的供给可以产生的收入水平。一定的价格总水平总会有与之相适应的均衡总产出或总收入量。其函数表达式：

$$AS = f(P)$$

三、总供给曲线

（一）总供给曲线

总供给曲线是描述总供给函数的几何图形，简称为 AS 曲线（见图 14.5）。**总供给曲线是表示一定时期内在各种价格水平上商品市场与货币市场共同均衡时国民收入水平变动的轨迹，即国民收入与价格总水平之间的同方向变动关系。**

如，AS：$Y = 2\ 000 + 2\ 000P$

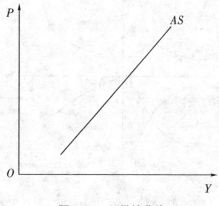

图 14.5 总供给曲线

（二）总供给曲线的推导

1. 加总法

总供给函数是全社会所有厂商的个别供给函数加总起来的结果。可以把某一行业的所有厂商的供给函数加起来，得到行业的供给函数，把全社会所有行业的供给函数加起来就可以得到全社会总供给函数。在微观经济学中我们知道，厂商追求最大利润的原则是：$MR = MC$，在完全竞争市场上，$MR = P$，所以，厂商的均衡条件为 $P = MC$，这是个别厂商的边际成本曲线，也就是个别厂商的供给曲线。如图 14.6 所示，价格水平变化与总供给的变化，一般说来是成正相关。

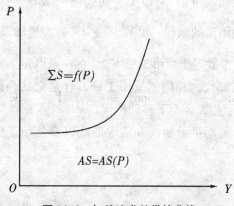

图 14.6 加总法求总供给曲线

2. 推导法

总供给曲线可以沿着 $P \to \dfrac{W}{P} \to N \to Y$（$AS$）思路，即根据生产函数、劳动需求曲线和劳动供给曲线以及货币工资曲线推导出总供给曲线。如图 14.7 所示，纵横两轴将平面分为四个象限：Ⅰ、Ⅱ、Ⅲ、Ⅳ。

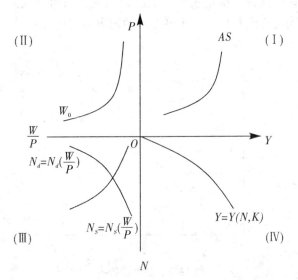

图 14.7　根据生产函数、劳动供求曲线、货币工资曲线求总供给曲线

在第Ⅳ象限，横轴 Y 为收入或产量，纵轴 N 为就业量，生产函数 $Y = Y$（N，K）产量随就业量的增加而增加，但是在边际收益递减规律作用下，增加的比率逐渐下降。

第Ⅲ象限是劳动市场。横轴代表实际工资，纵轴表示就业量，$N_s = N_s\left(\dfrac{W}{P}\right)$，$N_d = N_d\left(\dfrac{W}{P}\right)$ 分别表示具有正斜率的劳动供给曲线，具有负斜率的劳动需求曲线。劳动供给将随实际工资增加而增加，劳动需求将随实际工资的增加而减少。

第Ⅱ象限是货币工资曲线 W_0。货币工资曲线是一条等轴双曲线，也称等积曲线，从曲线上任何一点到两轴距离的乘积，恒等于一个常数。横轴表示实际工资 $\left(\dfrac{W}{P}\right)$，纵轴表示价格水平 P，所以常数等于货币工资 W_0。在一条既定的用等轴双曲线表示的货币工资曲线上，任何一点都代表相同的货币工资，就是全社会的货币工资总量。随着货币工资总量的变化，W_0 曲线会上下移动位置。

如果知道生产函数、劳动供给曲线和需求曲线以及货币工资曲线，就可以在第Ⅰ象限推导出总供给曲线。

（三）总供给曲线的形状

总供给曲线的存在为西方经济学界普遍承认，但对总供给曲线到底应该是什么形状，却存在较大分歧。通常认为较常见的总供给曲线的形状主要有三种。

我们可以用图 14.8 来简单说明总供给曲线的三种不同形状:

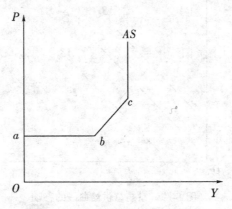

图 14.8 总供给曲线的三种形状

1. 凯恩斯总供给曲线

$a-b$ 段为凯恩斯总供给曲,这时总供给曲线是一条与横轴平行的线,这表明在价格水平不变的情况下,总供给可以增加。这是因为资源还没有得到充分利用,所以,可以在不提高价格的情况下,增加总供给。这种情况是凯恩斯提出来的,所以这种水平的总供给曲线称为"凯恩斯总供给曲线"。

2. 常规总供给曲线

$b-c$ 段为常规总供给曲线,这时总供给曲线是一条向右上方倾斜的线,这表明总供给与价格水平同方向变动。这是因为在资源接近充分利用的情况下,产量增加会使生产要素的价格上升,从而成本增加,价格水平上升。

3. 古典总供给曲线

c 以上为古典总供给曲线,这时总供给曲线是一条垂直线,即垂直的总供给曲线,也称"古典"的总供给曲线。这表明无论价格水平如何上升,总供给也不会增加。这是因为资源已经得到了充分的利用,即经济中实现了充分就业,总供给已无法增加。

(四) 总供给曲线的移动

在资源条件既定,即潜在的国民收入水平既定的条件下,凯恩斯总供给曲线和古典总供给曲线是不变的。但常规总供给曲线是可以变动的。可用图 14.9 来简要说明常规总供给曲线变动的情况。

在图 14.9 中,总供给曲线向右下方移动,即从 AS_0 移动到 AS_1,表示在价格不变的情况下,由于其他因素而引起的总供给增加。总供给曲线向左上方移动,即从 AS_0 移动到 AS_2,表示在价格不变的情况下,由于其他因素而引起了总供给减少。

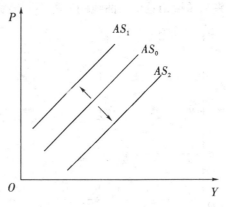

图 14.9　常规总供给曲线的移动

与总需求曲线的移动相比，使总供给曲线移动的其他因素相对来说比较复杂，这里只能作简要的说明。

1. 自然和人为的灾祸

如地震或战争期间的轰炸会极大地减少经济中资本存量的数量，其结果是任一数量的劳动能够生产的产出数量都减少，从而导致总供给曲线向左上方移动。

2. 技术变动

技术进步意味着现在用较少的投入能够生产出与以前同样多的产出，换句话说，技术进步导致了宏观生产函数的变化。因此，技术进步通常使总供给曲线向右下方移动。

3. 工资率的变化

工资较低时，对于任一给定的价格水平，厂商愿意供给更多的产品，故降低工资将使总供给曲线向右下方移动。

4. 生产能力的变动

一般而言，随着经济中企业设备投资的增加，经济的生产能力增加，这会使总供给曲线向右下方移动。

第三节　总需求—总供给模型

一、总需求—总供给模型

总需求—总供给模型（即 $AD-AS$ 模型）就是从总需求与总供给相互作用的角度来说明国民收入与价格水平的决定的模型。这一模型是把总需求曲线与总供给曲线结合在一起来分析国民收入与价格水平的决定的。可以用图 14.10 来说明总需求—总供给模型。

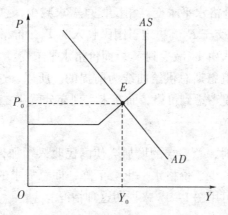

图 14.10　总需求—总供给模型

在图 14.10 中，总需求曲线 AD 与总供给曲线 AS 相交与 E，这时就决定了均衡的国民收入水平为 Y_0，均衡的价格水平为 P_0。

例如，假设 AD：$Y = 5\ 000 - 1\ 000P$ 且 AS：$Y = 2\ 000 + 2\ 000P$.

则：均衡的国民收入 $Y = 4\ 000$，均衡价格 $P = 1$.

二、总需求变动对国民收入与价格水平的影响

在总需求—总供给模型中，我们分析总需求变动对国民收入与价格水平的影响时，必须考虑到总供给曲线的不同情况。

（一）凯恩斯总供给曲线

在这种总供给曲线时，总需求的增加会使国民收入增加，而价格水平不变；总需求的减少会使国民收入减少，而价格水平也不变，即总需求的变动不会引起价格水平的变动，只会引起国民收入的同方向变动。可用图 14.11 来说明这种情况。

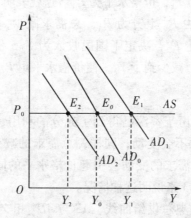

图 14.11　总需求变动对国民收入与价格水平的影响

在图 14.11 中，AS 为凯恩斯总供给曲线。AS 与 AD_0 相交于 E_0，决定了国民收入为 Y_0，价格水平为 P_0。总需求增加，总需求曲线由 AD_0 移动到 AD_1，这时 AD_1 与 AS 相交于 E_1，决定了国民收入为 Y_1，价格水平仍为 P_0，这就表明了总需求增加使国民收

入由 Y_0 增加到 Y_1，而价格水平未变。相反，总需求减少，总需求曲线由 AD_0 移动到 AD_2，这时 AD_2 与 AS 相交于 E_2，决定了国民收入为 Y_2，价格水平仍为 P_0，这就表明了总需求减少使国民收入由 Y_0 减少到 Y_2，而价格水平未变。

总需求分析就是以凯恩斯总供给曲线为前提的。所以，这里的分析实际仍然是总需求分析，所不同的只是考虑到价格，而在未实现充分就业之前，价格并不变动。

（二）常规总供给曲线

在这种总供给曲线时，总需求的增加会使国民收入增加，价格水平也上升；总需求的减少会使国民收入减少，价格水平也会下降，即总需求的变动引起国民收入与价格水平的同方向变动。可用图 14.12 来说明这种情况。

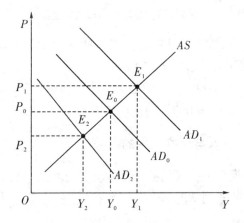

图 14.12 总需求变动对国民收入与价格水平的影响

在图 14.12 中，AS 为常规总供给曲线，AS 与 AD_0 相交于 E_0，决定了国民收入为 Y_0，价格水平为 P_0。总需求增加，总需求曲线由 AD_0 移动到 AD_1，这时 AD_1 与 AS 相交于 E_1，决定了国民收入为 Y_1，价格水平为 P_1。这就表明，总需求增加使国民收入由 Y_0 增加到 Y_1，使价格水平由 P_0 上升为 P_1。总需求减少，总需求曲线由 AD_0 移动到 AD_2，这时 AD_2 与 AS 相交于 E_2，决定了国民收入为 Y_2，价格水平为 P_2。这就表明，总需求减少使国民收入由 Y_0 减少到了 Y_2，使价格水平由 P_0 下降为 P_2。

（三）古典总供给曲线

在这种总供给曲线时，由于资源已得到了充分的利用，所以总需求的增加只会使价格水平上升，而国民收入不会变动；同样，总需求的减少也只会使价格水平下降，而国民收入不会变动，即总需求的变动会引起价格水平的同方向变动，而不会引起国民收入的变动。可用图 14.13 来说明这种情况。

在图 14.13 中，AS 为古典总供给曲线，AS 与 AD_0 相交于 E_0，决定了充分就业的国民收入水平 Y_f，价格水平为 P_0。总需求增加，总需求曲线由 AD_0 移动到 AD_1，这时 AD_1 与 AS 相交于 E_1，决定了国名收入仍为 Y_f，价格水平为 P_1。这就表明，总需求增加使价格水平由 P_0 上升为 P_1，而国民收入仍为 Y_f。总需求减少，总需求曲线由 AD_0 移动到 AD_2，这时 AD_2 与 AS 相交于 E_2，决定了国民收入仍为 Y_f，价格水平为 P_2。这

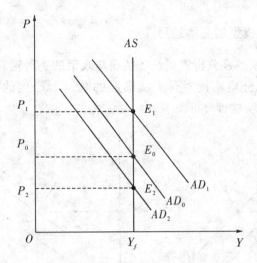

图 14.13　总需求变动对国民收入与价格水平的影响

就表明，总需求减少使价格水平由 P_0 下降为 P_2，而国民收入仍为 Y_f。

三、总供给变动对国民收入和价格水平的影响

　　常规总供给曲线是会变动的，这种变动同样会影响国民收入与价格水平。在总需求不变时，总供给的增加，即产量的增加会使国民收入增加，价格水平下降；而总供给的减少，即产量的减少会使国民收入减少，价格水平上升，可用图 14.14 来说明这种情况。

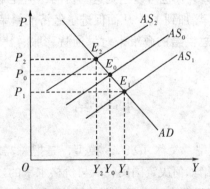

图 14.14　总供给变动对国民收入和价格水平的影响

　　在图 14.14 中，AS_0 与 AD 相交于 E_0，决定了国民收入水平为 Y_0，价格水平为 P_0。当总供给增加时，总供给曲线由 AS_0 移动到 AS_1，AS_1 与 AD 相交于 E_1，决定了国民收入为 Y_1，价格水平为 P_1。这表明由于总供给的增加，国名收入由 Y_0 增加到了 Y_1，而价格水平由 P_0 下降为 P_1。当总供给减少时，总供给曲线由 AS_0 移动到 AS_2，AS_2 与 AD 相交于 E_2，决定了国民收入为 Y_2，价格水平为 P_2。这表明由于总供给的减少，国民收入由 Y_0 减少到了 Y_2，而价格水平由 P_0 上升为 P_2。

四、总需求—总供给模型的基本运用

总需求—总供给模型是分析宏观经济情况与政策的一种很有用的工具。例如，我们可以用这一模型来分析不同对付通货膨胀的政策所产生的不同效果。我们用图 14.15、图 14.16 来说明这种分析。

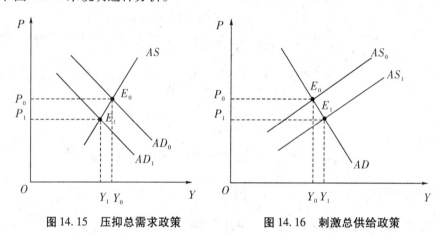

图 14.15　压抑总需求政策　　　　　图 14.16　刺激总供给政策

假定政策目标是要使价格水平由 P_0 下降为 P_1。从图 14.15 中可以看出，采取压抑总需求的方法（即减少总需求，总需求曲线由 AD_0 移动到 AD_1）可以达到这一目的。但在采用这一政策时，不仅使价格水平下降了，而且也使国民收入由 Y_0 减少为 Y_1，从而引起经济的衰退。从图 14.16 中可以看出，采取刺激总供给的方法（即增加总供给，总供给曲线由 AS_0 移动到 AS_1）也可以达到这一目的，但在采用这一政策时，价格水平下降了，国民收入也由 Y_0 增加到 Y_1，从而促进了经济的繁荣。可见，在资源尚未充分利用的情况下，采用刺激总供给的政策来对付通货膨胀，比采用抑制总需求的政策更为有利。

本章小结

1. 总需求—总供给模型，又称 $AD-AS$ 模型，是把总需求分析与总供给分析结合起来，说明总需求与总供给如何决定国民收入与价格水平的。

2. 总需求是指在一定时期内整个经济社会在每一价格总水平上对产品和劳务的需求总量。总需求由消费需求、投资需求、政府需求和国外需求构成。总需求曲线是表示一定时期内在各种价格水平上商品市场与货币市场共同均衡时国民收入水平变动的轨迹，即国民收入与价格总水平之间的反方向变动关系。总需求曲线可以从收入—支出曲线和 $IS-LM$ 曲线推导得出。

3. 总需求曲线向右下方倾斜主要取决于实际资产效应、跨期替代效应和开放替代效应等因素。

4. 总供给是指在一定时期整个经济社会在每一价格总水平上生产的产品和劳务的总产量。

5. 总供给曲线是表示一定时期内在各种价格水平上商品市场与货币市场共同均衡时国民收入水平变动的轨迹，即国民收入与价格总水平之间的同方向变动关系。总供给曲线可以根据加总法或生产函数、劳动需求曲线和劳动供给曲线、货币工资曲线推导得出。

6. 目前对总供给曲线的形状存在分歧，通常认为较常见的总供给曲线的形状主要有三种，即凯恩斯总供给曲线、常规总供给曲线和古典总供给曲线。

7. 总需求—总供给模型，它是用总需求与总供给的相互作用来说明国民收入与价格水平的决定。这一模型中，在分析总需求变动对国民收入与价格水平的影响时，重点考察了总供给曲线的三种不同情况，还进一步分析了常规总供给变动对国民收入和价格水平的影响。

复习与思考题

一、名词解释

总需求 总供给 总需求曲线 总供给曲线 总需求—总供给模型

二、单项选择

1. 总需求曲线向右下方倾斜是因为（ ）。

   A. 价格水平上升时，投资会减少   B. 价格水平上升时，消费会减少

   C. 价格水平上升时，净出口会减少   D. 以上几个因素都是

2. 下面那一项不会使总需求曲线向右移（ ）。

   A. 政府支出增加   B. 转移支付减少

   C. 名义货币供给增加   D. 税收减少

3. 其他条件不变时，（ ）因素引起 AD 曲线左移。

   A. 价格水平下降   B. 政府支出减少

   C. 税收减少   D. 名义货币供给增加

4. 如果经济处于低于充分就业均衡水平，那么，总需求增加就会引起（ ）。

   A. 物价水平上升和实际国民生产总值增加

   B. 物价水平上升和实际国民生产总值减少

   C. 物价水平下降和实际国民生产总值增加

   D. 物价水平下降和实际国民生产总值减少

5. 新古典总供给曲线的基本假设有（ ）。

   A. 劳动力市场存在着工会对劳动力供给的一定程度的垄断

   B. 劳动者存在"货币幻觉"

   C. 货币工资率具有向下刚性

   D. 劳动供给和需求均可立即对工资率的变化作出反应

6. 古典总供给曲线垂直的前提假定是（ ）。

   A. 价格不变   B. 收入不变

   C. 生产函数不变   D. 不存在货币幻觉

7. 假设已实现充分就业，且总供给曲线为一垂线，则税收减少会导致（　　）。
 A. 实际产出水平和价格水平上升 B. 价格水平上升，而实际产出不变
 C. 实际产出上升，而价格水平不变 D. 实际产出水平和价格水平均不变

8. 垂直的古典总供给曲线表明，如果价格可以充分调节，那么（　　）。
 A. 任何价格水平下，潜在的实际国民收入都是一致的
 B. 产出仅仅取决于总需求水平
 C. 均衡的实际国民收入不能确定
 D. 价格水平仅由总供给决定

9. 在新古典理论的总供给曲线分析中，如已实现充分就业，则名义货币供给增加时，（　　）。
 A. 实际货币供给增加，且产出的组成发生改变
 B. 对实际货币供给及产出的组成均无影响
 C. 实际产出同比例增加
 D. 利率降低，产出的组成发生改变

10. 假设已实现充分就业，且总供给曲线为正斜率，则税收降低会增加（　　）。
 A. 价格水平和实际产出   B. 名义工资和实际工资
 C. 实际产出，但对价格水平无影响 D. 价格水平，但对实际产出无影响

11. 假设已实现充分就业，且总供给曲线为正斜率，则总需求曲线左移会降低（　　）。
 A. 实际工资、就业量和实际产出 B. 名义工资、就业量和实际产出
 C. 劳动生产率和实际产出   D. 劳动需求、就业量和实际工资

12. 在凯恩斯总供给曲线区域，决定产出的主导力量是（　　）。
 A. 供给   B. 需求
 C. 工资   D. 技术

13. 根据总需求—总供给模型，扩张财政使产出（　　）。
 A. 增加   B. 减少
 C. 不变   D. 不确定

14. 根据总需求—总供给模型，扩张货币使价格水平（　　）。
 A. 提高   B. 降低
 C. 不变   D. 不确定

15. 总供给曲线一般包括（　　）。
 A. 凯恩斯总供给曲线   B. 常规总供给曲线
 C. 古典总供给曲线   D. 以上都是

三、判断题

1. 总需求是指在一定时期整个经济社会在每一价格总水平上生产的产品和劳务的总产量。（　　）

2. 总需求曲线是一条向左下方倾斜的曲线。（　　）

3. 总供给曲线表明国民收入与价格总水平之间成同方向变动的关系。（　　）

4. 凯恩斯的总供给曲线由三部分组成：水平部分、向上倾斜部分以及垂直的部分。（　　）

5. 总供给曲线的不同形态主要取决于资源的利用状态。（　　）

6. 总供给曲线与总需求曲线的交点决定了总产出水平和利率水平。（　　）

7. 当采用扩张性的经济政策时，对应每一价格水平的总需求水平都有提高。（　　）

8. 名义货币供给量的增加将引起总需求曲线同比例的移动。（　　）

9. 当产出水平达到充分就业的产出水平时，意味着全部可用的生产资源均已得到充分利用。（　　）

10. 常规总供给曲线即古典理论的总供给曲线。（　　）

11. 新古典理论和凯恩斯主义均认为就业量决定产量。（　　）

12. 垂直的总供给曲线意味着长期而言经济能达到充分就业状态。（　　）

四、计算题

1. 如总供给曲线为 $AS = 250$，总需求曲线为 $AD = 300 - 25P$，试求：

（1）供求均衡点的价格水平和收入水平为多少？

（2）如总需求上升 10%，其他条件不变，新的供求均衡点的价格水平和收入水平为多少？

（3）如总供给上升 10%，其他条件不变，新的供求均衡点的价格水平和收入水平为多少？

2. 有一古典的 $AS - AD$ 模型，总供给函数 $Y = Y_f = 1000$，总需求函数 $P = 800 - 0.4Y$。求：

（1）均衡价格水平；

（2）如价格不变，总需求函数变为 $P = 1000 - 0.4Y$ 时，经济会怎样？

（3）如总需求函数为 $P = 1000 - 0.4Y$，价格可变动时，均衡价格变动多少？

五、思考题

1. 什么是总需求函数？

2. 如何利用 $IS - LM$ 曲线推导总需求曲线？

3. 为什么总需求曲线向右下方倾斜？

4. 什么是总供给函数？说明总供给曲线的通常形状。

5. 什么是总需求—总供给模型（$AD - AS$ 模型），并画出 $AD - AS$ 模型的坐标图形。

第十五章 经济增长与经济周期

在第二次世界大战以后，经济增长理论得到了迅速发展，并成为宏观经济学的一个重要组成部分。如何使国民经济，特别是国民收入保持逐年增长的问题一直是经济学界所关注的重要课题。从亚当·斯密开始，西方经济学家就在研究经济增长问题。但在长期中，一国经济不是国民收入稳定地增长，而是在周期性波动中实现着长期增长。自 1825 年在英国发生全面性的经济危机以来，西方国家的经济在沿着总体发展趋势增长的同时，总是呈现出周期性的波动。本章从动态的角度介绍经济增长和经济周期的基本理论知识。

第一节 经济增长理论

经济增长是最古老的经济学话题之一。现代经济增长理论是在凯恩斯主义出现之后形成的。它研究的基本问题是国民收入的长期增长趋势，这实际上是国民收入决定理论的长期化与动态化。

一、经济增长的含义

经济学界对于经济增长的理解并不完全一致。美国经济学家 S. 库兹涅茨认为："**一个国家的经济增长，可以定义为给居民提供种类日益繁多的经济产品的能力长期上升，这种不断增长的能力是建立在先进技术以及所需要的制度和思想意识之相应的调整的基础上的。**"这个定义包括三层含义：

（1）经济增长集中表现在经济实力增长上，而这种经济实力的增长就是商品和劳务总量的增加，即国内生产总值的增加。如果考虑到人口的增加和价格的变动，也可以说是人均实际国内生产总值的增加。所以，经济增长最简单的定义就是国内生产总值的增加。这里要注意的是，经济增长仅仅是国内生产总值的增加，而不是其他。例如，经济增长并不等于社会福利的增进或个人幸福的增加，因为国民收入增加当然是社会福利或个人幸福增进的基础。但在某些情况下，经济增长并不一定能增加社会福利或个人幸福。把经济增长严格限于国民收入增加，才有可能从不同的角度加以研究。

（2）技术进步是实现经济增长的必要条件。这也就是说，只有依靠技术进步，经济增长才是可能的。在影响经济增长的各种因素之中，技术进步是第一位的。一部经济增长的历史就是一部技术进步的历史。

（3）经济增长的充分条件是制度与意识的相应调整。这也就是说，只有社会制度与意识形态适合于经济增长的需要，技术进步才能发挥作用，经济增长才是可能的。社会制度与意识形态的某种变革是经济增长的前提。例如，在历史上私有产权的确立实际上是经济增长的起点。只有在这种前提下，技术、资本等具体因素才能发挥作用。制度因素往往被人们所忽视，所以，提出这个充分条件是非常必要的。

库兹涅茨的这个定义被认为是对各国经济增长历史经验的高度概括，体现了经济增长的实质。因此，这一定义已被西方经济学广泛接受，并以此作为研究经济问题的出发点。

二、经济增长与经济发展

最初对经济增长与经济发展并无明晰的区分，它们被认为是意义相同可以互用的两个词。20世纪40年代中后期至60年代中前期，现代经济发展理论逐渐演变为一门独立的学科——发展经济学的研究范畴。相当部分经济学家认为经济增长理论主要是研究发达国家社会生产过程的理论，而经济发展理论主要是研究发展中国家如何由不发达状态向发达状态演进。自60年代中期起，有一个倾向性的观点是，经济增长与经济发展是反映两种不同经济现象的两个概念，经济增长是侧重于量变（GDP量变）的一个概念，而经济发展既有量的变化也有质的变化。它不仅包括经济增长，还包括技术进步、产业结构、经济体制乃至社会体制的变化及其内在联系。因此，经济发展必然包括有经济增长，但经济增长未必一定意味着经济发展。

三、经济增长的衡量指标

经济增长通常用一国的国内生产总值（GDP）来衡量。在实际运用中，为了清除物价水平的影响，更准确、真实地反映一国经济的实际生产能力和综合国力水平，常用实际GDP说明一国经济增长所达到的水平。

为消除人口变动的影响，真实反映一国生产能力所达到的生活福利状态，常用人均实际GDP说明一国经济增长所达到的生活富裕程度。

衡量经济增长，不仅要看它所到达的水平，更重要的是要看它的增长速度，因此最重要的增长指标是经济增长率。通常以国内生产总值的增长率作为经济增长率。

若设某年内民生产总值为y，一年中其增长量为ΔY，则经济增长率G，可由下式得到：

$$G = \Delta Y/Y$$

为便于不同国家和不同时期的比较，一个较长时期的经济增长状况可用年平均增长率来衡量。若设Y_0为初始年份的国内生产总值，Y_t为期终年份的国内生产总值，n表示这一时期的年度，r表示年平均增长率，则：

$$Y_t = Y_0 (1+r)^n$$

或

$$r = \sqrt[n]{\frac{Y_t}{Y_0}} - 1$$

在统计实践中，为避免出现年平均增长率偏高或偏低的情况，消除经济周期性波动对增长率的影响，时点 0 和 t 应选择处于经济周期同一阶段的年份。

许多国家在经济发展的过程中片面追求过高的经济增长率，而忽视经济增长的质量，结果带来经济较大的波动。也有学者对经济增长提出质疑，甚至提出零增长。应该说明的是，如果一国经济按 5% 增长，并不意味着人们的福利也增长 5%。

四、经济增长的基本特征

库兹涅茨根据美国、英国、法国等 14 个国家近百年的经济增长统计分析，总结出现代经济增长有六个基本特征：

1. 人均 GDP 和人口加速增长的趋势

这一个特征在经济增长过程中是十分明显的，表 15.1 的统计资料可以说明。

表 15.1　　　　　　　　　　某些国家经济的经济增长率

国别	时期（年）	期初人均实际 GDP（美元）	期末人均实际 GDP（美元）	GDP 增长率（年，%）
日本	1890—1990	842	16 144	3.00
巴西	1900—1987	436	3 417	2.39
加拿大	1870—1990	1 330	17 070	2.15
美国	1870—1990	2 244	18 258	1.76
中国	1900—1987	401	1 748	1.71
墨西哥	1900—1987	649	2 667	1.64
英国	1870—1990	2 693	13 589	1.36
阿根廷	1900—1987	1 248	3 302	1.09
印度尼西亚	1990—1987	499	1 200	1.01
巴基斯坦	1900—1987	413	885	0.88
印度	1900—1987	378	662	0.65
孟加拉国	1900—1987	349	375	0.08

资料来源：曼昆．经济学原理．北京：北京大学出版社，1999．

2. 技术进步使生产率不断提高

这里的生产率提高包括所有投入生产要素的产出率提高，例如，劳动生产率和其他要素生产率的迅速提高，也包括由于技术进步所引起的生产效率的提高。这也是在产量高增长和人口增长迅速情况下人均产量高增长率的原因。

3. 经济结构的迅速变革

这包括从农业转移到非农业以及从工业转移到服务业、生产单位生产规模的变化、劳动力职业状况变化、消费结构变化等。

4. 社会结构与意识的迅速改变

例如，城市化以及教育与宗教的分离就是这个社会现代化的一个组成部分，也是经济增长的必然结果。再如，随着我国经济体制改革的逐步推行，人们的价值观、就业观有很大转变，自主创业的观念也开始为人们所接受。

5. 经济增长成为世界范围内各国共同追求的目标且迅速扩大

"千条理，万条理，发展才是硬道理"已经成为各国政府的共识，各国政府都在努力使经济总量增加。

6. 世界范围内经济增长呈现出不平衡性

从目前看，还有占世界人口 3/4 的国家是落后的，有的国家经济成就远远低于现代技术的潜力可能达到的最低水平。从表 15.1 可以看到，在国际范围内，贫富的差距在不断拉大，发展速度差异大。美国的人均 GDP 是中国的 10 倍，是印度的近 25 倍。1987 年普通墨西哥人的收入相当于普通美国人 1870 年的水平；1987 年普通印度人的实际收入相当于一个世纪之前普通美国人的 1/3 左右。日本的增长速度最快，高达 3%，而孟加拉国最慢，只有 0.8%。100 年前，日本并不是一个富国，但今天的日本已是一个经济超级大国，人均 GDP 接近美国，而孟加拉国在过去的一个世纪中根本没有任何增长。

这六个特征中，前两个数量特征属于总和的比率，中间两个属于结构的转变，后两个属于国际间扩散，六个特征是密切相关的。

五、经济增长的源泉

经济增长作为一种长期趋势取决于一个经济的总供给能力，这种总供给能力从根本上说取决于资本、劳动、自然资源和科学技术等要素的数量投入及其要素组合的效率状况。经济学家通常使用总量生产函数来研究这些要素之间的关系。**总量生产函数是总产量与决定经济增长的各要素之间的函数关系**，可以用如下公式表示：

$$Y = A \cdot f (K, L, N, E)$$

式中：Y 代表产出，A 代表技术，K 代表资本，L 代表劳动力，N 代表自然资源，E 代表企业家才能，f 代表产出与各生产要素之间的函数关系。根据此生产函数公式，可以把经济增长的源泉归结如下：

(一) 资本

经济增长的源泉来源于更多的可变投入资本，资本包括物质资本、人力资本和货币资本。经济增长中必然有资本的增加。美国在上世纪前半期，资本在经济增长中所作出的贡献占 11% 左右。应该指出，在经济增长的开始阶段，资本增加所作的贡献还要更大一些，所以在大多数的经济高速发展的国家，10% ~ 20% 的产出都用于净资本的形成。

(二) 劳动力

经济增长的源泉来源于劳动者更高的技能（一定的劳动力数量和劳动力质量）。劳动力数量增加来源于人口自然增长、劳动参工率提高、移民和劳动时间的增加。在经济发展初期，人口增长迅速，经济增长中劳动的作用主要表现为劳动力数量的增加。在经济发展到一定阶段之后，人口增长率下降，劳动时间缩短，这时劳动力的质量就成为一国经济增长的最重要的因素。劳动力质量表现为劳动者的技术、知识、健康程度和纪律性。劳动力质量的提高主要来自于人力资本投资。人力资本是指工人通过教育、培训和经验而获得的知识和技能的积累。这些知识和技能的积累也是一种重要的资本存量，它体现在劳动者的素质上，看不见摸不着，但能够有效地提高产量水平。形成人力资本的支出称为人力资本投资，它包括投入的资金和必要的学习时间。所以，同物质资本一样，人力资本也是一种生产出来的生产要素。人们应该像增加物质资本一样增加对人力资本的投资，即增加对教育的投资，提高国民素质，并且重视对企业员工的培训，不断提高他们的工作技能。

（三）自然资源

自然资源是指自然界提供的生产投入，包括土地、河流、森林和矿藏等。自然资源有两种类型，可再生的与不可再生的。比如，森林是可再生资源，当砍倒一棵树以后，可以在这个地方再栽上一棵树。而石油是不可再生资源，因为石油是自然界在几千万年前形成的，只有有限的供给，一旦石油供给枯竭，就不可能被再创造出来。

自然资源对经济增长有重要影响。美国之所以成为当今世界最大的谷物生产和出口国，是因为拥有广阔的良田。中东的一些国家，例如科威特和沙特阿拉伯之所以富有，是因为它们正好位于世界上最大油田的地方。自然资源虽重要，但自然资源不是一个经济具有较高增长率的必要条件。

（四）企业家才能

经济增长的源泉来源于改进的管理，即企业家管理才能的投入和改善可以在生产过程中更好地利用资源。

（五）科学技术

经济增长的源泉来源于技术的进步。马克思曾说"科学技术是最高意义上的革命力量"，邓小平也讲"科学技术是第一生产力"。技术进步在经济增长中的作用体现在生产率的提高上，即用同样的劳动与资本投入可以提供更多的物品与劳务。根据上世纪60年代美国经济学家索洛对技术进步在经济增长中的作用进行的定量分析，在经济增长率中有一半以上是由技术进步引起的，而在生产率的提高中，技术进步的作用在80%以上。随着时代的发展，技术进步的作用越来越重要。技术进步主要包括知识的进步与运用、规模经济的实现以及人力资源配置的改善。知识的进步与运用是技术进步最重要的内容。它包括新技术的发展及其在生产中的运用，新工艺的发明与使用等等。据美国经济学家 E. 丹尼森估算，技术进步引起的生产率提高中有60%左右要归功于知识的进展。规模经济是指由于企业生产规模扩大而引起的平均成本下降与生产率提高。人力资源配置的改善是指劳动力从低生产率部门转移到高生产率部门中（例如从农业转入工业，从一般工业转入高科技工业）。这种转移，提高了生产率。

在经济发展的初期阶段，资本和劳动的数量增加十分重要。但随着经济发展，技术进步的作用越来越重要，并成为增长的首要源泉。如果把劳动与资本增加引起的增长称为投入型增长，把技术进步引起的增长称为技术型增长，那么，一国经济保持持续增长的关键，在于能否实现经济由投入型增长向技术型增长的转变。

经济学家认为经济增长和经济发展的决定因素还应包括以下几个方面。

1. 制度

制度是设计社会、政治和经济行为的行为规则。美国经济学家诺斯强调"增加的路径依赖",其含义就是增长取决于制度,适于经济发展的制度就是实现增长的前提。历史证明:最适于经济增长的是市场经济制度。市场经济是一个制度体系,包括了多种制度。其中,经济增长最基本的前提是适当的激励制度。市场、产权和货币交换这几种制度对创造激励是至关重要的。

2. 资源

一个国家自然资源越丰富,利用率越高,对经济发展越有利。除了自然资源之外,资源还包括储蓄、新资本投资等。储蓄和新资本投资增加了每个工人的资本量,从而引起每小时劳动的实际 GDP 的增加,即劳动生产率提高。在产业革命时期,当每个工人的资本量增加时,劳动生产率发生了最急剧的上升。虽然手工生产过程可以创造出精美的东西,如工艺品,但用人均资本较高的生产方式,如汽车生产线,却使工人生产率要高得多。储蓄是投融资的主要来源,而资本投资额的增加可以促使未来经济发展。较高的储蓄率意味着较少的消费、较多的投资和较快的增长幅度。

3. 对外开放

劳动分工可以产生生产力,对外开放也可以产生生产力。21 世纪初,中国成为世界贸易组织的新成员,标志着我国对外经济关系进入一个新纪元:由过去有限领域和范围的对外开放转向全方位、多层次、宽领域的对外开放;由以试点、试验为特征的梯度开放战略转向整体开放战略;以计划、行政命令为基础的政府主导型对外开放转向以市场、比较优势为基础的市场主导型对外开放;由过分强调中国特殊性和按自己时间表推进的对外开放转向重视国际规范和与 WTO 成员方共同协商的对外开放。加入WTO 以后,我国将在更广泛的领域和更高层次上参与国际经济分工、经济全球化和国际新秩序的建立,为我国更加充分利用国际市场和资源、发挥劳动力资源优势、分享现代文明的各种成果、加快与国际经济接轨步伐创造有利条件。

第二节　经济增长模型

一、哈罗德—多马经济增长模型

哈罗德—多马经济增长模型是由英国经济学家哈罗德和美国经济学家多马提出来的,他们所提出的模型和结论极为相似,因而被称为哈罗德—多马模型。我们以哈罗德模型为主介绍这一模型的基本内容。

(一)哈罗德模型的基本假设条件

哈罗德模型是以一系列严格的假设条件为前提的,这些假设条件主要是:

(1)社会只生产一种产品,这种产品既可以作为消费品,又可以作为资本品。

(2)生产过程中,只有劳动和资本两种生产要素,这两种生产要素的比率是固定的,不能互相替代。

（3）生产的规模收益不变，生产每单位产量需要的生产要素的数量保持不变。

（4）不存在技术进步，即生产技术水平是既定的。

（二）哈罗德模型的基本公式

哈罗德的经济增长理论试图把凯恩斯的国民收入决定理论长期化和动态化。凯恩斯认为，在短期内，国民收入均衡的条件是总需求等于总供给，也就是投资等于储蓄。均衡的国民收入取决于总需求，如果总需求能使愿意工作的人都能就业，则经济处于充分就业均衡；如果总需求不足，产量减少，失业增加，则经济处于非充分就业均衡。哈罗德认为，凯恩斯所从事的是短期的、比较静态的分析。在凯恩斯分析基础之上，哈罗德进而考虑这样的问题：在长期内，如何实现经济稳定增长。

哈罗德经济增长模型涉及三个变量：①储蓄率 s；②资本—产量比率 C；③国民收入增长率 G。

储蓄率是储蓄在国民收入中所占的比例，用 s 表示，$s = S/Y$。假如国民收入为 2000，储蓄为 400，储蓄率 $S = 400/2000 = 0.2$。

资本—产量比率 C 是生产一单位产量所需要的资本量，在技术不变的条件下等于加速系数，用 C 表示，$C = I/\Delta Y$。假定为了增产 100 元的产品所需投入的资本为 400 元，则资本—产量比率 $C = 4$。

哈罗德认为，要实现均衡的经济增长，国民收入增长率必须等于储蓄率与资本—产量比率二者之比，即：

$$G = \frac{s}{C}$$

上式为哈罗德模型的基本公式。该模型反映了经济增长率与储蓄率和资本—产量比率之间的相互关系。根据这一模型假设，资本—产量比率是不变的。因此，经济增长率实际就取决于储蓄率。例如，假定储蓄率 s 为 20%，资本—产量比率 C 为 4，则经济增长率 G 为 5%。在资本—产量比率不变的条件下，储蓄率高，则经济增长率高；储蓄率低，则经济增长率低。储蓄是投资的唯一来源，所以，该模型分析的是资本增加与经济增长的关系，它强调资本增加是决定经济增长的唯一因素。这一思想反映了当时普遍的看法。

（三）经济长期稳定增长的条件

哈罗德提出了实际增长率，有保证的增长率与自然增长率的概念，并用这三个概念分析了经济长期稳定增长的条件与波动的原因。

实际增长率（G_t）指实际形成的增长率，它由实际储蓄率（s_t）和实际资本—产量比率（C_t）决定，即

$$G_t = s_t/C_t$$

有保证的增长率（G_w）又称合宜的增长率，或均衡增长率，它是指投资等于储蓄的增长率，也是长期中理想的增长率。它由合意的储蓄率（s_w）和合意的资本—产量比率（C_w）决定，即

$$G_w = s_w/G_w$$

自然增长率（G_n）是长期中人口增长与技术进步允许达到的最大增长率，也就是潜在增长率，又称社会最适宜的增长率。它由最适宜的储蓄率（s_0）与合意的资本—产量比率（C_w）决定，即

$$G_n = s_0/C_w$$

哈罗德认为，长期中实现经济稳定增长的条件是实际增长率、有保证的增长率与自然增长率相一致，即

$$G_t = G_w = G_n$$

实际经济中这三种增长率往往不一致，这会导致经济的波动。

如果实际增长率与有保证的增长率不一致，会引起经济中的短期波动。

当实际增长率大于有保证的增长率（$G_t > G_w$）时，这意味着实际储蓄率，即实际投资率大于合意的储蓄率，即 $s_t > s_w$，或 $I_t > s_w$，这会引起经济累积性扩张，出现通货膨胀。

当实际增长率小于有保证的增长率（$G_t < G_w$）时，这意味着实际储蓄率，或实际投资率小于合意的储蓄率，即 $s_t < s_w$，或 $I_t < s_w$，这会引起经济累积性收缩，出现失业。

在经济中，实际增长率与有保证的增长率的一致是偶然的，所以经济会产生波动，在扩张和收缩的交替中发展。

如果有保证的增长率与自然增长率不一致，则会引起经济的长期波动。

当有保证的增长率大于自然增长率（$G_w > G_n$）时，这表明储蓄和投资的增长率超过了人口增长与技术进步所能允许的程度。这时生产的增长受到劳动力不足和技术水平的限制，经济中出现了储蓄过度和投资过度的现象，从而出现长期停滞趋势。

当有保证的增长率小于自然增长率（$G_w < G_n$）时，这表示储蓄和投资的增长率还没有达到人口增长与技术进步所能允许的程度。这时生产的增加不会受到劳动力不足与技术水平的限制，企业仍增雇工人，扩大生产，从而刺激经济长期繁荣。

经济中，要使 $G_w = G_n$ 相当困难，还要使 G_t 与它们相等则更为不易。因为决定这三种增长率的因素各不相同，所以经济增长是不稳定的，当这三者不一致时就会出现经济的长期波动。

二、新古典经济增长模型

新古典经济增长模型是由美国经济学家索洛（R. M. Solow）和英国经济学家斯旺（T. W. Swan）在1956年分别提出的，英国经济学家米德（J. Meade）在1961年对其做了修正，成为新古典综合派的经济增长模型。

哈罗德—多马模型提出的经济稳定增长的条件，在现实生活中难以实现，并且未考虑技术进步对经济增长的作用。为了弥补这些缺陷，学者们提出了新的经济增长模型。

（一）新古典经济增长模型的基本假设条件

与哈罗德—多马模型主要假设条件一致的方面：

（1）全社会只生产一种产品，生产过程中只使用资本与劳动两种要素。

（2）生产过程中，规模收益不变。

与哈罗德—多马模型主要假设条件有显著区别的方面：

（1）生产过程中使用的资本与劳动在一定程度上可以相互替代，即生产单位产品所投入的资本与劳动的比例可以发生变化。

（2）在经济增长过程中存在技术进步的因素。

（二）新古典经济增长模型的基本公式

$$G = a\left(\frac{\Delta K}{K}\right) + b\left(\frac{\Delta L}{L}\right) + \frac{\Delta A}{A}$$

式中：$\frac{\Delta K}{K}$ 代表资本增加率，$\frac{\Delta L}{L}$ 代表劳动增加率；a 代表经济增长中资本所作的贡献比例；b 代表经济增长中劳动所作的贡献比例；a 与 b 之比则为资本—劳动比率。由基本假设可知 $a + b = 1$，$\frac{\Delta A}{A}$ 代表技术进步率。

需要指出的是，资本与劳动两种生产要素的相互替代是通过市场价格机制来实现的。当资本量大于劳动量，则资本的相对价格下降，从而使生产中更多地利用资本，较少地利用劳动，通过资本密集型技术实现的经济增长；反之，通过劳动密集型技术实现经济增长。

（三）新古典经济增长模型经济长期稳定增长的条件

该模型认为在长期中实现均衡的条件是储蓄全部转化为投资，即对凯恩斯的储蓄等于投资这一短期均衡条件的长期化。这种情况下，如果储蓄倾向不变，劳动增长率不变，则长期稳定增长的条件是经济增长率（$\Delta Y/Y$）与资本存量增长率（$\Delta K/K$）必须相等，即

$$\Delta Y/Y = \Delta K/K$$

如果 $\Delta Y/Y > \Delta K/K$，则意味着收入的增长快于资本存量的增长，从而资本生产率提高，进而刺激厂商用资本代替劳动。使用的资本量的增加，一方面使资本边际生产率下降，另一方面也使资本价格提高，从而最终会减少资本的使用量，最后达到 $\Delta Y/Y = \Delta K/K$。由此可见，市场调节会使得经济在长期中保持 $\Delta Y/Y = \Delta K/K$，从而实现稳定增长。

三、新剑桥经济增长模型

新剑桥经济增长模型是由英国经济学家 J. 罗宾逊（J. Robinson）、N. 卡尔多（N. Kardor）等人提出来的。哈罗德—多马模型和新古典增长模型认为社会储蓄倾向不变，而新剑桥模型认为社会收入分配结构的变化会对社会储蓄率产生影响，进而影响经济增长。

（一）新剑桥模型的基本假设条件

（1）社会成员分为利润收入者和工资收入者两个阶级。

（2）利润收入者与工资收入者都有其固定不变的储蓄倾向。

（3）利润收入者的储蓄倾向大于工资收入者的储蓄倾向。

（二）新剑桥增长模型的基本公式

$$G = \frac{s}{C} = \left(\frac{\dfrac{P}{Y} \cdot s_P + \dfrac{W}{Y} \cdot s_W}{C} \right)$$

式中：C 仍然是资本—产量比率，$\dfrac{P}{Y}$ 是利润在国民收入中所占的比例，$\dfrac{W}{Y}$ 是工资在国民收入中所占的比例。国民收入分为利润与工资两部分，所以 $\dfrac{P}{Y} + \dfrac{W}{Y} = 1$。$s_P$ 是利润收入者的储蓄倾向（即储蓄在利润中所占的比例），s_w 是工资收入者的储蓄倾向（即储蓄在工资中所占的比例）。根据假设，$s_P > s_w$ 且 s_P 和 s_w 都是既定的。从上式中可以看出，在 s_P 和 s_w 既定时，储蓄率的大小取决于国民收入分配的状况，即利润与工资在国民收入分配中所占的比例。在 $s_P > s_w$ 的假设下，利润在国民收入中所占的比例越大，则储蓄率越高；相反，工资在国民收入中所占的比例越大，则储蓄率越低。可举例说明这一点：

假设 $s_P = 30\%$，$s_w = 10\%$，如果 $\dfrac{P}{Y} = 40\%$，$\dfrac{W}{Y} = 60\%$，则：

$s = （40\% \times 30\% + 60\% \times 10\%）= 18\%$

如果改变收入分配，$\dfrac{P}{Y} = 60\%$，$\dfrac{W}{Y} = 40\%$，则：

$s = （60\% \times 30\% + 40\% \times 10\%）= 22\%$

在资本—产量比率不变的情况下，增长率取决于储蓄率，储蓄率越高则增长率越高。而要提高储蓄率，就要改变国民收入的分配，使利润在国民收入中占更大的比例。因此，经济增长是以加剧收入分配的不平等为前提的，经济增长的结果，也必然加剧收入分配的不平等。这是新剑桥模型的重要结论。

（三）新剑桥模型经济长期稳定增长的条件

新剑桥模型从社会储蓄率的角度探讨了经济长期稳定增长的条件。要使经济按一定的增长率增长就必须保持一定的储蓄率，而社会储蓄率取决于利润收入者与工资收入者的储蓄倾向，以及他们的收入在国民收入中所占的比率。前者是不变的，因此，要保持一定储蓄率就必须使国民收入中工资与利润保持一定水平。这个过程通过价格调节来实现。如果利润在国民收入中的比率加大，则储蓄率提高，投资增加，结果最终工资增加，储蓄率下降。这是增长过快的结果。反之，如果利润在国民收入中的比率减少，则储蓄率下降，投资减少，结果最终工资下降，这是增长过慢的结果。

经济要稳定增长，利润和工资在国民收入中要保持一定的比率，但这一比率并不是不变的，随着经济增长，在国民收入分配中，利润的比率在提高，工资的比率在下降。

四、新经济增长理论概述

(一) 新古典增长理论的缺陷

新古典增长理论也日益暴露出一些不足或缺陷。一是生产规模报酬不变的假定与事实越来越不相符合。大多数工业化国家由于资源配置合理化、部门协调效率较高、信息传递有效等，其经济资源的利用率高，产生了规模报酬递增的现象，而发展中国家则由于种种原因出现了规模报酬递减的状况。二是该模型无法对劳动力增长率和技术进步率做出解释，也未能对控制人口增长、提高技术进步速度提出相应的建议。在新古典增长模型中，稳态增长率即人口增长率是外生变量，但人口增长率与技术进步率对经济增长至关重要。所以，许多西方学者认为增长率的外生化是新古典增长模型在理论上的主要缺陷。三是新古典增长理论在解释现实方面显得无力。新古典增长理论的一个重要结论是，具有相同的技术和相同人口增长率的不同国家的增长率具有趋同性，但许多国家的增长率存在着较大或相当大的差异的现实却与新古典增长理论的趋同论相悖。

(二) 新经济增长理论概述

正是在这样的背景下，出现了"新经济增长理论"。新经济增长理论是用规模收益递增和内生技术进步来说明长期经济增长和各国增长率差异的理论总称。新增长理论的重要特征是将增长率内生化。在规模收益递增的原因上，新增长理论大多强调技术的溢出效应。企业采用了新技术而增加了技术知识，从而对整个社会产生了有利影响，技术的这种正的外部性就叫技术的溢出效应。新增长理论还特别论证了知识对经济增长的极端重要性。

新经济增长理论中，罗默的增长理论与实际情况较为符合。罗默在 1983 年写的题目为《外部因素、收益递增和无限增长条件下的动态竞争均衡》的博士论文，标志着新增长理论的兴起。罗默的新增长理论表现在以下几个方面：

（1）承认知识是一个生产要素，与获得资本一样，知识必须通过放弃当前的消费才能得到。

（2）过去投入的资本可以使知识得到积累，并且知识又能刺激投资，投资的持续增长能够永久地提高一国的经济增长率。

（3）知识能够提高投资收益。

（4）资本、人力资本、非熟练劳动、专利等都属于生产要素，这些生产要素的组合使得规模报酬递增。

（5）国际贸易有利于将新技术、新知识及人力资本引入一个国家，会促进一国的经济增长，使世界经济具有持续的增长动力，各国经济增长的差别源于不同的知识、人力资本等。

罗默的新经济增长理论奠定了随后出现的增长理论的基础。

卢卡斯依据人力资本理论，沿着罗默的思路，进一步研究了一般的人力资本与个人的、特殊的人力资本的区别，提出"私人人力资本积累带动经济增长"的卢卡斯模式，认为必须重视人力资本的投入、重视包括在职训练、边学边干等形式的教育，不断积累人力资本，多对研究与发展进行投资。这样，一国才能实现长期、稳定、均衡的经济增长。

牛津大学经济学教授斯科特认为应当用资本即总投资的变化来说明产出的变化，他把总投资与技术进步看成是一回事，认为发明是由预期的利润所激发和促成的，这与促成投资的因素是完全相同的。

美国哈佛大学的巴罗认为，穷国追赶不上富国的原因并不是穷国缺乏投资，而在于穷国缺乏人力资本，即对教育投资不够。

在技术进步的原因方面，新增长理论的经济学家有不同的看法。罗默认为技术进步表现为私人厂商投资于研究活动而生产出新知识；卢卡斯认为技术进步是教育部门进行人力资本投资的结果；巴罗认为技术进步表现为政府提供服务所带来的私人厂商生产率与社会生产率的提高。

另外，新增长理论还对税收、国际贸易等影响经济增长的因素进行了分析。

从新增长理论的内容来看，新增长理论具有重要的政策意义。如果一个国家的政府认真考虑教育、投资、研究与发展、税收与贸易政策等问题，并实施正确的政策，就能够促进一国的经济增长。

第三节　经济周期理论

1825 年，英国爆发了世界上的第一次生产过剩性经济危机，以后每隔 10 年左右就有一次这样的危机。针对这一现象，经济学家们进行了分析研究。就在大多数经济学家仍把危机作为一种孤立的现象时，法国一位学者 C. 朱格拉提出，危机并不是一种独立的现象，而是经济中周期性波动的一个阶段。从那时以来，经济周期就成为宏观经济学的主题之一。

一、经济周期的含义

对于经济周期的含义，以 1946 年美国经济学家米契尔和伯恩斯在《衡量经济周期》一书中所做的定义最为经典："经济周期是在主要按商业经济来组织活动的国家的总体经济活动中所看到的一种波动，一个周期由几乎同时在许多经济活动中所发生的扩张，随之而来的同样普遍的衰退、收缩和下一周期的扩张阶段相连的复苏所组成，这样变化的顺序反复出现。"

所以，**经济周期一般是指总体经济活动或国民收入环绕长期增长趋势所经历的经济扩张与经济收缩的周期性波动过程。**

对经济周期的理解应注意以下几点：

第一，经济周期是现代经济社会中不可避免的经济波动；

第二，经济周期是总体经济活动的波动，其中心是国民收入的波动，由于这种波动而引起了失业率、物价水平、利率、对外贸易等活动的波动。所以，研究经济周期的关键是研究国民收入波动的规律与根源；

第三，经济周期在经济活动过程中反复出现，但每个周期的时间长短并不完全一样；

第四，虽然每次经济周期并不完全相同，但它们却有共同之点，即每个周期都是扩张与收缩的交替。

二、经济周期的阶段及特点

西方经济学家普遍认为，经济周期阶段的划分，可以以经济周期波动线与长期经济增长趋势线的交点作为划分标准。其中经济周期波动线是一条围绕一种向上趋势而上下波动的曲线。随着时间的推移，整个经济的发展从高潮到低潮，再从低潮到高潮，周而复始地变化。

经济周期可以分为两个大的阶段，扩张阶段与收缩阶段。收缩阶段常常短于扩张阶段，其振幅可能是收敛性的、发散性的或稳定性的。如果更细一些，则把经济周期分为 4 个阶段：繁荣、衰退、萧条、复苏。其中繁荣与萧条是两个主要阶段，衰退与复苏是两个过渡性阶段。

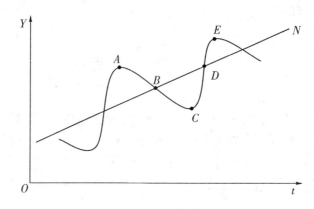

图 15.1　经济周期

图 15.1 中纵轴 Y 代表国民收入，横轴 t 代表时间（年份），向右上方倾斜的直线 N 代表经济的长期增长趋势线。A 为顶峰，$A-B$ 为衰退，$B-C$ 为萧条，C 为谷底（trough），$C-D$ 为复苏，$D-E$ 为繁荣，E 为顶峰（peak）。$A-E$ 即为一个周期。$A-C$ 即为衰退与萧条，就是收缩阶段。$C-E$ 即为复苏与繁荣，就是扩张阶段。收缩阶段总的经济趋势是下降，扩张阶段总的经济趋势是上升。

经济周期的四个阶段各有自己的特点：

1. 衰退阶段

在衰退（decline）阶段，经济处于较温和的收缩时期，经济活动水平下降。按照美国商务部的定义，实际国民生产总值连续两个季度下降就算发生了衰退。在衰退阶段，投资减少，消费下降，生产下滑，有效需求降低，失业率上升。同时，由于销售量下降和产品积压，造成整个社会生产普遍过剩，企业利润急剧下降，从而引发一些厂商倒闭。社会经济经过一段时间的衰退阶段，便进入了萧条阶段。

2. 萧条阶段

这是指整个社会的经济活动水平在长期平均水平以下运行的阶段。在萧条（depression）阶段，经济处于剧烈的收缩时期，经济活动水平降为最低点。在此阶段，社会投资水平继续下降，生产继续萎缩，物价水平持续走低，劳动力大量失业。当萧条到达最低时，经济位于"谷底"。经济的不景气，经常会造成社会动荡。谷底一般为1～2个月。

3. 复苏阶段

这是指经济从低点开始回升的阶段。在复苏（recover）阶段，经济活动日趋活跃，国民收入开始回升，这一时期是经济由萧条走向繁荣的过渡阶段。在这一阶段，损耗的机器设备得到更新，就业率、收入和消费开始上升，投资增加，整个经济不断扩张。随着经济增长速度的不断加快，一段时期后，经济步入下一个高潮阶段。

4. 繁荣阶段

这一阶段是国民经济活动高于正常水平的阶段。在繁荣（prosper）阶段，经济处于高涨（upsurge）时期，经济活动十分活跃。此时，社会有效需求量增加，产品热卖，存货减少，投资活动频繁，就业率上升，经济处于扩张状况，社会呈现繁荣景象，并达到最高点。繁荣阶段达到顶峰后，经济又开始了新一轮周期，顶峰一般为1－2个月。

三、经济周期的分类

在研究经济周期时，经济学家们根据每个经济周期时间长短的不同而把经济周期划分为不同的类型。由于每个经济学家所依据的统计资料和划分标准不同，就有了不同的经济周期类型。这里只介绍几种主要的类型。

（一）中周期：朱格拉周期

1860年，法国经济学家朱格拉在其《论法国、英国和美国的商业危机及其发生周期》一书中认为，危机或恐慌不是一种独立的现象，而是经济中周期性波动的三个连续阶段——繁荣、危机、复苏。这三个阶段在经济中顺序地反复出现，就形成了经济周期现象。他在对统计资料的分析中根据物价水平、生产等指标，确定了经济中平均每一个经济周期为9～10年。熊彼特后来把这种周期称为中周期，或朱格拉周期。美国经济学家 A. 汉森则把这种周期称为"主要经济周期"，并根据统计资料计算出美国在1795—1937年共有17个这样的周期，其平均长度为9.35年。

（二）短周期：基钦周期

美国经济学家基钦于1923年发表了《经济因素中的周期与趋势》一文，他研究了1890—1992年间英国与美国的物价、银行结算、利息等资料后提出，经济周期实际上有大周期和小周期两种。小周期（也称次要周期）平均长度均为3.5年（40个月），大周期（也称主要周期）则是若干个小周期的总和。一个大周期一般可包括两个或三个小周期。这里的大周期相当于朱格拉所说的中周期。熊彼特将基钦所说的小周期称为短周期，或称"基钦周期"。A. 汉森根据统计资料计算出美国在1807—1937年间共有 37 个这样的周期，其平均长度为 3.51 年。

（三）长周期：康德拉季耶夫周期

俄国经济学家康德拉季耶夫在 1926 年发表的《经济生活中的长期波动》中提出了"长周期理论"。康德拉季耶夫分析了有关法国、英国、美国、德国等一些国家长期的时间序列资料，根据这些国家批发价格水平、利率、工资和对外贸易、煤炭、生铁等产量和消费量的变动情况得出这样的结论：在资本主义经济中存在着平均长约 50 年的长期波动。

（四）另一种长周期：库兹涅茨周期

美国经济学家库兹涅茨在 1930 年时提出了一种与房地产建筑业相关的经济周期，这种周期长度在 15～25 年左右，平均长度为 20 年左右。库兹涅茨主要研究了美国、英国等国从 19 世纪初期或中期到 20 世纪初期 60 种工、农业主要产品的产量和 35 种工、农业主要产品的价格变动的长期时间数列资料，发现主要国家存在着长度从 15～25 年不等，平均长度为 20 年的长周期。这种长周期与人口增长而引起的建筑业增长与衰退相关，是由建筑业的周期性波动引起的，而且，在工业国家中产量增长呈现渐减的趋势。这个周期后来又被称为库兹涅茨周期或建筑业周期。

（五）经济周期的综合：熊彼特周期

奥地利经济学家熊彼特综合了前人的研究成果，认为经济中存在着长、中、短三种不同类型的周期。每个长周期的长度约为 48～60 年，其中包含了六个中周期；每个中周期的长度为 9～10 年，其中包含了三个短周期；短周期约为 40 个月，三个短周期构成一个中周期，十八个短周期构成一个长周期。

这些经济周期的分类是许多统计学家或经济学家通过对大量统计资料进行整理分析后得出的。因此，经济周期的种类划分为进一步进行经济周期的理论研究提供了基础。

四、经济周期产生的原因

关于产生经济周期的原因，西方经济学者对此作了种种不同的解释。**根据他们提出的原因的来源不同，大致可以分为外生经济周期理论和内生经济周期理论两大类型。**

（一）外生经济周期理论

外生经济周期理论是用经济外部的因素来解释经济的周期性波动，这类理论并不否认经济体系中内在因素的重要性，但它们强调这种周期性波动是经济体系之外的因素引起的。比较有代表性的外生经济周期理论有：创新经济周期理论、太阳黑子理论、政治周期理论等。

1. 创新经济周期理论

创新理论源于著名经济学家约瑟夫·A. 熊彼特。熊彼特认为创新就是建立一种新的生产函数，是企业家对生产要素的新的组合，即把一种从未有过的关于生产要素和生产条件的"新组合"引入生产流程。那么如何才能实现生产要素的新的结合呢？有两条途径：一是进行技术创新，导致生产要素比例变化，如机器生产代替手工生产；二是进行制度创新，通过制度创新来激发生产要素更大的生产潜力，如实施员工持股计划或者实行年功工资制度等。这种理论首先用创新来解释繁荣和衰退，即创新提高了生产效率，为创新者带来了盈利，引起其他企业仿效，形成创新浪潮。创新浪潮使银行信用扩张，对资本品的需求增加，引起经济繁荣。随着创新的普及和盈利机会的消失，银行信用紧缩，对资本品的需求减少，这就引起了经济衰退，直到另一次创新出现，经济再次繁荣。

　　经济周期实际上包括繁荣、衰退、萧条和复苏四个阶段，创新理论用创新引起的"第二次浪潮"来解释这一点。在第一次浪潮中，创新引起了对资本品需求的扩大和银行信用的扩张，这就促进了生产资本品的部门扩张，进而又促进了生产消费品的部门扩张。这种扩张引起物价普遍上升，投资机会增加，也出现了投机活动，这就是第二次浪潮。它是第一次浪潮的反应。然而，这两次浪潮有重大的区别，即第二次浪潮中许多投资机会与本部门的创新无关。这样，在第二次浪潮中包含了失误和过度投资行为，这就在衰退之后出现了另一个失衡的阶段——萧条。萧条发生后，第二次浪潮的反应逐渐消除，经济转向复苏，要使经济从复苏进入繁荣还有待于创新的出现。

　　熊彼特根据这种理论解释了长周期、中周期和短周期，他认为重大的技术创新（如蒸汽机、炼钢和汽车制造等）对经济增长有长期的影响。这些创新引起的繁荣时间长，繁荣之后的衰退时间也长，所引起的经济周期就长，从而形成了长周期。中等创新所引起的经济繁荣及随之而来的衰退则形成了中周期，那些不很重要的小创新则只能引起短周期。

　　2. 太阳黑子理论

　　太阳黑子理论是利用太阳黑子的活动来解释经济周期，由英国经济学家杰文斯父子提出并加以论证。该理论认为，太阳黑子的活动对农业生产影响很大，而农业生产的状况又会影响工业生产和整个经济。太阳黑子活动的周期性决定了经济活动的周期性。具体来说，太阳黑子活动频繁就使农业生产减产，农业的减产影响到工业、商业、工资、货币的购买力和投资等诸多方面，从而引起整个经济萧条。相反，当太阳黑子活动减少时，农业会丰收，整个经济会达到繁荣。他们用中长期中太阳黑子活动周期与经济周期基本吻合的资料来证明这种理论。这种理论把经济周期的根本原因归结为太阳黑子的活动，是典型的外生经济周期理论。现代经济学家认为，太阳黑子对农业生产的影响是非常有限的，而农业生产对整个经济的影响更是有限的。因此，在现代工业社会中，这种理论没有多大的说服力。

　　3. 政治周期理论

　　以诺德豪斯经济学家为代表提出的经济周期理论。他们中有的人认为，由于政府为阻止周期性的通货膨胀而采取了相应的紧缩措施，人为地制造了一次停滞和衰退，从而引起经济的周期波动。有的人认为，每届到期的政府为了树立良好的政府业绩以争取选民而采取了扩张性的经济政策，以谋求连任；新一届政府上台后就要采取经济紧缩政策，以消除经济扩张政策所带来的经济问题，由于政府的选举与产生具有周期性，因此经济也出了相应的周期。

（二）内生经济周期理论

内生经济周期理论与外生经济周期理论不同，它是用经济内部的因素来解释经济的周期性波动。这类理论并不否认经济体系外部因素对经济的冲击作用，但它强调经济中这种周期性波动是经济体系内部的因素引起的。比较有代表性的内生经济周期理论有：纯货币理论、投资过度理论、消费不足理论、心理周期理论、乘数与加速原理的相互作用理论。

1. 纯货币理论（pure monetary theory）

这一理论的代表人拉尔夫、霍特里、弗里德曼认为，经济周期和经济危机是由于货币信用过度扩张造成的。由于货币的乘数作用，当银行体系降低利率、信用扩大、贷款增加时，生产扩张，供给增加，收入和需求进一步上升，物价上涨，经济活动水平上升，经济进入繁荣阶段。由此引发通货膨胀，银行体系被迫收缩银根，停止信用扩张，贷款减少，订货下降，供过于求，经济进入萧条阶段。萧条时期，资金逐渐向银行集中，银行采取措施扩大信用，促进经济复苏。货币周期理论认为，货币量的扩张和收缩对经济周期有普遍的影响。

2. 投资过度理论（over - investment theory）

以哈耶克、密塞斯和卡塞尔为代表的经济学家们认为，由于投资过度，从而导致产业结构的失衡，引起经济周期性的波动。这种理论认为投资增加（原因很多，如货币量增加引起投资增加、发明和创造引起投资增加）引起经济繁荣，经济繁荣导致对生产资料等投资品需求的增加。资本品的生产过度发展导致生产资本部门的发展超过了生产消费品部门的发展，形成结构失衡。资本品过度发展，消费品生产的相对减少，导致消费品价格上涨，出现消费者以减少消费为代价的"强迫储蓄"。而"强迫储蓄"的出现又引起了信用进一步扩张，投资进一步投向资本品的生产。此时，经济处于高涨。但是，消费品价格上涨到一定程度，会使人们减少储蓄。银行信用扩张到一定程度后，不能继续扩张，货币供给减少，引起对生产要素需求的减少。生产缩减，导致繁荣的崩溃。从资本品过多到资本品过剩，使经济由繁荣转入萧条。

3. 消费不足理论（under - consumption theory）

消费不足理论把经济周期和经济危机归结为人们消费不足，这种理论的早期代表有西斯蒙第、马尔萨斯，近代有霍布森和德国的莱德勒，现代有凯恩斯、罗宾逊等激进经济学派。他们认为，经济萧条或经济危机是由于消费的需求赶不上消费品生产的增长，消费不足的根源主要是国民收入分配不平均所造成的富者储蓄过度，穷人有愿望却无购买能力。由此导致对消费品需求减少，而储蓄又是投入到生产性领域，这样又增加了消费品的生产，结果消费不断落后于生产，出现供过于求，于是价格下跌，利润减少，生产出现危机。

4. 心理周期理论（psychological - expect theory）

英国经济学家庇古和巴吉霍特等人用人们心理因素的变化来解释经济周期，认为人们心理上有一种"自生的周期"，造成了人们的情绪总是在乐观和悲观之间反复交替出现，人们很难控制自身的周而复始的情绪的变动，人们情绪的变动影响到社会经济活动。当投资者对未来的乐观预期一般总是超过经济中的实际情况，这就导致了过多的投资及经济的持续扩张，而一旦这种盲目乐观所带来的投资收益受到资源、技术等条件的制约而下降时，投资者对经济的预期又变得过度悲观，于是大幅度减少投资，引起经济的衰退。正是由于这种心理上的波动导致投资行为的波动从而导致经济活动的波动。

第四节　乘数—加速原理的相互作用理论

乘数—加速原理（multiplier – accelerator model）是将乘数原理（multiplier principle）和加速原理结合起来，解释经济周期的理论。它说明的是乘数和加速数的相互作用如何导致总需求发生有规律的周期波动，是一种解释经济周期的内生模型。

一、加速原理

（一）自发投资和引致投资

自发投资又称自动投资，是指与国民收入或消费变动无关的投资，而是由人口增长、技术进步、资源开发以及政府政策等方面外在因素的变化而引起的投资。

引致投资又称诱发投资，是指由收入或消费变动而引起的投资。这种投资取决于收入水平或消费需求。加速原理就是研究引致投资与收入变化之间的关系。

（二）资本—产量比率和加速系数

1. 资本—产量比率

资本—产量比率是指生产一单位产品所需要的资本数量，即：

$$资本—产量比率 = \frac{资本数量}{产量} = \frac{K}{Y}$$

式中，K = 资本数量，Y = 产量或收入。

2. 加速系数

从资本—产量比率中可看到，在技术不变的条件下，如果要使收入增加，就必须按资本—产量比率相应地增加资本存量。资本—产量比率决定了资本增量与产量增量的比率。通常将资本增量等于投资，所以，把投资增量与收入增量之比叫做加速系数，即：

$$加速系数 = \frac{资本增量}{产量增量} = \frac{投资}{收入增量}$$

若以 a 代表加速系数，ΔK 表示资本增量（$K_t - K_{t-1}$），ΔY 表示收入增量（$Y_t - Y_{t-1}$），I_Y 表示可引致投资，则上述公式可表示如下：

$$a = \frac{\Delta K}{\Delta Y} = \frac{I_Y}{\Delta Y}$$

（三）净投资、重置投资与总投资

$$a = \frac{\Delta K}{\Delta Y} = \frac{I_Y}{\Delta Y}$$

式中的引致投资 I_Y 是因收入增加而引发的投资，称为净投资。除了净投资外，每年还会有一笔为弥补设备、厂房等资本设备磨损的投资，称为重置投资，其数量取决于原有资本设备的数量、构成和使用年限。净投资和重置投资之和为总投资，即：

总投资 = 重置投资 + 净投资

$$I = Ia + I_Y = Ia + a \cdot (Y_t - Y_{t-1})$$

式中，I 为总投资，Ia 为重置投资。

总投资一般来说大于零或等于零，即最低的总投资为零。

一般来说，净投资为负数，意味着企业将把一部分设备卖掉。但是，在正常情况下，如果出现暂时的产量下降，企业不会立即卖掉设备，而是让其暂时闲置。所以，可以将产量下降时的净投资看做零。

（四）基本特征

根据产量增长率和投资增长率的变化特点，可归纳出加速原理的一些基本特征：

（1）投资的变动取决于产量的变动率，而不是产量变动的绝对量。因此，投资是产量变动率或收入变动率的函数。

（2）投资变动率的幅度要大于产量或收入变动的幅度，产量微小的变化会引起投资的巨大波动。

（3）产量增长率如果放慢，则投资的增长率就会出现停止或下降。因此，产量增长的速度相对放慢也会引起经济的衰退。

（4）加速的含义有两个方面，即如果产量增长时，投资的增长是加速的；反之，如果产量增长率下降或停止增长时，投资的减少也是加速的。

（五）加速原理的假设条件

加速原理的作用以下述假设条件为前提。

1. 假设技术水平不变，资本—产量比率不变

从历史发展的观点来看，技术的进步从来没有停止过，因此，资本与产量的比率亦是不断变化的。但是，加速原理的分析必须假定技术水平不变为前提，即假定产量增加同资本存量的增加保持同步增长。

2. 假设企业没有闲置的生产设备

加速原理的主要参数加速系数是以固定的资本—产量比率为假定条件，要增加产量，必须增加资本存量，所以，一定要假设企业的设备已达到充分利用，那么，增加产量就要添置新的设备。当然，如果企业有闲置生产设备，需要增加产量时，企业只要动用闲置设备就行了，不必添置新设备，这样就不会增加净投资。

3. 假设社会上还有可利用而尚未利用的资源

若社会上还有可利用而尚未利用的资源，这样为增加产出而增加的净投资，就能

购买到新的设备。

二、加速原理的举例

假设某企业资本—产出比率和加速数都是 10，有 20 台新旧不同的机器设备，总价值是 6000 万美元，每年更换一台，即每年补偿折旧的重置投资是 300（6000/20）万美元。下面可以把该企业 8 年中的产量、资本量、净投资、总投资之间的关系及其变动列成表 15.2。

第一阶段（第 1 年至第 3 年）：第一年的年产量都是 600 万美元，按已知的资本—产出比率为 10 来计算，每年所需资本量为 6000 万美元（600×10）。因为每年生产规模保持不变，所以每年净投资为 0。每年要补偿一台消耗的机器设备，所以每年有重置投资 300 万美元。因而净投资加重置投资构成的总投资每年为 300 万美元。

表 15.2　　　　　　　　　　加速原理举例　　　　　　　　单位：万美元

(1) 时期	(2) 年产量	(3) 年产量 变化额	(4) 资本量 =(2)×10	(5) 净投资= (3)×10	(6) 重置投资	(7) 总投资 =(5)+(6)
第一阶段						
第一年	600	0	6000	0	300	300
第二年	600	0	6000	0	300	300
第三年	600	0	6000	0	300	300
第二阶段						
第四年	900	300	9000	3000	300	3300
第五年	1200	300	12 000	3000	300	3300
第六年	1500	300	15 000	3000	300	3300
第三阶段						
第七年	1500	0	15 000	0	300	300
第四阶段						
第八年	1470	−30	14 700	−300	300	0

第二阶段（第 4 年至第 6 年）：产量逐年增加为 900 万美元、1200 万美元、1500 万美元，按资本—产出比率为 10 计算，则每年资本量相应增加为 9000 万美元（900×10），12000 万美元（1200×10），15000 万美元（1500×10）。也就是说，每年资本量要增加 3000 万美元，这意味着每年增加净投资 3000 万美元。再加上每年更换设备的重置投资 300 万美元，所以每年总投资增加 3300 万美元。第 4 年产量增加 50%〔（900−600）/600〕，而总投资增加 1000%〔（3300−300）/300〕，可见，产量的变化对投资具有加速影响，投资增量（3000−0）是产量增量（900−600）的 10 倍，这个倍数就是加速数。第 5 年、第 6 年产量分别增加 33.3%、25%，但两年产量对投资的加速数仍然是 10。以第 5 年为例，产量的增长率 $(Y_t - Y_{t-1})/Y_t = (1200-900)/900 = 33.3\%$，$\Delta K = 3000$，所以 $a = \Delta K/\Delta Y = 3000/(1200-900) = 10$，可见，这 3 年中每年

引致投资即净投资增加的比率是一样的。

第三阶段（第 7 年）：年产量维持在原有规模，资本量没有发生变动，因而净投资为 0，重置投资仍为 300 万美元，所以总投资为 300 万美元，比上一年减少 91%。

第四阶段（第 8 年）：年产量稍有下降，但净投资大幅度下降，变为负数，总投资为 0，意味着没有进行机器设备的折旧。

根据以上分析，我们对加速原理总结如下：

（1）投资并不是收入的绝对量的函数，而是收入的变动量的函数。上例第 4 年中，净投资 3000 万美元不是收入（产量）900 万美元的函数，而是收入的变动量 300 万美元（从第 3 年 600 万美元增加到第 4 年 900 万美元）的函数。

（2）投资变动的幅度大于收入或消费的变动幅度。换言之，收入或消费的较小变动会引起投资的较大变动。如上表第 4 年中，产量（收入）只增加了 50%，投资就增加了 10 倍。这就是"加速"的含义。

（3）要使投资水平不至于下降，收入或消费水平必须持续增加。如果收入或消费增长率放慢或停止，则投资增长率就会停止或下降。这表明，即使收入或消费绝对量并未减少，而只是相对放慢了增长速度，也可能引起投资大幅度减少、经济衰退。上表中第三、四阶段就说明了这一问题。

（4）"加速"的含义是双重的。当收入或消费增加时，投资会加速增加；当收入或消费减少时，投资也会加速减少。但西方国家一些学者指出，收入或消费下降时，数值为负的投资量不会超过折旧量。因为企业至多只会使设备闲置不用，停止更换设备，决不会摧毁设备，使负投资超过折旧。

三、乘数—加速模型

西方经济学认为，投资与收入之间的作用是互相的。只有把二者结合起来，才能说明收入、消费和投资的关系，才能解释经济的周期波动，为政府对经济运行进行干预提供指导。

（一）乘数—加速模型

乘数—加速模型，就是通过乘数和加速数的相互作用，以消费加投资说明国民收入变动造成经济周期波动的一种经济模型。它是经济周期理论的一种，首先由美国经济学家汉森提出，后经萨缪尔森将这种方法公式化，用消费加投资来说明国民收入的变化。因此，乘数—加速模型又称为"汉森—萨缪尔森模型"或"萨缪尔森乘数—加速数模型"。

这一模型的主要推导过程为：本期为国民收入 Y_t 由总支出决定，而总支出在不考虑净出口的情况下包括本期消费 C_t。用公式表示为：

$$Y_t = C_t + I_t + G_t \tag{15.1}$$

本期消费决定于边际消费倾向 b 和上期收入 Y_{t-1}，因此：

$$C_t = b \times Y_{t-1} \tag{15.2}$$

本期投资取决于加速数 a 和消费的变动额（$C_t - C_{t-1}$），消费的变动又取决于国民收入的变动（$Y_{t-1} - Y_{t-2}$），所以：

$$I_t = a \times (C_t - C_{t-1})$$
$$= a \times (b \times Y_{t-1} - b \times Y_{t-2})$$
$$= a \times b \times (Y_{t-1} - Y_{t-2}) \tag{15.3}$$

假定政府购买不变，把（15.2），（15.3）式代入（15.1）式得出乘数—加速模型为：

$$Yt = b \times Y_{t-1} + a \times b (Y_{t-1} - Y_{t-2}) + C_t \tag{15.4}$$

现举例说明如下：假定 $b = 0.5$（即消费增量中有50%用于消费），$a = 1$（即每增加1美元收入可以使投资增加1美元），$G_t = 1$，则根据模型可列表15.3如下：

表 15.3　　　　　　　　　　乘数—加速数模型举例　　　　　　　　单位：100 亿美元

年份 t	政府购买 G_t	本期消费 C_t	本期投资 I_t	本期国民收入 Y_t
1	1	0	0	1
2	1	0.5	0.5	2
3	1	1.0	0.5	2.5
4	1	1.25	0.25	2.5
5	1	1.25	0	2.25
6	1	1.125	−0.125	2
7	1	1.0	−0.125	1.875
8	1	0.937 5	−0.062 5	1.875
9	1	0.937 5	0	1.937 5
10	1	0.968 75	0.031 25	2
11	1	1	0.031 25	2.031 25
12	1	1.015 625	0.015 625	2.031 25
13	1	1.015 625	0	2.015 625
14	1	1.007 812 5	−0.007 812 5	2

根据表15.3可以作出图15.2。横轴表示年份 t，纵轴表示实际国民收入 Y。图15.2中的曲线反映各年国民收入的波动情况即经济周期。

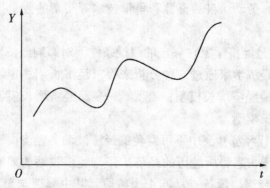

图 15.2　经济收入的波动

(二) 乘数—加速模型所说明的问题

用乘数—加速模型说明经济周期的过程为：由于利息率下降或利润预期乐观，投资增加，增加的投资通过乘数作用使国民收入成倍增加，增加的国民收入又会通过加速作用使投资按加速数增加。投资的增加再引起国民收入按乘数增加，如此反复，国民经济进入繁荣状态。但经济的繁荣不会无限期持续下去，一旦经济增长达到顶峰后，投资会由于利息率上升或利润预期悲观而减少，这种投资的减少会通过乘数作用使国民收入成倍减少，国民收入的减少又会通过加速原理的作用使投资进一步减少，投资的减少再引起国民收入的进一步减少，如此反复，国民经济就进入衰退和萧条时期。萧条达到谷底后，利息率下降或利润预期乐观，又会引起新的繁荣，之后又会出现新的衰退。国民经济就在这样的周期循环中向前发展。

乘数—加速模型利用乘数和加速原理的相互作用解释了经济周期波动的原因，为政府干预经济活动指明了方向。模型中，假设政府支出、边际消费倾向、加速数都是不变的，这样经济会形成上述的周期波动。如果政府采取措施，改变这些变量就可以减缓甚至消除经济周期，如降低利息率刺激投资，鼓励提高劳动生产率以提高加速数，鼓励消费，增加政府支出等。

本章小结

1. 在长期中，一国经济不是国民收入稳定地增长，而是在周期性波动中实现着增长。

2. 经济增长与经济发展是两个不同概念。经济发展必然包括有经济增长，但经济增长未必一定意味着经济发展。

3. 经济增长是指给居民提供种类日益繁多的经济产品的能力长期上升，这种不断增长的能力是建立在先进技术以及所需要的制度和思想意识之相应的调整的基础上的。经济增长通常用一国的国内生产总值（GDP）来衡量。

4. 经济增长作为一种长期趋势取决于一个经济的总供给能力，这种总供给能力从根本上说取决于资本、劳动、自然资源和科学技术等要素的数量投入及其要素组合的效率状况。

5. 经济增长模型是经济学家在一定的假设条件下对影响经济增长的各种因素之间的关系的定量分析。经济学家通过这种分析来寻求经济长期稳定增长的条件。本章主要介绍了有影响的三种经济增长模型：哈罗德—多马经济增长模型；新古典经济增长模型；新剑桥经济增长模型。

6. 经济周期是现代经济社会中不可避免的经济波动。经济周期是指总体经济活动或国民收入环绕长期增长趋势所经历的经济扩张与经济收缩的周期性波动过程。每个周期一般包括繁荣、衰退、萧条、复苏4个阶段，其中繁荣与萧条是两个主要阶段，衰退与复苏是两个过渡性阶段。

7. 经济学家们根据每个经济周期时间长短的不同而把经济周期划分为不同的类型。

8. 根据经济周期产生原因的来源不同，大致可以分为外生经济周期理论和内生经济周期理论两大类型。比较有代表性的外生经济周期理论有：创新经济周期理论、太阳黑子理论、政治周期理论等。比较有代表性的内生经济周期理论有：纯货币理论、投资过度理论、消费不足理论、心理周期理论、乘数与加速原理的相互作用理论。

复习与思考题

一、名词解释

经济增长　　经济周期　　哈罗德—多马经济增长模型　　新古典经济增长模型
新剑桥经济增长模型

二、单项选择

1. 经济增长的标志是（　　）。

　　A. 失业率下降　　　　　　　　B. 社会生产能力的不断提高
　　C. 先进技术的广泛运用　　　　D. 城市化速度加快

2. 哈罗德经济增长模型中的增长率包括（　　）。

　　A. 有保证的增长率　　　　　　B. 实际增长率
　　C. 自然增长率　　　　　　　　D. 以上都是

3. 根据哈罗德—多马经济增长模型的分析，如果有保证的增长率 G_W 大于实际增长率 G，经济将（　　）。

　　A. 累积性扩张　　　　　　　　B. 累积性收缩
　　C. 均衡增长　　　　　　　　　D. 不能确定

4. 根据哈罗德—多马经济增长模型的分析，如果有保证的增长率 G_W 大于自然增长率 G_N，经济将（　　）。

　　A. 长期繁荣　　　　　　　　　B. 长期停滞
　　C. 均衡增长　　　　　　　　　D. 不能确定

5. 认为可以通过改变资本—劳动比率及调整收入分配使经济增长的模型是（　　）。

　　A. 哈罗德—多马经济增长模型　　B. 凯恩斯经济增长模型
　　C. 新古典经济增长模型　　　　　D. 新剑桥经济增长模型

6. 根据哈罗德—多马模型，当有保证的增长率小于实际增长率时，经济将出现（　　）。

　　A. 均衡增长　　　　　　　　　B. 累积性的扩张
　　C. 累积性的收缩　　　　　　　D. 出现通货紧缩

7. 根据哈罗德增长理论，实现充分就业均衡增长的条件是（　　）。

　　A. 实际增长率 = 自然增长率
　　B. 实际增长率 = 有保证的增长率
　　C. 实际增长率 = 自然增长率 = 有保证的增长率

D. 有保证的增长率 = 自然增长率

8. 当合意的资本—产出比率小于实际的资本—产出比率时，厂商（　　）。

  A. 增加投资   B. 减少投资

  C. 投资不变   D. 不能确定

9. 经济周期的中心是（　　）。

  A. 利率波动   B. 通胀率波动

  C. 国民收入波动   D. 就业率波动

10. 经济周期中两个主要阶段是（　　）。

  A. 繁荣和萧条   B. 萧条和衰退

  C. 萧条和复苏   D. 繁荣和复苏

11. 一个中周期持续的时间一般为（　　）。

  A. 3～4 年   B. 15～25 年

  C. 9～10 年   D. 50～60 年

12. 持续时间约为 15～25 年的经济周期是由哪位经济学家提出的（　　）。

  A. 基钦   B. 朱格拉

  C. 库兹涅茨   D. 康德拉季耶夫

13. 康德拉季耶夫周期是（　　）。

  A. 长周期   B. 中周期

  C. 长度约 9～10 年   D. 长度约 3～4 年

14. 朱格拉周期是一种（　　）。

  A. 中周期   B. 短周期

  C. 长周期   D. 不能确定

15. 加速原理认为（　　）。

  A. 消费增加导致 GDP 数倍增加   B. GDP 数量增加会引起投资数倍增加

  C. GDP 增长会导致消费数倍增加   D. 投资增加会引起 GDP 数倍增加

16. 下列加速原理的假设前提条件不正确的是（　　）。

  A. 技术水平不变   B. 资本—产量比率不变

  C. 企业没有闲置的生产设备   D. 社会上没有可利用而尚未利用的资源

17. 根据乘数—加速模型，下列说法不正确的是（　　）。

  A. 经济体系本身可以产生周期性波动

  B. 在影响经济波动的各种变量中，投资起重要作用

  C. 收入与消费之间的关系较为稳定

  D. 收入与消费之间的关系没有规律

三、判断题

1. 经济增长主要与经济中生产潜力的增长及生产能力得到利用的程度有关。
（　　）

2. 经济增长与经济发展所研究的是同样的问题。（　　）

3. 根据哈罗德经济增长模型的分析表明，为使经济处于均衡状态，实际增长率必须等于有保证的增长率。（　　）

4. 如果实际增长率超过了有保证的增长率，则总供给将超过总需求。（　　）

5. 在哈罗德经济增长模型中，实际增长率、有保证的增长率和自然增长率总是一致的。（　　）

6. 哈罗德—多马模型认为经济活动自身可以自动趋向于均衡增长途径。（　　）

7. 哈罗德—多马模型假设劳动和资本是可以相互替代的。（　　）

8. 新古典增长模型假设劳动和资本是可以相互替代的。（　　）

9. 哈罗德—多马模型是凯恩斯理论的动态化、长期化。（　　）

10. 经济周期是现代经济社会中不可避免的经济波动。（　　）

11. 朱格拉周期是一种短周期。（　　）

12. 政治周期理论是一种外生经济周期理论。（　　）

13. 资本—产量比率是指生产—单位产品所需要的资本数量。（　　）

14. 收入增量除以投资增量叫做加速系数。（　　）

15. 乘数—加速模型又称为"汉森—萨缪尔森模型"。（　　）

四、计算题

1. 已知资本—产出比率为4，假设某国某年的国民收入为1000亿美元，消费为800亿美元。按照哈罗德—多马增长模型，要使该年的储蓄全部转化为投资，第二年的有保证的增长率为多少？

2. 设实际储蓄率为0.3，实际资本—产出比率为5，合意储蓄率为0.4，合意资本—产出比率为4，自然增长率为8%，实现自然增长率的资本—产出比率仍为4，请计算并分析：

（1）实际增长率；

（2）有保证的增长率；

（3）实现自然增长率的储蓄率；

（4）经济在短、长期是否保持充分就业状态的均衡稳定增长，若不是，会出现怎样的波动情况？

五、思考题

1. 什么是经济增长？它有哪些基本特征？

2. 影响经济增长的因素有哪些？

3. 什么是经济周期？经济周期不同阶段的特征是什么？

4. 经济周期产生的原因是什么？

5. 哈罗德—多马经济增长模型的基本假设和基本公式是什么？它是如何解释经济中短期波动和长期波动的？

6. 如何运用乘数——加速模型来解释经济的周期波动？

第十六章　失业和通货膨胀

第一节　失业理论

一、失业的含义及其衡量

（一）失业的概念

失业是指有劳动能力的劳动人口，有劳动意愿并在劳动力市场上经过一段时间的寻找没有找到有报酬的工作的经济现象。所谓**失业者，是指在一定的年龄范围内，有工作能力且愿意工作，却没有工作或正在寻找工作的人。**失业者必须满足的基本条件有以下4个：

（1）在一定年龄范围内。世界各国对工作年龄和失业的范围都有不同的规定，联合国规定的劳动年龄为15岁以上，在美国、法国开始工作的年龄规定为16岁以上。

（2）有能力工作。

（3）愿意按现行资率工作，为寻找工作付出过一定的努力，即有求职活动。

（4）目前没有工作或正在寻找工作。

就业者与失业者的总和构成劳动力（labor force）。非劳动力包括从事家务、退休、没有工作能力或没有寻找工作的人以及正在求学、培训和从军者。

另外，失业分为广义失业和狭义失业。广义失业是指现有可用的一切生产要素（包括劳动、资本、土地、企业家才能、技术、信息等）没有得到充分利用的状态。狭义失业是指只有作为生产要素的劳动没有得到充分利用的状态。本文所提到的失业均指狭义的失业。

（二）失业的衡量

失业人数和失业率是衡量一个经济中失业状况的基本指标。

失业人数，是指一定劳动者年龄以上，有劳动能力，在某一时间内没有职业或工作时间没有达到规定标准，正在寻找有报酬的工作，并已在就业机构进行了登记的人员。

失业率等于失业人口数占就业人口与失业人口数之和的百分比，即失业量与劳动力总量的比例。失业量＝劳动力总量－就业量。用 N 表示就业量，U 表示失业量，L 表示劳动力总量，n 表示就业率，u 表示失业率，那么显然有：

$$n = \frac{N}{L}, \; u = \frac{U}{L}$$

这样，失业率 u 可以通过就业率 n 得到，因为 $u = 1 - n$。同样，知道了失业率 u，也可以得到就业率 n。因此，研究失业问题，实际也是研究就业问题。减少失业，就是扩大就业。值得注意的是，我们通常所说的充分就业并不意味着失业率为零。

二、失业的原因和类型

失业可以按不同的方法进行分类，如年龄、性别和职业等。我们这里按失业的原因进行分类，虽然对每一个失业者不可能按一特定的因素分类，但大致可以把失业者之所以失业的原因归为某一类或某几类。**通常我们把失业分为摩擦性失业、结构性失业、古典失业、季节性失业和周期性失业等。**

（一）摩擦性失业

摩擦性失业是劳动者在正常流动过程中所产生的失业，即由生命周期、人口迁移以及努力想得到更好工作等原因而产生的失业。摩擦性失业是市场制度本身决定的，与劳动力供求状态无关，即使实现充分就业也要有摩擦性失业。

劳动者流动过程包括劳动者的新老交替、人们出于资源配置优化和判断的原因而转移就业职位等。它是市场对人力资源进行配置不可缺少的条件和代价。决定摩擦性失业大小的因素主要有以下几个方面：

（1）劳动力流动性的大小。劳动力流动性的大小在很大程度上是由制度性因素、社会文化因素和劳动力的构成状况决定的。户籍制度、父母在不远游等原因。

（2）寻找工作所需要的时间。其主要取决于有关就业信息的掌握程度、寻找工作的成本、失业者承受失业的能力等因素。如果人们的生活有一定保障，他们就可能花更多的时间去寻找工作。失业救济等社会保险制度和家庭中其他成员的收入都可为摩擦性失业者花更多的时间寻找工作提供支持。

（二）结构性失业

结构性失业是指由于经济结构（产业结构和地区经济结构）的变化，劳动力的供给和需求在职业、技能、产业、地区分布等方面的不协调所引起的失业。

结构性失业也是经济发展不可缺少的必要条件和代价，结构性失业多伴随着经济结构的升级和调整，而这又恰好是经济发展的重要前提和标志。

结构性失业也是在充分就业下的失业。在结构性失业下，虽然劳动供求总量相等，但劳动供给与需求的结构不一致。这是结构性失业的明显特征。

在纯粹摩擦性失业情况下，劳动力供给结构与劳动力需求结构相吻合，每一个寻找工作的人，都有一个适合于他的职位空缺，只是寻找者尚未找到这个空缺而已。摩擦性失业是劳动市场的信息不完全、供求双方没有很好匹配的结果。

在结构性失业情况下，劳动力的供给结构与劳动力的需求结构是不相符合的，寻找工作者找不到与自己的技能、居住地区相符合的工作。一般来说，摩擦性失业者失业时间较短，而结构性失业的时间较长，当事人更加痛苦。

（三）古典失业

古典失业是由于实际工资不平衡所产生的失业，也称实际工资失业。古典失业是工资刚性引起的失业，即工人要求较高的工资而使资本家解雇工人所产生的失业。由于工会的存在与最低工资法的规定，市场就难以调节劳动的供求，故而就不能形成市场化的均衡工资，形成的是工资只能升不能降的工资刚性。当资本家不愿意增加工资总量时，随着单个劳动工资的增加就解雇一部分工人，从而造成失业。这种失业最早由古典经济学家提出，故称为古典失业。

（四）季节性失业

由于某些部门的间歇性生产特征而造成的失业叫做"季节性失业"。例如，有些行为或部门对劳动力的需求随季节的变动而波动，如受气候、产品的式样、劳务与商品的消费需求等季节性因素的影响，使得某些行业出现劳动力的闲置，从而产生失业，主要表现在农业部门或建筑部门，或一些加工业如制糖业。

季节性失业是一种正常性的失业。它通过影响某些产业的生产或影响某些消费需求而影响对劳动力需求。季节性失业具有如下特点：地理区域性较强，行业性差别较大；有规律性；失业持续期有限。

随着技术的进步，季节性失业有减轻的趋势。

（五）周期性失业

由于总支出不足以购买充分就业时所有的产品，由此产生了失业，这种失业一般出现在经济周期的萧条阶段，因此叫周期性失业，也称需求不足失业。

经济增长具有周期性，当经济增长处于高涨阶段时，就业量增加，失业量减少；经济增长处于下降阶段时，就业量减少而失业量增加。按照凯恩斯的说法，当实际的总需求小于充分就业的总需求时，消费疲软，市场不旺，造成企业投资减少从而减少雇佣人员而形成周期性失业。周期性失业即通货紧缩时期的失业。

自然失业率是指充分就业下的失业率。自然失业率即是一个不会造成通胀的失业率。自然失业率为摩擦性失业率及结构性失业率加总之和。由于人口结构的变化、技术的进步、人们的消费偏好改变等等因素，社会上总会存在着摩擦性失业和结构性失业。就长期而言，经济循环带来的失业情形常会消失无踪，社会上只留下自然失业现象。"自然"的定义并不明确，没有人能明确地指出一个社会的自然失业率是多少，它会随着人口结构的变化、技术进步、产业升级而变化。在许多工业发达国家，自然失业率呈上升趋势。20 世纪 50 年代自然失业率为 4%，70 年代为 5%，80 年代为 6%，目前通常以 6% 为自然失业率的参考值。

三、失业的影响

（一）奥肯定律

失业在经济上最大的损失就是导致实际国民收入的减少，延缓经济增长速度。曾任美国约翰逊总统首席经济顾问的美国经济学家阿瑟·奥肯，在 20 世纪 60 年代所提出的**奥肯定律**，说明了失业率与实际国民收入增长率之间的反方向变动关系：实际国民收入增长率相对于潜在国民收入增长率每下降 2 到 2.5 个百分点，失业率就上升 1 个百分点。

奥肯定律主要适用于没有实现充分就业的情况，即失业率是周期性失业率。在充分就业情况下，自然失业率与实际国民收入增长率的这一关系就要弱得多。一般估计在 0.76 左右。

举例来说，美国在 1979—1982 年的三个经济停滞时期，实际 GDP 没有增长，而潜在产出每年增长 3%，三年共增长 9%。相对潜在产出，实际产出下降了 9%。如果奥肯定律的系数为 2，则失业率应该上升 4.5%。1979 年的失业率为 5.8%，1982 年的预期失业率为 10.3%。官方统计显示，1982 年的实际失业率为 9.7%。就经济学这门社会学科来说，这种预言算是比较准确的了。因此，实际产出必须保持与潜在产出同样的速度增长，以防止失业率的上升。如果要降低失业率，必须使实际产出的增长快于潜在产出的增长。

奥肯定律揭示了失业与经济增长之间的内在关系，失业的变动引起经济增长的变动；同样，经济增长的变动也引起失业的相应变动。从失业增加引起经济增长减少的角度看，奥肯定律其实说明了失业对经济带来的损失。

(二) 失业的经济影响

(1) **失业对家庭的影响**。失业增加使失业者的家庭收入和消费受到消极影响。失业后，家庭收入急剧下降，消费支出也随之下降。

(2) **对厂商的影响**。失业增加后，厂商产品的销售市场萎缩，有效需求下降。于是产出降低，生产能力闲置，利润率开始下降。厂商面临如此景况，就减少投资需求，减少新生产能力的形成。

(3) **对国民经济的影响**。失业增加后，由于家庭消费减少和厂商投资下降，使整个国民经济的增长受到抑制。

根据奥肯定律，失业率提高 1%，可使经济增长率下降 2%。那么，如果失业率提高 2%，经济增长率就下降 4%。美国在 1930—1939 年的大萧条时期，平均失业率为 18.2%，经济下降带来的损失占该时期潜在 GNP 的 38.5%。美国经济学家萨缪尔森指出：高失业时期的损失是一个现代经济中最大的有记录的损失，它们比垄断所引起的微观经济浪费的无效率或关税、配额引起的浪费要大许多倍。

(三) 失业的社会影响

从社会方面来看，失业的不利影响也是巨大的。失业不但使失业者及其家属的收入和消费水平下降，还会给人们的心理造成巨大的创伤，影响社会安定团结。失业者长期找不到工作，就会悲观失望，高失业率往往伴随着高犯罪率和各种社会骚乱。

当然，这是从经济学的角度上讲的，但从社会学的角度看，适当的失业会使在岗的人员更加努力工作，积极进取，促进经济的发展。

第二节 通货膨胀理论

一、通货膨胀及其衡量

（一）通货膨胀的概念

通货膨胀是指在一个经济体中大多数商品和劳务的一般价格水平在一段时间内普遍而持续上涨的经济现象。 通货膨胀是一般价格水平普遍和持续的上涨。一般价格水平是指物价总水平，而不是指个别商品的物价水平。对通货膨胀的理解应注意以下两点：第一，通货膨胀不是价格水平短期或一次性上升，而是价格水平持续上升；第二，通货膨胀不是指个别商品价格水平的上升，而是价格总水平，即所有商品与劳务价格的加权平均值的上升。

（二）通货膨胀的衡量

通货膨胀的程度通常用通货膨胀率来衡量。 通货膨胀率被定义为从一个时期到另一个时期价格水平变动的百分比。

$$通货膨胀率 = \frac{P_t - P_{t-1}}{P_{t-1}}$$

其中，P_t 是 t 期的一般价格水平（平均价格水平）或物价指数（生产价格指数或消费价格指数），P_{t-1} 是 $t-1$ 期的物价指数。

衡量价格水平的经济指标是物价指数。物价指数是表示若干种商品价格水平的指数，它一般分为消费物价指数（CPI）、批发物价指数（PPI）和国内生产总值折算指数（GDP 折算指数）。知道了基期和现期的物价指数，那么，上述公式中的一般价格水平或物价指数的计算公式为：

$$P_t = \frac{\sum p_t^i q_0^i}{\sum p_0^i q_0^i} \times 100$$

其中，p_0^i 和 q_0^i 是第 i 种商品在基期的价格和数量。p_t^i 是第 i 种商品在 t 年的价格。如果用消费价格指数来衡量价格水平，则通货膨胀率就是不同时期消费价格指数变动的百分比。

（三）通货膨胀的分类

（1）按照价格上升的速度可分为温和的或爬行的通货膨胀、加速的或奔驰的通货膨胀和超速的或恶性通货膨胀三种。其中温和的或爬行的通货膨胀指通货膨胀率低（一般在 10% 以内），而且呈较为稳定、缓慢的上涨，物价较为稳定，货币不会有明显的贬值；加速的或奔驰的通货膨胀指年通货膨胀率较高（一般在 10% 以上，100% 以下）而且还在加剧，人们的恐慌心理使通胀变得更厉害。通货膨胀已对经济产生不利影响，但还不至于引起金融崩溃和经济生活混乱。超速的或恶性通货膨胀指通货膨胀率非常高（一般在100%以上）而且失去控制，物价连续狂涨，货币价值不断下降，人们不愿握有纸币，或抢购物资，或持有外币，已对经济社会生活产生极其不利的影响，甚至引发政局动荡。

（2）按照对价格影响的差别可分为平衡的通货膨胀和非平衡的通货膨胀。平衡的通货膨胀指每种商品的价格都按照相同比例上升的通货膨胀；非平衡的通货膨胀指各种商品价格上升的比例并不完全相同的通货膨胀。

（3）按照表现形式的不同可分为公开型通货膨胀和隐蔽型通货膨胀。公开型通货膨胀指完全通过物价总水平的明显、持续上涨体现出来的通货膨胀；隐蔽型通货膨胀指在集中计划经济体制下，由于存在着严格的价格管制，价格上升趋势的真实程度被隐蔽的通货膨胀。

（4）按照成因不同可分为需求拉上通货膨胀、成本推动通货膨胀和需求拉上与成本推动相互作用下的通货膨胀。本节将对按成因不同的通货膨胀分类作详细的阐述。

二、通货膨胀理论

（一）需求拉上通货膨胀理论

需求拉上的通货膨胀也叫超额需求通货膨胀，是指因总需求增加而引起的一般价格水平普遍和持续的上涨。在社会总需求中，无论消费、投资增加，还是政府支出和净出口增加，都能是需求增加，都能引起通货膨胀。

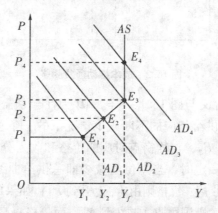

图16.1　需求拉上通货膨胀

在图16.1中，横轴表示国民收入 Y，纵轴表示价格水平 P，AS 为总供给曲线。如前面所述，社会总供给曲线是一条先平行于横轴，后向右上方倾斜，最后垂直于横轴的曲线。AD_1、AD_2、AD_3、AD_4 分别为需求越来越大的四条需求曲线，与总供给曲线的交点分别是 E_1、E_2、E_3、E_4，与均衡点对应的价格和收入分别是 P_1、P_2、P_3、P_4 和 Y_1、Y_2、Y_f、Y_f。

从图中可以看出，当总需求不断增加、总需求曲线 AD_1 不断右移至 AD_2、AD_3 时，价格水平就相应由 P_1 上升到 P_2、P_3，同时，收入量也由 Y_1 不断增加到 Y_2、Y_f。这一段的价格上涨是"瓶颈式"通货膨胀。当总需求 AD_3 继续增加至 AD_4 时，由于总供给已经达到充分就业水平，即 AS 曲线呈现垂直形状，总需求的增加不会使收入 Y_f 再增加，故在总供给或收入不变的情况下，价格由 P_3 上升到 P_4。这一段的价格上涨就是"需求拉上"的通货膨胀。

需求拉上的通货膨胀主要由财政政策中的政府支出、投资以及转移支付增加过快，货币政策中的货币投放过多，以及宏观消费政策中刺激消费力度过大等原因引起。在我国就发生过多起需求拉上的通货膨胀。

（二）供给推动的通货膨胀

成本推动的通货膨胀也叫做成本通货膨胀或供给通货膨胀，是指总供给的减少所引起的一般价格水平普遍和持续的上涨。当总需求曲线一定时，总供给曲线因成本提高而向左移动，于是在国民产出降低的同时，物价却上涨了。如图16.2所示。

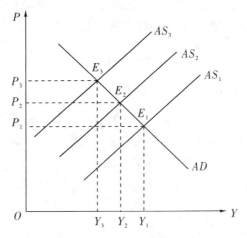

图16.2　成本推动通货膨胀

在图16.2中，坐标含义与图16.1一样。AD 为社会总需求曲线。AS_1、AS_2、AS_3 分别为成本不断提高、总供给相应的不断减少情况下的三条总供给曲线，与总需求曲线的交点分别是 E_1、E_2、E_3，与均衡点对应的价格和收入分别是 P_1、P_2、P_3 和 Y_1、Y_2、Y_3。总需求曲线 AD 一定时，当总供给减少即总供给曲线由 AS_1 向左移动到 AS_2 时，国民收入由 y_1 减少到 y_2，价格则由 P_1 上升到 P_2；如果成本进一步提高，总供给曲线 AS_1 向左移动到 AS_3，则国民收入减少到 Y_3，而价格提高为 P_3。这种由于成本提高引起的价格普遍、持续上涨，就是成本推动通货膨胀。

成本推动的通货膨胀原因有工资成本增长、利润增长和进口原料成本增加。与此相应，有三种成本推动的通货膨胀的理论。第一种是关于工资成本推动通货膨胀的理论，第二种是关于利润推动通货膨胀的理论，第三种是关于原料成本推动通货膨胀的理论。

第一，工资成本推动的通货膨胀是指工资的上涨而引起的物价的普遍上涨。关于工资成本推动通货膨胀的理论认为，工会组织对增加工资的要求是引起成本推动的通货膨胀的原因。在工会组织的要求下，劳动市场成为不完全竞争的生产要素市场，企业在许多工会会员失业的情况下，仍然支付高工资。由于工资决定中攀比原则的存在，没有工会的企业也支付高工资，因为工资低，以致无法留住企业所需要的工人。于是，工资成本就会普遍上涨，导致物价普遍上涨，出现通货膨胀。

第二，利润推动的通货膨胀是指具有垄断地位的企业为实现更多的利润而提高价格所引起的一般价格水平的普遍上涨。关于利润推动的通货膨胀的理论认为，垄断企业作为产品供给一方，不是市场价格的接受者，而是价格的操纵者，垄断企业能够操纵价格。操纵价格是一种能够得到高额利润的垄断价格。在操纵价格大量存在的条件下，会引起物价的普遍上涨，引发通货膨胀。

第三，原料成本推动的通货膨胀是指由于进口原料的价格提高而引起的物价的普遍上涨。关于原料成本推动的通货膨胀的理论认为，一国从外国进口的商品，有些作为原料进入本国的生产过程。当这种进口商品的价格上涨后，本国的生产成本就会上升，推动本国物价上涨，引发通货膨胀。例如，进口石油的价格上升，就使以石油为原料的企业的生产经营成本上涨。

（三）供求混合推动的通货膨胀

在现实经济生活中，**需求拉上拉动和成本推动的作用常常是混在一起的，成为混合型通货膨胀**。一般认为，在需求拉上通货膨胀时，需求曲线上升是主动的，必然引起短期总供给曲线的上升；在成本推动通货膨胀时，短期总给曲线上升是主动的，由其所引起的需求曲线成上升是被动的。总之，是需求和供给共同导致了通货膨胀。

假设需求拉上在先，其后是成本推动，如图 16.3 描述：

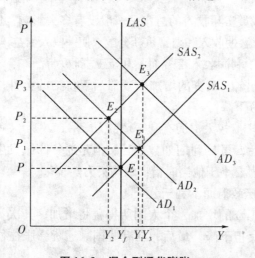

图 16.3 混合型通货膨胀

在图 16.3 中，横轴表示国民收入 Y，纵轴表示价格水平 P，LAS 为长期总供给曲线。初始需求曲线 AD_1 和短期总供给曲线 SAS_1 的交点为 E。由于消费、投资和政府支出的增加，需求曲线由 AD_1 向右移动到 AD_2，和短期总供给曲线 SAS_1 交于 E_1，而这时价格也由 P 上升为 P_1。如果价格水平普遍、持续上涨，这就是需求拉上通货膨胀。但总需求 AD 增加，会使工资成本上升，如短期总供给曲线 SAS_1 向左移动到 SAS_2，与 AD_2 交于 E_2，价格提高到 P_2，这又是成本推动通货膨胀。进一步的，如果，为克服成本推动通货膨胀，政府采取增加需求的政策，使总需求曲线 AD_2 大幅度增长为 AD_3，

则国民收入增加到 Y_3，价格提高到 P_3，这又构成需求拉上通货膨胀。在经济现实中，需求拉上通货膨胀和成本推动通货膨胀是密切联系、紧紧交叉在一起的。

（四）结构性通货膨胀

结构性通货膨胀指在没有需求拉动和成本推动的情况下，只是由于经济结构因素的变动，也会出现一般价格水平的持续上涨。 这种价格水平的持续上涨叫做结构性通货膨胀。

在整体经济中不同的部门有不同的劳动生产率增长率，但却有相同的货币工资增长率。因此，当劳动生产率增长率较高的部门货币工资增长时，就给劳动生产率增长率较低的部门形成了一种增加工资成本的压力。因为尽管这些部门劳动生产率的增长率较低，但各部门的货币工资增长率却是一致的，在成本加成的定价规则下，这一现象必然使整个经济产生一种由工资成本推进的通货膨胀。

三、通货膨胀对经济的影响

研究通货膨胀对经济的影响要比研究失业对经济的影响复杂得多。失业影响的许多方面是可以量化的。但是，通货膨胀对经济影响很难量化，同时也是一个争论较多的问题。现在我们对三个主要方面的影响作分析介绍。

（一）通货膨胀对收入分配的影响

通货膨胀对社会成员实际收入的总水平一般没有多大影响，但对社会不同成员的收入分配有不同的影响，会使收入和财富重新分配，使一些人受益，而另外一些人受损。

1. 通货膨胀有利于利润收入者，而不利于工资收入者

在通货膨胀期间，名义工资的增加不仅滞后于价格的上升，而且往往赶不上价格上升的幅度和实际工资下降。

2. 通货膨胀不利于债权人，而有利于债务人

借款人借到货币后，虽然到期如数偿还，但是通货膨胀发生后货币已经贬值，债权人实际收回的购买力要小于他当时借出的购买力。

3. 通货膨胀有利于政府而不利于公众

首先，随着名义工资的增加，个人的所得税将增加；其次，政府是净债务人，通货膨胀使政府的内债负担下降；最后，在有些国家通货膨胀往往是由货币发行量过多引起的，直接剥夺民众。

（二）通货膨胀对资源配置的影响

在市场经济中，资源的配置是通过价格进行的。在通货膨胀期间，价格变动是紊乱的，由此引起的资源的重新配置也不一定是合理的：厂商不知道生产那一种产品更有利可图，消费者不知道购买哪一家商店的产品更便宜。价格会在一定程度上失去合理配置资源的作用，降低经济效率。

（三）通货膨胀对产出水平的影响

国民经济产出水平是随着价格水平的变化而变化的，一般可能出现以下三种情况：

1. 产出随着通货膨胀的出现而增加

即在通货膨胀的刺激下，促进了产出水平的提高。首先，假设社会总需求增加，经济复苏，造成了一定程度的通货膨胀。即在短期内，非预期的温和的需求拉上的通货膨胀，会使产品价格的上涨快于货币工资率的上涨，导致实际工资率降低，从而促使企业增雇工人、扩大产量以谋取利润，使就业和国民产出增加。

2. 产出随着通货膨胀的出现而下降

如果发生成本推动的通货膨胀，原来所能购买的实际产品的数量将会减少，因此在成本推动的压力提高物价水平时，既定的总需求只能在市场上支持一个较小的实际产出。

3. 超级通货膨胀导致经济崩溃

首先，通货膨胀使人们的生活费用提高，劳动者要求按预期的通货膨胀率提高工资，使企业成本增加，企业扩大生产的积极性就会逐渐消失；其次，恶性通货膨胀出现以后，人们对货币完全失去信心，货币不能再执行它作为交换手段和储藏手段的职能，社会上存在大量的投机活动，市场机制无法正常运行，经济陷入混乱，严重时会导致经济崩溃和政治动乱。

第三节　菲利普斯曲线

一、菲利普斯曲线的由来

菲利普斯曲线是表示失业率与通货膨胀率之间成反向变动关系的一条曲线。新西兰经济学家 $W.$ 菲利普斯根据英国 1861—1957 年间失业率和货币工资变动率的经验统计资料，提出了一条用以表示失业率和货币工资变动率之间交替关系的曲线。这条曲线表明：当失业率较低时，货币工资增长率较高；反之，当失业率较高时，货币工资增长率较低，甚至是负数。根据成本推动的通货膨胀理论，货币工资率可以表示通货膨胀率。因此，这条曲线就可以表示失业率与通货膨胀率之间的交替关系。即失业率高表明经济处于萧条阶段，这时工资与物价水都较低，从而通货膨胀率也就低；反之失业率低，表明经济处于繁荣阶段，这时工资与物价水平都较高，从而通货膨胀率也就高。失业率和通货膨胀率之间存在着反方向变动的关系。

菲利普斯曲线的提出是对英国经济发展中的一个问题的总结，它用实际数据描述了通货膨胀率和失业率之间的变化关系，也为凯恩斯主流经济学派——新古典综合学派的政策主张提供了一个新思路：在充分就业条件下，若想减少失业则要提高通货膨胀率；若想降低通货膨胀率必然会增加失业率。对此，通货膨胀率（π）和总需求大于总供给的差额（$Y_d - Y_s$）的关系可以用以下公式表示：

$$\pi = f\ (Y_d - Y_s)$$

从供求定理分析可知，当差额（$Y_d - Y_s$）越大，则价格就上涨。这种关系如图 16.4 所示。

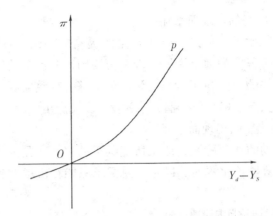

图 16.4　通货膨胀率和总需求大于总供给的差额的关系

在图 16.4 中，横轴为需求大于供给的差额 $Y_d - Y_s$，纵轴为通货膨胀率，p 为价格曲线。当 $Y_d > Y_s$ 时，价格随 $Y_d - Y_s$ 增加而不断提高，并呈上升加速趋势，价格曲线较为陡峭。当 $Y_d < Y_s$ 时，通货膨胀率为负值，即价格水平不断下降，并且呈下降减速趋势，价格曲线较为平坦。

因为 $-(Y_d - Y_s)$ 通常与失业大致呈同方向变化，也就是说 $Y_s - Y_d$ 的数值越大，失业率越高。因此如果把横轴 $Y_d - Y_s$ 换成 $Y_s - Y_d$，而新的横轴 $Y_s - Y_d$ 又可换成失业率，于是就形成了以失业率为调整变量的价格调整线。在劳动者收入占社会全部产品的份额不变条件下，通货膨胀率等于货币工资增长率与劳动生产率之差。在劳动生产增长率不变的情况下，通货膨胀率等于货币工资增长率。从而价格调整曲线，即通货膨胀率与货币工资调整具有一致性，可见价格调整线也就是菲利普斯曲线 PC（如图 16.5 所示）。

菲利普斯曲线具有三个方面的特征：第一，菲利普斯曲线斜率为负，失业率越低，通货膨胀率越高；反之，失业率越高，通货膨胀率越低。第二，菲利普斯曲线形状不是一条直线，即不断降低失业率要以不断提高通货膨胀率为代价。第三，菲利普斯曲线与横轴相交的失业率为正值，也就是说，既是工资增长率或通货膨胀率保持稳定状态，也有一定的失业率（自然失业率）。

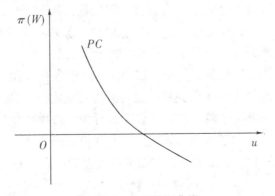

图 16.5　菲利普斯曲线

二、菲利普斯曲线的政策含义

由于失业率和通货膨胀率之间存在交替关系，所以决策者在进行决策时，就可以以高失业率换取低通货膨胀率，或者以高通货膨胀率换取低失业率。决策者可以运用菲利普斯曲线进行相机抉择。

假定一个经济社会能够忍受的失业率和通货膨胀率是一定（比如均为4%）。当通货膨胀率超过4%时，社会无法忍受，政府可以用提高失业率的办法（如紧缩财政政策和货币政策）来降低通货膨胀率；相反，当失业率较高超过4%时，政府可以采取提高通货膨胀率的办法（如扩张的财政政策和货币政策）降低失业率，从而保证经济在一个可以忍受的失业率和通货膨胀率状态进行。如图16.6所示。

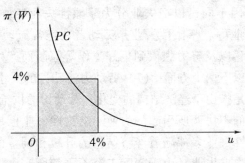

图16.6　菲利普斯曲线的安全区域

三、菲利普斯曲线的移动

菲利普斯曲线一度是西方国家的真实写照，但进入20世纪60年代以来，菲利普斯曲线不断向右上方移动，在图16.7中，菲利普斯曲线有PC_1到PC_2又升到PC_3，落在安全区域内的部分越来越少，并最终完全离开安全区域。当一个社会的菲利普斯曲线为PC_3时，那么这个社会的通货膨胀率和失业率都达到了社会不能容忍的程度，出现高失业率和高通货膨胀率并存的"滞胀"现象，菲利普斯曲线不断向右上方移动的过

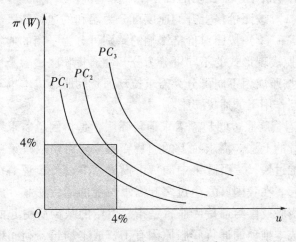

图16.7　菲利普斯曲线的移动

程也叫做菲利普斯曲线的恶化。例如 20 世纪 70 年代世界性的石油、农产品供给短缺和价格大涨，从而引发通货膨胀。同时与这些产品相关的部门成本剧增、开支过大，工会为抵制实际收入的降低也要求工资增加，从而又增大了企业经营成本，导致企业缩减生产、裁减工人，最终因物价上涨实际收入降低的家庭为了解决贫困问题，又不得不多增加劳动力供给，这些都导致了滞胀局面的出现。

本章小结

1. 失业是指有劳动能力的劳动人口，有劳动意愿并在劳动力市场上经过一段时间的寻找没有找到有报酬的工作的经济现象。失业人数和失业率是衡量一个经济中失业状况的基本指标。按原因不同可以把失业分为摩擦性失业、结构性失业、古典失业、需求不足失业和季节失业等。摩擦性失业是劳动者在正常流动过程中所产生的失业，即由生命周期、人口迁移以及努力想得到更好工作等原因而产生的失业。决定摩擦性失业大小的因素主要有以下两个方面：（1）劳动力流动性的大小。（2）寻找工作所需要的时间。结构性失业是指由于经济结构的变化，劳动力的供给和需求在职业、技能、产业、地区分布等方面的不协调所引起的失业。结构性失业也是经济发展不可缺少的必要条件和代价，结构性失业多伴随着经济结构的升级和调整，而这又恰好是经济发展的重要前提和标志。古典失业是由于实际工资不平衡所产生的失业，也称实际工资失业。古典失业是工资刚性引起的失业，即工人要求较高的工资而使资本家解雇工人所产生的失业。需求不足失业是由于支出不足以购买充分就业时所有的产品，由此产生了失业。季节性失业是由于某些部门的间歇性生产特征而造成的失业。失业的经济影响包括：（1）失业对家庭的影响。（2）对厂商的影响。（3）对国民经济的影响。另外从社会方面来看，失业的不利影响也是巨大的。

2. 通货膨胀是指在一个经济体中大多数商品和劳务的价格在一段时间内持续普遍上涨的经济现象。通货膨胀的程度通常用通货膨胀率来衡量。通货膨胀率被定义为从一个时期到另一个时期价格水平变动的百分比。衡量价格水平的经济指标是物价指数。通货膨胀的分类：（1）按照价格上升的速度可分为温和的通货膨胀、疾驰的通货膨胀和恶性的通货膨胀等；（2）按照对价格影响的差别可分为平衡的通货膨胀和非平衡的通货膨胀；（3）按照表现形式的不同可分为公开性通货膨胀、隐蔽性通货膨胀和抑制性通货膨胀；（4）按照成因不同可分为需求拉动通货膨胀、成本推动通货膨胀和需求拉动与成本推动相互作用下的通货膨胀。

3. 需求拉上的通货膨胀也叫超额需求通货膨胀，是指因总需求增加而引起的一般价格水平普遍和持续的上涨。需求拉上的通货膨胀主要由财政政策中的政府支出、投资以及转移支付增加过快，货币政策中的货币投放过多以及宏观消费政策中刺激消费力度过大等原因引起。在我国就发生过多起需求拉上的通货膨胀。成本推动的通货膨胀也叫做成本通货膨胀或供给通货膨胀，是指总供给的减少所引起的一般价格水平普遍和持续的上涨。成本推动的通货膨胀原因有工资成本增长、利润增长和进口原料成本增加。在现实经济生活中，需求拉上拉动和成本推动的作用常常是混在一起的，成为混合型通货膨胀。结构性通货膨胀指在没有需求拉动和成本推动的情况下，只是由于经济结构因素的变动，也会出现一般价格水平的持续上涨。通货膨胀对收入分配、资源配置和产出水平均有影响。

4. 菲利普斯曲线是用来表示失业与通货膨胀之间交替关系的曲线，该曲线表明：当失业率较低时，货币工资增长率较高；反之，当失业率较高时，货币工资增长率较低，甚至是负数。由于失业率和通货膨胀率之间存在交替关系，所以决策者在进行决策时，就可以以高失业率换取低通货膨胀率，或者以高通货膨胀率换取低失业率。菲利普斯曲线不断向右上方移动的过程也叫做菲利普斯曲线的恶化。

复习与思考题

一、名词解释

失业　　结构性失业　　摩擦性失业　　自然失业率　　通货膨胀　　菲利普斯曲线

二、选择题

1. 周期性失业是指（　　）。

　　A. 经济中由于正常的劳动力流动而引起的失业

　　B. 由于经济中一些难以克服的原因而引起的失业

　　C. 由于总需求不足引起的失业

　　D. 由于经济中一些制度上的原因引起的失业

2. 如果经济已形成通货膨胀压力，但因价格管制没有物价的上涨，则此时经济（　　）。

　　A. 不存在通货膨胀　　　　　　　　B. 存在抑制性的通货膨胀

　　C. 存在恶性的通货膨胀　　　　　　D. 存在温和的通货膨胀

4. 某一经济在 3 年中，货币增长速度为 8%，而实际国民收入增长速度为 10%，货币流通速度不变，这 3 年期间价格水平将（　　）。

　　A. 上升　　　　　B. 下降　　　　　C. 不变　　　D. 上下波动

5. 某个大学生毕业后未能立即找到工作，属于下列哪种情况（　　）。

　　A. 摩擦性失业　　B. 周期性失业　　C. 永久性失业　　D. 结构性失业

6. 菲利普斯曲线说明（　　）。

　　A. 通货膨胀由过度需求引起　　　　B. 通货膨胀导致失业

　　C. 通货膨胀与失业率之间呈正相关　　D. 通货膨胀与失业率之间呈负相关

7. 垄断企业和寡头企业利用市场势力牟取过高利润所导致的通货膨胀，属于（　　）。

　　A. 成本推动通货膨胀　　　　　　　B. 温和的通货膨胀

　　C. 需求拉上通货膨胀　　　　　　　D. 恶性通货膨胀

8. 如果某人由于钢铁行业不景气而失去工作，这种失业属于（　　）。

　　A. 摩擦性失业　　　　　　　　　　B. 结构性失业

C. 周期性失业　　　　　　　　　　D. 永久性失业

9. 下列关于自然失业率的说法哪一个是正确的（　　　）。

　　A. 自然失业率是历史上最低限度水平的失业率

　　B. 自然失业率与一国的经济效率之间关系密切

　　C. 自然失业率恒定不变

　　D. 自然失业率包含摩擦性失业

10. 以下哪种情况不能同时发生（　　　）。

　　A. 结构性失业和成本推进的通货膨胀　　B. 需求不足失业和需求拉动的通货膨胀

　　C. 摩擦性失业和需求拉动的通货膨胀　　D. 失业和通货膨胀

三、判断题

1. 失业率是指失业人口与全部人数之比。（　　　）

2. 所有的通货膨胀都伴随着物价的上涨。（　　　）

3. 周期性失业就是总需求不足引起的失业。（　　　）

4. 奥肯定理说明了失业率和总实际国民生产总值之间高度负相关的关系。（　　　）

5. 当经济发生通货膨胀时，消费者与生产者均受其害。（　　　）

6. 通货膨胀发生时，工薪收入者、退休金收入者、债权人成为受害人。（　　　）

7. 菲利普斯认为在失业与通货膨胀之间存在一种替代关系。（　　　）

8. 经济的衰退是降低通货膨胀的必要条件。（　　　）

9. 通货膨胀依靠提高生活费用来降低公众的生活水平。（　　　）

10. 衡量通货膨胀的指标是物价指数。（　　　）

四、思考题

1. 简述失业的概念及类型。

2. 通货膨胀对经济有何影响？

3. 请用图说明需求拉上的通货膨胀。

4. 说明菲利普斯曲线和总供给曲线的关系。

5. 简要说明菲利普斯曲线的含义和特征。

第十七章　财政政策和货币政策

宏观经济学的任务是要说明国家是否干预经济，为什么干预经济，以及应该如何干预经济，即要为国家干预经济提供理论依据与政策指导。经济政策问题在宏观经济学中占有重要地位。本章首先介绍宏观经济的政策目标，然后重点阐述两大宏观经济政策，即财政政策（fiscal policy）、货币政策（monetary policy）及其相应的政策效果。

第一节　宏观经济政策目标

当市场经济在短期内自发调节无法恢复均衡时，或者经济均衡时仍没有达到充分就业水平时，需要政府发挥积极的作用，帮助社会充分就业。由于政府的作用在短期主要是对总需求产生影响，所以，政府可以通过对总需求加以管理和调节，使经济大致保持稳定状态。这就是凯恩斯所倡导的需求管理经济思想。在需求管理思想指导下，政府为增进社会经济福利而制定的解决经济问题的指导原则和具体措施即为宏观经济政策。这些政策的制定和实施是为了达到**充分就业、价格稳定、经济增长和国际收支平衡**这四大宏观经济目标。

一、充分就业

充分就业是宏观经济政策的第一目标。它在广泛的意义上是指一切生产要素（主要是劳动）都在经济活动中得到了充分使用。由于测量各种经济资源的使用程度非常困难，西方经济学家通常以失业率高低作为衡量充分就业程度的尺度。失业率指失业人数对劳动力人数的比率。其中劳动力是指一定年龄范围内有劳动能力的人，失业者是指劳动力中那些想工作但尚未找到工作的人。如果一个工人停止寻找工作，就不再被看做失业者。按照凯恩斯的解释，失业一般分为摩擦性失业、自愿失业和非自愿失业。失业总会给社会及失业者本人和家庭带来损失，在物质生活和精神生活上带来很大的痛苦。所以，失业的成本是巨大的。因此，各国宏观经济政策的首要目标或重要目标都是降低失业率，实现充分就业。

对于什么是充分就业，现代货币主义者弗里德曼提出"自然失业率"的概念。自然失业率是指在没有货币因素干扰的情况下，让劳动市场和商品市场的供求力量自动起作用时，总需求和总供给处于平衡状态时的失业率。目前，大多数西方经济学家都认为，充分就业并不排除摩擦失业的存在，社会存在4%～6%的失业率是正常的和自然的，这时的社会经济就可以被认为是处于充分就业状态上。

二、价格稳定

价格稳定是宏观经济政策的又一个重要目标。价格稳定是指价格总水平的稳定。由于各种商品变化的繁杂和统计工作的困难，西方经济学家通常用价格指数来表达一般价格水平的变化。价格指数是对若干种商品价格水平的综合衡量，可以用一个简单的百分数时间数列来表示不同时期一般价格水平的变化方向和变化程度。价格指数有消费价格指数（CPI）、批发价格指数（PPI）和国内生产总值折算指数（GDP deflator）三种。为了控制通货膨胀对经济的冲击，必须把价格稳定作为宏观经济政策的另一重要目标。但实践表明，在市场经济条件下，物价的绝对稳定是不可能的。大多数国家的通货膨胀都无法完全消除，因此大部分西方国家都把一般的轻微的通货膨胀的存在，看做正常的经济现象。

三、经济增长

宏观经济政策的另一个重要目标是经济持续均衡增长。经济增长是指在一个特定时期内社会所生产的人均产量和人均收入的持续增长。通常用一定时期内实际国内生产总值年均增长率来衡量。经济增长和失业常常相互关联，因而，如何维持较高的经济增长率以实现充分就业，是各国宏观经济政策追求的重要目标之一。

四、国际收支平衡

随着国际间经济交往的日益密切，如何平衡国际收支也成为一国宏观经济政策的重要目标之一。国际收支（international payment）对现代开放型经济的国家是至关重要的。一国的国际收支状况不仅反映了这个国家的对外经济交往情况，还反映出该国经济的稳定程度。当一国国际收支处于失衡状态时，必然会对国内经济形成冲击，从而影响该国国内就业水平，价格水平及经济增长。

要实现上述既定的经济政策目标，政府运用的各种政策手段，必须相互配合，协调一致。如果财政当局与货币当局的政策手段和目标发生冲突，就达不到理想的经济效果。此外，政府在制定经济政策目标时，不能片面追求单一目标，而应该综合考虑。因为经济政策目标之间存在着一定的矛盾，如充分就业与价格稳定的政策目标之间有时候就存在着两难选择。因此，政府在制定宏观经济政策目标和经济政策时，应该做出整体性的宏观战略考虑和安排。

第二节　财政政策及其政策效果

财政政策（fiscal policy）是指政府通过变动收入及支出从而影响社会总需求，以实现既定宏观经济政策目标的政策行为。

一、财政政策的工具

财政政策工具主要由政府支出和政府收入两部分构成，其中政府支出包括政府购买和政府转移支付，而政府收入则包括税收和公债两部分。

(一) 政府支出

财政支出是国家将通过各种形式筹集上来的财政收入进行分配和使用的过程。在西方国家中最常见的是按照财政支出是否购买商品或劳务分类，财政支出可以分为政府购买支出和转移支付。

1. 政府购买支出

政府购买是指政府直接在市场上购买进行日常政务或公共投资所必需的商品和劳务而形成的开支。例如，政府的基本建设支出、国防支出、行政管理费支出等都属于政府的购买支出。政府购买支出是一种实质性支出，是国民收入的组成部分。因为政府购买支出的变化能引起社会总需求的变化，又是决定国民收入大小的主要因素之一，所以政府变动购买支出水平是实施财政政策的有力手段之一。

2. 政府转移支付

政府的转移支付是指政府把筹集到的财政资金无偿转移给企业或家庭，由他们再到市场上购买所需要的商品或劳务而形成的财政支出。例如，政府的社会保障支出、利息支出，企业补贴支出等。政府转移支付不是国民收入的组成部分，它的作用只是通过政府将国民收入在不同的社会成员之间进行转移和重新分配，但全社会的总收入没有任何变化。

(二) 政府收入

财政收入是国家为了实现其职能而通过一定的形式和渠道组织起来的一定量的资金。财政收入按其来源主要包括税收收入和公债收入。税收收入是财政收入的主要来源。

1. 税收

税收是国家或政府为了实现其职能，按照法律事先规定的标准，凭借手中的政治权力强制地、无偿地从企业和个人手中取得财政收入的一种手段。与其他收入形式相比，税收具有强制性、无偿性和固定性三个基本特征。强制性是指国家在取得收入时，凭借的是手中的政治权力，而不是产权或债权，纳税人不得违抗，否则就会受到国家法律的制裁。无偿性是指国家在取得税收收入的同时不需要向纳税义务人进行任何形式的返还。固定性是指国家在征税前要通过立法事先规定课税对象和税率，不得临时或任意变更。

税收可按照不同的标准进行分类。按照课税对象的性质，税收可分为流转税、所得税、财产税、资源税和行为税。流转税又叫商品税，它是以流通中的商品和劳务买卖总额为课税对象，具体包括增值税、消费税、营业税、关税等税种。所得税是以纳税人的收益额为课征对象，包括公司所得税和个人所得税两个税种。财产税是对不动产、土地及土地上的建筑物等财产价值课征的税种。资源税是以自然资源为课征对象的税收。行为税是指政府为了调节或影响纳税人的社会经济行为而征收的税收。

按照税收从收入中扣除的比例不同，税收可分为三类：累退税、比例税和累进税。累退税是随着收入数额增加而递减的一类税；比例税是按某一固定比例征收的税；累进税是随着收入数额的增加，税率相应提高的税。

2. 公债

公债（public debt）是指政府运用国家信用筹集财政资金时而形成的对公众的债务。公债包括中央政府的债务和地方政府的债务两种。中央政府的债务又叫国债，一般按照时间长短分为短期国债、中期国债和长期国债三种形式。公债有以下几个特点：①债务人是国家，而债权人是公民个人，双方并不是处于对等的地位；②公债的清偿不能由债权人要求法律强制执行；③公债发行的信用是国家的政治主权和国民经济资源，其基础是以国家税收支付能力为保证的，所以公债发行不需要提供担保品。

二、预算赤字与政府债务

政府预算是一国政府在一定时期内的财政收支安排，它是国家财政实现计划管理的工具。政府预算由政府支出和政府收入两部分构成，政府的预算赤字等于政府支出减去政府收入。如果政府出现预算赤字，可以通过发行公债的方式来弥补。

（一）政府债务

政府的预算盈余（budget surplus）或预算赤字（budget deficit）是指在某一特定时期内政府所得到的税收收入与政府支出之间的差额。政府的总支出是政府购买、转移支付与利息支付的总和。若政府总支出大于税收收入，政府就会有预算赤字。若预算盈余（赤字）为零，政府预算就是平衡的，即税收等于政府总支出，平衡的政府预算是指既无预算盈余又无预算赤字时的政府预算。

政府债务（government debt），又叫公债，是指政府为了融通预算赤字所进行的借款总量，即政府欠本国居民、企业或外国的债务总量。当政府出现预算赤字时，它就必须向公众借款以偿付其债务。政府借款的方式主要是发行各种债券。当政府出现赤字时，政府债务就会增加；当政府出现预算盈余时，政府债务就会减少。可见，政府债务是一种政府负债的存量，而预算赤字则是一定时期内新出现的负债的流量。

政府债务包括内债和外债。内债是政府向本国居民、企业和各种金融机构发行的债券。外债是向外国举借的债务，包括向外国借款和发行外币债券。在西方国家，公债不仅是政府弥补财政赤字的手段，而且是配合货币政策通过影响货币供给以调节宏观经济活动的重要工具。内债完全不同于外债。外债无论从个人和国家角度来看都是一种真正的负担，因为外债的本金和利息必须使用本国人民生产的商品和劳务来偿还；而内债从个人和企业的角度来看，是入不敷出时的举债，但从整个国家角度来看，债权债务可以相互抵消，因为内债是政府欠人民的债，而内债的还本付息来自于课税，所以是人民"自己欠自己的钱"。但是政府举借内债会对收入分配和资源配置产生某种影响。

（二）赤字对宏观经济的影响

预算赤字或盈余的大小取决于两个因素：一是财政政策。因为税收的大小取决于国民生产总值和税率，税率的大小由财政政策决定。另外，政府购买支出和转移支付也属于财政政策的内容，也是由财政政策决定的。二是国民生产总值。当税率一定时，税收的大小就由国民生产总值决定。

传统的财政理论认为，最好的财政就是平衡财政。平衡财政政策就是先确定政府的各项支出，再用税收作为政府支出筹资，以实现财政收支平衡。后来，随着认识的深入，学者们陆续地形成了周期平衡预算、功能财政思想和充分就业财政盈余等思想。在这些思想指导下，许多国家为了实现宏观经济目标实行了大量的赤字政策。

赤字对宏观经济的影响在短期和长期有所不同。在短期内，政府债务存量是既定的，预算赤字对经济的短期影响被称为"挤出"效应。当然，这与社会是否达到充分就业状态而有所不同。

当社会尚未达到充分就业时，经济中存在着发展生产的潜在生产能力，投资并不取决于现有储蓄。政府举债支出时，扩大了社会的有效需求，并通过乘数作用多倍扩大收入，从而引至储蓄的增加。这时，消费与储蓄投资不是相互替代的关系而是相互促进的关系。也就是说，当经济中存在发展生产的潜在能力时，国家举债支出不仅不会增加人民的负担，还会通过经济增长，在提高人民生活的同时，增加一国财富的积累。例如，我国1997年以来，受东南亚经济危机影响，需求不足，我国政府实施了积极的财政政策，到2002年累计发行建设国债6600亿元，虽然中央财政因此增加了赤字，但积极的财政政策保证了我国国民经济的稳定增长，尤其是建设国债带动了各方面的投资3.28万亿元，为拉动经济长远发展打下了坚实的基础。

当社会已达到充分就业状态时，收入减去消费支出的余额即储蓄是既定的，根据 $S = I + (G - T)$，政府因支出大于税收收入而举债时，一定表现为私人投资等量的缩减，这就是所谓的"挤出"效应，即政府开支 G 挤占了私人投资 I。

西方传统经济学反对财政赤字及其公债的深层原因有：政府开支总是非生产性的，政府举债支出意味着政府的消费支出耗用了生产资金，从而减少了资本积累和资本形成。此外，持有公债收取利息的人属于食利阶级，他们手中的资本是由劳动人民创造的财富提供的，所以国家举债支出，通过税收的国民收入再分配效应，用劳动人民的血汗和贫困喂肥了食利阶级。

在长期内（经济是处于充分就业状态），预算赤字会影响当前的资本形成和子孙后代的消费。学界把这一问题称为"政府债务负担"。如果政府借大量的外债，会导致债务国公民可支配的资源减少。在20世纪80年代，许多大量举借外债的国家都陷入了严重的经济困难，不得不增加出口，减少进口，通过贸易顺差来偿还外债。例如，巴西、墨西哥等国家不得不拿出其出口收入的1/4～1/3来支付外债本息。这种沉重的外债利息负担，降低了本国的消费水平，减缓了经济发展。

三、财政政策的实施

财政通过参与国民收入分配和再分配，与社会供需总量和结构发生密切的联系，这就使国家能够运用财政政策对其实行有效的调节。根据财政政策具有调节经济周期的作用来划分，可以分为自动稳定的财政政策和相机抉择的财政政策。

（一）内在稳定器

所谓**内在稳定器**（Built. in Stabilizer）**又称自动稳定器**（Automatic Stabilizer），**是指经济系统本身所具有的能自动抑制经济波动的机制**。它在经济处于繁荣时期能自动地抑制通胀，在经济衰退时能自动减轻萧条，无需政府采取任何行动。财政政策的内在稳定器功能主要是通过以下三种制度得以发挥。

1. 政府税收

当整个经济处于衰退状态时，国民收入的水平下降，人们的收入减少，这时即使所得税税率不变，政府的税收收入也会自动的减少。在实行累进所得税的情况下，人们由于收入水平下降而进入较低的纳税等级，政府税收收入下降的幅度要大于收入下降的幅度，从而起到抑制经济衰退的作用。当整个经济处于繁荣时，国民的收入水平有所上升，人们的收入增加，这时政府的税收会自动增加。在实行累进税制的情况下，人们由于收入水平的上升而进入较高的纳税等级，政府税收收入上升的幅度会大于收入上升的幅度，从而起到抑制经济过热的作用。可见，政府税收是一种随经济变化而自动变化的内在机制，是一种有助于减轻经济波动的自动稳定因素。

2. 政府转移支付

政府的转移支付包括政府的失业救济和其他社会福利支出。当经济不景气时，失业人数和符合失业救济的人数增加，失业救济和其他社会福利支出就会相应地增加，从而抑制人们由于收入的下降而导致消费需求的减少，抑制经济衰退。当经济过度繁荣时，就业增加，失业救济金和其他社会福利支出就会相应地减少，从而抑制人们由于收入的上升而引起的消费需求的进一步膨胀，使经济降温。由此可见，政府转移支付也是一种有助于减轻经济波动的自动稳定因素。

3. 农产品价格支持制度

当经济不景气时，国民收入水平下降，一般物价水平降低，农产品的价格随之降低。这时政府根据农产品的价格支持制度，按照农产品的保护价格收购，使农民收入和消费维持在一定的水平上，从而抑制经济的衰退。当经济过热时，国民收入水平，农产品价格随着一般物价水平的上升而上升，这时政策可以减少收购甚至抛售农产品，抑制经济的繁荣。由此可见，农产品价格支持制度与政府税收和政府转移支付一样，都是宏观经济的自动稳定因素，都是财政制度的内在稳定器。

（二）相机抉择的财政政策

对于剧烈的经济波动，自动稳定器的作用有限。西方学者认为，为了保证国民经济持续稳定增长，政府要审时度势，主动采取一些财政措施以稳定总需求水平，这就是相机抉择的财政政策或称斟酌使用的财政政策。即政府根据当时的经济情况采用不同的财政措施，以消除通货膨胀缺口或通货紧缩缺口。财政政策必须"逆经济风向"进行相机选择：当社会总需求大于社会总供给从而出现膨胀时，政府就需要采取紧缩性的政策；相反，当社会总需求小于总供给，出现总供给过剩时，政府就需要采取扩张性的政策，以扩大总需求。另外，当出现短缺与过剩并存的结构性矛盾时，政府可以通过调整收入结构和支出结构来协调。这套经济政策反映了凯恩斯主义相机抉择的需求管理思想。

根据财政政策在调节国民经济总量方面的功能不同，财政政策可以分为扩张性的财政政策、紧缩性的财政政策和中性财政政策。其中扩张性的财政政策是指通过财政分配活动来增加和刺激社会的总需求，促进经济的发展。如减税和增加财政支出等政策。紧缩性的财政政策是指通过财政分配活动来减少和抑制社会总需求，降低通货膨胀率，使经济降温。如增加税收和减少财政支出等政策。中性财政政策是指通过财政的分配活动对社会总需求的影响保持中性，财政的收支活动既无扩张效应也无紧缩效应。也有人将扩张性的财政政策视为赤字财政政策，将紧缩性的财政政策视为盈余财政政策，将中性的财政政策视为预算平衡财政政策。

从 20 世纪 30 年代初美国罗斯福总统"新政"，到 60 年代初肯尼迪执政时的繁荣，在一定程度上，都是运用相机抉择的财政政策来提高社会有效需求的结果。但是 20 世纪 70 年代以来"滞胀"现象的出现，使人们对这种政策的有效性产生了怀疑。这也说明相机抉择的财政政策是存在局限性的，从而阻碍了政策作用的发挥。一般而言，财政政策具有时滞性，即从政府认识社会总需求的变化，到变动财政政策，再到政策作用的发挥，需要一定的时间。在财政政策发挥作用的这段时间内总需求有可能发生意想不到的变化，从而导致原来的决策失误。此外，财政政策会存在对私人投资的"挤出效应"，这也会影响到财政政策的效果。

四、财政政策效果

（一）财政政策效果的 $IS - LM$ 图形分析

从 $IS - LM$ 模型看，财政政策效果的大小是指政府收支变化使 IS 变动对国民收入变动产生的影响。显然，从 IS 和 LM 图形看，这种影响的大小，随 IS 曲线和 LM 曲线的斜率不同而有所区别。

在 LM 曲线不变时，IS 曲线斜率的绝对值越大，即 IS 曲线越陡峭，则移动 IS 曲线时收入变化越大，即财政政策效果越大。反之，IS 曲线越平坦，则 IS 曲线移动时收入变化越小，即财政政策效果越小。如图 17.1（a）和（b）所示。

图 17.1（a）和（b）中，假定 LM 曲线即货币市场均衡情况完全相同，并且起初的均衡收入 Y 和利率 r 也完全相同，政府实行一项扩张性财政政策，它可以是增加政府支出，也可以是减少税收，现在假定是增加同样一笔支出为 ΔG，则会使 IS 右移到 IS'，右移的距离都是 EE'，EE' 为政府支出乘数和政府支出增加额的乘积，即 $EE' = K_G \cdot \Delta G$，这就是说，一笔政府支出能带来若干倍国民收入的增加。在图形上，就是指收入应从 Y_0 增加到 Y_3，$Y_0Y_3 = \Delta Y = K_G \Delta G$。但实际上收入不可能增加到 Y_3，因为如果收入要增加到 Y_3，则必须假定利率 r_0 不上升。可是，利率不可能不上升，因为 IS 向右上移动时，国民收入增加了，因而对货币的交易需求增加了，但货币供给未变（LM未变）因而人们用于投机需求的货币必须减少，这就要求利率上升。因此，无论是在

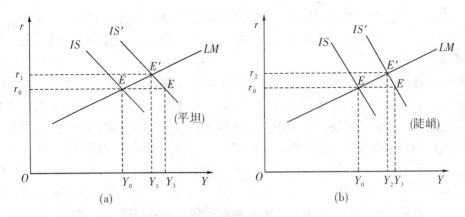

图 17.1　财政政策效果因 IS 斜率而异

图（a）还是图（b）中，均衡利率都上升，利率的上升抑制了私人投资，这就是所谓"挤出效应"。由于存在政府支出"挤出"私人投资的问题，因此新的均衡点只能处于 E'，收入不可能从 Y_0 增加到 Y_3，而分别只能增加到 Y_1 和 Y_2。

从图形（a）和（b）可见，$Y_0Y_1 < Y_0Y_2$，就是说图（a）表示的政策效果小于图（b），原因在于图（a）的 IS 曲线比较平坦，而图（b）中 IS 曲线较陡峭。IS 斜率大小主要由投资的利率系数所决定，IS 越平坦，表示投资的利率系数越大，即利率变动一定幅度所引起的投资变动的幅度越大。若投资对利率变动的反应较敏感，一项扩张性财政政策使利率上升时，就会使私人投资下降很多，即"挤出效应"较大。因此，IS 越平坦，实行扩张性财政政策时被挤出的私人资本就越多，从而使国民收入增加的就越少，即政策效果越小。

在 IS 曲线的斜率不变时，财政政策效果又随 LM 曲线斜率不同而不同。LM 斜率越大，即 LM 曲线越陡，则移动 IS 曲线时收入变动就越小，即财政政策效果就越小。反之，LM 越平坦，则财政政策效果就越大，如图 17.2 所示。

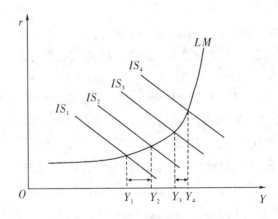

图 17.2　财政政策效果因 LM 斜率而异

一般说来，在经济萧条，收入和利率较低时，LM 曲线较平缓，财政政策效果就较大；在收入水平较高，接近充分就业水平时，LM 较陡峭，财政政策效果较小。表现在图中，政府支出同样增加 ΔG，使 IS 曲线右移同样距离，即 IS_1 到 IS_2 的水平距离和 IS_3 到 IS_4 的水平距离是相同的，但国民收入增加的情况 Y_1Y_2 明显大于 Y_3Y_4。

这是因为，LM 曲线斜率较大即曲线较陡，表示货币需求的利率系数较小，或者说货币需求对利率的反应较不灵敏，这意味着一定的货币需求增加将使利率上升较多，从而对私人部门投资产生较大的挤出效应，结果使财政政策效果较小。相反，当货币需求利率系数较大（从而 LM 曲线较平坦）时，政府由于增加支出，即使向私人部门借了很多钱（通过出售债券），也不会使利率上升很多，从而不会对私人投资产生很大影响。这样，政府增加支出就会使国民收入增加较多，即财政政策效果较大。

财政政策效果也可用财政政策乘数来表示和计量，所谓财政政策乘数是指在实际货币供给量不变时，政府收支的变化能使国民收入变动多少，比方说增加一美元的政府购买能使国民收入增加多少，用公式（17.1）表示：

$$\frac{\Delta Y}{\Delta G} = \frac{1}{1 - b\,(1-t)\,+\dfrac{\mathrm{d}k}{h}} \tag{17.1}$$

式中，b 为边际消费倾向；t 为税收函数中的边际税率；d 为投资需求函数 $I = e - dr$ 中投资对利率的敏感程度；k 和 h 分别为货币需求函数中货币需求对收入和利率的敏感程度。

从上述财政政策乘数表达式可知，当 b、t、d、k 既定时，h 越大，即货币需求对利率变动越敏感，LM 曲线越平缓，财政政策乘数就越大，即财政政策效果越大。如果 $h \to \infty$，LM 曲线为一水平线，财政政策效果就极大。相反，若 h 越小，财政政策乘数就越小，即财政政策效果就越小。

同样，若其他参数既定，d 越大，即投资对利率变动越敏感，IS 曲线越平缓，财政政策乘数就越小，即财政政策效果越小。边际消费倾向 b，边际税率 t 以及货币需求对收入的敏感程度 k 这些参数的大小，也会影响上述乘数，即影响财政政策效果。

需要指出，财政政策乘数和前面说过的政府购买支出乘数、转移支付乘数及税收乘数是不同的概念。例如政府购买支出乘数，是指没有考虑政府支出对利率的影响的前提下分析政府购买如何影响国民收入变动。而财政政策乘数则是考虑加进货币市场均衡以后政策支出对利率会有影响的情况下分析支出影响国民收入变动的程度。一般说来，由于存在挤出效应，财政政策乘数小于简单的政策支出乘数。只是在流动性陷阱的特殊情况下，即 LM 曲线呈水平状的情况下，财政政策乘数才等于政府支出乘数。

（二）凯恩斯主义的极端情况

如果 LM 越平坦，或 IS 越陡峭，则财政政策效果越大，货币政策效果越小，如果出现一种 IS 曲线为垂直线而 LM 曲线为水平线的情况，则财政政策将十分有效，而货币政策将完全无效。这种情况被称为凯恩斯主义的极端情况。如图 17.3 所示。

一方面，LM 为水平线，说明当利率降到 r_0 这样低水平时，货币需求的利率弹性已成为无限大。这时候人们持有货币而不买债券的利息损失是极小，可是，如果去买债券，则资本损失的风险极大（由于利率极低时债券价格极高，高债券价格只会下跌不会上涨，从而买债券的资本损失风险极大）。因此，这时人们不管有多少货币都只想保持在手中，这样，如果国家货币当局想用增加货币供给来降低利率以刺激投资，是不可能有效果的，即"凯恩斯陷阱"。这时候政府用增加支出或减税的财政政策来增加总需求，则效果十分大，因为政府实行这类扩张性财政政策向私人部门借钱（出售公债券），并不会使利率上升。从而对私人投资不产生"挤出效应"。这就是说，在凯恩斯陷阱中，即使 IS 不垂直而向右下方倾斜，政府实行财政政策也会十分有效。如图 17.4 所示。

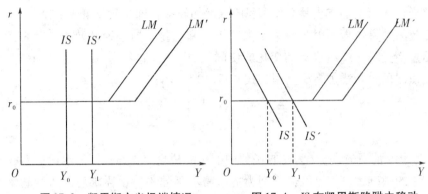

图 17.3　凯恩斯主义极端情况　　　　图 17.4　IS 在凯恩斯陷阱中移动

另一方面，图 17.3 中的 IS 为垂直线，说明投资需求的利率系数为零，即不管利率如何变动，投资都不会变动。在投资需求呆滞时期，利率即使发生了变化，也不能对投资发生明显的影响。经济比较萧条的 30 年代早期英国商业行情的研究也说明，信贷成本对投资决策没有什么作用。垂直的投资需求曲线产生垂直的 IS 曲线，这时，即使货币政策能改变利率，但对收入仍没有作用。如图 17.5 所示。

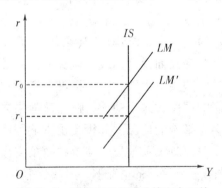

图 17.5　IS 垂直时货币政策完全无效

如果 LM 是水平的，IS 是垂直，则必然是财政政策完全有效，而货币政策完全无效，这种情况之所以称凯恩斯极端，是因为凯恩斯认为，当利率较低，而投资对利率反应又不是很灵敏时，只有财政政策才能对克服萧条、增加就业和收入产生效果，而货币政策效果很小。

（三）挤出效应

所谓"挤出效应"（crowding out）是指政府支出增加所引起的私人消费或投资降低

的作用。在一个充分就业的经济中，政府支出增加会以下列方式使私人投资出现抵消性的减少：由于政府支出增加，商品市场上购买产品和劳务的竞争会加剧，物价就会上涨，在货币名义供给量不变的情况下，实际货币供给量会因为价格上涨而减少，进而使可用于投机目的货币量减少。结果，债券价格就下跌，利率上升，进而导致私人投资减少。投资减少了，人们的消费随之减少。这就是说，政府支出增加"挤占"了私人投资和消费。

在政府支出增加而引起价格上涨时，名义工资虽未变，但实际工资下降了。在短期内，由于企业对劳动需求增加，就业和产量将会增加，然而在长期内，如果经济已经处于充分就业状态，则增加政府支出就会完全地挤占私人的投资和消费支出。

在非充分就业的经济中，政府推行增加支出的扩张性财政政策，同样对私人投资有"挤出效应"。但一般说来，不可能对私人投资支出产生完全的"挤出"，因为这种政策多少能使生产和就业增加一些。在非充分就业的经济中，政府支出增加会对私人投资有"挤出效应"，是因为政府支出增加使总需求水平提高，产出水平相应提高，从而使货币需求大于货币供给，因而利率会上升，并导致投资水平下降。

政府支出在多大程度上"挤出"私人支出取决于以下因素：

1. 支出乘数的大小

乘数越大，政府支出所引起的产出增加固然越多，但利率提高使投资减少所引起的国民收入减少也越多，即"挤出效应"越大。

2. 货币需求对产出水平的敏感程度

即货币需求函数中的 k 的大小，k 越大，政府支出增加所引起的一定量产出水平增加所导致的对货币的需求的增加也越大，因而使利率上升也越多，从而"挤出效应"也就越大。

3. 货币需求对利率变动的敏感程度

即货币需求函数中 h 的大小，也就是货币需求的利率系数的大小，如果这一系数越小，说明货币需求稍有变动，就会引起利率大幅度变动，因而对投资的"挤占"也就越多。相反，如果 h 越大，则"挤出效应"就越小。

4. 投资需求对利率变动的敏感程度，即投资的利率系数的大小

投资的利率系数越大，则一定量利率水平的变动对投资水平的影响就越大，因而"挤出效应"就越大；反之，则"挤出效应"就越小。

上述因素中，支出乘数主要取决于边际消费倾向 b。而边际消费倾向一般被认为是比较稳定的。货币需求对产出水平的敏感程度 k 主要取决于支付习惯和制度，一般也被认为比较稳定。因此"挤出效应"大小的决定性因素是货币需求及投资需求对利率的敏感程度，即货币需求的利率系数及投资需求的利率系数的大小。在凯恩斯主义极端情况下，货币需求利率系数无限大，而投资需求的利率系数等于零。因此，政府支出的"挤出效应"为零，财政政策效果极大。反之，在古典主义极端情况下，货币需求利率系数为零，而投资需求的利率系数极大。因此，"挤出效应"是完全的，即政府支出增加多少，私人投资支出就被"挤了"多少，因而财政政策毫无效果。

第三节　货币政策及其政策效果

货币政策（monetary policy）是政府货币当局即中央银行通过银行体系变动货币供给量，从而调节利率进而影响社会总需求，以实现既定宏观经济政策目标的政策行为。货币政策主要是通过银行体系来实行的，因此本节首先介绍一下有关西方的银行制度。

西方的银行机构主要包括中央银行和商业银行。中央银行是一国最高的金融当局，它统筹管理全国金融活动，实施货币政策以影响经济。例如，英国的英格兰银行、美国的联邦储备体系（简称美联储）和我国的中国人民银行都是中央银行。中央银行一般具有三个职能：作为发行的银行，发行本国的货币；作为银行的银行，既为商业银行提供贷款，又为商业银行集中保管存款准备金；作为国家的银行，代理国库，提供政府所需资金，执行货币政策，监督和管理全国的金融市场活动。

商业银行的主要业务是负债业务、资产业务和中间业务。负债业务主要是吸收存款；资产业务主要包括放款和投资业务；中间业务是为客户办理支付事项并从中收取手续费。

一、货币供给

（一）银行的存款创造过程

作为信用中介和支付中介的商业银行，在调剂货币资金余缺和组织客户相互结算的过程中，发挥着重要作用；同时商业银行还发挥了创造信用货币的功能。商业银行一方面吸收存款，另一方面又将吸收的存款以贷款的形式发放出去。银行发放出去的贷款经过一系列市场活动，又会以银行存款的形式进入银行体系，这些存款将再次以贷款的形式发放出去。这样资金反复进出银行体系，使银行存款数量不断扩张，从而存款货币也就被银行体系创造出来。

1. 存款的多倍扩张过程

在现代银行制度中，银行必须保留一部分吸收的存款以应付存款客户提取现金的要求，这部分存款称为准备金存款（reserve）。这种银行的存款准备金与吸收银行存款的比率是由国家规定的，这一比率称为法定存款准备金率。按法定准备金率提留的准备金叫法定准备金。商业银行都想尽可能把法定准备金以上的部分存款贷出去或用于短期投资以赚取利润。由于各种原因没有贷出去的存款就形成了超额准备金，即超过法定准备金要求的准备金。超额准备金对存款的比率称为超额准备金率。正是银行这种比较小的比率的准备金来支持活期存款的能力，使得银行体系得以创造货币。下面举例说明这一点。

假设 A 银行吸收到甲客户交来的一张 1000 万元的支票，则该银行的存款准备金就增加 1000 万元。假定法定准备金率为 20%，则该银行最多可贷资金为 800 万元。如果 A 银行贷出 800 万元给乙客户，乙用来支付在 B 银行开户的客户丙。同理，B 银行收到存款后，可发放贷款为 640 万元……以此类推，从 A 银行开始到 B 银行、C 银行……N 银行，连续不断地存款贷款、贷款存款，总的结果如表 17.1 所示。

表 17.1　　　　　　　　　　　　银行存款货币的创造　　　　　　　　　　单位：万元

银行	存款	存款准备金	贷款
A	1 000	200	800
B	800	160	640
C	640	128	512
D	512	102.4	4 09.6
…	…	…	…
合计	5 000	1 000	4 000

从表 17.1 中可以看出，当中央银行的法定准备金率为 20% 时，最初 1 000 万元的存款，可以使银行体系产生 4 000 万元的贷款。因为 4 000 万元是由于有了最初的 1 000 万元存款才产生的，因此，通常把最初的存款称为"原始存款"，把在此基础上扩大的存款称为"派生存款"。若用 ΔD 来表示经过派生的存款总额的增量，用 ΔR 代表原始存款的增量，r_d 代表法定存款准备金率，则三者的关系如下：$\Delta D = \dfrac{1}{r_d} \Delta R$。

由存款的多倍扩张过程可以看出，银行体系的储备增加，会引起银行体系中银行存款的成倍扩张，这个扩张倍数就叫做存款倍数。它是法定存款准备金率的倒数，用 k 来表示，即：

$$k = \frac{1}{r_d} \tag{17.2}$$

在上例中，法定存款准备金率为 20%，存款创造乘数为 5。

当然，存款的多倍扩张过程还可以起反向的作用，即中央银行可以使商业银行的准备金减少，这样商业银行在法定准备金率的约束下，就会发生存款货币的多倍收缩过程。

2. 制约银行存款创造的因素

以上讨论的银行存款货币创造的过程是一个简单的模型，现实中有许多因素制约银行存款派生能力的因素。

（1）存在超额准备金。在现实中，银行往往出于谨慎保守的经营原则或者发放贷款有困难等原因，而持有超过法定准备金率要求的准备金，即超额准备金。那么，整个银行体系的存款货币规模将缩小。

（2）存在现金漏损。在现实中总有一部分贷款会以现金的形式被提走，所以这一部分从银行体系中流出的现金，就不能用来发放贷款来创造存款货币。现金漏损对银行的存款货币创造也起到了收缩的作用。

（3）活期存款转向其他存款。在现实中，总会有相当一部分活期存款转化成定期存款或储蓄存款，这部分非交易存款并没有退出存款货币的创造过程，仍然保留在银行手中，银行除了要为它保留少量的准备金外，其余的可用来发放贷款。因为非交易存款比较稳定，中央银行一般对其制定了比活期存款稍低的法定准备金率。

综上所述，银行存款创造能力要受到法定存款准备金率、现金漏损率、超额准备金率及活期存款转化等因素的影响。若用 e' 来表示银行的超额准备金率，用 c' 表示现金漏损率，即现金漏损占活期存款余额的比例；用 r_t 表示非交易存款的法定准备金率，用 t' 表示非交易存款与活期存款的比例，则存款货币创造乘数就变为公式（17.3）：

$$k = \frac{1}{r_d + e' + c' + r_t \times t'} \tag{17.3}$$

（二）基础货币与货币乘数

各国的货币发行权都集中在中央银行手中，中央银行不仅通过发行货币直接控制货币供给量，而且还通过控制商业银行的存款准备金间接地影响货币供给量。

1. 基础货币

基础货币（monetary base），又称高能货币（high powered money）或强力货币，通常是指流通于银行体系之外的通货和商业银行在中央银行的存款准备金之总和。流通中的通货（currency）是货币供给量的一个重要组成部分，它相当于中央银行资产负债表中的货币发行量。中央银行是通过发放贷款或证券投资等资产业务将创造的货币投放到流通领域中的。存款准备金包括商业银行持有的库存现金、在中央银行的法定存款准备金以及超额准备金。为获得利息收入，商业银行总要尽力将这部分资金以贷款或证券投资的形式加以利用。一般来说，商业银行准备金的增加量往往等于贷款和投资的增加量。基础货币可以用下式来表示：B = C + R

其中，B 为基础货币，C 为流通中的通货，R 为商业银行的存款准备金。

基础货币具有一定的稳定性。因为当银行存款转化为流通中的通货时，银行要用拥有的银行存款准备金来支付，这样银行储备减少的量正好等于流通中的通货增加的量，从而基础货币保持不变。相反，当流通中的通货转化为银行存款时，银行准备增加，其数量等于流通中通货减少的数量，基础货币仍未发生变化。正是因为基础货币具有一定的稳定性，中央银行才把控制基础货币作为控制货币供给量的重点，并且基础货币的变化将会引起整个货币供给量的成倍变化。

2. 货币乘数

货币乘数（money multiplier）是指货币供给量与基础货币之比，用公式（17.4）表示如下：

$$m = \frac{M}{B} \tag{17.4}$$

（17.4）式中，m 为货币乘数，M 为货币供给量，B 为基础货币。于是，货币供给量与基础货币之间的关系就变为：$M = m \times B$

该公式表示基础货币一定程度的变化会带来货币供给量的成倍变化，这个倍数即为货币乘数。正因为如此，人们才把基础货币称为高能货币或强力货币。

用 C 来表示流通中的通货，用 R 来表示银行的存款准备金，RR 表示法定存款准备金（reserve requirement），ER 表示超额存款准备金（excess reserve），D 表示银行存款总量。将流通中的通货与银行存款总量之比 C/D，称为通货比率，记为 r_c；将法定存款准备金与银行存款之比 RR/D，称为法定准备金率，记为 r_d；将超额存款准备金与银行存款之比 ER/D，称为超额准备金率，记为 r_e，即：

$$r_c = \frac{C}{D} \qquad r_d = \frac{RR}{D} \qquad r_e = \frac{ER}{D}$$

如果这些比率都是常数，就意味着流通中的通货、法定存款准备金和超额存款准备金都与银行存款同比例变化，即：

$$C = r_c \times D \qquad RR = r_d \times D \qquad ER = r_e \times D$$

下面以基础货币的构成为起点来推导货币乘数。基础货币可表示为：$B = C + R = C + RR + ER = r_c \times D + r_d \times D + r_e \times D = (r_c + r_d + r_e) \times D$

进一步得到：$D = \dfrac{1}{r_c + r_d + r_e} \times B$

根据狭义货币的定义，货币供给量应为流通中的通货与银行存款之和，所以：

$$M = M_1 = C + D = r_c \times D + D = (1 + r_c)D = \frac{1 + r_c}{r_c + r_d + r_e} B$$

该公式表示，货币供给量与基础货币以及货币乘数之间的具体关系，从而可推导出货币乘数的计算公式（17.5）：

$$m = m_1 = \frac{1 + r_c}{r_c + r_d + r_e} \tag{17.5}$$

（三）货币乘数的变动

根据货币乘数的计算公式可知，影响货币乘数大小的因素有通货比率、法定存款准备金率和超额存款准备金率。下面分析这些因素的变化会对货币乘数产生的影响。

（1）通货比率的变化。通货比率的上升意味着人们将部分银行存款转化为流通中的通货，虽然基础货币量保持不变，但是，由于货币乘数的变小而导致货币供给量的减少。反之，当通货比率下降时，由于货币乘数的变大而使货币供给量增加。

（2）法定准备金率的变化。提高法定存款准备金率，虽然对基础货币没有影响，但由于使货币乘数变小而使货币供给量减少。相反，降低法定存款准备金率，会使货币乘数变大，从而使货币供给量增加。

（3）超额准备金率的变化。超额准备金率的提高会导致货币乘数的变小，从而使货币供给量减少。相反，超额准备金率的下降会使货币乘数变大，从而使货币供给量增加。

（四）基础货币的决定

基础货币是中央银行发行的货币，基础货币与中央银行的各项资产业务是相对应的，中央银行资产总额的变化，会引起基础货币总量的变化。一般而言，中央银行的贴现贷款、证券持有量、黄金与外汇储备的持有量以及其他资产的持有量，都是基础货币的重要影响因素，基础货币与这些因素正相关，即随着这些因素的增加，会使基础货币等量地增加。

二、货币政策的目标与工具

货币政策的最终目标是保持物价稳定、维持充分就业、促进经济增长和保持国际收支平衡。货币政策最终目标的实现，需要经历一个较长的时期，所以中央银行在执行货币政策时，还需要一些可以量化的、可以操作的经济指标，作为实现货币政策的中介桥梁。这些中间目标有利率、货币供给量、基础货币和超额准备金。中央银行通过运用货币政策工具首先影响货币政策的中间目标，再由中间目标变量的变动实现货币政策的最终目标，从而达到金融调控的目的。本文主要介绍三种一般性货币政策工具。

(一) 再贴现率政策率政策

再贴现率（rediscount rate）政策是指中央银行通过改变再贴现率，影响贴现贷款的数量，从而影响基础货币和货币供给量的一种货币政策工具。再贴现率是指商业银行和其他金融机构在向中央银行进行票据转让时所采用的借款利率。当经济过热时，中央银行通过提高再贴现率，使商业银行的借款成本增加，从而减少向中央银行的借款。这样会导致商业银行的准备金减少，信贷资金也相应地减少，从而缩减整个社会的货币供给量，市场利率也随之上升。反之，当经济衰退时，中央银行通过降低再贴现率，降低商业银行的借款成本，使商业银行的准备金和信贷规模增大，从而使整个社会的货币供给量增加，市场利率也有所下降。

再贴现率政策的优点：①中央银行作为商业银行的"最后贷款人"，防止了社会上的金融恐慌。②再贴现率政策可以作为一种信号表明中央银行的态度。③中央银行可以通过规定再贴现票据的种类来改变社会资金的流向，从而实现调整产业结构的目标。再贴现率政策的缺陷：①如果商业银行通过其他途径来融资，避开中央银行的干预，则再贴现率政策无法达到预期的效果。②再贴现率政策缺乏弹性，当中央银行频繁变动再贴现率时，对经济的发展不利。

(二) 法定准备金率政策

法定准备金率（legal reserve ratio）政策是指中央银行通过调整商业银行的法定存款准备金率，影响货币乘数，从而引起货币供给量变动的一种货币政策工具。当中央银行提高法定准备金率时，商业银行必须通过减少超额存款准备金来满足中央银行的要求，所以其放款能力下降，货币乘数变小，最终导致整个社会的货币供给量减少；当中央银行降低法定准备金率时，会使商业银行的放款能力大大增强，货币乘数变大，从而引起社会货币供给量的增加。

法定准备金率政策的优点是：它是一种非常强有力的货币政策工具，影响范围也比较广。但是，其缺陷也很明显：①缺乏弹性。因为变动法定准备金率的影响过于猛烈，中央银行又很难把握调整的时机和幅度，所以不宜作为日常的货币政策工具。②对于超额存款准备金很低的商业银行来说，法定准备金率的提高会引起严重的流动性不足问题，对经济产生不利影响。③法定准备金率的变化对各类银行和不同地区的银行的影响也不一致，货币政策实施的效果不容易掌握。

（三）公开市场业务

公开市场业务（open market operation）是中央银行最重要、最常用的货币政策工具。它是指中央银行通过在金融市场上买卖有价证券影响基础货币，从而影响整个社会的货币供给量的一种货币政策。公开市场业务的对象是政府债券，尤其是国库券。当经济不景气或社会资金短缺时，中央银行从公开市场上买入证券，向社会投放一笔基础货币，直接或间接地增加流通中的货币量，引起社会货币供给量的多倍增加，促进经济增长；反之，当经济过度膨胀时，中央银行通过卖出证券，收紧银根，使社会的货币供给量收缩，从而使经济降温。

公开市场业务的优点：①中央银行可以通过买卖证券的种类和数量，对货币供给量进行微调。②当出现失误时，中央银行可以立即进行反向操作来纠正。③其操作起来迅速及时，可连续不断调整，使社会对货币政策不会做出过于激烈的反应。由此可见，公开市场业务是中央银行进行日常调控的较为理想货币政策工具。

除了上述三种主要工具外，还有其他一些工具，例如，道义劝告、指令性贷款指标等。道义劝告是指中央银行通过对商业银行及其金融机构劝告，指导其行动，影响其贷款和投资方向，达到中央银行控制信用的目的。

三、货币政策的传导机制

货币政策的传导机制是指运用一定的货币政策工具引起经济活动的变化，从而实现货币政策最终目标的渠道和机理。货币政策的传导机制是一个非常复杂的过程，对这一过程的分析有很多争论。这里主要介绍凯恩斯主义和货币主义的观点。

（一）凯恩斯主义的货币政策传导机制

凯恩斯主义者认为，中央银行实施货币政策后，首先通过商业银行存款准备金的变化引起货币供给量的变化，再通过货币供给量的变化，引起市场利率的变化。利率的变化又通过资本边际效率的影响引起投资的增减，而投资的增减又会以乘数的方式影响总支出和总收入。

用符号表示为：$R \rightarrow M \rightarrow r \rightarrow I \rightarrow E \rightarrow Y$

其中，R 为存款准备金；M 为货币供给量；r 为市场利率；I 为投资；E 为总支出；Y 为总收入。在这个传导机制发挥作用的过程中，主要环节是市场利率，因为货币供给量的变化首先影响的是利率的升降，然后才是投资和总支出的变化。中央银行货币政策效应的大小，主要取决于三方面因素：一是货币供给量的变化能使利率发生多大的变化；二是利率变化对投资的影响程度；三是货币乘数的大小。可以看出，凯恩斯主义学派的货币政策传导机制理论的特点是特别强调利率这一环节。

（二）货币主义的货币政策传导机制

货币主义者认为，利率在货币政策传导机制中不起重要作用，他们更强调货币供给量在整个传导机制中的直接效果。

用符号表示如下：$M \rightarrow E \rightarrow Y$

该理论认为当中央银行采取扩张性的货币政策时，商业银行的存款准备金增加，基础货币增加，所以货币供给量增加。由于货币需求函数具有稳定性，货币供给量作为外生变量出现，这样利率就会下降。但这只是暂时的，利率下降后会刺激投资，使产出量和收入增加，随着产出量的增加，货币需求也会增加，从而利率开始回升，又可能恢复到原来的水平。由此可以看出，货币政策的传导机制主要不是通过利率间接地影响总支出和总收入水平，而是通过货币供给量的变化直接影响社会的总支出与总收入水平。

上述两种理论存在分歧的同时，也存在着一些基本的观点：货币供给量变化以后，会引起市场利率的变化。由于利率发生了变化，才进一步刺激了企业的投资和消费者个人的消费。当投资和消费发生变化后，社会总支出和总收入水平也会相应发生改变。这也是货币政策传导机制的一般模式。

四、货币政策的效果

(一) 货币政策效果的 $IS-LM$ 图形分析

货币政策的效果指变动货币供给量的政策对总需求的影响。假定增加货币供给能使国民收入有较大增加，则货币政策效果就大；反之，则小。货币政策效果同样取决于 IS 和 LM 曲线的斜率。

在 LM 曲线形状基本不变时，IS 曲线越平坦，LM 曲线移动对国民收入变动的影响就越大；反之，IS 曲线越陡峭，LM 曲线移动对国民收入变动的影响就越小，如图 17.6 所示。

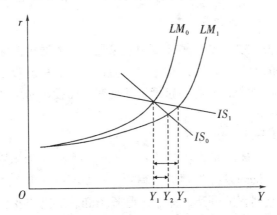

图 17.6　货币政策效果因 IS 斜率而异

图中有两条 IS 曲线，IS_0 较陡峭，IS_1 较平坦。当货币供给量增加使 LM 从 LM_0 右移到 LM_1，IS 较陡时，国民收入增加较少，即货币政策效果较小；而 IS 较平缓时，国民收入增加较多，即货币政策效果较大。这是因为，IS 较陡时，表示投资的利率系数较小（在支出乘数较小时也会使 IS 较陡，但 IS 斜率主要决定于投资的利率系数），即投资对利率变动的敏感程度较差。因此，LM 曲线由于货币供给增加而向右移动使利率下降时，投资不会增加很多，从而国民收入也不会有较大增加；反之，IS 较平坦时，表示投资利率系数较大，因此，货币供给增加使利率下降时，投资和收入会增加较多。

当 IS 曲线斜率不变时，LM 曲线越平坦，货币政策效果就越小，反之，则货币政策效果就越大，如图 17.7 所示。图中，IS_0 和 IS_1 的斜率相同，货币供给增加使 LM 从 LM_0 右移到 LM_1 时，当 LM 曲线较平坦时，收入增加甚少，而 LM 较陡峭时，收入增加较多。

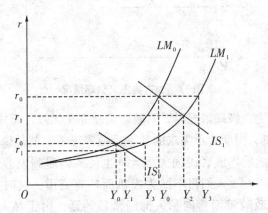

图 17.7　货币政策效果因 LM 斜率而异

这是因为，LM 较平坦，表示货币需求受利率的影响较大，即利率稍有变动就会使货币需求变动很多，因而货币供给量变动对利率变动的作用较小，从而增加货币供给量的货币政策就不会对投资和国民收入有较大影响。反之，当 LM 曲线较陡峭，表示货币需求受利率的影响较小，即货币供给量稍有增加就会使利率下降较多，因而对投资和国民收入有较多增加，即货币政策的效果较强。

总之，一项扩张的货币政策如果能使利率下降较多（LM 较陡时就会这样），并且利率的下降能对投资有较大刺激作用（IS 较平坦时就会这样），则这项货币政策的效果就较强。反之，货币政策的效果就较弱。

货币政策效果也可用货币政策乘数来表示和计量，所谓货币政策乘数是指当 IS 曲线不变或者说产品市场均衡情况不变时，实际货币供给量变化能使均衡收入变动多少，用公式表示为：

$$\frac{\Delta Y}{\Delta m} = \frac{1}{[1 - b(1-t)]\dfrac{h}{d} + k} \tag{17.6}$$

从（17.6）式可知，当 b、t、d、k 既定时，h 越大，即货币需求对利率越敏感，亦即 LM 越平缓，则货币政策效果越小；而当其他参数既定时，d 越大，即投资需求对利率越敏感，亦即 IS 曲线越平缓，则货币政策效果越大。同样，b、t、k 的大小也会影响货币乘数的大小，影响货币政策效果。

（二）古典主义的极端情况

如果水平的 IS 和垂直的 LM 相交，则会出现所谓古典主义的极端情况，如图 17.8 所示。

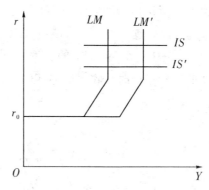

图 17.8　古典主义极端情况

在出现这种古典主义极端情况时，财政政策就完全无效，而货币政策十分有效。

一方面，LM 垂直，说明货币需求的利率系数等于零，就是说，利率已高到如此地步，使人们持有货币的成本或者说损失极大；也使人们看到债券价格低到了只会上涨而不会再跌的程度。因此，人们再不愿为投机而持有货币。这时候，政府如推行一项增加支出的扩张性财政政策而要向私人部门借钱的话，由于私人部门没有闲置货币，则政府借款利率一定要上涨到足以使政府公债产生的收益大于私人投资的预期收益。在这样的情况下，政府支出的任何增加都将伴随有私人投资的等量减少，显然，政府支出对私人投资的"挤出"就是完全的，扩张性财政政策并没有使收入水平有任何改变。

另一方面，IS 呈水平状，说明投资需求的利率系数灵敏达到无限大，利率稍有变动，就会使投资大幅度变动。因此，政府因支出增加或税收减少而需要向私人部门借钱时，利率只要稍有上升，就会使私人投资大大减少，使"挤出效应"达到完全的地步。

总之，在古典主义极端情况下，财政政策完全无效。可是，如果实行增加货币供给的政策，则效果会很大。这是因为，当政府货币当局准备用购买公债办法增加货币供给量时，公债价格必须上升到足够的高度，人们才肯售出公债以换回货币。由于人们对货币没有投机需求，他们将用这些出售公债而所得的货币购买其他生息资产，这些其他生息资产可以是新的资本投资（新证券），也可以是购买现有的生息证券。新的资本投资将提高生产或者说收入水平，从而提高货币的交易需要量，人们手中只要还有超过交易所需的闲置货币，总会竞相争购生息资产。于是，公债价格将继续上升，即利率继续下跌，直到新投资（购买生息资产）把收入水平提高到正好把所增加的货币额全部吸收到交易需求中。

假定政府货币当局增加的货币供给量是 Δm，k 是交易所需货币占收入的比例，即 $k = \dfrac{m}{Y}$，则均衡收入必定要增加到 $\Delta Y = \dfrac{\Delta m}{k}$。上述货币供给量增加所带来的实际经济生活的变化其实只是说明：由于 LM 垂直，人们对货币没有投机需求，因此，增加的货币供给将全部用来增加交易需求。为此，它要求国民收入增加 Δm 的 $\dfrac{1}{k}$ 倍。

IS 呈水平状，也可说明货币政策效果极大。因为 IS 的斜率为零，说明投资对利率极为敏感。因此，当货币供给增加使利率哪怕稍有下降，就会使投资极大地增加，从而使国民收入有很大增加。

图 17.8 所示情况之所以称为古典主义的极端情况，是因为古典学派认为，货币需求只同产出水平有关，同利率没有多大关系。货币需求对利率极不敏感，货币需求的利率系数几乎近于零。因此，LM 是一垂直线时，货币供应量的任何变动都对产出有极大影响，货币政策是唯一有效的政策。

西方学者认为，无论是凯恩斯主义极端，还是古典主义极端，在现实生活中都极少见。真正常见的是 LM 曲线向右上方倾斜而 IS 曲线向右下方倾斜，水平的和垂直的 LM 和 IS 充其量只是这些曲线斜率变化过程中的一个极端的阶段或者说区域。而介于这二种极端情况之间的是中间区域。在大多数情况下，IS 和 LM 的交点是在中间区域。现在许多西方经济学家都认为，在衰退时期，要多用些财政政策，而在通货膨胀严重时期，应多用些货币政策，政策效果较为明显。

（三）货币政策的局限性

在实践中，货币政策经常存在一些局限性，影响了货币政策的效果。

1. 通货膨胀时期实行紧缩的货币政策可能效果比较显著，但在经济衰退时期，实行扩张的货币政策效果就不明显

那时候，厂商对经济前景普遍悲观，即使中央银行松动银根，降低利率，投资者也不肯增加贷款从事投资活动，银行为安全起见，也不肯轻易贷款。特别是由于存在着流动性陷阱，不论银根如何松动，利息率都不会降低。这样，货币政策作为反衰退的政策，其效果就相当微弱。

2. 从货币市场均衡的情况来看，增加或减少货币供给要影响利率的话，必须以货币流通速度不变为前提

如果这一前提不存在，货币供给变动对经济的影响就要打折扣，在经济繁荣时期，中央银行为抑制通货膨胀需要紧缩货币供给，或者说放慢货币供给增长率，然而，货币流通速度在增加，这时候，即使中央银行把货币供给减少，也可能无法使通货膨胀率降下来。反过来说，当经济衰退时期，货币流通速度下降，这时中央银行增加货币供给对经济的影响也就可能被货币流通速度下降所抵消。货币流通速度加快，意味着货币需求增加，流通速度放慢，意味着货币需求减少。如果货币供给增加量和货币需求增加量相等，LM 曲线就不会移动，因而利率和收入也不会变动。

3. 货币政策作用的时滞也影响政策效果

中央银行变动货币供给量，要通过影响利率，再影响投资，然后再影响就业和国民收入，因此，货币政策作用要经过相当长一段时间才会充分得到发挥。尤其是，市场利率上升以后，厂商缩小生产规模，更不是一件容易的事，已经上马在建的工程难以下马，已经雇佣的职工要解雇不是轻而易举的事。总之，货币政策即使在开始采用时没有花很长时间，但执行后到产生效果却要有一个相当长的过程，在此过程中，经济情况有可能发生和人们原先预料的相反变化。比方说，经济衰退时中央银行扩大货

币供给，但未到这一政策效果完全发挥出来经济就已转入繁荣，物价已经开始较快地上升，则原来扩张性的货币政策不是反衰退，而是加剧了通货膨胀。

4. 货币政策的效果因资金在国际上流动而受到影响

例如，一国实行紧缩的货币政策时，利率上升，国外资金会流入，若汇率浮动，本币会升值，出口会受抑制，进口会受刺激，从而使本国总需求比在封闭经济情况下有更大的下降。若实行固定汇率，中央银行为使本币不升值，势必抛出本币，按固定汇率收购外币，于是货币市场上本国货币供给增加，使原先实行的紧缩的货币政策效果大打折扣。

基于各种局限性，货币主义者反对凯恩斯相机抉择的货币政策，强调应以价格稳定为主要目标，建议实行单一规则的货币政策来调控经济。

第四节　财政政策和货币政策的相互配合

由于财政政策和货币政策会对国民收入和利率产生不同影响，对总需求经济产生不同影响，因此，对总需求调节时，常常需要把两种政策搭配起来使用。例如，当经济处于萧条状态，政府既可采用扩张性财政政策，也可采用扩张性货币政策，还可以将两种政策结合起来使用。如图 17.9 所示。

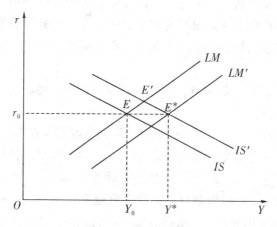

图 17.9　财政政策和货币政策的相互配合

假定经济起初处于图中 E 点，收入为 Y_0，利率 r_0，而充分就业的收入为 Y^*。为克服萧条，达到充分就业，政府可实行扩张性财政政策将 IS 右移，也可采用扩张性的货币政策使 LM 曲线右移。采用这两种政策虽都可以使收入达到 Y^*，但会使利率大幅度上升或下降。如果既想使收入增加到 Y^*，又不使利率变动，则可采用扩张性财政政策和货币政策相互配合。如图所示，为了将收入从 Y_0 提高到 Y^*，可实行膨胀性财政政策，使产出水平上升，但为了使利率不由于产出上升而上升，可相应地实行扩张性货币政策，增加货币供应量，使利率保持原有水平。从图 17.9 中可见，如果仅实行扩张性财政政策，将 IS 移到 IS'，则均衡点为 E'，利率上升到 r_0 之上，发生"挤出效应"，

产量不可能达到 Y^*，如果采用"适应性的"货币政策，即按利率不上升的要求，增加货币供给，将 LM 移到 LM'，则利率可保持不变，投资不被挤出，产量就可达到 Y^*。

财政政策和货币政策可有多种配合，这种配合的政策效应，有的是事先可预计的，有的则必须根据财政和货币政策何者更强有力而定，因而是不确定的。例如，图 17.2 中 IS 和 LM 移动幅度相同，因而产出增加时利率也不变，若财政政策影响大于货币政策，IS 右移距离超过 LM 右移距离，则利率就会上升；反之，则会下降。可见，这两种政策配合使用时对利率的影响是不确定的。表 17.2 给出了各种政策相互配合的效应。

表 17.2　财政政策和货币政策配合使用的政策效应

	政策混合使用	产　出	利　率
1	扩张性财政政策和紧缩性货币政策	不确定	上　升
2	紧缩性财政政策和紧缩性货币政策	减　少	不确定
3	紧缩性财政政策和扩张性货币政策	不确定	下　降
4	扩张性财政政策和扩张性货币政策	增　加	不确定

政府和中央银行可以根据具体情况和不同目标，选择不同的政策组合。当经济萧条但又不太严重时，可采用第一种组合，用扩张性财政政策刺激总需求，又用紧缩性货币政策控制通货膨胀；当经济发生严重通货膨胀时，可采用第二种组合，用紧缩货币来提高利率，降低总需求水平，又紧缩财政，以防止利率过分提高；当经济中出现通货膨胀又不太严重时，可用第三种组合，用紧缩财政压缩总需求，又用扩张性货币政策降低利率，以免财政过度紧缩而引起衰退；当经济严重萧条时，可用第四种组合，用扩张财政增加总需求，用扩张货币降低利率以克服"挤出效应"。

例如，2008 年在金融海啸影响下，全球经济发展放慢，出现经济萧条和通货紧缩，各国政府纷纷出台宏观政策来应对危机。美国总统奥巴马宣布总额高达 7750 亿美元的一揽子财政刺激方案；同时，美联储不断降息，大规模注资和放松银根，以防止经济继续下滑。中国政府也在 2008 年 11 月推出了 4 万亿元的救市计划，主要投向公共投资项目。人民银行也一改年初的紧缩货币政策取向，转而采取适度宽松的货币政策，并在三个月内连续五次下调利率，四次下调存款准备金率，以刺激总需求。除中美之外，欧盟、日本、印度、俄罗斯、韩国等国也实行了不同的财政和货币政策刺激方案，尽管侧重点不完全一样，但许多国家都倾向于实行多样化的政策配合，而非仅仅抱住减税或扩大政府支出中的一端不放。

一般而言，财政政策侧重于结构调节，而货币政策侧重于总量调节；财政政策侧重于调节收入分配，货币政策侧重于保持币值稳定；财政政策对治理通货紧缩作用明显，而货币政策对治理通货膨胀作用明显。在考虑如何配合使用两种政策时，除了考虑到不同的经济影响，还要考虑政治上的需要，因为不同政策的后果可以对不同的人群产生不同的影响。因此，政府在作出配合使用各种参政货币政策的决策时，必须考虑各行业、各阶层的利益，既要促进效率，又要兼顾公平。

本章小结

1. 宏观经济政策的目标有充分就业、价格水平稳定、经济增长和国际收支平衡四种，不同政策目标之间有时存在着两难选择。

2. 财政政策是通过政府税收以及支出的行为，来影响社会的有效需求，促进就业水平的提高，并避免通货膨胀或通货紧缩的发生，从而实现经济稳定增长的一种政策。政府预算由政府支出和政府收入两部分构成，其中政府支出包括政府购买和政府转移支付，而政府收入则包括税收和公债两部分。政府的预算盈余或预算赤字是在某一特定时期内政府所得到的税收收入与政府支出之间的差额。

3. 当社会已达到充分就业状态时，财政赤字及其公债的会产生"挤出"效应；当社会尚未达到充分就业时，国家举债支出不仅不会增加人民的负担，可能还会推动经济的增长。但长期大量政府外债会对宏观经济会产生不利的影响。财政政策本身具有自动稳定器功能，自发调节经济波动。内在稳定器一般有税收、转移支付和农产品价格支持制度等制度。为了保证国民经济持续稳定增长，财政政策有时需要"逆经济风向"进行相机选择：当出现总需求膨胀时，需要采取紧缩性的财政政策；相反，采取扩张性的财政政策。

4. IS 越平坦，实行扩张性财政政策时被挤出的私人资本就越多，从而使国民收入增加的就越少，即政策效果越小。反之，IS 越陡峭，政策效果较大。在 IS 曲线的斜率不变时，LM 斜率越大，即 LM 曲线越陡，则财政政策效果就越小。反之，LM 越平坦，则财政政策效果就越大。在凯恩斯极端区域，财政政策完全有效，而货币政策完全无效。

5. 挤出效应是指政府支出增加所引起的私人消费或投资降低的作用。支出乘数、货币需求对产出水平的敏感程度 k、货币需求对利率变动的敏感程度 h、投资需求对利率变动的敏感程度等因素都对挤出效应有较大影响。

6. 商业银行具有创造信用货币的功能，使银行存款数量成倍扩张。基础货币的变化会带来货币供给量的成倍变化，该倍数称为货币乘数。为了实现货币政策的目标，需要借助调控再贴现、法定存款准备金和公开市场业务等政策工具来影响货币政策中间目标。在这个过程中，凯恩斯主义货币政策的传导机制特别强调利率这一环节，而货币主义者更强调货币供给量在整个传导机制中的直接效果。

7. 在 LM 曲线形状不变时，IS 曲线越平坦，LM 曲线移动对国民收入变动的影响就越大；反之，IS 曲线越陡峭，LM 曲线移动对国民收入变动的影响就越小。当 IS 曲线斜率不变时，LM 曲线越平坦，货币政策效果就越小，反之，则货币政策效果就越大。如果水平的 IS 和垂直的 LM 相交，出现所谓古典主义的极端情况时，财政政策就完全无效，而货币政策十分有效。

8. 财政政策和货币政策都存在着政策时滞等一些局限性，单独使用影响政策效果的发挥。因此，在实践中，财政政策和货币政策一般相互配合使用，往往可以成功应对经济中的不同情况。

复习与思考题

一、名词解释

财政政策　　政府预算　　政府预算盈余　　相机抉择的财政政策　　扩张的财政政策　　紧缩的财政政策　　内在稳定器　　财政政策乘数　　挤出效应　　货币政策　　基础货币　　存款准备金　　货币乘数　　再贴现　　法定存款准备金　　公开市场业务

二、单项选择题

1. 中央银行在公开市场上卖出政府债券是企图（　　）。

　　A. 收集一笔资金帮助政府弥补财政赤字

　　B. 减少商业银行在中央银行的存款

　　C. 减少流通中基础货币以紧缩货币供给

　　D. 通过买卖债券获取差价利益

2. 如果 IS 曲线与 LM 曲线在中间区域相交，投资对利率不是完全没弹性，那么财政政策（　　）。

　　A. 如果单独采用将更有效

　　B. 是无效的

　　C. 如果与扩张性货币政策联合使用会更有效

　　D. 不能用来刺激经济，因为它会导致利率上升

3. 当一国经济出现过热现象时，货币当局可以采用哪种方法控制货币供给量？（　　）。

　　A. 降低贴现率　　　　　　　　　B. 降低准备金率

　　C. 在公开市场上出售证券　　　　D. 以上方法都可以

4. 假定政府没有实行财政政策，国民收入水平的提高可能导致（　　）。

　　A. 政府支出增加　　　　　　　　B. 政府财政赤字减少

　　C. 政府税收减少　　　　　　　　D. 政府财政赤字增加

5. 假设价格水平固定，并且经济中存在超额生产能力。以下（　　）货币政策将影响产出的所有步骤。

　　A. 货币供给增加使利率上升，投资增加，从而使总支出和产出增加

　　B. 货币供给增加使利率下降，投资减少，从而使总支出和产出减少

　　C. 货币供给增加使利率下降，投资增加，从而使总支出和产出增加

　　D. 货币供给增加使利率下降，投资增加，从而使总支出和产出减少

6. 若实行削减个人所得税率和增加实际国防开支的政策，在短期内将（　　）。

　　A. 总供给减少，物价上涨　　　　B. 增加总需求从而增加国民收入

　　C. 总需求减少从而减少国民收入　D. 因政策相互矛盾而使结果不确定

7. 如果目前存在通胀缺口，应采取的财政政策是（　　）。

　　A. 增加税收　　　　　　　　　　B. 减少税收

      C. 增加政府支出　　　　　　　　　　　　D. 增加转移支付

8. 货币供给增加使 LM 曲线右移，若要均衡收入变动接近于 LM 曲线的移动量，则必须（　　）。

    A. LM 曲线陡峭，IS 曲线也陡峭　　　　B. LM 曲线和 IS 曲线一样平缓

    C. LM 曲线陡峭，而 IS 曲线平缓　　　　D. LM 曲线平缓而 IS 曲线陡峭

9. 下列哪种情况下，增加货币供给不会影响均衡收入？（　　）

    A. LM 曲线陡峭，而 IS 曲线平缓　　　　B. LM 曲线陡峭，而 IS 曲线也陡峭

    C. LM 曲线平缓，而 IS 曲线垂直　　　　D. LM 曲线和 IS 曲线一样平缓

10. 政府购买增加使 IS 曲线右移，若要均衡收入变动接近于 IS 曲线的移动量，则必须（　　）。

    A. LM 曲线平缓，而 IS 曲线陡峭　　　　B. LM 曲线垂直，而 IS 曲线陡峭

    C. LM 曲线和 IS 曲线一样平缓　　　　D. LM 曲线陡峭，而 IS 曲线平缓

11. 在下述何种情况下，挤出效应更有可能发生（　　）。

    A. 货币需求对利率具有敏感性，私人部门支出的利率也有敏感性

    B. 货币需求缺乏利率敏感性，私人支出也缺乏利率敏感性

    C. 货币需求具有利率敏感性，私人支出对利率没有敏感性

    D. 货币需求缺乏利率敏感性，私人支出很有利率敏感性

12. 在下述何种情况下，会产生挤出效应（　　）。

    A. 货币供给的下降提高利率，从而挤出了对利率敏感的私人支出

    B. 对私人部门税收的增加引起私人部门可支配收入和支出的下降

    C. 政府支出增加使利率提高，从而挤出了私人部门的支出

    D. 政府支出的下降导致消费支出的下降

13. 在其他条件不变，增加自主性净税收，会引起（　　）。

    A. 国民收入增加　　　　　　　　　　　　B. 国民收入减少

    C. 国民收入不变　　　　　　　　　　　　D. 以上几种情况都有可能发生

14. 如果政府支出的增加与政府转移支付的减少相同时，收入水平会（　　）。

    A. 不变　　　　　　　　　　　　　　　　B. 增加

    C. 减少　　　　　　　　　　　　　　　　D. 不相关

15. 包含自动稳定器的政府预算（　　）。

    A. 比不含自动稳定器的政府预算能使经济有更大的波动

    B. 将减轻经济中的波动

    C. 对经济中的波动没有影响

    D. 以上说法均不正确

16. 扩张性的财政政策对经济有下述影响（　　）。

    A. 缓和了经济萧条但增加了政府债务

    B. 缓和了通货膨胀但增加了政府债务

    C. 加剧了经济萧条但减少了政府债务

    D. 无法确定

17. 中央银行最常用的政策工具是（　　）。

　　A. 法定准备率　　　　　　　　　B. 公开市场业务

　　C. 再贴现率　　　　　　　　　　D. 道义劝告

18. 在经济衰退时期，财政政策一般会采取（　　）来调控经济。

　　A. 税收减少，政府支出减少　　　B. 税收减少，政府支出增加．

　　C. 税收增加，政府支出减少　　　D. 税收增加，政府支出增加

三、判断题

1. 政府购买支出是国民收入的一部分。（　　）

2. 需求管理包括财政政策和货币政策。（　　）

3. 扩张的财政政策包括增加政府支出和增税。（　　）

4. 内在稳定器能够消除经济萧条和通货膨胀。（　　）

5. 累进的个人所得税可以发挥财政政策"内在稳定器"的功能。（　　）

6. 银行存款的多倍扩张指银行将超准备金转化为更大量银行货币的过程。（　　）

7. 现金漏损对银行货币创造起到制约作用。（　　）

8. 超额准备金率下降会使货币供应量增加。（　　）

9. 凯恩斯学派的货币政策传导机制主要是利率。（　　）

10. 如果 LM 曲线比较陡峭，IS 曲线比较平缓，则扩张性货币政策不会影响均衡时的总产出。（　　）

四、计算题

1. 假设货币需求为 $L = 0.2Y$，货币供给 $M = 200$ 亿元，消费 $C = 90 + 0.8Y_d$，投资 $I = 140 - 5r$，税收 $T = 50$ 亿元，政府支出 $G = 50$ 亿元。

（1）推导 IS 和 LM 曲线方程，求出均衡收入、利率和投资。

（2）若其他条件不变，政府支出 G 增加 20 亿元，收入、利率和投资有什么变化？

2. 假定某经济的社会消费函数 $C = 300 + 0.8Y_d$，私人投资 $I = 200$ 亿元，税收函数 $T = 0.2Y$（单位为亿元）。试求：

（1）均衡收入为 2 000 亿元时，政府支出（不考虑转移支付）必须是多少？预算盈余还是赤字？

（2）政府支出不变，而税收提高为 $T = 0.25Y$，均衡收入是多少，这时预算将如何变化？

3. 假定某国政府当前预算赤字为 75 亿美元，边际消费倾向为 $b = 0.8$，边际税率 $t = 0.25$，如果政府为降低通货膨胀率要减少支出 200 亿美元，试问支出的这种变化能否最终消灭赤字？

五、思考题

1. 宏观经济政策目标有哪些？

2. 试用 $IS - LM$ 模型分析财政政策效果。

3. 什么是财政政策的"挤出效应"，它受哪些因素影响？

4. 简述商业银行存款创造的信用创造过程。

5. 一般性货币政策工具有哪些？

6. 试比较凯恩斯主义与货币主义的货币传导机制有何不同？

7. 试用 $IS - LM$ 模型分析货币政策的效果。

8. 说明财政政策与货币政策相互配合机理。

第十八章　开放条件下的宏观经济理论

随着各国经济的发展，国际间的经济往来与联系也日益加深，全球经济一体化浪潮汹涌而来，对各国经济产生着越来越显著的影响。而本书对宏观经济理论的论述在此之前都是以封闭经济为假设前提的，这将不符合现在经济全球化趋势，因此我们有必要在宏观经济学中引入国际社会来分析开放条件下的宏观经济理论。本章主要通过建立 IS－LM－BP 模型来分析一个国家的内外部失衡的宏观经济政策以及宏观经济政策的有效性，从而得出在全球经济一体化的趋势下国际经济政策协调的重要性。

第一节　国际收支和汇率

在开放的经济中，汇率和国际收支都是十分重要的概念。对它们的系统和详尽的讨论已经超出了本课程的一般范围，是国际贸易与国际金融等课程的任务。在本节中，仅对它们的基本内容作一简单的介绍。

一、国际收支

国际收支是指一国在一定时期内从国外收进的全部货币资金和向国外支付的全部货币资金的对比关系。一国国际收支的状况反映在该国的国际收支平衡表上。

二、国际收支平衡表

国际收支平衡表是在一定时期内，对一国与他国之间所进行的一切经济交易加以系统记录的报表。

编制国际收支平衡表的基本规则是，一个国家的任何交易活动，如果挣了外汇，就在国际收支平衡表上记为贷方项目，并给一个正号（通常忽略不写出来）。反之，如果任何交易是支出外汇，则记入国际收支平衡表的借方项目，给一个负号。

国际收支平衡表一般由四大项目或账户组成：经常项目、资本项目、官方储备项目及统计误差项目。

经常项目既记录商品与劳务的交易，也记录转移支付。劳务包括运费、版权支付和利息支付，还包括净投资收入，即本国在国外的资产获得的利息减去外国人在本国拥有的资产所获得的收入之差。转移支付包括汇款、捐赠和援助。

资本项目记录国际间的资本流动。凡是外国对本国居民的贷款，外国购买本国的实物资产和金融资产的交易都是资本流入，或称资本输入。凡本国居民对国外的贷款，以及他们购买外国的实物资产或金融资产的交易都是资本流出，或称资本输出。资本项目记录着一国资本的输入输出情况，如政府、国际金融机构、商业银行和跨国公司的投资等。资本流动又分为长期和短期两种，前者指一年以上到期的国际资本的流动；后者指一年或不足一年到期的国际资产和负债的变化。

官方储备项目又可称为官方的黄金和外汇储备项目，由一个国家官方的货币机构所持有。黄金和外汇通常被称为储备资产。官方储备主要是一国政府和货币机构用来管理汇率用的。对于实行浮动汇率制的国家对外汇市场的干预通常比较少，因而这些国家官方储备的变动也相对较小。

统计误差项目是在借方与贷方最后不平衡时，通过这一项目调整使之平衡。

国际收支有平衡与不平衡两种情况，不平衡又分为国际收支顺差与逆差两种情况。当国际收支顺差，即有盈余时，会有黄金或外汇流入，即官方储备项增加；当国际收支逆差，即有赤字时，会有黄金或外汇流出。这也就是说，当国际收支中的经常项目与资本项目之和不相等，即国际收支不平衡时，要通过官方储备项目的调整来实现平衡。

在开放经济中，一国与外国的经济往来主要包括两个方面的内容：一是商品与劳务的进出口和各种转移支付的进出；二是为购买实物资产和金融资产而发生的资本流入和流出。前者反映在国际收支平衡表的经常账户上，后者反映在资本账户上。如表18.1所示。

表18.1 　　　　　　　　　美国国际收支平衡表（2002年）　　　　　　单位：10亿美元

（a） 项　目	（b） 贷方 （＋）	（c） 借方 （－）	（d） 净贷（＋） 或净借（－）
Ⅰ.经常账户			
a. 商品出口（＋）和进口（－）	681.8	－1164.7	－482.9
b. 服务（净）	65.0		
c. 转移支付（净）		－63.0	
经常账户余额			－480.9
Ⅱ.资本账户			
a. 资本流入（＋）和流出（－）	612.1	－184.0	
资本账户余额			428.1
Ⅲ.官方储备变动			
美国官方储备减少			3.7
外国官方资产在美国的增加			94.9
官方储备总变动			98.6
Ⅳ.统计误差			－45.8

资料来源：理查德·T. 弗罗恩. 宏观经济学：理论与政策. 8版. 北京：北京大学出版社，2005：310.

在上述国际收支平衡表中，有两个主要部分，即经常账户和资本账户①。每个项目的名称列在（a）栏，贷方记在（b）栏，借方记在（c）栏，（d）栏列的是净借贷。在表中，如果某个项目能增加美国的外汇储备，就记在贷方栏，如果会减少美国的外汇储备，就记在借方栏。

三、汇率及汇率制度

（一）外汇与汇率

所谓外汇，是指以外国货币表示的用于国际结算的支付手段，包括可以自由兑换的货币和以货币表示的各种有价证券等。汇率又称汇价，是指一种货币与另一种货币之间的兑换比率。如果将货币看做一种特殊的产品，那么汇率就可以看做为用一种货币表示的另一种货币。汇率通常有两种标价方法。

1. 直接标价法

直接标价法是以一单位的外国货币为标准，折算为一定数额的本国货币来表示的汇率。用这种标价法，一单位外币折算的本国货币量减少，即汇率下降表示外国货币贬值或本国货币升值。反之，汇率的上升表示外国货币升值或本国货币贬值。

2. 间接标价法

间接标价法是用一单位的本国货币作为标准，折算为一定数额的外国货币来表示的汇率。用这种标价法，一单位本国货币折算的外国货币增加，即汇率上升表示本国货币升值或外国货币贬值。反之，汇率的下降表示本国货币贬值外国货币升值。

在本章的论述中没有特别说明的，汇率都采用直接标价法表示。

（二）汇率制度

1. 固定汇率制度

固定汇率制度是指一国货币同他国货币的汇率基本固定，其波动限于在一定的幅度之内。在固定汇率制下，汇率是由一国中央银行确定本国货币与另一种外国货币的相对价格。

2. 浮动汇率制度

浮动汇率制度是指一国不规定本国货币与他国货币的官方汇率，听任汇率由外汇市场的供求关系来自发地决定。

那么在浮动汇率制度下汇率是如何决定的呢？从经济学观点看，货币也是一种商品。汇率既是两种商品之间的兑换率，当然就是货币市场买卖双方交易的市场价格。这一价格正好使货币市场上对货币的需求和供给达到了均衡。因此它取决于货币市场上对货币的需求和供给。如图 18.1 所示：

---

① 1999 年，美国修订了其国际账户以符合新的口径，"资本账户"被更名为"金融账户"。新定义的账户包括资本转移以及非生产性的非金融资产的提取和处理。这一术语被认为有助于强调该账户中金融资产的流动性和可靠性。参见萨缪尔森，诺德豪斯．经济学．17 版．北京：人民邮电出版社，2004：494.

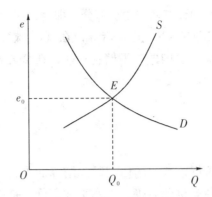

图 18.1　浮动汇率制度下汇率的决定

其中 D 代表货币的需求曲线，S 代表货币的供给曲线，E 点代表货币的需求与供给相等时的均衡状态。

D 增加，汇率上升（当外国对本国商品的进口需求提高，从而增加货币市场对本币的需求，D 右移，汇率上升，本币升值）。

S 增加，汇率下降（当本国对外国商品的进口需求提高，从而增加货币市场本币的供给，S 右移，本币贬值）。

（三）名义汇率和实际汇率

（1）**名义汇率：两国间货币的相对比价。**用字母 E 表示。

（2）**实际汇率：两国商品的相对价格。** $e = E \times P_f / P$。此公式中，e 表示实际汇率，P_f 和 P 分别为国外与国内的价格水平，E 为名义汇率。由于 P_f 表示国外价格水平，若采用直接标价法的话，此公式表明实际汇率反映了国外价格水平与国内价格水平的相对比值。

实际汇率 e 上升，即本币实际贬值，意味着外国商品相对于国内商品更昂贵，本国产品竞争力上升。

实际汇率 e 下降，即本币实际升值，意味着本国商品相对于外国商品更昂贵，本国产品竞争力下降。

（四）购买力平价理论

有关汇率决定的理论相当多，其中购买力平价理论是最有影响的理论之一。购买力平价理论（简称 PPP 理论），是瑞典经济学家卡塞尔在其 1922 年出版的《1914 年以后的货币与外汇》中第一次系统的阐述的。卡塞尔认为，本国人需要外国货币，是因为该外国货币在其发行国有购买商品和劳务的能力；反之，外国人需要本国货币，是因为本国货币在本国有购买商品和劳务的能力。这样，货币所具有的购买力便决定了货币的价格，两国货币之间的比价则应该取决于他们的购买力之比。购买力平价是指两国货币购买力的比率，有两种基本形式：绝对购买力平价和相对购买力平价。绝对购买力平价说明的是静态的某个时点的两国货币间汇率的决定；相对购买力平价说明的是动态的某个时期的两国货币间汇率的决定。购买力平价理论是建立在诸如经济中的变化必须来自货币方面，不存在交易费用等一系列假定条件基础上的。由于这些条件在现实中难以完全满足，因此很多的西方经济学者认为，购买力平价理论不能很好地解释短期汇率的波动。但这一理论给出了货币间兑换的实质，即购买力的比较。因此购买力平价理论被认为是解释汇率应有的稳定趋势的一种理论，也被认为是解释长期汇率的一种理论。

第二节 *IS – LM – BP* 模型

一、净出口函数

一国的对外贸易分为出口和进口，出口是向其他国家销售产品和提供劳务，进口则是从其他国家购买产品和劳务。净出口则是出口与进口的差额。当出口大于进口时，存在贸易顺差；反之，出口小于进口，存在贸易逆差。

影响净出口的因素有很多，在宏观经济学中，汇率和国民收入水平被认为是两个最重要的因素。对于出口，若实际汇率上升，则本国货币贬值，意味着国外商品相对于国内商品变得更加昂贵，这使本国商品的出口变得相对容易。一般来说，出口正向地受实际汇率的影响。对于进口，若实际汇率上升，因国外商品相对于国内商品变得更加昂贵，故进口减少，从而进口反向地取决于实际汇率。因此净出口正向地取决于实际汇率。

对于国民收入，当收入提高时，消费者用于购买本国产品和进口产品的支出都会增加。一般认为出口不直接受一国实际收入的影响。因此净出口反向地取决于一国的实际收入。

净出口函数可以表示为：$NX = q - \gamma Y + ne$，式中 q、γ、和 n 均为正数，参数 r 被称为边际进口倾向，即进口变动与引起这种变动的收入变动的比率。图形如下：

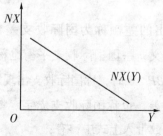

图18.2 净出口函数

汇率的上升会增加进出口，但是汇率上升或者说本国货币贬值能在多大程度上增加出口或减少进口，取决于该国出口商品在世界上的需求弹性和该国国内市场对进口商品的需求弹性。对于出口，只有出口商品的需求弹性大，本国货币贬值所引起的商品出口增加的幅度才会大于外币价格下降的幅度，从而使总的外汇收入增加。如果出口商品的需求弹性小，本国货币贬值所引起的出口增加的幅度小于外币价格下降的幅度，从而使总的外汇收入减少。对于进口，本国货币贬值使进口减少，但如果国内市场对进口商品的需求弹性很小，则货币贬值所引起的进口减少的幅度很小。这时外汇支出不仅不会减少，反而还会增加。因此本国货币贬值能否改善一国贸易收支状况，取决于出口商品的需求弹性和进口商品的需求弹性。如果两者之和的绝对值大于 1，则本国货币贬值就可以改善一国贸易收支状况。这一结论被称为马歇尔—勒那条件。

二、净资本流出函数

净资本流出被定义为从本国流向外国的资本量与从外国流向本国的资本量的差额。用 F 表示。一般认为净资本流出是本国利率（r）与外国利率（rw）之差的函数。F 是 r 的减函数，即在国外利率水平一定时，本国利率越高，则净资本流出越少；本国利率越低，则净资本流出越多。并且其是国外利率的增函数。因为：国际资本的流向是从利率低的国家流向利率高的国家。因此 $F = \delta(rw - r)$，其中 $\delta > 0$ 为常数。净资本流出函数的图形如下：

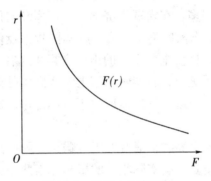

图 18.3　净资本流出函数

由图 18.3 可知，净资本流出与国内利率呈反方向变化。

三、BP 函数

现将净出口和净资本流出的差额称为国际收支差额，并用 BP 表示，即 $BP = NX - F$。根据宏观经济学的定义，一国国际收支平衡也称为外部均衡，是指一国国际收支差额为 0，即 $BP = 0$。当 $BP > 0$ 时，称国际收支出现顺差，也称国际收支盈余；当 $BP < 0$ 时，称国际收支出现逆差，也称国际收支赤字。特别当 $BP = 0$ 时，有 $NX = F$。将净出口函数和净资本流出函数带入上式中，有：

$$q - \gamma Y + n\frac{EP_f}{P} = \delta(rw - r) \qquad 化简为 \quad r = \frac{\gamma}{\delta}Y + \left(rw - \frac{n}{\delta}\frac{EP_f}{P} - \frac{q}{\delta}\right)$$

此式就是国际收支函数，它表明了当国际收支平衡时，收入 Y 和利率 r 成正相关关系。在其他有关变量和参数既定的前提下，在以利率为纵坐标、收入为横坐标的直角坐标系内，国际收支函数的几何表示即为国际收支曲线或 BP 曲线。BP 曲线的推导过程如 18.4 图所示：

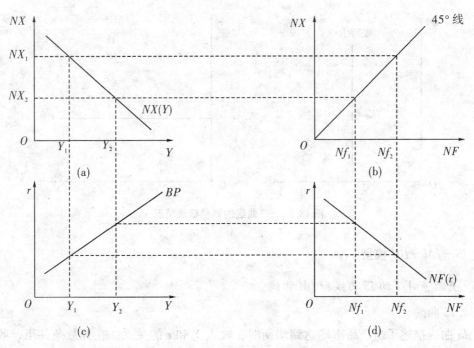

图 18.4　*BP* 曲线的推导

图 18.4（a）图中的曲线表示 *NX* 与实际国民收入之间的函数关系。因为 *NX* 是实际国民收入的减函数，故曲线斜率为负。图（d）则表示资本净流出 *NF* 与本国利率之间的反方向关系。图（b）显示了国际收支的平衡条件：*NX = NF*，在 45°线上的所有点均表示国际收支平衡，即 *BP* = 0。这样，根据图（a）、（b）、（d）即可推导出（c）图中的国际收支平衡线—*BP* 曲线。

作为 *BP* 曲线的截距项，本币贬值、汇率提高时，*BP* 曲线向右移。反之，汇率降低时，*BP* 曲线向左移。进一步可以得出，净出口增加，则 *BP* 曲线向右移，净出口减少，则 *BP* 曲线向左移。同时 *BP* 曲线上的任意一点都表明国际收支平衡，宏观经济实现了外部均衡。而 *BP* 曲线上方的所有点均表明国际收支顺差，即 *NX > F*；在 *BP* 曲线下方的所有点均表明国际收支逆差，即 *NX < F*。但是 *BP* 曲线的形状存在着两种极端的情况。一种是在没有资本流动的情况下，利率变化对国际收支没有直接影响，也就是说资本流动对利率的弹性为零。这时的 *BP* 曲线是一条位于某一收入水平上的垂直于横轴的直线。另一种极端情况则对应于资本完全自由流动的情况，这时资本流动对于利率变动具有完全的弹性，即任何低于国外利率水平的国内利率都会导致巨额资本流入，使国际收支处于顺差。同样任何低于国外利率水平的国内利率都会导致巨额资本流出，使国际收支处于逆差。因此 *BP* 曲线为一条位于国际均衡利率水平上的水平线。如图18.5 所示。

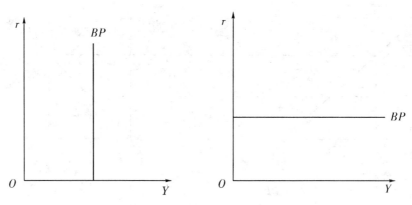

图 18.5　*BP* 曲线的两种极端情况

四、*IS - LM - BP* 模型

（一）开放条件下的 *IS* 曲线和 *LM* 曲线

1. *IS* 曲线

IS 曲线描述了当产品市场达到均衡时，收入 Y 和 r 的关系。在开放条件下，收入的恒等式变为：$Y = c + i + g + NX$，

$Y = \dfrac{\alpha + e + g + q - bt}{1 - b + \gamma} - \dfrac{dr - ne}{1 - b + \gamma}$ 支出的恒等式为：$Y = a + b \ (Y - t) \ + \ (e - dr) \ +$

$g + q - \gamma Y + ne$

经整理得：

此式就是开放经济条件下的 *IS* 曲线方程。此式表明开放条件下的利率 r 与收入 Y 之间仍维持了封闭经济时的反向关系，*IS* 曲线仍是向右下方倾斜的。同时 *IS* 曲线的截距项的大小与汇率成同方向关系。因此，在其他条件不变时，汇率的提高会使 *IS* 曲线向右移动；反之，当汇率降低时，使 *IS* 曲线向左移动。

2. *LM* 曲线

宏观经济在考察开放经济时，通常假定货币需求函数和国内货币供应量保持不变。因此，*LM* 曲线在开放经济条件下不会发生改变。

（二）*IS - LM - BP* 模型

$Y = \dfrac{\alpha + e + g + q - bt}{1 - b + \gamma} - \dfrac{dr - ne}{1 - b + \gamma}$ 联立开放经济条件下的 *IS* 曲线方程、*LM* 曲线方程、

BP 曲线方程，表示如下：

$$Y = \frac{hr}{k} + \frac{1}{k} \ \left(\frac{M}{P}\right)$$

$$r = \frac{\gamma}{\delta} Y + \ \left(rw - \frac{n}{\delta} e - \frac{q}{\delta}\right)$$

上述方程要决定三个未知量 Y、r、e。相应的，在以利率为纵坐标、收入为横坐标的坐标系中，这一模型可以用三条曲线，即 IS 曲线、LM 曲线和 BP 曲线来表示，如图 18.6 所示：

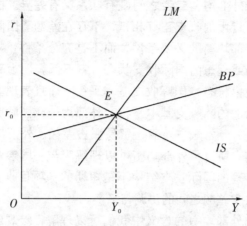

图 18.6　IS - LM - BP 模型

在开放经济条件下，IS 曲线和 LM 曲线的交点所对应的状态被称为内部均衡。BP 曲线上的每一点所对应的状态被称为外部均衡。因此，IS 曲线、LM 曲线和 BP 曲线相交于 E 点，表示经济内外同时达到了均衡。有了 IS - LM - BP 模型，就能从理论上分析开放经济条件下的宏观经济问题，特别是一些政策问题。

第三节　内外均衡的宏观经济政策

一、内部均衡和外部均衡

内部均衡是指一国国内经济运行所达到的理想状况，因此其本身包含着价值判断。对内部均衡与否的判断标准与人们对经济运行的理解有密切的联系。随着人们对经济运行看法的改变，对内部均衡的界定和理解也经历了一个演变的过程。最早提出内部均衡这一概念的是英国经济学家詹姆斯·米德（James Meade）。米德认为，在开放经济条件下，如果一国经济划分为生产贸易品的贸易部门与生产非贸易品的非贸易部门，那么，内部均衡是指对国内商品和劳务的需求足以保证非通货膨胀下的充分就业，即非贸易品市场处于供求均衡状态。简单地说，内部均衡是指国内经济处于无通货膨胀的充分就业状态。在20世纪50年代末，由于菲利普斯曲线给出了失业率和通货膨胀率的各种不同的组合，那么内部均衡概念就进一步解释为菲利普斯曲线上的某一个最优点，即失业率与通货膨胀的最优组合点。60年代以后，又出现了埃德蒙·费尔普斯（Edmund Phelps）与米而顿·弗里德曼的自然失业率假说，自然失业率假说背景下的内部均衡就是指国内的失业率水平处于自然失业率水平的状况。一般将封闭经济条件下政府的宏观经济政策目标——充分就业、物价稳定和经济增长归为内部均衡目标。

由于没有类似于充分就业、物价稳定和经济增长等具有社会福利意义的参考指标来衡量，外部均衡比内部均衡更难定义。许多国内外学者（最早是米德）和宏观决策者将国际收支平衡当做外部均衡的目标，但实际上，国际收支平衡不一定意味着外部均衡，国际收支平衡和外部均衡二者之间既有联系又有差异。国际收支平衡是指在某一段时期内，一国对外货币的收支正好相抵，不存在差额。国际收支平衡是一静态概念，它是动态性质的外部均衡的必要条件，而不是充分条件。外部均衡应该是一个国家理想的国际收支平衡或理想的国际收支状态，它不但表现为高水平的（国际贸易和国际资本流动的最佳规模状态）国际收支基本平衡，而且表现为内部均衡基础上或以较小的调节成本为代价的国际收支基本平衡。外部均衡或国际收支均衡总目标又被分解成若干子目标，于是，经常账户差额、贸易账户差额、外汇储备账户差额等均被列入外部均衡目标的范畴。所以，外部均衡可以理解为与一国宏观经济发展相适应的合理的国际收支结构，合理的国际收支结构不是短期的各项目收支平衡的概念，而是长期的、动态的各项目收支差额之间的协调与平衡。

从以上内部均衡与外部均衡的含义中我们可以理解，宏观经济内外部均衡不是一个简单的数学概念，而是一个与一国经济发展、物价水平、就业状况、资本流动、货币汇率、国际储备等宏观经济变量有密切关系的综合性的经济概念。因此，内外部均衡不应是局部的均衡，而应是一般均衡，亦即内部经济与外部经济相互影响和作用下的共同均衡。内部均衡是基础，外部均衡反作用于内部均衡。在开放经济条件下，内部均衡与外部均衡是宏观经济四大目标的具体化和形式化，经济增长、充分就业、价格稳定这三个内部均衡目标与国际收支平衡这一外部均衡目标之间是相互联系、相互影响的。

二、政府实现宏观经济内外均衡的政策

一国如果希望同时达到内部均衡和外部均衡的目标，则必须同时运用支出调整政策和支出转换政策两种工具。所谓支出调整政策，主要是由凯恩斯理论所表明的需求管理政策，即财政政策和货币政策的组成。通过实施支出调整政策可达到相对收入而改变支出水平的目的。所谓支出转换政策指能够影响贸易商品的国际竞争力，通过改变支出构成而使本国收入相对于支出增加的政策，如汇率调整、关税、出口补贴等。狭义的支出转换政策则专指汇率政策。这一理论符合丁伯根法则，即针对不同的 n 个经济目标，政府当局一般至少需要 n 个独立的政策工具。中央银行宏观调控的最终目标在于内部均衡和外部均衡的实现。然而，宏观政策在为这一目标努力时却并非总是合作愉快，米德冲突常有发生。米德冲突是指在某些情况下，单独使用支出调整政策（货币政策和财政政策）追求内、外部均衡，将会导致一国内部均衡与外部均衡之间的冲突。米德认为要实现内部和外部均衡双重目标，必须同时使用支出调整政策和支出转换政策。

然而，政府在推行总需求政策时产生了困惑。总需求政策难以实现内外部均衡两个目标，不可能既改善国内需求水平，又改善国际收支。扩张性的总需求政策在改善国内需求水平的同时，往往导致国际收支顺逆差，而紧缩性总需求政策则相反。20世

纪 60 年代,在蒙代尔向国际货币基金组织提交的题为《恰当运用财政货币政策以实现内外稳定》的报告中,正式提出了"政策配合说"。他认为,通过协调使用财政政策和货币政策可达到内外均衡双重目标。财政政策和货币政策的分配法则是:把稳定国内经济使其在没有过度通货膨胀的情况下达到充分就业的任务分配给财政政策,而把稳定国际收支的任务分配给货币政策,让每一种政策工具集中于一项任务。

第四节 固定汇率制度下的宏观经济政策

一、资本完全不流动下的宏观经济政策

从 BP 函数的公式中我们发现参数 δ 反映了国家间资本流动的难易程度。δ 值越大,表示国内与国外的极小的利率差都会引起大量的资本流动。反之,δ 值越小,则表示该国的资本流动有一定的限制或困难,从而国内利率与国外利率不相等也不会造成很大的资本流动。开放经济条件下的宏观经济政策的早期分析是在资本完全不流动的假设下发展起来的。当时国际资本流动被各国政府严格限制,因为资本流动被认为对固定汇率体系来说是不稳定因素。

当资本缺乏流动时,BP 曲线为一条垂线,因为这时的利率弹性为零,即利率的变化不能引起资本的流动。如图 18.7 所示,曲线 IS、LM、BP 的交点表明经济处于均衡状态,且均衡收入满足内外均衡。在现实生活中这种情况较难出现,因而宏观经济政策成为必要的调整方式。

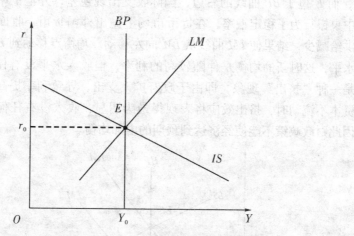

图 18.7 资本完全不流动下的 $IS-LM-BP$ 模型

1. 货币政策的有效性

如图 18.8 所示,最初经济在 E 点实现了内外部的均衡,为了使内部均衡收入水平达到 y_1,中央银行采取扩张性的货币政策,LM 曲线右移到 LM',使国民收入水平提高到 y_1,但收入的提高导致利率的下降,使净资本流出增加,国际收支出现逆差,外汇汇率上升,本币有贬值压力。因为实行的是固定汇率制,中央银行要进行干预,在货

币市场上抛出外国货币，收回本国货币。因此本国货币供给减少，结果使 *LM* 曲线从 *LM'* 向左移动。这一过程会持续到最初在 *E* 点的均衡得到恢复时为止。因此，中央银行的扩张性货币政策被抵消了。同样的道理，中央银行的紧缩性货币政策都将会导致大规模的国际收支盈余，这倾向于引起本国货币升值，并迫使中央银行进行干预以保持汇率稳定。中央银行的干预引起本国货币量增加，结果最初的货币紧缩被抵消了。**可见，此时的货币政策完全无效。**

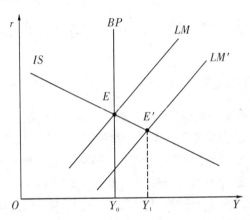

图 18.8　固定汇率制度中资本完全不流动下货币政策的有效性

2. 财政政策的有效性

如图 18.9 所示，最初的均衡点在 *E* 点。假设政府为使内部均衡的国民收入水平增加，采取扩张性的财政政策，*IS* 曲线右移到 *IS'*，国民收入水平增加，均衡点由 *E* 点变为 *E'* 点，而 *E'* 位于 *BP* 曲线的右边，国际收支出现逆差，外汇汇率上升，本币有贬值压力。中央银行为了稳定汇率，在货币市场上抛出外国货币，收回本国货币。因此本国货币供给减少，结果使 *LM* 曲线从 *LM'* 向左移动。均衡点移动到 *E''*，于是收入又回到了原来水平，这时新的均衡是伴随较高的利率，但收入水平没有任何变化，这种现象实际上是一种"挤出"现象，即由于政府扩大支出，导致利率提高，引起私人投资减少。当资本不流动时，挤出效应将表现得最为明显，收入没有任何的变化，但利率提高了，**因此财政政策不能使经济达到预期的内部均衡。**

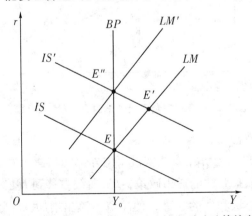

图 18.9　固定汇率制度中资本完全不流动下财政政策的有效性

二、资本完全流动下的宏观经济政策

在资本完全流动的假定下，如果国外利率 rw 是既定的，当国内利率高于国外水平时，资本就会无限的流入本国，就会出现大量的资本流入以及国际收支的盈余。反之，若本国的利率低于国外水平时，资本就会大量外流，就会出现国际收支赤字。以上分析表明，在资本完全流动的条件下，BP 曲线为一条位于国外利率 rw 上的水平线，BP 曲线的方程为：$r = rw$。此时 $IS - LM - BP$ 模型如图 18.10 所示：

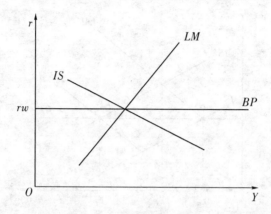

图 18.10　资本完全流动下的 $IS - LM - BP$ 模型

在固定汇率制度下，政府有义务在固定的汇率水平上按市场要求被动地买进卖出外汇，因此外汇储备量完全受国际收支状况的影响，政府不能控制货币供应量。由国际收支因素导致的货币供应量的波动，是固定汇率制下经济调整的一般机制，是理解这一制度下宏观经济政策效力的关键。

1. 货币政策的有效性

如图 18.11 所示，假定经济最初处于均衡点 E。当中央银行实行扩张性的货币政策时，LM 右移，由 LM 移动到 LM'，使 y 增加，利率 i 下降，导致资本流出增加。此时，

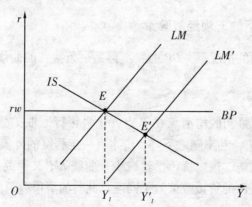

图 18.11　固定汇率制度中资本完全流动下货币政策的有效性

均衡点 E' 位于 BP 下方，国际收支出现逆差，外汇汇率上升（在直接标价法下），本币有贬值压力。因为，实行的是固定汇率制，中央银行要进行干预，在货币市场上抛出

外国货币，收回本国货币。因此本国货币供给减少，结果使 LM' 向左移动。这一过程会持续到最初在 E 点的均衡得到恢复时为止。因此，中央银行的扩张型货币政策被抵消了。同样的道理，中央银行的紧缩性货币政策都将会导致大规模的国际收支盈余，这倾向于引起本国货币升值，并迫使中央银行进行干预以保持汇率稳定。中央银行的干预引起本国货币量增加，结果最初的货币紧缩被抵消了。**可见，此时的货币政策无效。**

2. 财政政策的有效性

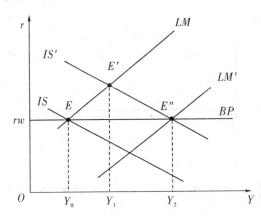

图 18.12　固定汇率制度中资本完全流动下财政政策的有效性

如图 18.12 所示，假定经济最初处于均衡点 E 点。在货币供给不变的情况下，执行扩张性的财政政策会使 IS 曲线右移至 IS'，经济达到 E' 点，利率 i 与国民收入 y 都有所增加。这时利率高于国外利率水平，吸引大量国外资本流入本国，造成国际收支顺差，本币面临升值的压力。为保持固定汇率，中央银行必须在外汇市场上买进外汇，抛出本币。结果本国货币供给增加，LM 曲线发生右移。这一过程将一直持续到经济达到新的均衡点 E'' 利率恢复到原来的水平。但这时收入进一步增加，由 y_1 增加到 y_2。**这说明在固定汇率和资本完全流动情况下，财政政策是完全有效的。**

三、资本不完全流动下的宏观经济政策

在资本不完全流动的情况下，BP 曲线不再是一条特殊的曲线，而是一条向右上方倾斜的曲线。

1. 货币政策的有效性

如图 18.13 所示，最初的均衡点在 E 点，中央银行采取扩张性的货币政策，使得 LM 曲线向右移动到 LM'，利率随之下降，资本有一定程度的外流，本币面临贬值压力，经过中央银行的干预措施，国内货币供给减少，曲线 LM' 又回到 LM，最终收入并没有得到提高。若采取紧缩性的货币政策效果同理。**此时的货币政策完全无效。**

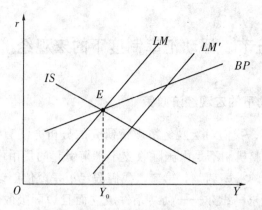

图 18.13 固定汇率制度中资本不完全流动下货币政策的有效性

2. 财政政策的有效性

如图 18.14 所示,最初的均衡点在 E 点,政府采取扩张性的财政政策使 IS 曲线向右移动到 IS',收入和利率提高,资本流入,国际收支出现盈余,汇率下降,本币面临升值的压力,为了稳定汇率水平,中央银行进行干预,国内货币供给增加,LM 曲线向右移动到 LM',与曲线 IS 和 BP 相交于 E' 点,经济恢复国内外均衡,同时收入也得到了提高。若采取紧缩性的财政政策效果同理。可见,**此时的财政政策的效果十分明显。**

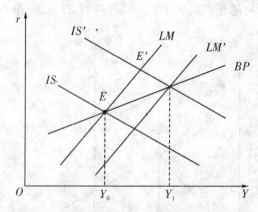

图 18.14 固定汇率制度中资本不完全流动下财政政策的有效性

可见,宏观经济政策在固定汇率体系下对于达到较理想的内外均衡有一定效果,且依资本流动的情况的不同而有所不同。现把各种情况总结如下表 18.2。

表 18.2　　　　　　固定汇率体系下财政和货币政策影响收入的效果

政策类型	资本完全不流动	资本不完全流动	资本完全流动
财政	无效	有效	有效
货币	无效	无效	无效

第五节　浮动汇率制度下的宏观经济政策

一、资本完全不流动下的宏观经济政策

在浮动汇率制下，我们对宏观经济政策研究的分析方法有变化，这主要体现在：第一，经济的主要调整机制不是由国际收支不平衡引起的货币供应量的调整，而是由国际收支不平衡引起的汇率调整。第二，我们假定汇率贬值能改善经常账户收支、提高国民收入（这就要求马歇尔——勒纳条件成立而且边际吸收倾向小于1）。这就是说，汇率的调整能使 BP 曲线和 IS 曲线同时移动，直到他们的交点移动到 LM 曲线上为止，**即这时达到了内外均衡。**

1. 货币政策的有效性

如图 18.15 所示，假定此时资本完全不流动，最初的内外部均衡在 E 点实现，中央银行采取扩张性的货币政策，货币供给量增加，LM 曲线向右移动到 LM′，此时内部在 E′点实现了均衡，同时利率下降。由于资本流动受到了管制因而利率的降低对于国际收支并没有影响，相反由于收入的提高，将引发经常账户赤字，汇率上升，本币将贬值。于是 BP 曲线和 IS 曲线向右方移动，直到 E″点内外部同时实现了均衡。**可见此时的货币政策有效**，效果的大小取决于汇率的改变对 BP 曲线和 IS 曲线的影响程度。

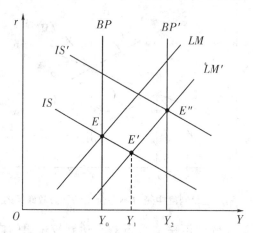

图 18.15　浮动汇率制度中资本完全不流动下货币政策的有效性

2. 财政政策的有效性

如图 18.16 所示，经济的均衡最初在 E 点。假定政府为增加国民收入水平采取扩张性的财政政策，使得 IS 曲线向右移动到 IS′，收入和利率得到提高。这时较高的收入引起进口的增加，经常账户面临赤字，由于资本不流动，汇率上升，因而本币将贬值。汇率的上升使得 IS 曲线和 BP 曲线向右方移动，直到三条曲线相交在 E″点，此时的利率和国民收入水平都到达了一个较高的水平。可见，**此时的财政政策的效果明显**，效果的大小同样取决于 BP 曲线和 IS 曲线受汇率的影响程度。

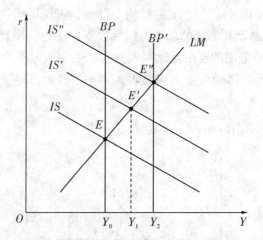

图 18.16 浮动汇率制度中资本完全不流动下财政政策的有效性

二、资本完全流动下宏观经济政策

1. 货币政策的有效性

如图 18.17 所示，最初的均衡点为 E 点。假定货币当局增加货币的供给量，使 LM 曲线向右移动。这使国民收入水平在提高的同时，降低了利率。利率的降低使净资本流出增加，国际收支出现逆差。在外汇市场上，外币的需求大于外币的供给，导致本币贬值，使 IS 曲线向右移动，直至国际收支重新平衡，经济最终到达均衡点 E''。结果扩张性的货币政策导致了国民收入水平的提高和本币汇率的上升，本币汇率的上升又进一步提高了国民收入水平。可见，**此时的货币政策是完全有效的。**

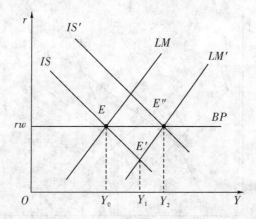

图 18.17 浮动汇率制度中资本完全流动下货币政策的有效性

2. 财政政策的有效性

如图 18.18 所示，在均衡点 E，产品市场、货币市场和国际收支同时实现了均衡。假设此时的国民收入水平低于充分就业时的国民收入水平，政府采用扩张性的财政政策，导致 IS 曲线向右移动，从原来的位置移到 IS' 处。此时国民收入水平提高，导致国内利率上升，使净资本流出减少，国际收支出现顺差。在外汇市场上，外币的需求小于外币的供给，导致本币升值，使 *IS* 曲线向左移动，直至国际收支重新平衡。由图可知，只有 *IS'* 曲线向左移动到原来的位置，国际收支才能重新平衡。此时，经济的均衡点仍为 *E* 点，这意味着汇率的自由浮动机制对扩张性财政政策产生一个完全的挤出效应，致使财政政策达不到降低失业、提高收入水平的目的。对紧缩性财政政策的分析也会得到类似的结果。

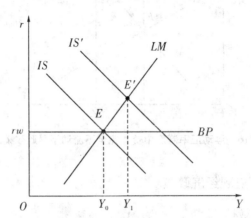

图 18.18 浮动汇率制度中资本完全流动下财政政策的有效性

上述分析表明，在浮动汇率制度下，如果资本具有完全的流动性，通过财政政策刺激总需求不会实现影响均衡产量或均衡收入的目的，**此时的财政政策无效。**

三、资本不完全流动下宏观经济政策

1. 货币政策的有效性

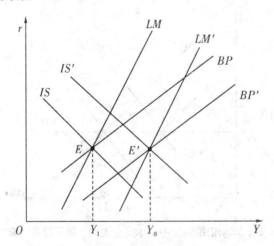

图 18.19 浮动汇率制度中资本不完全流动下货币政策的有效性

如图 18.19 所示，经济最初在 *E* 点实现了内外部的均衡。假定中央银行采取扩张性的货币政策，使 *LM* 曲线移动到 *LM'*，这时利率下降将引发资本外流，国际收支出现赤字，汇率上升，本币贬值。汇率的上升将会导致 *IS* 曲线和 *BP* 曲线同时向右方移动，最终三条曲线相交于 *E'* 点，经济恢复内外均衡，此时收入水平得到提高。可见此时的

货币政策有效。

2. 财政政策的有效性

如图 18.20 所示，经济最初的均衡点在 E 点。政府采取扩张性的财政政策，使 IS 曲线向右移动到 IS'，收入和利率都有所提高，此时 IS 曲线与 LM 曲线的交点位于 BP 曲线的上方，国际收支出现盈余，汇率下降，本币升值。汇率的下降将会导致 BP 曲线和 IS 曲线向左发生移动，最终三条曲线重新相交于 E'，实现内外部的同时均衡。从图中我们可以发现，扩张性的财政政策使收入水平得到了提高，但同时带来了利率水平的上升，此时产生了挤出效应。**因此在开放条件下扩张性财政政策的效果没有在封闭条件下的效果大。**

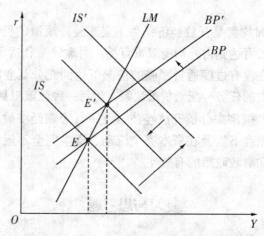

图 18.20　浮动汇率制度中资本不完全流动下财政政策的有效性

由以上可以发现，在浮动汇率体系下，财政和货币政策改善内外均衡的收入水平的效果依资本流动情况的不同而有所不同。当资本流动性提高时，货币政策将表现得比财政政策更为有效，这也是由于它们对汇率水平的不同影响而造成的。表 18.3 概括了浮动汇率体系下财政和货币政策在资本流动程度不同的情况下的效果。

表 18.3　　　　　　　　浮动汇率体系下财政和货币政策影响收入的效果

政策类型	资本完全不流动	资本不完全流动	资本完全流动
财政	有效 （货币贬值）	较有效 （货币升值）	无效 （货币升值）
货币	有效 （货币贬值）	有效 （货币贬值）	十分有效 （货币贬值）

本章小结

1. 国际收支是指一国在一定时期内从国外收进的全部货币资金和向国外支付的全部货币资金的对比关系。

2. 名义汇率是人们用一国货币交换另一国货币的比率。实际汇率是人们交换两国生产物品的比率，它等于名义汇率乘以两国价格水平的比率。

3. 净出口函数表示净出口与收入和实际汇率之间的关系。

4. BP 函数是净出口和净资本流出的差额。当一国的国际收支差额为零时，称该国的国际收支平衡。

5. 追求内外部同时均衡是开放经济条件下宏观经济政策的目标之一。通过协调使用财政政策和货币政策可达到内外均衡双重目标。财政政策和货币政策的分配法则是：把稳定国内经济使其在没有过度通货膨胀的情况下达到充分就业的任务分配给财政政策，而把稳定国际收支的任务分配给货币政策，让每一种政策工具集中于一项任务。

6. 用 $IS-LM-BP$ 模型来分析开放经济条件下，宏观经济政策的有效性。分别在固定汇率和浮动汇率制度下以及在资本完全流动、资本完全不流动和资本不完全流动三种情况下货币政策和财政政策的有效性。

复习与思考题

一、名词解释

直接标价法　　实际汇率　　BP 曲线　　内外部均衡　　固定汇率制和浮动汇率制
净出口函数　　净资本流出函数

二、单项选择题

1. 本国价格下降，则出口（　　）。

　A. 增加　　　　　　　　　　　　B. 减少

　C. 不变　　　　　　　　　　　　D. 不确定

2. 采用直接标价法条件下，汇率的上升意味着（　　）。

　A. 外国货币价值不变　　　　　　B. 外国货币贬值

　C. 本国货币价值不变　　　　　　D. 外国货币升值

3. 间接标价的汇率上升和国内价格上升，会使（　　）。

　A. 出口下降，进口上升　　　　　B. 出口下降，进口不变

　C. 进口下降，出口上升　　　　　D. 进口上升，出口不变

4. 人民币对美元的汇率下降，将使（　　）。

　A. 中国商品相对便宜，美国增加对中国商品的进口

　B. 中国商品相对便宜，中国增加对美国商品的进口

　C. 中国商品相对昂贵，美国增加对中国商品的出口

　D. 中国商品相对昂贵，中国增加对美国商品的出口

5. 开放条件下，IS 曲线会有的变动是（   ）。

   A. 出口增加使 IS 曲线左移
   B. 进口增加使 IS 曲线右移
   C. 净出口增加使 IS 曲线右移
   D. 净出口增加使 IS 曲线左移

6. 当本国货币贬值，开放经济中 BP 曲线将会发生的变化为（   ）。

   A. BP 曲线变得更陡峭
   B. BP 曲线变得更平坦
   C. BP 曲线向左方移动
   D. BP 曲线向右方移动

7. 在开放经济条件下，IS 曲线反映了利率与国民收入之间的关系，其均衡的条件为（   ）。

   A. 投资 = 储蓄

   B. 投资 + 税收 = 储蓄加政府支出

   C. 政府支出 − 税收 + 出口 − 进口 = 储蓄减投资

   D. 投资 + 税收 + 进口 = 储蓄加政府支出 + 出口

8. 所有位于 BP 曲线左上方的点，意味着（   ）。

   A. 内部与外部失衡
   B. 国际收支盈余
   C. 国际收支赤字
   D. 不决定国际收支状况

9. 在开放经济中，下列（   ）项不是政府宏观政策的最终目标。

   A. 内外部均衡
   B. 不存在贸易逆差或顺差
   C. 经济均衡增长
   D. 消除通货膨胀

10. 在固定汇率制度下和资本完全不流动的条件下，财政政策的效果（   ）。

   A. 利率上升，国民收入水平上升
   B. 利率上升，国民收入水平不变
   C. 利率下降，国民收入水平上升
   D. 利率下降，国民收入水平下降

11. 在固定汇率制度下和资本完全流动的条件下，货币政策的效果（   ）。

   A. 利率不变，国民收入水平不变
   B. 利率不变，国民收入水平增加
   C. 利率下降，国民收入水平增加
   D. 利率下降，国民收入水平不变

12. 在浮动汇率制度下和资本完全不流动的条件下，财政政策的效果（   ）。

   A. 利率上升，国民收入水平增加
   B. 利率上升，国民收入水平减少
   C. 利率下降，国民收入水平增加
   D. 利率下降，国民收入水平减少

13. 在浮动汇率制度下和资本完全流动的条件下，货币政策的效果（   ）。

   A. 利率不变，国民收入水平上升
   B. 利率不变，国民收入水平下降
   C. 利率下降，国民收入水平上升
   D. 利率下降，国民收入水平不变

14. 在浮动汇率制度下和资本不完全流动的条件下，宏观经济政策的效果（   ）。

   A. 财政政策十分有效，货币政策无效

   B. 货币政策十分有效，财政政策无效

   C. 货币政策十分有效，财政政策较有效，效果小于在封闭经济的条件下的效果

   D. 货币政策和财政政策效果都十分明显

15. 在固定汇率制度下和资本不完全流动的条件下，宏观经济政策的效果（　　）。

    A. 财政政策十分有效，货币政策无效　　B. 货币政策十分有效，财政政策无效

    C. 财政政策和货币政策都有效　　　　　D. 财政政策和货币政策都无效

三、判断题

1. 在开放经济中，国民收入因为边际进口倾向的存在而变小了，而且进口倾向越大，乘数就越小。（　　）

2. 汇率越低，用人民币显示的美国商品的价格就越高。（　　）

3. 当一国出现国际收支逆差时就应该紧缩货币，减少收入或者使本国货币对外升值。（　　）

4. 出口交易通常使出口国的货币供给增加。（　　）

5. 若一国货币长期以来不断升值，那么该国将处于有利地位。（　　）

6. 在固定汇率制度下和资本不完全流动的条件下，财政政策十分有效，货币政策无效。（　　）

7. 在浮动汇率制度下和资本不完全流动的条件下，财政政策十分有效，货币政策无效。（　　）

8. 在浮动汇率制度下和资本完全流动的条件下，货币政策将使利率不变，国民收入水平下降。（　　）

9. 固定汇率制度下和资本完全不流动的条件下，财政政策将使利率上升，国民收入水平上升。（　　）

10. 在资本完全流动的情况下，BP 曲线为一条位于国际均衡利率水平上的水平线。（　　）

四、计算题

1. 假设第一年的国内外价格水平分别是 $P_1 = 100$，$P_{1f} = 100$；第二年的国内外价格水平分别是 $P_2 = 180$，$P_{2f} = 130$。汇率最初是每英镑 2 美元。计算：

(1) 如果第一年至第二年间没有实质性的失调，第二年的汇率是多少？

(2) 如果实际汇率在第一年至第二年间下降 50%，第二年的汇率为多少？

2. 设一个经济由下述关系描述：

$Y = C + I + G + NX$

$Y = 5000$

$G = 1000$

$T = 1000$

$C = 250 + 0.75 \ (Y - T)$

$I = 1000 - 50\gamma$

$NX = 500 - 500e$

$\gamma = \gamma^* = 5\%$

（1）求该经济的储蓄、投资、贸易余额以及均衡汇率。

（2）设 G 增加到 1250，解出新的储蓄、投资、贸易余额以及均衡汇率的值。

五、思考题

1. 说明 BP 曲线的推导过程。

2. IS 曲线的斜率在封闭经济中和开放经济中有何不同。

3. 什么是"马歇尔—勒纳条件"？

4. 试分析宏观经济政策对一国内外均衡的影响。

5. 某国的初始状态为实现了外部平衡和内部平衡。该国禁止国际金融资本的流入与流出，同时该国实行浮动汇率制。现在发生了某种外部的冲击，即外国对该国出口品需求的增长。

（1）如果本币汇率维持不变，外国对本国出口品需求的增加会使 IS、LM 和 BP 曲线发生何种移动？

（2）该国货币的汇率实际上会发生何种变化，为什么？

（3）作为汇率变化的结果，该国将如何经过调整而回到外部均衡？用 $IS-LM-BP$ 模型对此进行说明。

参考文献

[1] 高鸿业. 西方经济学 [M]. 4 版. 北京：中国人民大学出版，2007.

[2] 黄亚钧. 微观经济学 [M]. 2 版. 北京：高等教育出版社，2005.

[3] 杨长江，陈伟浩. 微观经济学 [M]. 上海：复旦大学版社，2004.

[4] 梁小明. 西方经济学 [M]. 北京：中央广播电视大学出版社，2003.

[5] 李翀. 现代西方经济学原理 [M]. 3 版. 广州：中山大学出版社，1999.

[6] [美] 保罗·A. 萨缪尔森，威廉·D. 诺德豪斯. 经济学 [M]. 16 版. 北京：华夏出版社，1999.

[7] 厉以宁. 西方经济学 [M]. 北京：高等教育出版社，2000.

[8] 张广胜，王新利，武拉平. 微观经济学 [M]. 北京：中国农业大学出版社，2007.

[9] 黎诣远. 西方经济学 [M]. 北京：高等教育出版社，1999.

[10] 魏埙，蔡继明，刘骏民. 现代西方经济学教程 [M]. 天津：南开大学出版社，2001.

[11] 刘厚俊. 现代西方经济学原理 [M]. 南京：南京大学出版社，1988.

[12] 杨伯华，缪一德. 西方经济学原理 [M]. 成都：西南财经大学出版社，2004.

[13] 曼昆. 经济学原理（上）[M]. 3 版. 北京：机械工业出版社，2003.

[14] 罗伯特·S. 平狄克，丹尼尔·L. 鲁宾费尔德. 微观经济学 [M]. 6 版. 北京：中国人民大学出版社，2006.

[15] 刘东，梁东黎. 微观经济学教程 [M]. 北京：科学出版社，2005.

[16] 丁娟娟，吴振信，郝凯. 微观经济学教程 [M]. 北京：清华大学出版社，北京交通大学出版社，2007.

[17] 张卫东. 微观经济学 [M]. 北京：首都经济贸易大学出版社，2003.

[18] 罗余才. 现代西方经济学原理 [M]. 广州：华南理工大学出版社，2002.

[19] 斯蒂格利茨. 经济学 [M]. 2 版. 北京：中国人民大学出版社，2000.

[20] R. 格伦·哈伯特，安东尼·P. 奥布莱恩. 经济学（微观）[M]. 北京：机械工业出版社，2007.

[21] 许纯祯. 西方经济学 [M]. 2 版. 北京：高等教育出版社，2005.

[22] 哈维·S. 罗森. 财政学 [M]. 7 版. 北京：中国人民大学出版社，2006.

[23] 张洪涛. 保险经济学 [M]. 北京：中国人民大学出版社，2006.

[24] 李晓西. 宏观经济学 [M]. 北京：中国人民大学出版社，2005

［25］尹伯成．西方经济学简明教程［M］．5版．上海：上海人民出版社，格致出版社，2006.

［26］石良平．宏观经济学［M］．北京：高等教育出版社，2000.

［27］刘振亚．宏观经济分析［M］．成都：西南财经大学出版社，1997.

［28］宋承宪，许强．宏观经济学［M］．3版．上海：复旦大学出版社，2004.

［29］沈伟 现代西方经济学原理［M］．2版．沈阳：东北大学出版社，1999.

［30］赵秀成，刘新立．现代西方经济学的理论和方法［M］．北京：中国经济出版社，1990.

［31］吴文胜，宏观经济学［M］．北京：清华大学出版社，2007.

［32］仉志余．西方经济学通论［M］．北京：机械工业出版社，2008.

［33］武拉平，张广胜，郑凤田．宏观经济学［M］．北京：中国农业大学出版社，2003.

［34］宋奇成．西方经济学［M］．重庆：重庆大学出版社，2004.

［35］李致平，徐德信，洪功翔．现代西方经济学［M］．安徽：中国科学技术大学出版社，2002.

［36］张元鹏．西方经济学［M］．北京：首都经济贸易大学出版社，2003.

［37］吴冰，陈福明．经济学基础教程［M］．北京：北京大学出版社，2005.

［38］刘裔宏，罗丹桂．西方经济学［M］．长沙：中南大学出版社，2004.

［39］连有，方杰，蒋京梅．西方经济学［M］．北京：中国传媒大学出版社，2007.

［40］蒋家胜．经济学原理［M］．成都：西南财经大学出版社，2006.

［41］张广胜等．宏观经济学［M］．北京：中国农业大学出版社，2001.

［42］尹伯成．宏观经济学［M］．上海：复旦大学出版社，1996.

［43］欧阳明．宏观经济学［M］．上海：上海人民出版社，1999.

［44］加尔布雷斯．宏观经济学［M］．北京：经济科学出版社，1997.

［45］黎诣远．宏观经济分析［M］．北京：清华大学出版社，1992.

［46］萨缪尔森，诺德豪斯．宏观经济学［M］．北京：华夏出版社，1999.

［47］克鲁格曼，奥伯斯法尔德．国际经济学［M］．北京：中国人民大学出版社，1998.

［48］范家骧．宏观经济学［M］．大连：东北财经大学出版社，2003.

［49］霍尔．宏观经济学［M］．北京：中国人民大学出版社，2000.

［50］凯斯·费尔．宏观经济学原理［M］．吴汉洪，译．北京：中国人民大学出版社，2005.

［51］张东辉．西方经济学习题集粹［M］．北京：经济科学出版社，2003.

［52］张云峰．微观经济学导教·导学·导考［M］．西安：西北工业大学出版社，2004.

［53］蔡继明．微观经济学习题［M］．北京：人民出版社，2002.

［54］杨君昌，孙国新．微观宏观经济学习题与解答［M］．上海：立信会计出版

社，2000.

[55] 陈胜权. 微观经济学名校考研真题与习题解析 [M]. 北京：对外经济贸易大学出版社，2005.

[56] 李翀. 现代西方经济学原理学习指导与习题解答 [M]. 广州：中山大学出版社，2003.

[57] 蔡声霞，李熠. 西方经济学（微观部分）同步辅导 [M]. 北京：中国时代经济出版社，2006.

[58] 劳伦斯. 马丁. 经济学学习指导 [M]. 北京：中国人民大学出版社，2000.

[59] 金圣才. 平狄克《微观经济学》笔记和课后习题详解 [M]. 北京：中国石化出版社，2006.

[60] 蔡继明. 微观经济学习题 [M]. 北京：中国人民大学出版社，2002.

[61] 高鸿业. 西方经济学 [M]. 5 版. 北京：中国人民大学出版社，2011.

[62] 梁小民. 西方经济学教程 [M]. 北京：中国统计出版社，1998.

后　记

本教材是西南财经大学出版社出版的 21 世纪普通高等院校系列规划教材经济管理类专业教材之一。它不仅适合于全国经济管理类本科专业使用，而且对相关研究人员具有实用价值，是有益的参考读物。

本教材的编写分工是：傅江景、方杰、李军担任主编，负责设计编写大纲、统稿、修改、再版等工作；崔炳伟、谢长青担任副主编。具体的编写分工如下：傅江景（第 1 章）、罗锋（第 2、9 章）、李俊慧（第 3、5 章）、李军（第 4 章）、龙树国（第 6 章）、覃浩高（第 7 章）、朱宇婷（第 8 章）、崔炳伟（第 10 章）、杨波（第 11、12 章）、周小洪、伍正红（第 13 章）、谢长青（第 14 章）、方杰（第 15、16 章）、侯冬梅（第 17 章）、朱艳（第 18 章）。

本教材自 2009 年 7 月第 1 版出版以来，经过了 2 次印刷，得到了使用高校和读者的一致肯定和大力支持，并提出了宝贵的建议。在再版之际，首先表示真诚的感谢！该教材第二版对部分章节的结构进行了调整，内容进行了增减，并对错、漏之处进行了修正。本教材在第一版、第二版的编写、校审过程中得到西南财经大学出版社编辑刘佳庆、张岚、李霞湘的大力支持和帮助，在此一并表示感谢。

由于水平有限，教材中不足或错误在所难免，希望广大读者和专家赐教。

傅江景　方杰　李军

2011 年 12 月 18 日

图书在版编目(CIP)数据

西方经济学原理/傅江景编.—2 版.—成都:西南财经大学出版社,2011.12(2016.1 重印)

ISBN 978 - 7 - 5504 - 0498 - 4

Ⅰ.①西…　Ⅱ.①傅…　Ⅲ.①西方经济学　Ⅳ.①F091.3

中国版本图书馆 CIP 数据核字(2011)第 258110 号

西方经济学原理(第二版)

主　编:傅江景　方　杰　李　军

责任编辑:张　岚

封面设计:杨红鹰

责任印制:封俊川

出版发行	西南财经大学出版社(四川省成都市光华村街55号)
网　　址	http://www.bookcj.com
电子邮件	bookcj@foxmail.com
邮政编码	610074
电　　话	028 - 87353785　87352368
印　　刷	郫县犀浦印刷厂
成品尺寸	185mm×260mm
印　　张	26
字　　数	590 千字
版　　次	2012 年 1 月第 2 版
印　　次	2016 年 1 月第 4 次印刷
印　　数	9001— 11000 册
书　　号	ISBN 978 - 7 - 5504 - 0498 - 4
定　　价	45.60 元